司法口才理论与实务

SIFA KOUCAI LILUN YU SHIWU

（修订版）

杜国胜　著

中国政法大学出版社

2022·北京

图书在版编目（ＣＩＰ）数据

司法口才理论与实务/杜国胜著. —修订本. —北京：中国政法大学出版社，2022.3
ISBN 978-7-5764-0402-9

Ⅰ.①司… Ⅱ.①杜… Ⅲ.①司法－口才学－教材 Ⅳ.①D90-05

中国版本图书馆 CIP 数据核字 (2022) 第 043747 号

出 版 者	中国政法大学出版社
地　　址	北京市海淀区西土城路 25 号
邮寄地址	北京 100088 信箱 8034 分箱　邮编 100088
网　　址	http://www.cuplpress.com (网络实名：中国政法大学出版社)
电　　话	010-58908586(编辑部) 58908334(邮购部)
编辑邮箱	zhengfadch@126.com
承　　印	北京鑫海金澳胶印有限公司
开　　本	720mm×960mm　　1/16
印　　张	25
字　　数	440 千字
版　　次	2022 年 3 月第 2 版
印　　次	2022 年 3 月第 1 次印刷
定　　价	78.00 元

修订说明

　　《司法口才理论与实务》第一版自 2015 年 9 月由中国政法大学出版社出版之后，便投入了教学实践之中。历经七届法学专业《司法口才》课程教学，在教学实践中不断改进，不断完善，并及时地将新的研究成果投入教学实践中去，取得了良好的教学效果，同时也受到历届法科生的高度赞誉。

　　司法口才不同于一般口才。一般口才中口才主体可以谈天说地，海阔天空，滔滔不绝，只要听者爱听、中听就行，可以胡编滥造、天马行空，不必言之有据，甚至不必言之有理。司法口才主要运用于法律实务中，严格受到"以事实为依据、以法律为准绳"这一基本原则的规制和约束，不能瞒天过海、胡说一气，必须以"求真"为第一要务，否则，不仅谈不上司法口才，还可能触犯法律，涉嫌违法犯罪。一般口才注重"说"，说得流畅，说得中听；而司法口才注重"辩"，辨别是非，辩明事理和法理。因此，司法口才更注重思维敏捷性培养，更注重大脑反应速度的培养。司法口才主体不是滔滔不绝者，他或她更像是一位猎人，在静静地守候，静候对方话语中的漏洞出现，以迅雷不及掩耳之势，加以捕捉，并按照法定程序性要求加以回击，还事实于真相，让法律法规得以准确适用。此外，司法口才也不同于一般辩论赛。一般辩论赛更注重选手的表演，而司法口才运用过程，只追求事实真相和法律法规的正确适用，不追求激烈程度。拥有高水平司法口才主体，只要及时、准确地抓住对方言语中的关键漏洞，甚至用一句话，就能彻底摧毁对方整个话语体系或辩论体系。

　　根据笔者六年多以来的《司法口才》课程教学实践，建议《司法口才》这门课采用两个阶段教学模式，以教师分析和讲授为主，以学生分组讨论为辅。当学期进行到四周左右这一时间段时，任课老师分配给学生分组讨论任务。这个任务让学生利用课余时间去完成。主要是寻找那些优先辩护词或公诉意见书，并寻找其中的漏洞。用两周左右的时间让学生准备。待学生准备完毕之后，任课老师在课堂上让每个小组的代表上讲台来展示各小组的讨论结果，并当堂进行分析和评论。这种模式虽然是对任课老师提出的教学建议，但也是学生利用业余时间进行学习和思辨的模式。课堂时间有限，因此，有必要把这种课堂教学模式演变为学生的学习和思考模式。这样，在学生和老师的相互作用和推动下，学生的理解会更透彻，任课老师的教学效果会更佳。

　　"自主学习"与"课堂教学"相结合是当代高校教育教学的改革模式。这种教学模式的优势在于，给学生留有更多的课外时间消化课堂教学内容。"纸上得来终觉浅，绝知此事要躬行。"据此，任课老师担任本课程的主要教学任务不是以"将书本中所有知识点都讲解到位"为要旨，面面俱到难免走马观花，而是有选择性地着重讲解本书中所论及的基本思维方法和事物的关键点，培养学生的科学思维方法，锻炼和提高他们的思维敏捷性，再结合"自主学习"，使得学生在课后，主动、具体地将课堂教学中所传授的科学思维方法运用于读书、思考及解决具体问题中去。这样会收到事半功倍的成效。

　　最后要说明的是，《司法口才理论与实务》（修订版）的重要特色不是引入了最新的案例，而是引入了崭新的基础性思维方法和关键点。从社会不断发展变化的角度来看，"最新"总是相对的。如果以"最新案例"作为衡量一本书的价值标准，显然，一本书出版之后便已经过时和落伍。那样的话，古典名著就不值得一读了。一本书的价值在于让读者研读之后，获取一种本领，一种能够分析和鉴别相关社会现象的能力，无论是之前发生的，还是以后发生的。把握基本思维方法和事物的关键点，才能赢得主动，以不变应万变，达"运筹于帷幄之中、决胜于千里之外"之"气定神闲"的状态。是故，《司法口才理论与实务》（修订版）增加了一章对基本思维方法和关键点的介绍和论述，删除了一些较为抽象的章节。

　　"无形—有形—无痕"是从不会的"无形"到经过专门的"有形"（在司法口才方面，这种"有形"是指"科学思维方法"）的训练、再到迅速准确的"无痕"的迅速感知和反应的"否定之否定"的过程，是一切专项技能的运行规律，司法口才也不例外。因此，《司法口才理论与实务》（修订版）增加的"基本思维和关键点"的内容，是为"有形"服务的，不是让读者的大脑停滞在这部分，而是让读者通过"有形"的训练，达到"无痕"的迅速感知和反应状态。实践中，人们的言语里并不直接表露出"思维"的痕迹，需要认真思考和追寻，才能准确地找出来，如"得失思维""名利思维""权势思维""人治思维"等，总是隐藏在思维主体的内心深处，即便将此类思维向思维主体挑明，他们也不会轻易承认其有这样的思维，并经常运行在脑海之中。现实中人们说话，进入听者听觉系统的是话语者的语言，而不是思维。本书的"理论"部分是"有形"的，"实务"部分更多地采用"无痕"的形式。让读者在阅读和教学的过程中，从"无痕"中探寻"有形"，探寻其中蕴含的思维轨迹。这种探索的过程本身就是司法口才的训练。

　　一个人之所以一辈子普通，关键不是因为这个人没有上进心、不努力、不奋斗、不积极进取，关键是这个人看问题的思维始终摆脱不了众多普通人看问题的思维（主要是得失思维、名利思维、权势思维等不科学思维），被众多普通人各色不科学思维拖入旋涡之中。时间在流逝，人也随之老去，但这种"旋涡"始终不变。这样，这个人"现在"和"未来"便是时间的"折叠"。"常思+科学思维方法"是摆脱这一"旋涡"的唯一出路，是法律实务工作者收获高水平司法口才的唯一方法和捷径。舍之，便无法摆脱普通法律实务工作者的"旋涡"，难以达到司法口才水平的顶端。"关键不是在什么地方，不是处在什么阶层，关键是在哪里做什么，怎么做，如何做"，这是笔者在教授《司法口才》这门课时对历届学生的教导，也是司法口才训练过程中不可或缺的精神给养。共勉之。

　　以上是笔者对《司法口才理论与实务》（修订版）的简要说明，不足之处，还望各位学者和专家不吝赐教。

杜国胜

2021 年 8 月于粤北古城韶州

目 录

CONTENTS

修订说明 ……………………………………………………… 001

导　读 ………………………………………………………… 001

第一章　基本思维方法与关键点 ……………………………… 007

第一节　基本思维方法 ……………………………………… 008

第二节　关键点 ……………………………………………… 024

第二章　司法口才基础性建设 ………………………………… 045

第一节　司法口才的定义、特点及分类 ………………… 045

第二节　司法口才基本原则及基本要求 ………………… 063

第三章　侦查人员司法口才 …………………………………… 089

第一节　侦查人员司法口才所肩负的责任 ……………… 090

第二节　侦查人员司法口才的分类 ……………………… 096

第三节　侦查人员司法口才的言语表达要求 …………… 110

第四节　侦查人员司法口才言语表达技巧 ……………… 129

第四章　公诉人员司法口才 …………………………………… 154

第一节　公诉人员司法口才所肩负的责任 ……………… 154

第二节　公诉人员司法口才的分类 ……………………… 157

第三节　公诉人员司法口才言语表达要求 ……………… 161

第四节　公诉人员司法口才言语表达方法和技巧 ……… 184

第五章　审判人员司法口才 ·· 229

　　第一节　审判人员司法口才所肩负的责任 ············· 229

　　第二节　审判人员司法口才的分类 ······················ 233

　　第三节　审判人员司法口才言语表达要求 ············· 240

　　第四节　审判人员司法口才言语表达方法和技巧 ········· 261

第六章　律师司法口才 ·· 315

　　第一节　律师司法口才所肩负的责任 ···················· 316

　　第二节　律师司法口才的分类 ··························· 319

　　第三节　律师司法口才言语表达要求 ···················· 324

　　第四节　律师司法口才言语表达方法和技巧 ············· 345

参考文献 ·· 386

后　记 ·· 389

导　读

口才是一种责任，责任是一种期待，一种期待的眼神和渴求的目光。

对于法律实务界要不要具备司法口才，在从事法律实务工作的人们当中，有些人的认知里一直存在一个重大误区。这些人认为，在庭审过程中，公诉人员以"宣读起诉书""发表公诉意见"等书面形式出现，辩护或代理律师也同样以"发表辩护意见或代理意见"的书面形式进行应对，没有影视剧和辩论赛中那样口语交锋双方激烈的对抗场景。至于审判人员，在整个审判过程中言语最少，更谈不上司法口才。甚至有律师认为，在庭审过程中，律师说得再好，审判人员有时也很少采纳律师的辩护或代理意见，审判人员该怎么判还是怎么判。司法口才对律师来说，没有什么意义和价值。但在笔者看来，首先，庭审过程的书面形式，必须用口语来传递，显然属于一种辩论形式；其次，不能用影视剧里和辩论赛中的场景来作为评价司法实务的标准，毕竟影视剧和辩论赛追求的是一种表演效果；再次，追寻事实真相的过程就是双方辩论的过程，谁掌握了事实真相，谁就把握了雄辩的才能，正所谓"事实胜于雄辩"；最后，审判人员的司法口才水平应当更高于公诉人员和律师，因为审判人员充当了控制和鉴别的角色。至于有人认为"律师说得再好也没有用"，不过是在审判人员的眼里，相关律师的司法口才水平还远不到位，不足以达到令人信服的程度。再说，如果律师不靠司法口才，那靠什么赢得胜诉呢？从表象看问题显然不是智者之举。"证据之辩""事实之辩"及"法律适用之辩"贯穿于法律案件的处理和解决全过程，司法实务离不开司法口才。众所周知，法律是一种"意志"的体现，而实践中行为人的行为里包含有各种意志成分，哪些与法律意志是一致的，哪些是不一致的，这就需要司法口才的介入和鉴别。司法口才是一种责任，寄托了来自各方的期待，期待司法口才主体"揭示案件事实真相，适用正确的法律，保护当事人合法权益，维护社会公平与正义"。

本书在"导读"部分，主要厘清"理论与实践""知识与智慧""理论与智慧"及"智慧与司法口才"等几对概念之间的辩证关系，为更好地理解和把握本书的主体部分内容奠定基础。

一、理论与实践

关于"理论"的定义，《辞海》作了如下界定："人们由实践概括出来的关于自然界和社会的知识的有系统的结论。"可见，理论是人们在认识世界和改造世界过程中所形成的思想或观点，是人们对自然界和人类社会的认识或看法。理论源于实践，又反作用于实践，对实践具有指导作用。因此，"理论的指引性"是其根本价值所在。

认识世界不是目的，人们认识世界的最终目的是改造世界，为自身谋福利。从法哲学角度来讲，人是由"意志"和"行为"两个部分组成的，其中，"意志"是理论的表征；"行为"是"实践"的表征。法律所规制的人的行为是受人的意志支配的。"对受自己意志控制的行为负责"是法律的精髓。如果人的行为不受其自身意志的控制，在法律上，则属于"意外事件"或"不可抗力"，或者属于"无民事行为能力人的行为"，或者属于"可以从轻、减轻、免除刑罚处罚"的行为。这是"理论的指引性"在法学领域的具体体现。

从哲学上"应然"与"实然"的角度来看，"应然"属于理论层面，而"实然"属于实践层面。应当那样"为"而不应当这样"为"，很好地回答了理论对实践的"指引性"这一根本价值。从哲学中"主观"与"客观"这一对概念来看，理论是一种对客观世界的主观性认识，而实践只不过是受人的认识能力和水平支配的、外在于客观物质世界的一种现象。从这个角度来看，理论通过指引人们的认识行为达到对人们的社会实践的引导。

"一切从实际出发""实事求是"等用语，仅仅说明了"理论源于实践"，而不能说明正确的理论的形成过程，更无法体现"理论的指引性"这一根本价值。理论和实践的关系是"充分"而不"必要"。有先进的理论必然有正确的实践，而有实践并不必然有正确的理论。先进的理论具有超越时空的属性。例如，我国古代老子、孔子、庄子等大师的理论，是人类社会长河中永不泯灭的指路明灯；古希腊政治家、哲学家、法学家亚里士多德的"法治理论"仍然对当今乃至今后的"法治社会"起到重要的指引作用。

理论的价值关键不在于其系统性，而在于其为人们认识世界和改造世界提供了科学的方法。不是所有的领域都能形成系统的理论。从生命科学角度来看，人只不过是自然界有生命的个体，是有感知周围世界能力的生命体。因此，理论首先作用于人的大脑，然后，作用于外部世界，再作用于人的社会实践。

鉴于以上对"理论与实践"之间的辩证关系的解读，笔者将本书命名为《司法口才理论与实务》，以期通过构建司法口才主体科学思维方法，指引其司法口才实践。

二、知识与智慧

根据《辞海》等有关权威资料，"知识"是指人们在改造世界的实践中所获得的认识和经验的总和；智慧是指人们对事物能迅速、灵活、正确地理解和解决的能力，是由智力体系、知识体系、方法与技能体系、非智力体系、观念与思想体系、审美与评价体系等多个子系统构成的复杂系统。

知识与智慧是两个不同的概念，有着本质上的区别。知识回答的是"是这样，而不是那样"的问题，其表现形式是"技能""经验"；而智慧回答的是"为什么是这样，而不是那样"的问题，其表现形式是"辨析""判断"和"发明创造"的综合能力。例如，18世纪的英国天文学家哈雷声称他知道了哈雷彗星的行为规律，并预报说这颗彗星将于1759年重新出现。这就是哈雷的"知识"体现，而如果要求哈雷回答"你是怎么知道的""彗星的运行为什么有这样的规律""彗星为什么会在1759年重现"等问题时，就涉及哈雷的智慧。哈雷的"预见"、爱因斯坦对"引力场"的判断及诸多"料事如神"的现象，是智慧，而不是知识。

如果用"雪花"和"雪球"来做比喻的话，知识好比是"雪花"，而智慧就是"雪球"，把各种知识连接起来。从这个角度来看，智慧是各领域知识的实质关联性的联结，是万变事物背后的"宗"，其力量要远远大于知识的力量。从"现象"和"实质"这对概念上看，"知道现象"属于知识层面；而透过现象看清事物隐藏在其背后的实质，则需要人们的智慧头脑。我们可以这样形象地解读智慧：智慧是把两个看似毫不相干的事物联接起来的能力，或者是把两个看似联系比较密切的事物识别出实为两个"风马牛不相及"事物的能力。前者有"动物不合常规的行为与自然灾害之间的联系"等诸多事例；后者有"有'专家'头衔的人不一定能够说出真知识来"等众多生活中的例证。

有知识不一定有智慧，文盲可能具有超人的智慧。唐代佛教禅宗祖师慧能，不识字，[1]但他是中国历史上有重大影响的思想家之一，代表着东方思想，与先哲孔子和老子并列为"东方三圣人"。

知识和智慧都是一种联结，知识中的"联结"是有维度的，具有有限性；而智慧中的"联结"是没有维度的，具有无限性。知识的"联结"只是智慧"联结"中的一个组成部分。万事万物中的道理是相通的，知识是孤立的，靠智慧打通。如果把智慧比喻成一个线条，那么，知识就是这个线条中的一个线段。知识只有处在智慧这个"线条"之中，才是真知。智慧的"联结"是四通八达的，如果在某一处阻断了，就相当于"残了"。"得失思维""功利思维"等诸多非科学思维之所以要受到批判，便是因为这种思维一旦见到"得失""功利"时，就"断了"，便"残了"。

将理论知识运用于社会实践，就是将实践中出现的问题与某种特定的知识联结起来。可见，解决社会实践中出现的问题，表面看是靠"知识"，实质上需要依靠"智慧之联结"。没有智慧的大脑，所有的知识都是"纸上谈兵"，无法运用于社会实践，解决社会实践中出现的问题。理论知识与社会实践脱节，问题不一定出在理论知识上。

---

[1] 通常意义上，人们把"知识"与识字、读书联系在一起，读过书的人便有知识，没有读过书的文盲便没有知识。从哲学上"主客观一致"的原理角度来看，"知识"一词描述的是知道、识别客观事物的真伪这样一种状态。因此，凡是具备这种状态的人便是有知识的人，这才是"知识"的实质性内涵，与是否识字的状态无关。知识是一种认识自然的能力，而这种能力，人们可以通过亲身实践去把握，可以通过读书来掌握，可以通过向别人请教来学习。有鉴于此，读书只是人们掌握知识的一种路径，而且还算不上最快的捷径，最快的捷径当属拥有"高悟性"的灵活大脑。由此看来，慧能大师不识字，不代表其没有知识。每个人都是一本书，只不过是书的质地存在差别罢了。有的人脑子里装的是别人的书，优秀者是汲取了各方面及各种途径中的营养，构建了自身独特的、耐人寻味的好书。另外，书里的知识实质是来源于社会大众的实践。——笔者注

三、理论与智慧

尽管理论是系统化的知识，但理论来源于人类社会生产和生活实践，因此，理论是人类实践的结果和经验的总结，是过去的、特定的及碎片化的；智慧则是同类事物之间或不同领域事物之间的实质性联系，是人脑对宇宙里万物跨越时空间联系的反应能力，是过去的、现在的、将来的、一般化及整体化的。

理论与智慧的关系是手段和目的的关系，是入口食材与食材在体内被消化酶消化之后形成营养成分间的关系。学习理论，不是通过记忆或理解把所学的理论知识原原本本地装进大脑里，也不是大脑里装的理论知识越多越厉害，那样的话，现代人都比古人厉害得多。况且，现实中人们的状态，实质上也并非如此。那些阅读了大量某种专业领域书籍的专业人士，与非专业人士相比，不同的是他们能就所涉专业领域的问题很快作出反应。对于某些社会实践中出现的问题，能否作出反应、能否迅速而准确地作出反应，是衡量人们能力高低的标尺，也是衡量人们智慧高低的标尺。"对外界事物的信息能够迅速而准确地作出反应"是智慧的最高境界（关于这一点，本书将在第一章里作详细阐述）。

人们学习理论知识的目的，不是把所学的理论知识装进大脑里，而是将理论知识在大脑里进行消化，将其转化为智慧成分，练就"对外界事物的信息能够迅速而准确地作出反应"的高超能力，从而拥有智慧、高灵敏度的大脑。从人的两大组成"意志"和"行为"的角度来看，理论首先作用于人的"意志"部分，形成智慧的大脑，然后，指引人的行为，作用于社会实践。由此可见，理论能够正确指引人们的社会实践，不是取决于理论的正确与否，而是取决于能否通过理论的学习练就聪明或智慧的大脑，成为先知先觉者。

四、智慧与司法口才

看书、学理论，不能只停留在"知道"这个层面。即便"知其然，又知其所以然"，也不能说明就能够灵活自如地应对处于瞬息万变的社会实践。稍微思考一下便可得知，同样都掌握了某个领域专业理论知识的专业人士，不能因此而鉴别出哪个更厉害。实践中，通常是那些思维敏捷、反应速度快的专业人士，更受到人们的青睐，更能迅速解决社会实践中出现的问题。如果反应较慢，不仅不能解决问题，可能还会让问题变得更糟糕。专业人士与一般人不同的是，对待专业性问题，专业人士能较为迅速地找到问题所在。由此可见，理性认识并非认识的最高阶段（下文将作详细阐述），认识的最高阶段是"感觉"，是一种迅速对外界信息价值的感知能力。而这种"感觉"又不同于初始"感觉"，是通过"无—有—无"这种模式进行科学训练之后所达到的最高级状态。

学习司法口才理论，理解和把握相关理论不是目的和终点，而是手段和过程，是通往司法口才智慧的必经之路。依据"以事实为依据、以法律为准绳"的法治原则，司法口才的首要任务是查明案情的事实真相、正确适用法律，这也是司法口才的生命线。然而，在时间、空间、效率、效果等因素的限制下，特别是在司法口才双方激烈的口语交锋的过程中，能够迅速找到案件的关键点、迅速找到事物间的必然联系、迅速抓住对方的漏洞，才是司法口才的上乘能力。

本书关于对"司法口才理论"部分的论述，就是"无—有—无"这一模式中"有形"的训练状态。通过理论学习和思维训练，达到能够迅速反应的司法口才最上乘能力；而关于对"司法口才言语表达方法和技巧"部分的阐述，试图从理论部分加以推导而出、对前人经验辩证地总结而来，将相关司法口才理论进行思维分解和细化，提高具体的"有形"的科学训练方法。司法实践是复杂而多变的，要达到"以不变应万变"的水准，就不能将本书的学习停留在相关理论层面，要不断强化理论推导过程中所运用的思维方法和思维工具，练就司法口才之中所蕴含的高超智慧。智慧产生于思维或思路，而思维或思路形同"走路"。通过"智慧之路"不仅能够顺利地找到相应的司法口才方法和技巧，而且还能够在日后的司法实务中创造出自己独特的司法口才方法和技巧体系。这便是本书写作的基本思路。

第一章
基本思维方法与关键点

思维的座右铭：走一下，走下去。

谈到思维方法，人们习惯性想起"逻辑思维"和"形象思维"，而人们在社会实践中并不经常运用这两种思维，况且，不是所有人都了解这两种思维。在社会实践中，人们经常会运用到诸如"得失思维""权力或权利思维""名利思维""荣誉思维""地位思维""有利思维""胜负思维""人治思维"等思维方法。这些思维离不开外界事物与"我"这一本体之间的利害关系，难免偏离客观现实。在这些思维方法的指引下，人们思维的起点和归属早已在心中成了定式，如在"得失思维"中，得与失既是思维主体看待外界事物的起点，也是他们看待外界事物的归属或终点，有利者，取之，不利者，舍之。再如"地位思维"中，凡是地位高的人，他们说的话都是对的。得与失、好与坏、有利与不利，都离不开人们的主观判断。然而，根据"主客观一致"的哲学原理，主观必须符合客观。客观事物的本身样态是不以人的主观喜好为转移的。思维是一种主观活动，属于人的两大组成中的"意志"成分。要拥有科学的思维，必须促使思维客观、真实、准确地反应外界事物发展的脉络。

思维和思路都是有维度的，其基本结构是线性的，是点与点间的联结而成的，形同人们"走路"。因此，思路就是"走路"。思维是思路的指针，在什么样的思维方法指引下，人们就会走出什么样的思路样态。把握和展示外界事物的来龙去脉，是思维和思路的出发点和归属，这是"主客观一致"的哲学原理的必然要求。"条条大路通罗马。"根据这一原理，沿着任何一种思维走下去，只要不停下"脚步"，在不考虑人的生命时间长度的前提下，最终都有可能还原事物的本来面貌。然而，一个人在时间维度的有限性，再加上及时性、效率性及价值取向性的限制，科学思维方法的构建就显得尤为重要。把握问题要把握问题的关键，把握了事物的关键点，问题便迎刃而解。基本思维有助于探寻到事物的关键点，而这些关键点便是思维的成果，将节省对同类问题的思考时间，提高思维的敏捷度。有鉴于此，本书有必要首先介绍基本思维方法与关键点，便于在此基础上构建科学思维体系，培养大脑的灵敏度和快速反应能力，以此不断提高司法口才水平。

第一节　基本思维方法

"事实胜于雄辩。"这句话的意思并不是说，有了事实，就无需辩论，更不是在"事实"与"雄辩"之间做一个比较。在双方就某种事实真相存在争议情况下，查明事实真相的过程就是思辨或辩论的过程。一旦事实真相大白于天下时，辩论便随之终止。一切有悖事实真相的言辞都是诡辩或狡辩。因此，基本思维方法是以追寻事实真相为出发点和归属的。经过数十年的不断思考和探索，笔者总结出"语言的两大基本功能"和"点—面—点"等两大基本思维。这两大思维方法之所以基本，是因为在思考或辩论的过程中，都必须以之作为思路的方向，其规定着思路的起点和终点。当思路出现不清晰或混乱时，运用这两大基本思维方法进行调节，能够迅速让思路走向清晰的轨道。

一、语言的两大基本功能

语言学家认为："语言是具有多种功能的最重要的工具：既有交际的功能，又有思维的功能，还有传递信息、表达思想、认识世界等其他诸多功能。"[1]语言学家所讲的这些诸多的语言功能，描述的是人类的语言经过几千年发展演变之后所呈现的各种不同的状态，没有道出语言的最基本的状态。从人类语言产生来看，起初人类在接触到外界事物时，产生了一种将其所看到的、听到的、感觉到的事物传递给同伴的冲动，渐渐地，用来描述事物状态的特定的语言便随之产生。由此可见，"对事物实然状态的描述"是语言的

---

〔1〕刘富华、孙炜：《语言学通论》，北京语言大学出版社 2009 年版，第 41 页。

第一大基本功能。"实然"与"应然"是哲学上的一对概念。"实然"是事物现实所呈现的状态，如他犯罪了，而"应然"是事物应当呈现的状态，如他不应当这样对我。"应然"是对"实然"的评价、矫正与指引，如"你不应当这样，你应当怎样怎样"。由于人的认知能力的局限性，人类的社会实践行为始终处于不断矫正之中，因此，"对事物应然状态的描述"是语言的第二大基本功能。人们在认识事物过程中，不仅要认识事物的实然状态，而且还要认识事物的应然状态，即认识事物的发展脉络及事物的发展规律。事物的应然状态是鉴别事物实然状态的标尺，不符合事物应然状态的实然状态是有水分的，含有虚假成分，甚至不存在。因此，语言的第二大基本功能对其第一大基本功能具有修正作用。

（一）语言的第一大基本功能

1. 语言的"三性"

（1）真实性。"你说的是真的吗？"这一疑问是想得到对方对自己的语言所描述的事实状态真实性的确认。从对方语言中了解外界事物的信息，其准确度很大程度上取决于对方语言的真实性程度。"真实性"是语言首要且最基本的属性，是确保语言第一大基本功能发挥作用的前提和基础。在司法实务中，语言的真实性尤为重要，否则，不但会影响到案件公正、公平的有效解决，而且还有可能触犯法律。"真实性"是语言对实然状态描述的目的，是语言具有说服力的关键。违背语言这一基本属性，不是司法口才中的辩才，而是诡辩或狡辩。

（2）虚假性。"你在骗谁呢？"这一疑问是直接对对方语言所描述的事实状态真实性进行否定。"虚假性"是对语言"真实性"的扭曲，是对语言的第一大基本功能的违反。除了人们对外界事物认知能力的限制之外，语言的虚假性源于人们为了实现某种目的，"谎言"是语言这一属性的典型特征。在司法实务中，语言的真实性需要得到充足的证据加以证明。如果没有证据或没有充分证据加以证明，语言所描述的事实状态即便是存在的、真实的，也不能得到法律上的确认，从而变成法律上的"虚假性"。

（3）滥用性。"你不着边际地胡扯什么呢？"这一疑问是对对方恣意使用语言的质疑。语言的真实性和虚假性，主要针对事实状态存在与否的反映，而语言的滥用性主要针对那些存在的可能性很小或压根不可能存在的事物。现实生活和司法实务中经常出现滥用语言的现象，如恶语伤人、胡言乱语、胡编滥造、夸大其词，等等。

语言的虚假性及滥用性，都严重违背了语言的第一大基本功能，不属于司法口才范畴。唯有语言的真实性才如实且有效地发挥了"语言对事物实然状态的描述"这一基本功能，才能归属于司法口才范畴，达到"事实胜于雄辩"的境地。

2. 实然状态

（1）实然状态哲学上的性质。主观与客观，是哲学上的一对概念，其中，"主观"是指事物观察者的"意志"部分，"客观"是指所有被观察的事物，既包括外界事物，也包括观察者自身，还包括观察者自身已经形成的意志成分及被观察者的意志成分；既包括事物当下呈现的状态，也包括事物当下状态形成的过程，还包括事物当下状态未来变化发展的走向。哲学上，事物的实然状态属于客观范畴，具有客观性。

（2）实然状态的种类。从司法口才角度来看，语言的第一大基本功能中的"实然状态"主要有以下三种：①外界客观存在的事物，如果该事物留有人类行为的痕迹，还要考虑人的意志成分，因为人类的行为是在人的意志支配下做出的，这是描述违法犯罪事实时所使用的语言；②事物当下状态形成的过程，这是剖析事物来龙去脉的语言所描述的事物实然状态，如分析犯罪动机、探究犯罪根源时所用的语言；③事物当下状态未来变化发展的走向，这通常是说服教育时所使用的语言所描述的事物实然状态。

3. 语言的第一大基本功能的运用

在口语交锋的过程中，司法口才主体不是对口才对象所说的每一句话都要留意和理会，而是要把注意力集中在那些是否反应事物实然状态、所反应的实然状态是否具有法律意义及反应的程度等语言上，避免主次不分，以便提高大脑的灵敏度和反应速度。

（1）寻找事实真相。科学的精神就是探寻事实真相的精神，自然科学是这样，社会科学同样如此。"百花齐放、百家争鸣"，在社会科学上，不能停留在不同观点共存的状态，应当走向事实真相的揭示和探明。"仁者见仁、智者见智"是彼此还未被说服的状态，还未达到"事实胜于雄辩"的程度。在自然科学领域，如果只是停留在"百花齐放、百家争鸣"或"仁者见仁、智者见智"的状态，宇宙飞船就不能遨游太空，新冠病毒疫情就无法得到有效控制。"英雄所见略同"实质上不是观点相同，而是统一在事实真相上，事实真相只有一个。

"让事实说话。"语言的第一大基本功能之所以是基本思维方法，是因为事实真相是司法口才的基础，是司法口才主体思维的原始出发点和最终归属。包括第二大基本思维在内的其他任何思维都必须构建在此基础之上。在这一基本思维指引下，迅速排除他人口头语或书面语中那些无关的虚假性和滥用性语言，把思维集中在事实真相之辩，做到有所反应、有所不反应。

（2）寻找法律意义上的事实真相。语言首先描述的是事物的实然状态，这是司法口才范围的规定性所在。偏离这一规定性，那种抽象、空洞、情感发泄、口号式的语言，不具有任何说服力，如年轻时从事律师的歌德，在法庭上使用诗歌语言，结果被主审法官驱逐出法庭。然而，并不是所有事实真相都具有法律上的意义。例如，女犯罪嫌疑人，平时家中衣柜里摆放了各式各样花色衣服，这些各式各样花色衣服是事实，但与其犯罪没有任何实质性联系，除了作案时身上所穿的那件衣服之外。在司法口才建设方面，语言的第一大基本功能要求司法口才主体在注重语言对实然状态描述的基础上，将注意力进一步集中在那些具有法律意义的事实真相上，避免被对方牵着鼻子走。

（3）鉴别证据。违法犯罪事实是违法犯罪行为造成的，业已完成。要让那些违法犯罪事实公之于众，语言所描述的状态必须有合法有效的证据加以支撑。违法犯罪事实已成"过去时"，其再现，不能仅凭对方语言的描述加以确定，需要相关证据加以支撑，这便涉及证据的有无、证据的真伪、证据的合法性、证据的关联性、证明力等证据问题的分析、鉴别和论辩。

在确定对方语言对具有法律意义上事实真相进行描述之后，司法口才主体的思维应当立即集中到对方的语言有无证据支撑、所列证据真实性程度、证据的合法性、证据与案件事实的关联程度、能够揭示案件事实程度等问题上来。在没有有效合法证据能够证成的情况下，尽管对方语言所描述的实然状态在客观现实中是存在的，但在法律上应当归类于"虚假性"语言。在思维中，对这些问题的思考顺序应当依次进行，不能任意跳跃，以便训练出思维敏捷、反应迅速的高水平司法口才。

（4）厘清概念。事物的概念是对同类事物基本形态的描述，如"人是一种有情感、有爱的动物""思维是一种寻找事物发生、发展、变化轨迹或脉络的活动""思路就是走路""爱情是一种被丘比特之箭射中的特殊感觉""犯罪是适格主体在其犯意支配下实施的违反一国刑事法律的行为""家是一种充满爱和情感的地方，有爱才有家"，等等。

从物理学角度来看，同类事物由于受到不同外力的作用且作出不同的反应，而呈现出不同的实然状态。事物的概念所描述的不是同类事物中个别事物的实然状态，而是同类事物共同具有的基本形态。只有将同类事物的基本形态作为概念这一"语词"所描述的实然状态，才能把握事物的基准，避免思维摇摆不定。例如，杀死身怀六甲的孕妇是不是等同于杀死了两个人，从"人"这一概念所描述的基本形态来看，答案是肯定的。

前文提到，"迅速反应"是智慧的最高境界。作为语词，"智慧"一词所描述的是对外界事物的信息迅速感知并作出迅速反应的状态，而"愚蠢"或"迟钝"一词所描述的则是对外界事物的明显信息不能作出反应或反应速度缓慢的状态。人是自然界的一部分，不仅人是智慧动物，而且其他动物也具有智慧；不仅有生命体具有智慧，而且整个大自然都是智慧的。生命体与无生命体的共同点在于对外界事物信息的"感知—反应"。这种"感知并作出反应"便是智慧、聪明、愚蠢、迟钝等语词所描述的状态。不是"适者生存"，而是对外界事物信息能够迅速作出感知并迅速作出反应的生物，才能生存下来，是"智者生存"。

厘清事物的概念，应当避免套用逻辑学家对事物概念设定的定义公式，如"我要和你做朋友"与"你要和我做朋友"等概念，很难用"属+种差"加以界定。从语言第一大基本功能来看，这两个概念所描述的状态有着实质性差别。其实，逻辑学家给概念下定义的公式，也不能离开对事物基本形态的描述。否则，就很难准确地界定事物。例如，逻辑学家机械地运用"属+种差"定义法，将"人"的概念界定为，"人是能够直立行走、有自己的语言、能够创造和使用工具的高等动物"。这样的概念没有描述人的"意志"状态，也无法诠释"这个人简直就不是人"这句话的意思。

（5）修正思路。在司法口才施展的过程中，司法口才主体的思维会受到来自对方语言的干扰，时常会偏离轨道，甚至被对方牵着鼻子走，乱了阵脚。司法实务实践中的实战过程本身也是司法口才训练过程。训练过程实质是不断调节和修正思路的过程。语言的第一大基本功能始终是司法口才主体思维准绳，是思维的出发点和归属，是不断矫正司法口才主体思路的有效方法和途径。

（二）语言的第二大基本功能

实然状态是事物经受各种外力作用及事物对这些外力进行感知并作出反应之后所规定的样态。与实然状态不同，应然状态是应当呈现的样态，而不应当是其所规定的样态。例如，他是如此善良的一个人，犯罪嫌疑人不应当是他；经常进行刻苦的思维训练，司法口才水平应当很高；真理应当越辩越明。司法口才的语言和思维不能满足于语言的第一大基本功能，应当上升到语言对应然状态的描述。语言对应然状态的描述的目的主要是探寻事物的发展脉络及事物的发展规律。事物的发展脉络及事物的发展规律一定属于真相，但真相不一定是事物的发展脉络或事物的发展规律。事物的发展脉络及事物的发展规律与真相之间的关系是"充分而不必要"的。经常性思辨事物的应然状态，有助于培养敏捷的思维能力及对外界事物异常状态的迅速的感知能力，提高智力水平，培养高智慧，提升司法口才水准。

1. 应然状态的标准

"你不应当那样做、应当这样做"；"法官不应当那样裁判、应当这样裁判"；"律师应当施展其司法口才才华，不应当搞那些旁门左道"。现实生活中这样的语言比比皆是。应然状态按照一定的标准对实然状态进行修正，而这一标准应当具有合理性、科学性、哲理性。

应然状态的标准很多，当人们在纠正自己的行为或指引别人的行为时，都涉及应然状态的标准。应然状态的标准无处不在。与司法口才有关的应然标准主要有公序良俗标准、法律法规标准、一般法理、常理、常识、风俗习惯、专业知识、商业习惯、行业惯例、自然定律、事物发展规律，等等。在司法口才施展过程中，"语言对应然状态的描述"这一基本思维发挥着很大功效。

2. 语言第二大基本功能的运用

（1）问题的查找。从语言的第一大基本功能来看，所谓的"问题"，就是事物的实然状态模糊不清，疑点重重，是未充分展开的事实，需要逐一澄清及徐徐展开。例如，犯罪嫌疑人是如何到达犯罪现场的，又是如何实施犯罪行为的，受害人有没有反抗，又是如何进行反抗的，等等。问题最终解决的标志便是事实真相的成功揭示。查找问题有两种基本方法：一是，从"应然"走向"实然"；二是，从"相对"走向"绝对"。

第一，从"应然"走向"实然"，这是语言第二大基本功能的基础性应用。"实然"是事物所呈现的状态，是在各种力的作用下既定的结果，也就是"事实真相"。实然状态包括"现在的样态"及其"之所以这样的过程"等两种形式。对于前者，"应然"对事物现在的样态可能会提出众多质疑，有助于确定事实真相。例如，资本主义标榜其立法是为工人阶级着想，但由于资本的掠夺和自私的本性，事情不应当如其所说的那样，尽管关涉公共利益的立法对工人阶级有利，但此类立法的出发点显然不是为工人阶级着想，也不应当是这样。对于犯罪嫌疑人的排除与确定，也是如此。对于后者，当事物现在的样态确定无疑之后，"应然"角度的提问，有助于查明事物现在样态的成因。例如，一位品学兼优的大学生不应当走向违法犯罪道路，这里面一定隐藏着不为人知的故事。一句"不应当"引发头脑中无数个疑问。

不仅人的语言具有"虚假性"，事物中的现象也具有"欺骗性"。人们能够看到的事物不一定是事物的全部，也就是说，"你所看到的事实不一定是事实"。"虚假性"和"欺骗性"一定隐藏着不为人知的成分。要找到这种不为人知的成分，除了调查取证及长时间观察之外，最有效的办法就是用事物的"应然状态"或"应然标准"作为标尺来进行分析和鉴别。一位整天玩弄社会关系的"知名律师"称自己"每次赢得诉讼的胜利，都是靠自己具有超人智慧和高水平司法口才"，是绝对不现实的，因为，这位"知名律师"日常的所作所为违背了司法口才"常思+科学思维方法"的应然状态及"熟能生巧"的道理，其真实的一面是，由于其在司法口才锤炼方面花的时间和精力非常有限，司法口才的素养很低。"感知、发现和寻找事物未知状态"的过程，既是自然科学工作者的应然状态，也同样是社会科学工作者的应然状态。

第二，从"相对"到"绝对"，从事物实然状态的角度来看，"绝对"是指事物确定的状态；"相对"则是指事物不确定的状态。事实真相只有一个，是确定的，也是绝对的。如果一个事物的状态存在诸多可能性，那么该事物的状态是不确定的，是相对的。例如，他这个人时而对你好，时而对你不好，在这样的情况下，"他对你是否好"是一种不确定的相对状态，而不是确定的绝对状态。从"相对"走向"绝对"，便能发现诸多问题。例如，他为什么时而对你好，又为什么时而对你不好。对这些问题追寻下去，会发现"对你好是因为你对他有利用价值，对你不好是因为对他没有利用价值"或"对你好是因为你做了有意义的事，对你不好是因为你做的不是什么好事情"。"表象+实质"才是事实真相的全部。揭示事实真相不能停留在"仁者见仁、智者见智""一家之言"等层面，这不是科学精神所要达到的状态，继续探寻或论辩下去会发现诸多问题。一句"不一定"同样能够引发头脑中众多疑问。

（2）虚假语言的揭露。虚假语言违背了语言的第一大基本功能，其所描述的状态是不真实的，甚至是不存在的。当然，证据是揭穿谎言最好、最有效的途径，但是，"一般法理、常理、常识、专业知识、商业习惯、行业惯例、自然定律、事物发展规律"等应然方面的标准，同样能够有效地揭露虚假语言。这些具有客观性、合理性、科学性及哲理性的应然标准，其本身就是外界事物的实然状态，如果语言所描述的状态与之相悖，显然是虚假的。这和"罔顾事实"没有什么两样。

（3）犯罪动机的揭示。从违法犯罪角度来看，[1]"罪"指的是人的意志部分，叫"犯意"；"犯"指的是人的行为部分，叫"实施"；"动"指的是变动，"机"指的是时间，即由"善意"转变成"恶意"的时间。促使这种转变并实施犯罪的因素，便是犯罪动机。例如，因受到欺凌而产生报复心理，之后，在这种心理驱动下而实施犯罪，"报复"便是此类犯罪的犯罪动机。

（4）犯罪根源的探寻。人的行为受意志支配，而人的意志由"善"转变成"恶"，再到犯意的产生并最终在这种犯意支配下实施犯罪，是一种由量变到质变的过程。人不是生来就注定要犯罪，犯罪嫌疑人曾经也被称为"祖国的花朵、国家的未来"，可后来，走着走着，怎么就走向了犯罪道路上，不应该啊。对照"应然状态"，会发现"实然状态"中存在很多问题。找到了这些问题，便找到了犯罪根源所在，从而有针对性对社会进行综合治理。例如，在"马加爵一案"中被告马加爵，当年以优异的成绩考上了云南大学。这样一位成绩优异的学生最后怎么就走向了犯罪道路。如果在马加爵在大学里的行为出现异常时，学校老师及领导及时了解情况，并对其进行有针对性的教育，惨案是不是就不会发生。可惜，这个案件的一审及二审都没有对这些问题进行追寻，只是简单地将案件停留在犯罪动机层面。比较而言，惩罚容易，但教育难。

（5）施教原则的施展。"惩罚与教育相结合"原则是司法实务最重要的

---

〔1〕 日常生活中也有"动机"一说，如你做这件事的动机是什么；你和她交友动机不纯，等等。日常生活中的"动机"重在探寻支配人的行为的真正"用意"，而"犯罪动机"重在追寻"变动"，毕竟犯罪嫌疑人曾经也是"祖国的花朵、国家的未来"。——笔者注

原则。刑事侦查、讯问、询问、庭审等过程中，都涉及施教。"不应当那样想，应当这样想"及"不应当那样为，而应当这样为"等应然状态的用语，支配着施教过程中的思维主线。错误的行为源于错误的认知，而错误的认知源于对事物实然状态把握得不全面。从应然到实然的过程，便是帮助施教对象全面把握事物的实然状态，了解事实真相，修正其对事物的认知。例如，在"有钱就幸福"的思想支配下的财产犯罪案件中，犯罪嫌疑人对"幸福的状态"存在错误的认识，简单地将"有钱"与"幸福"联系起来。其实，幸福的应然状态是：幸福 = 满足/欲望，[1]可见，有钱人也有无法得到满足的欲望，幸福取决于一个人的欲望的满足或满足他人的欲望，而不是"有钱"。

二、点—面—点

"没有调查就没有发言权""不了解情况就不能乱下结论""看事物要全面不能片面""不要主观想象，要切合实际""三思而后行"等现实生活中的用语，其实质是人们在自觉或不自觉地运用"点—面—点"这一基本思维方法来修正他人的主观意志和行为。

（一）"点—面—点"中各自状态的描述

"点—面—点"的基本思路是，看问题或了解事物或理解现象，要将该问题、事物、现象放在其所在的现实层面去考量，这样，才能解决问题、了解事物、理解现象，否则，只能是一知半解。

1. 第一个"点"

第一个"点"是指人们所面临的问题、要了解的事物、需看清的现象等。例如，为什么犯罪嫌疑人没有拿走受害人随身携带的财物？利害关系人的证人证言可信吗？犯罪现场为何没有留下打斗痕迹？隐瞒事实真相一定违反民事法律关系中的"诚实信用"原则吗？等等。当人们疑惑不解或一知半解时，这个"点"便随之产生。从哲学上"抽象与具体"这对概念的角度来看，第一个"点"具有抽象性；从语言的第一大基本功能角度来看，第一个"点"是未经充分展开的"实然状态"，具有模糊性，如自然界众多的未解之谜、刑

---

〔1〕"幸福=满足/欲望"这个公式，是笔者通过多年潜心思考和研究得出的结论。满足欲望可以分为满足自我欲望和满足他人欲望等两种形式。欲望必须具有合理性、科学性并具有现实可能性。欲望的确定取决于一个人的认知水平，因此，欲望与一个人的智慧高低有关；而满足他人的欲望需要用心和爱心作铺垫。由此可见，影响幸福的因素有两个：爱与智慧。——笔者注

事案件中的谜团等；从力学角度来看，第一个"点"是受力情况未解之点，具有真空性（需要填充受力状况）。因此，第一个"点"有待具体化、清晰化、充实化。

2."面"

"面"所描述的状态是与"点"相互联系、相互作用的所有事物组建的范围。自然界是所有事物相互联系、相互作用的统一体，因此，自然界是最大的"面"，即哲学上的"存在"。"语境""背景"只是"面"的一小部分，两者不能等同。

"相互联系、相互作用"与"范围"是"面"的两大基本特征。"范围"规定着"面"的大小，如人类社会、动物、生物、法律、道德、宗教等；"相互联系、相互作用"决定着"面"的大小及其样态。例如，引入动植物与人类之间的相互联系及相互作用，人类在行为之前就不能只考虑"人"这一层面，要考量人与自然的和谐共存。"面"是人们认识事物的基础，正所谓"一切从实际出发"，而"面"的范围或大小，规制着第二个"点"的样态。

3. 第二个"点"

根据辩证唯物主义"否定之否定"原理，第二个"点"与第一个"点"有着质的不同，是经过思维提炼之后的"点"，是事物的"关键点"。其表现形式主要有以下五种：基本形态、实质性形态、具体状态、聚焦点及关键作用力。

（1）基本形态。事物所呈现出来的形态多种多样，也就是同类事物表现出来的不同现象，如各种不同的法律制度、各种人等。事物的现象时刻处在不断变化之中，难以把握。但是，同类事物都有统一的基本形态。例如，法律的基本形态是法律的制定、法律的执行、法律的适用及法律的遵守；犯罪的基本形态是犯意及实施犯意的行为；人的基本形态是能够直立行走、能够制造和使用工具、有自己的语言、有自己的思想情感，等等。事物的现象源于事物的基本形态，是事物的基本形态对外界环境的作用力作出不同反应的结果。

（2）实质性形态。事物的基本形态是同类事物共同具备的形态，但可能是事物的表面形态。基本形态规制着此事物而非彼事物，如法律的基本形态将法律与道德、宗教等其他规则区分开来。然而，认识事物不能将思路终止于事物的基本形态，要"走下去"，探寻事物的实质性形态。例如，"法律依靠国家强制措施保障实施"是任何时代、任何国家实施法律的基本形态，但不是法律实施的实质性形态。"走一下"：国家在依靠其强制措施实施法律时，其意志状态显然是，认为这样做是为了实现社会正义。由此可见，"法律依靠正义的力量保障实施"是法律实施的实质性形态。实质形态是推动事物发展、变化及消亡的原动力。了解和把握事物，不能只看表面，要看事物的实质。天才与常人不同的实质性状态是，天才的脑细胞运转速度和运转频率远远高于常人，而不是"天生"。一位众星捧月的"大律师"，并不一定是人们想象的那样，也不一定拥有高超的司法口才水平，要看这位"大律师"日常所思所想。"常思＋科学的思维方法"才是高水平司法口才的实质性形态。

（3）具体状态。抽象与具体是哲学上的一对概念。从语言的第一大基本功能来看，抽象是指事物的实然状态模糊不清，有待清晰化，而具体则是指事物的状态清晰，即事实真相，是已被人们清楚了解和把握的状态。当人们不了解一个事物的实然状态时，或者事物并不直接反应其实然状态时，这样的事物在人们的大脑中便处在抽象的状态。例如，法律对非法律专业人士来说是抽象的，对法律专业人士来说，由于法律是一种意志的体现，并不直接联结具体的社会实践，因而其也是抽象的。再如，"张三"这个人，在陌生人面前是抽象的，而不是看起来那么具体，即便对"张三"熟悉的人来说，"张三"也可能是抽象的，是熟悉的陌生人。从数学中集合的概念来看，从抽象到具体，是在抽象事物这一"全集"里不断探寻出其所含有的各种元素，使其逐渐清晰化。而不是对方说了什么，关键在于对方说的话有没有清晰地将事物的具体画面呈现在你的脑海里；关键不是他对你笑，而是他的笑容背后还隐藏着什么见不得人的东西。

（4）聚焦点。聚焦点是事物各种表现形式的汇集点，就像花朵中的花托，所有的花瓣在此点汇集。聚焦点具有层次性，如一棵开满花的树，花托是一朵花的聚焦点，花树的各个分支是这个分支上所有花的聚焦点，树干是这棵树所有分支的聚焦点。自然界中的万物彼此间是相互作用、相互联系的，"感知—反应"是自然界万物的聚焦点。追寻事实真相是自然科学和社会科学的聚集点。学科领域的划分是人为的，但人为的行为不能阻断不同学科领域间聚集点的存在。因此，"第二个点"不一定在专业领域。找到能够将所有学科领域的聚集点，才能称得上是智慧中的上乘。

（5）关键作用力。关键作用力，也就是人们经常讲的"起关键作用的因素"。包括人在内的世间万物无时无刻不在受到力的作用。"感知—反应"是有生命体与无生命体共通的实质性形态，是世间万物运行的基本模式。世界之所以像个万花筒，是因为组建自然的各元素对受力的感知并因之而作出的反应程度不同的结果。不是对所有作用力都要进行感知并进而作出反应的。有所感知，有所不感知；有所反应，有所不反应。"志存高远"的内在机理在于，将人生的主要精力，也就是将"感知—反应"集中在实现远大志向道路上起关键作用的因素，这样才不至于因现实生活中的琐事而分散注意力。

关键作用力在自然界中是普遍存在的，人作为自然界的一分子，关键作用力显然适用于人。与自然界中的其他事物不同，关键作用力已经意念化为人的主观意志成分。每个人对关键作用力的认知和感觉是不同的，取决于其思维方式和价值观念的区别。得失思维的人的意志和行为，一切以得到与失去为转移；权力思维的人的意志和行为，一切以获得、巩固、加强、提升权力为取舍；追寻事实真相的人的意志和行为，一切以事实真相为出发点和归属。要拥有高水平的司法口才，必须注意三大关键作用力：良心、科学思维方法和追寻事实真相的能力（后文详述）。

（二）"点—面—点"这一基本思维的运行机理

认识事物，把握事物的运行规律，不能仅凭未经千锤百炼的初始感觉，不能仅凭印象或经验，不能只看事物的表象，更不能凭借道听途说，必须充分把握事物的信息，必须将事物放在其所在的"面"上进行认知。"面"越大，越能准确地了解和把握事物，越能把握事物的关键点。认识事物的"面"狭窄，可能很难找到事物的关键点，因为关键点可能不在你认识的事物的"面"上。人们认识事物，总是建立在事物的一定层面上，只不过又总是以主观想象代替事物的面，以点带面，以偏概全。其根本原因是没有把握"点—面—点"这一基本思维的运行机理。

1. "由近至远"

"由近至远"要求，首先将事物放在较小的面上进行考量，然后将这较小的面放在其所在的更大的面上进行考量。"面"越大，认识事实越准确，越能把握事物的关键点。例如，认识"立法行为"，人们首先看到的是立法机关在立法，如果将立法机构放在"国家"层面，会发现是国家在立法，再将国家放在所涉"法律主体"这个"面"上，会发现国家是代表法律主体在立法。既然是代表，代议制立法机关或国家，便是在按照法律主体意志行事，受法律主体意志支配，因此，立法行为的实质是法律主体的行为，是法律主体通过其代议制机构在行使立法权的行为，正如民法代理法律关系中代理人的行为实质是被代理人的行为一样，因为，行为受谁的意志控制和支配便是谁的行为，自己的行为是受自己意志控制和支配的行为。

从横向上看，"面"越大、越广，在仰角不变的情况下，越能配得上"高瞻远瞩""远见卓识"这些说法，反之，"鼠目寸光""目光短浅"便可见一斑。"远近高低各不同"是因身在此山中。由于专业领域所涉及的"面"的局限性，因此，不要做专业领域的"井底之蛙"，特别是在社会科学领域。高科技产品，从来都不是自然科学某一领域能够独立完成的。要彻底认清某一专业的实质，必须将其放在更大的"面"上进行考量，必须将各学科领域的知识联系起来。如果看到了看似毫无联系的不同专业领域间的实质性联系，那便是更高智慧使然。

2."由远至近"

"由远至近"要求，首先将事物放在更大的面上进行考量，然后逐步进行战略收缩。在缩小面的同时，给事物这一集合不断注入元素，使之走向具体、清晰。例如，如何认识"国际法主体"，首先，将国际法主体放在国际关系这一更大的层面上进行考量，找到"国际法主体是国际关系的独立参与者"元素；再将国际关系缩小到"国际法"层面，国际法的主要内容是权利和义务，可知，国际法主体是国际法上权利和义务的直接承受者；最后，将"面"缩小到"国际法遭到破坏"的层面，会发现，国际法主体具有"独立求偿权"。[1]至此，国际法主体是，能够独立参与国际关系，直接承受国际法上权利和义务，具有独立求偿能力者。[2]

3."走下去"

前文谈过，"思路就是走路"，因此，要"走下去"。"走一下"，开启思维之路，也是开启智慧之路。智慧的高低，要看能走多远。那种从表象看问题的人，仅凭事物的某种现象就立刻得出结论，显然，思路没有发生，因而是智障、愚蠢，谈不上智慧。智慧是走出来的。例如，美国的亨金教授认为，"法是政治主张的反映"。[3]亨金的"法是政治主张"是将"法"构建在

---

〔1〕 从语言的第一大功能来看，"独立求偿权"就值得一辩。这样的表述没有涵盖国际法实践中所有情景。"独立救济权"更为准确描述权利主体对于违反国际法不法行为的救济状态，"求偿权"只是救济状态中一种，此外还有自卫、反报、报复、制裁、反制，等等。——笔者注

〔2〕 王铁崖主编：《国际法》，法律出版社1995年版，第46页。

〔3〕《国际公法学》编写组：《国际公法学》（第2版），高等教育出版社2018年版，第25页。

"政治"这一层面，没有再继续走下去。政治主张当然是政治家的主张，而政治家是通过民选程序遴选出来的，是选民的代理人，因此，政治家的主张应当是选民的主张，否则，便有假公济私之嫌。在法律上，选民是法律主体，所以，法实质是法律主体的主张，[1]而不是政治家的主张。如果再往前走，走到更大的层面，即"自然界"层面，那么，法律主体的主张不能违背自然界及人类社会发展和变化的规律。是故，归根结底，法是自然界及人类社会发展和变化规律的反映。代议制机构立法不能机械地、生搬硬套地反映法律主体的意愿，而是要透过民意，对自然界及人类社会的发展和变化规律进行深入细致地研究探索，并加以科学地揭示和反应。

思路不但要"走起来"，而且还要不断地"走下去"，并根据两大基本思维，不断修正思路的方向，以便准确把握事物产生、发展、变化和消亡的脉络。这便是智慧的生命力所在。

（三）"点—面—点"这一基本思维的运用

1. 修正错误思维

前文已经提及，思维属于人的主观意志范畴，而主观必须与客观事物保持一致，所以，思维是事物发展脉络或发展轨迹的有效反应。作为语词，思维也是对事物发展脉络或发展轨迹状态的描述。否则，思维会因背离客观事物的发展而出现错误。在错误的思维指引下，思路的起点、终点和方向也会随之发生错误。通过"点—面—点"这一基本思维对错误的思维进行纠正和调整，确保思维始终在事物的发展脉络或发展轨道上。例如，"重点大学学生厉害"这种思维不一定正确，调整的方法如下：将"重点大学学生"这个"点"放在其大学期间的日常学习及思考状态这个层面上进行考量，如果重点大学学生勤于学习和思考，并掌握了科学的思维方法，拥有了过人的智慧，即厉害。通过修正，正确的思维应当是：重点大学学生—高智慧—厉害。再如，"物质是客观的，意识是主观的"这一哲学原理的思维就存在错误，"物质与意识"及"主观与客观"是哲学上的两对概念，但不能简单地将这两对

---

〔1〕 我国的立法机关是全国人民代表大会及其常务委员会，代表人民这一法律主体行使立法权。可见，法律是民意的体现，但又不是简单的体现，而是自然界与人类社会发展规律的体现。任何人不能违背自然规律和社会发展规律，不能背离自然规律和社会发展规律行事。正是从这个意义上，任何法律主体都必须遵守法律，都必须在法律规定的范围内活动，尽管法律没有直接反映法律主体个别意志。——笔者注

概念进行一一对应。就认识主体来说，认识主体本人的意识是主观的，而其之外的他人的意识对其则是客观存在的，不以认识主体意志为转移。之所以出现这样的思维错误，主要在于把事物的面弄交叉了。

感性认识与理性认识的区别，不是认识结果的准确性，也不是在"系统性"上存在差别，而是认识主体的认知面的大小。理性认识考虑事物的"面"较大，也就是考虑问题更加周全一些。然而，理性认识考虑事物的面不足够大时，如果仅局限于专业领域，就可能出现谬论，从而与感性认识一样不可靠。不可靠的"理性认识"无疑是"经过深思熟虑"的"感性认识"。由此可见，理性认识是认识的最高阶段的思维是错误的。认识的最高阶段应当是"迅速而正确地对事物之间实质性联系加以感知或感觉"。如同视觉、听觉、味觉一样，人的大脑也是一种"感觉"，也就是人们常说的"大脑反应速度快""思维敏捷"。因此，大脑对外界事物的信息敏锐地感知并作出反应，是智慧的最高境界。这种感知或感觉，需要经过长期刻苦的思维训练，并在科学的思维方法指导下，才能练就而成，与人们初始的感觉有着质的不同，需要在有形思维规则指导下，经过不断地刻苦练习、反复修正，才能达到。

2. 提炼真知

"真知"一词描述的是"对事物真相的了解和把握"这一实然状态；"知识"描述的是"认知主体能够知道事实真相、识别真伪"的实然状态。可见，两者描述的状态是一致的，但现实生活中充斥着大量"伪知识"，所有才有"真知"一说。

运用"点—面—点"这一基本思维，能够有效地辨别真伪、提炼真知。例如，《法理学》教材通常将法律的概念界定为：法是反映国家意志，是由国家立法机关制定或认可的，由国家强制力保证实施的行为规范体系。[1]这样的法律概念之所以不准确，是因为其思维所触及的"面"不够大。众所周知，国家的意志源于法律主体，国家是其管辖范围内法律主体的代表，国家的意志应当是法律主体的意志；立法机关是代议制机关，是代表法律主体实施立法权的，受法律主体意志控制，因此，立法行为是法律主体的行为，而不是立法者的行为，法律实施是实施机关以正义之名加以实施的，是由正义的力量保证实施的。据此，法律的概念应当是：法律是法律主体意志的体现，是

---

〔1〕 张军主编：《法理学》，中国民主法制出版社 2014 年版，第 22 页。

由法律主体间接或直接制定的（间接制定的形式是国内法，直接制定的形式是国际法），由正义的力量保证实施的原则、规则和制度的总称。如果将"面"扩大至自然界，那么法律的意志成分应当是客观事物发生、发展、变化、消亡的规律，因为法律主体的意志不能任意化。

3. 构建对话和辩论的基础

同一事物在不同的语境（即不同的面）中有着不同的含义，例如关于"人"的概念，在动物层面，"人"是有自己的语言、能够直立行走、能够创造和使用工具的有情感的动物；在生物层面，"人"是有情感的生物；在哲学层面，"人"是一种"存在"。再如，关于对人类的"胎儿"是不是人的界定，从生命科学角度，人类的"胎儿"显然是人；在刑法层面，当下的人类"胎儿"不是刑法上的人；在继承法层面，人类的"胎儿"是一定程度上的继承法上的人。

同一层面是双方对话的基础，否则，同一概念或同一事物在对话双方心里会各有不同的指向。有些相声和小品中的对话，正是运用这一原理藏设包袱、增加笑料的。司法口才中的对话和辩论，不是为了博取众人一笑，而是为了探寻事实真相，因此，双方的对话和辩论必须在一个层面，这是基础。违之，则会走向诡辩或狡辩。如果说话者的语言所基于的背景与听者心中想象的语言背景不一致，误会可能因此而产生。现实生活中，通过网络手段隔空聊天时，常常加上表情符号，就是防止引起不必要的误会。

4. 施教原则的主线

人的行为受人的意志支配或控制，而对外界事物的认知能力决定了人的意志样态。违法犯罪行为人的行为，显然是在错误的认识支配下实施的。"惩罚与教育相结合"是司法实务的重要原则，惩罚不是目的而是手段，教育才是目的。"点—面—点"这一基本思维为施教原则提出如下主线：认识主体的认知—认识对象—认识对象所在的面—逐渐放大认知面—新的认知。例如，大学生犯罪就严重偏离了其学习的主航道，对学习的认知出现偏差是其走向犯罪道路的岔路口。对此，施教主线如下：

问：你为什么不学习？
答：学习很苦、很乏味。
问：你平时是怎样学习的？

答：看书、记笔记，还有背诵，但就是记不住。记不住，考试就考不好。考不好，情绪就很低落。情绪很低落，上课和看书的时候就提不起精神。这样一来，听课听不懂，看书又看不明白，记忆又记不住。久而久之，一上课就发困，一看书就头疼。感到非常痛苦。

问：学习的目的是探寻事物发展的脉络，是探寻人类社会和自然界中的奥秘，不是靠记忆，而是靠思考、靠探索，这样才能知道客观事物真实的样态。为什么要学习，不是让你记住事物的样子，而是要让你知道事物是怎么产生、怎么发展、怎么变化、又是怎么消亡的。学习是让你做一个明白人，是让你变得更加聪明，更具有智慧，以便将来你走向社会遇到问题时，能够迅速找到解决问题的办法。学习是一种探索，是一种探索世界奥秘的乐趣。你不想变得聪明吗？

答：……

在对学习的认知上进行施教，很容易运用"书山有路勤为径、学海无涯苦作舟"这样的大道理。对于本来就不想吃苦的人来说，这种教育无疑走向了"死胡同"。其实，遗传千年的这句话，由于其所在面的狭隘性，其认知本身是不准确的。物理学上的"做功"，有无用功和有用功之分，"勤于原地转圈"也是"勤"。"学而优则仕"，古人学习的主要目的是考取功名，不断地考，不断地学，不断地记忆，当然是件很苦的差事。再说，"苦"也不能作舟，其也摆脱不了"无用功"之嫌。准确的认知应当是：书山有路"智"为径，学海无涯"思"作舟。

第二节　关键点

看问题，要看问题的关键。

一个人的好坏，不是看其一两次行为的善与恶，关键要看这个人的道德品质的好坏、行为时其思维的出发点。同样，一部法律的好坏，不是看其中有没有符合法律主体合理要求的规定，关键要看立法者思维的出发点、立法良心及立法智慧。事物所表现出来的形式五花八门，不是所有的形式或现象都需要一一了解，关键是要迎刃而解。关键点统帅着事物的形式或表象，把握了事物的关键点，才能解释由此而引发的事物的各种现象，不论这些现象发生在过去、现在还是将来；把握了事物的关键点，才能做到"运筹于帷幄之中、决胜于千里之外"。万千世界，事物众多，问题众多，关键点众多。限于篇幅，本书只介绍笔者经过多年潜心思考出的与司法口才有关的几个重要事物的关键点：责任、权利、事实的组成、人的组成、行为的组成、收获与得到、杠杆原理、自由、意志线、抛物线原理，等等。

一、责任是一种期待

（一）解读

谈到责任，人们会想到很多，例如：职责、岗位责任、法律责任、道义责任、社会责任、责任感、责任心，等等。通常人们对责任从两种意义上进行理解：一种意义上是分内应当做的事，如职责、岗位责任等；另一种意义上则是指一种后果，即违反法律义务、约定义务和道德伦理义务，而应承担的种种不利后果，如法律责任、道义责任等。这两种责任含义远远不能解释现实生活中有关"责任"的现象，如企业的社会责任、国家对未来子孙后代的责任、朋友之间的责任、父母对子女的责任、子女身上的责任、对自己负责任、"养宠物，你要对宠物负责"，等等。这些责任不是能用简简单单的"道德"和"法律"加以解释的。"企业的社会责任"显然不是法律上的责任，也不能完全用道义责任加以诠释；"父母对子女的责任、子女身上的责任"也不能完全用法律上和道义上的责任来加以解释，如父母因双双外出打工而未能尽到照顾其未成年子女的责任，既不违反法律也不违反道德；"国家对未来子孙后代的责任""对自己负责任"以及"人对宠物的责任""人对环境的责任""人对地球的责任"更无法从法律和道义上进行理解。发达国家在发展的历程中，疯狂对自然资源进行掠夺，并造成了严重的环境污染，并没有任何人指责他们违反了法律和道德。从"资源的充分利用"到"资源的有效利用"的转变，是现实国家对其所肩负"对未来子孙后代的责任"的一种觉醒。如果说这种责任是国家应当承担的"法律上的责任"或"道义上的责任"，那么它应当早为国家所知晓，就谈不上"觉醒"，地球就不会成为今天这个样子，动物的生活处境就不会像今天这样糟糕。

责任并不是因为利益而存在，也不是因为有相应的惩罚而具有现实意义，责任是因为一种期待而存在；责任是一种期待，一种期待的眼神和渴求的目光。例如，父母对子女的期待造就了子女对父母的责任、被监护人对监护人的期待造就了监护人对被监护人的责任、人们对政府的期待造就了政府对民众的责任、学生对老师的期待造就了老师对学生的责任、民众对国家和社会的期待造就了国家和社会对民众的责任、社会对企业的期待造就了企业对社会的社会责任、[1] 未来的子孙后代对现实国家的期待造就了国家对未来子孙后代的责任、动物和地球对人类的期待造就了人类对动物和地球的责任，等等。"对人民负责""对党负责""对家庭负责"等用语，无一不是一种"期待"的写照。"期待"的目光越多，责任就越重大。如一个人从镇长升职到省长的过程中，其肩上的责任是越来越重的。责任不仅存在于人与人之间，同样也存在于人与动物、人与自然之间。

责任中的期待，必须具有合理性根据，必须有行为、情感等"付出"性对价作为铺垫和支撑，不是无厘头、凭空的期待。一旦这种期待被法定或约定，便成了法定义务或约定义务。法律责任是当事人违反了"第一性法律关系"上的义务，而导致了"第二性法律关系"上的"期待"。法律责任中的被期待对象更广，除了违约当事人或犯罪嫌疑人之外，还有受害方对审判人员的期待、对侦查人员的期待、对公诉人的期待、对代理或辩护律师的期待。众所周知，法律规制的领域无法面面俱到，因此，现实生活中提到的语词，更多的是"责任"，而不是"义务"。"责任"比"义务"更严谨，因为，"责任"一词包含了"为他人着想"的成分，而"义务"则不然。《联合国宪章》七项原则中第二项原则的表述是"善意履行宪章义务"，弥补了法律义务中的缺失。一个人如果没有责任心和责任感，就很容易成为"无良"的守法人。

（二）运行

"责任是一种期待"之所以是关键点，是因为其不仅揭示了"责任"的基本形态，统领着"责任"的所有表现形式，而且还揭示了"责任"的实质性成分。无论过去、现在，还是将来，"责任"的这一关键点都不会随着时间

---

[1] 社会期待企业生产和提供价廉物美的商品、提供良好的服务，这是企业社会责任的实质性内涵。企业除了其所承担的社会责任之外，还要承担环境保护的责任，承担有效、合理利用资源的责任。这些责任规制着企业的社会存在的宗旨，因此，"实现企业利润最大化"只是企业自身的想法，不应当成为企业的社会存在良性的考量标准。无责任心和责任感的企业，其利润的大小与其危害程度成正比。——笔者注

和空间的变化而改变。把握这个关键点，对于各种责任的分析，就能做到"成竹在胸""稳操胜券"。

凡是遇到"责任"一词，就在"期待的眼神里"寻找该责任的具体内容。例如，企业的社会责任便是社会对企业的期待，期待企业生产或提供价廉物美的产品或服务；大学生肩上的责任有：对父母负责任、对学校负责任、对老师负责任、对社会负责任、对国家负责任，等等。在分析法律案件过程中，通常法律上的义务是否存在是案件争议的前提和基础，从义务角度来看，违法便是违反法定义务或约定义务。义务来自权利方的期待：首先，要分析的是权利方的期待是否合理；其次，衡量这种期待是否合法，即是否被法律所确认；再次，分析这种期待的具体内容，是否应当为义务方知晓；最后，再评判义务方的所谓违法行为。在追寻法律责任时，按照同样的线路走下去，问题便逐渐明朗起来。在与他人签订合同时，合同里的内容随着"期待"而展开。期待什么？期待对方当事人做什么？如何做？怎样去做？对方的期待是什么？是否合理、合法？对方违约之后，又期待对方做什么？这些期待的内容务必在合同中具体化、精细化，对方当事人是合同人，不是道德人，不应当对自己不知道或不应当知道的事情负责任。

二、权利是一种"想要"

（一）解读

1. 法律是意志的体现

从实然角度来看，法律是国家意志的体现，是国家"想要"的一种社会状态；从应然角度来看，法律是法律主体意志的体现，是法律主体"想要"实现的自我状态。总而言之，法律是一种意志的体现，而不是法律主体的具体行为的体现。法律的主要内容是权利和义务，据此，权利是法律主体的意志，是法律主体的想法，权利是一种"想要"。例如，想要住宅——住宅权；想要拥有财产——财产权；想要选举——选举权；想要人格、名誉——人格权、名誉权，等等。组织中权力是责任，而不是权利，因为权力是"被想要"，是组织成员对权力者的期待。当然，权利也是一种"不想要"。

2. 行为不是权利的直接指向

"权利—意志—行为"是权利与行为间的关系模式，对"权利行为"的解读是：有权想或不想这样或那样做。人的行为受人的意志控制和支配，跳过"意志"看行为，很难定性行为的权利性质或义务性质。例如，学生的"上课行为"，学生本人想要上课，学生的上课行为则为学生的权利；学校规则要求学生上课、学生父母想要学生上课，学生的"上课行为"则为学生义务。

3. "想要"应当正当、合理、合法

权利作为"想要"，首先应当是正当的，有正当理由，如想受到别人的尊重、想上学、想工作、想将来成为科学家等，而"想霸占别人家财物"的想法，因会侵害到他人的合法权益，而不具有正当性，且不为法律所认可；其次，应当具有合理性，有合理性根据，符合事物发展规律，如小学生想要考大学，从正当性角度来看，小学生有这样的权利，但绝大多数情况下不具有合理性；最后，应当具有合法性，权利人的想法不能侵害到他主体的合法权益，其"想要"必须符合国家的意志，方可被法律所认可。

4. "想要"需要对价加以支撑

可以用化学仪器中的圆形烧杯做个形象比喻。以烧杯圆形杯口直径作为"想要"这一目标位，杯底作为"想要"的起始处。若要实现目标位的"想要"，即实现权利，必须用对价（行为、爱和情感）加以实现，否则便是纸上谈兵，无法实现想法。"杯底"至"杯口"间的空白处，需要行为、爱和情感等对价加以填充，否则，除了"天上掉馅饼"之外，其中一定有诈。

5. 权利与义务的关系

权利是一种"想要"，需要通过正当的行为或途径加以实现。这些为实现"想要"而付出的行为，便是"义务"。权利与义务间的关系，不能简单用等量关系式来描述。有时，为实现某项权利，付出了很多，如高中生考大学。再研究一下某些立法，特别是某些地方性专项立法，其中大篇幅内容都在谈相关法律主体的义务，而权利内容很少。例如，地方性环境保护法规中，"保护环境"是总体权利，为实现这一总体权利的相关行为都是义务。权利与义务的关系是目的与手段的关系，权利是目的，义务是实现权利的手段。

6. 行为的权利义务定性

某一行为是权利行为，还是义务行为，要看行为主体的想法处于一种怎样的状态。如果是行为主体想要这样行为，该行为便是行为主体的权利；如果是他人、集体、国家、社会、自然界要求行为主体这样做，那么，该行为便是行为主体的义务。同样的行为，既可能是权利，同时也可能是义务，如海洋环境科学研究行为、付款行为、学习行为、诚信行为，等等。如此看来，无论是法定行为还是约定行为，都必须确定无疑地清晰记载法律主体的想法，不能模棱两可，否则，法律或合约都会存在漏洞。

7. 权利与责任的关系

如上所述，"责任"所描述的是一种期待与被期待的关系，被期待一方负有责任，而期待一方则享有权利。期待的实质是，期待一方想要被期待一方通过一定行为来满足期待方的某种想法。权利与责任之间的关系所描述的状态，实质上同权利与义务关系所描述的状态是一致的，只不过，"责任"更多的是社会生活中的用语，"义务"更多的是法律上的用语。"责任"比"义务"要求更严格，其行为过程中需要时刻考虑权利方的想法或期待，要求设身处地地行为，而法定义务或约定义务的要求则没有那么严格，只有按照法定条件或约定条件去做，便视为履行了义务。所以，守法行为并不能当然证成行为主体的道德素养。

（二）运行

在司法实务中，一旦遇到"权利"一词，思维应当马上转到"想要"层面，按照下列思路"走下去"：想要什么，不想要什么，想法是否正当，是否合理，是否被相关法律法规所认可，是否有对价加以支撑。每一个节点作出肯定回答，继续走向下一个节点，作出否定的回答，则权利不存在或需打折扣。

三、事实＝意志+外在

（一）解读

事实[1]首先以某种外在的形式呈现在人们面前，但这种外在形式背后往

---

[1] 事实不是静止不变的，而是一种时刻处在运动中的运动状态。由于"感知—反应"是自然界万物的共通之处，而自然界是由相互联系、相互作用的万物组成的整体。因此，处于相互作用链条中的事实，时刻处于"感知—反应"的变化之中。要准确地把握事实，必须时刻关注万物的"感知—反应"状态。现实生活中，人们在非科学思维（如得失思维、权力思维、功利主义思维、名利思维、表象思维、利己思维，等等）支配下，往往只截取事实的某一小部分，看不到事实的全部，更看不到事实的运动状态，其结果必然被事实无情地"打脸"。人是可以变的，违法犯罪之人是可以被教育和改造的，犯罪行为人事后的态度和重要表现是法庭考量的"酌定情节"，就是这个道理。根据这一原理，法律工作者在法律实务中，不能死板教条地对待法律法规所关注的法律事实，应当将思维向前延伸到"由善变恶"的转折点，向后延伸到违法犯罪行为人事后的态度和表现。唯有这样，才能充分发挥法律对社会的治理作用，才能充分运转社会综合治理功能，实现法律正义和社会正义，促进人类社会不断走向文明。——笔者注

往隐藏着某种"意志"成分。外在形式是在这种意志的作用和推动下形成的结果。"意志"和"外在"共同组成了事实的全部。了解和把握事实，不能仅仅停留在事实的外在部分，正所谓"你看到的事实，不一定是事实"。根据所涉层面上不同，"意志"有狭义和广义之分，并伴随不同称谓。

1. 狭义上的"意志"

在人类层面上，"意志"是习惯称谓，是人的主观认知状态。人的行为在自然界留下的痕迹，便是事实。由于人的行为是在人的意志支配和控制下作出的，因此，由于人的行为而形成的事实，理应包含着"意志"和"外在"两个部分。伪造的证据，之所以不被法庭所认可，是因为该证据中包含的是伪造者的意志，而不是当事人原本真实的意志。

2. 广义上的"意志"

从物理学角度来看，人的"意志"实质上是其大脑对外力作用的一种"感知"，而"感知—反应"是生命体和无生命体的共通之处，是人与自然连接的基点。在自然界这个层面上，"意志"实质上就是"感知"。自然界中的现象或事实，同样是自然界中万物在对所受的各种外界作用力的感知下作出反应的结果，如地球的温室效应、病毒的产生、物种的灭绝，等等。

3. "意志+外在"在事实中的地位

如同人体组成单位细胞一样，"意志+外在"是组成事实的基本单位。每一种事实都有发生、发展和变化的过程，"过程+结果"构成事实的全部，而这一全部的事实都是由"意志+外在"这种基本单位构成的。

此外，万变不离其宗，在把握事实全部的同时，务必要探寻到对全部事实起关键作用的因素。这样，才能在运动中把握事物的变化，做到心中有数。因此，法律实务工作者不能仅仅停留在案件事实查明这一层面，还应当思考和探索引发案件事实的关键要素。唯有如此，方能为社会综合治理贡献自己应有的力量。

（二）运行

谈到事实，思维应当马上转向其两大组成部分：意志和外在。首先，分析事实的外在状态，使其清晰化，然后，探寻事实的意志部分，找到意志中的具体内容。只有这两个部分都清楚了，才能达到"事实清楚"的程度。用来证明事实的证据，据此可以分为两类：一类是用来证明事实的外在部分；另一类是用来证明事实的意志部分。只有事实的这两个部分都被相应证据证明清楚了，才能达到"证据充分"的程度。从事案件事实的调查工作，也是从这两个部分着手展开证据收集工作的。与对方进行事实之辩时，将思路集中在这两个部分，可以提高辩论效率，提高思维敏捷度。

广义上的"意志"，即"感觉"，一般用在人的意志的间接作用方面，也就是通过外界受作用的物体力的传导，间接体现在案件事实之中。例如，加害人在贴近受害人房屋地基的地方深挖土方，结果导致受害人房屋倒塌。现实中这类案件也不在少数，但注意不能"蝴蝶效应"式地无限传导，要看法律意志的态度。

在运动中把握事实。事实包括"已经发生的事实""正在发生的事实"和"将来发生的事实"等三大种类。由于运动是绝对的，同一个事实本身同样也由这三类组成，这也是同一事实的运动状态。由于事实时刻处于运动变化状态，因此，不仅要弄清"意志+外在"这种组成事实的基本单位，还要把握构成全部事实的"过程+结果"；不仅要把握构成全部事实的"过程+结果"，还要把握影响整个事实的关键性因素。如此才能够"运筹于帷幄之中，决胜于千里之外"，练就上乘司法口才功夫，成为司法口才中的佼佼者。

一切从事实出发，既是科学思维的起点，也是科学思维的终点。

四、人=意志+行为

（一）解读

从法哲学角度来看，人由"意志"和"行为"等两个部分组成，其中，"意志"是主观的，是人对外界事物及自身认知的结果，"行为"是在这种认知的指导下作出的反应。"意志"中最主要的成分是"智慧"。只有智慧的认知和判断，才有正确的行为。民法中对人的行为能力的划分，就是基于人的大脑智力发育程度这一标准。不能通过自己的意志来支配或控制自己的行为的人，是无行为能力人，能够部分控制的，是限制行为能力人，能够完全控制的，是完全行为能力人。从自然界的共通性"感知—反应"的角度来看，国家、企业、法人、其他组织，也是由"意志"和"行为"等两个部分组成的，动物和生物是一样，整个自然界也一样。"感知"是人的意志的实质，将人与自然联结在一起。

（二）运行

在与人打交道时，包括办案过程中讯问、询问、走访案发周围的群众、与对方口语交锋等，都要时刻注意其言行背后的真实的意志内容。"意志+行为"才是一个具体真实的人。"人的组成"主要运用于行为进行时，一旦行为业已完成，思维就要转向"行为的组成"。

五、行为=意志+外显活动

（一）解读

关于行为（behavior），心理学家有各种不同的看法。例如，行为主义心理学把人与动物对刺激所做的一切反应都称之为行为，包括外显的行为和内隐的行为；格式塔心理学认为，人的行为由人与环境的相互关系决定，行为指受心理支配的外部活动。现代心理学家一般认为，行为是有机体的外显活动。《新编现代汉语词典》将"行为"界定为："受思想支配表现在外面的行动。"[1]与心理学家不同，社会学家则认为，行为是主体的活动或者对环境的反应，有广义和狭义之分。狭义的行为是指能够观察到的一切外在的活动；广义的行为除了包括狭义的行为之外，还包括内在的思想和心理过程。内在的思想和心理过程支配外在的活动，外在的活动是内在思想和心理过程的表现。内在的思想和心理过程通常只有当事人自己才能清楚地意识到，但是，他人可以通过其外在的行为表现间接测量和推知其内在的心理变化与心理活动。[2]

在心理学家看来，"行为"是一种对刺激所做的一切"反应"，或者是"受心理支配的外显活动"；而在社会学家看来，行为是"主体的活动或者对环境的反应"。显然，心理学家和社会学家都是从"心理活动"和"外显活动"两者之间的关系来论述行为的，没有将两者提升到"行为组成"层面。由此，人们在看到行为的外显活动却不去探寻其原因时，不会同时去想行为人的心理层面。就像看到别人"笑"，很少有人同时将"笑"中的"意志"成分提升到同等地位进行考量。"行为=意志+外显活动"从行为的组成角度来看待每一个行为的两个组成部分，让人们一看到"行为"，就立刻想到"意志"和"外显活动"。

---

〔1〕 罗琦、周丽萍主编：《新编现代汉语词典》，吉林大学出版社2003年版，第1297页。

〔2〕 库少雄主编：《人类行为与社会环境》，华中科技大学出版社2005年版，第2~3页。

（二）运行

1. 以"意志"区分"行为"

一种"意志"成分支配下的行为，属于一种行为，而不是多种行为。例如，犯罪行为人在"故意杀人"意志支配下，准备犯罪工具、购买枪支弹药、运输、储存等行为，应当全部归属于"故意杀人行为"。

2. 对"行为主体"的判断

"对自己的行为负责"是指，对受自己意志支配或控制下的行为负责任。受谁的意志支配或控制，便是谁的行为，如代理法律关系中代理人的行为、人大代表的行为，法人代表的行为，等等。胁从犯之所以可以从轻、减轻、免于处罚，就是因为胁从犯行为中的"自己意志"成分程度不同。"行为主体"不以具体行为人为转移，而是以行为中"支配或控制意志"为归属。

3. 对诸多行为的鉴别和归类

当行为的"外显活动"相似时，在行为的"意志"成分里寻找行为间的差别，不同的意志成分应当归属于不同类别的行为，如学生同样在上课，有的在认真听，有的则心不在焉；当行为的"外显活动"不同时，在行为的"意志"成分里寻找行为的相似点，如同样是"爱"，父爱是严爱，母爱则是慈爱。对类似行为在法律上定性，亦是如此。

遇到业已完成的行为，思维应当立即从行为的"意志"和"外显活动"这两点出发，大脑向迅速的反应速度迈进。

六、收获与得到之间关系的基准点

（一）解读

现实生活中，有时将"收获"与"得到"两个概念混用，但细分起来，这两个语词还是有不同的描述状态的。"收获"通常指的是人的"意志"状态，如收获喜悦、收获情感、收获感悟，等等；"得到"通常指的是人的行为结果，如得到了别人的夸奖、得到了社会的肯定、得到了奖励、得到了薪水，等等。"收获"着重于人的品德、修养、知识、智慧、认知等内在的东西建设；而"得到"则着重于名誉、荣誉、物质、地位、权势等外在的东西的累积。"收获"是在行为过程中感悟、感受，取决于自身，"得到"是行为的结果，取决于自然界的给予、他人的赐予、社会的分配。"得到"的背后是人与自然间的关系，是人与社会间的关系；"收获"的背后是人的品德修养的积淀、认知能力的提高、智力的发展、智慧的提升。

（二）运行

1. 三种基本形态

还是利用上文提到的权利中"烧杯"的形状画图形，从烧杯的杯底中心向瓶口画一条垂直的带箭头的线，代表"付出线"，瓶口的"直径线"代表"得到"。这样便得出收获与得到之间的三种关系形态：箭头线正好达到了直径线、箭头线没有达到直径线、箭头线超出了直径线。第一种形态表示"付出与得到"正好匹配；第二种和第三种形态表示两者不匹配。这三种基本形态能够很好地诠释公平、公正及正义的状态。

2. 公平、公正及正义的状态的鉴别

"公平"取决于两个要素：一是真实意志表示；二是付出与得到相匹配、相对等。前者，如民事法律中的"赠与"；后者，如"按劳分配"的分配方式。"公正"中的"正"是居中、不偏不倚、正好的状态，指居中人在处理问题时，不偏袒任何一方，依据"公平"标准重新调整或分配各方当事人的"得到"。这就是亚里士多德的"矫正正义"。显然，"正义"是一种状态，是一种公平、公正、平等实现的状态。

"开卷有益"说明付出就有收获，只不过是收获大小和正负的问题，因此，付出的过程便是收获的过程。可见，"烧杯"中的付出线也是收获线。第一种基本形态表示收获或付出完全得到了社会的肯定，分配与付出是一致的，这便是亚里士多德的"分配正义"的体现，显然是公平的。第二种基本形态表示得到大于付出，第三种形态表示得到小于付出。这两种基本形态的存在，意味着不公平、不公正、不正义的现象存在。

3. 鉴别当事人合理诉求

当事人的合理诉求应当建立在"付出与得到"相一致的基础之上，付出为得到提供了合理根据，"得到"是社会对付出所作的形式上的肯定。如果出现第二种基本形态，当事人的诉求就有不合理之嫌，因丧失根据而不能得到支持。只有出现第三种基本形态时，当事人要求调整权益分配的诉求，才是合理的、正当的。

4. 司法口才主体自身建设

司法口才主体在为他人或社会服务时，应当以实现社会正义为第一要务，但在自身建设时，要时刻注重司法口才培养和训练过程中的感悟和收获，注重智慧的提高，而不要纠缠于自身的"得与失"，对"得失思维"时刻保持警惕。唯有这样，才有资格拥有高水平司法口才。

七、杠杆原理

（一）解读

画一个杠杆原理图，用一根铁棍翘一块大型石头。在这个图中，大型石头好比"法律实施"，向下翘的力是公权力（执法权、司法权），公权力作用于杠杆上，法律便得以实施。这时，要阻止不利于己方法律实施的当事人，可能施加一个与公权力作用力大小相等、反向相反的力。这个力在现实中通常表现为腐蚀国家工作人员的违法犯罪行为。为了避免这种"腐蚀作用力"的存在或阻止其发挥负面作用，就必须在杠杆上施加一个与公权力方向相同、力的大小远远超过公权力的力，也就是"正义的力量"。任何公权力者在行使公权力时，都会声称其权力的行使和运用是公正的、正义的，因此，唤醒"正义的力量"是司法口才的威力所在。在正义面前，一切所谓强大的力量，都显得弱不禁风。

（二）运行

1. 提供解决法律纠纷的基本思路

杠杆原理实质是力量原理，"寻找更大的力量"是其基本思路。在社会实践中，很多纠纷在进入司法路径之前，就顺利地得以解决，其中根本原因在于，让违法当事人意识到更大的力量在牵制或约束他们，使他们的违法目的无法得逞。例如，网络的力量、公众正确的舆论力量、组织的力量，等等。并不是记者、电视、报纸等媒体比法院厉害，而是违法当事人抵挡不了社会大众的力量。"有困难找组织"是中国老百姓口头上最常见的一句话，有些法律纠纷，当事人所在的组织集体出面解决的效率要远高于当事人个人行动。"公开审理""裁判书中列明理由"等一系列举措，就是为了让法院的裁判接受社会公众的监督，接受正义力量的评判。最大的力量当数正义的力量。

2. 提供多种法律咨询方案

法律实务工作者在面对社会大众的法律咨询时，根据"杠杆原理"可以提出多种解决法律纠纷的路径，不至于被"法律路径"这一条路所困，而限制自己的司法口才才华。

3. "功在身外"

司法口才主体，不能将自己的思维和学识局限于法律专业领域，做法律专业领域这一水井中的"井底之蛙"。应当牢牢把握两大基本思维的方向，并沿着这个方向开启思路，将思路一直走下去，直到揭示事实的全部真相，达到"事实胜于雄辩"之功效。"走路"过程中一定会涉及其他领域的专业知识，如年轻时代林肯律师辩护时涉及"月出月落"的自然规律，要敢于挑战，追寻真知和真相。解决法律纠纷，实质上是一个说服的过程，展示事物真相的过程，显然这种"说服"和"展示"不是一句"法律就是这样规定的"就能顺利完结的。

此外，"杠杆原理"在谈判、调解、说服过程中，也大有用武之地。总之，在力量较量的过程中，寻找和依附更大的力量，是最为行之有效的办法。

八、自由的四大性质

（一）解读

人们在中学课本里，经常读到"自由与纪律"一词，意思是"要自由，也要纪律"，把自由与纪律对立起来，这是对自由与纪律关系、自由与规则关系、自由与法律关系的误读。认清"自由"的实质，必须把握自由的"四性"：规则性、组织性、整体性、能力性。

1. 规则性

自由是规则之下的自由。具体思路：自由意味着安全，安全意味着预见，预见意味着规则，反过来，道理一样。只有在安全的环境下，才能自由行动；只有在可预见周围环境的情况下，才会有安全感；只有在有规则可遵循的情况下，才能预见周围环境的安全性。把握了事物的发展规律，才不至于在事物面前束手无策。当然，规则必须是良性的、合理的、科学的。先进的社会制度的胜利，是对落后制度的否定，从而使自由得以释放。自由的规则性，昭示着守法、守规矩的重要性。

2. 组织性

人的单个能力是有限的，其自由度也因之受到极大限制。因此，必须借助于组织的力量，才能把事业做到更大、更强。自由的组织性告诫人们，集体利益应当摆在个人利益的前列，个人利益不能超越组织利益，个人不能凌驾于组织之上。应当遵守组织的各项合理、科学的规定，服从组织安排，尽心尽责为组织贡献自己的一分力量，直到离开所在组织的那一刻。

3. 整体性

自由具有整体性。人的手脚、脑袋，离开了人体，无法活动；国之不国，人将不人；在雾霾笼罩下的天空里，岂容人自由呼吸。环境治理、可持续发展、城乡建设管理等政策措施，就是为了提高民众的自由度。

4. 能力性

能力的高低与一个人的自由度大小有着最直接的关系。"游刃有余""得心应手""手到擒来""下笔如有神""妙笔生花""翻云覆雨""易如反掌"等用语，描述的就是一个人的能力之下的高自由度。自由的"能力性"提醒人们，要潜心于自身的能力建设，不要整天纠缠于自身的那点"得"与"失"。唯有能力建设，才有可能"放飞自我"。

此外，"自由"除了上述四大性质之外，还有"过程性"。从"不会"到"会"，从"会"到"轻车熟路"，再到"易如反掌"，这是一个取得行动自由的过程。"没有人天生就会。""自由"是一次又一次战胜"束缚""困难""逆境"和"阻碍"的过程，这同时也是"自由状态"。不在司法口才领域"常思+科学思维方法"道路上行走，便很难实现"思维敏捷、对答如流"的自由状态。

（二）运行

"自由的四大性质"在司法实务中的运用主要体现在对违法犯罪行为人施教方面。这类人，通常将法律制度或其他规则视为限制其自身自由和发展的障碍，似乎认为只有冲破这些规则，才能获得更大程度的"自由"。要彻底改造这类人，教育他们遵纪守法，就必须让他们认识到自由的性质。此外，自由的"过程性"也是衡量和鉴别对手司法口才水平高低的重要标尺之一。

"自由的四大性质"也是鉴别权利行为和义务行为合理性的标尺。权利行为是当事人的自由，但不能违背规制，不能脱离其所在的集体组织，不能破坏社会交往关系和交往秩序，应当与自身的能力相匹配。义务行为是为了实现权利人权利行为自由，除了受到权利人权利行为正当性要求的规制之外，还要受到义务人自身能力的规制，这也是"法律不能要求法律主体做自身能力之外的事情"的根本原因所在。作为自由的当事人的权利，一旦违背了自由的"四性"，就要接受存在性、合理性、合法性、正当性的考量。

九、意志线

（一）解读

权利是一种"想要"，而这种"想要"首先必须合理，其次必须合法，才能成为法律上的权利。又，人由"意志"和"行为"两个部分组成。可见，"想要"意味着人向对象事物发出了一条"意志线"，及于"想要"的对象身上。"别人家的东西，你不能想"是民间常听到的一句告诫语。"想"与"东西"两点之间的连线，便是"意志线"。

1. "意志线"存在的要求

"意志线"的存在必须通过某种行为加以实现。"不能只顾着想，要用行动去实现"；"你有理由想着它，因为它是你的"。主体用自己的行为实现的东西，才有主体的"意志线"。例如，通过生产活动、买卖、交换、接受赠与等方式获得的合法财产，财产权人在该财产上的"意志线"才会存在。大学生给室友在教室里占空位，这种行为是不合理的；大学生来到课室就座之后，起身离开合理时间内，只要该生有其物品留在座位处，其他同学就不应当在此座位上就座，这是合理的。"意志线"里包含着主体的行为，其产生和消亡都依赖"意志线"主体的行为。一旦"意志线"消失，对象则不再归属"意志线"主体。当然，"意志线"实际生成之前，也有存在的可能性问题，也就是可不可以"想"的问题。可以有这条"意志线"，也就是"可以这样想"，是主体的权利，受制于权利所要满足的条件。

2. "意志线"存在"风化"的风险

"意志线"通过主体的行为及于对象上，但自其存在之时起，便开始"风化"，需要主体不断"刷新"，避免对象与主体间联系的合理性消失。例如，《中华人民共和国民事诉讼法》规定，一般诉讼时效为3年，3年内如果权利人不主张其权利，就丧失了胜诉权。一旦权利人主张权利，诉讼时效就会重新计算。"3年"就是法律规定权利人"意志线"的"风化"时间，"主张权利"就是权利人对正在"风化"的意志线的刷新行为。

（二）运行

1. 判断权利有无

"可以想"意味着可以有这样的"意志线"，有这样的"权利"。可见，"意志线"与权利的解读是一致的，不过，用线条来找权利，更具体形象，思路更加清晰。在分析问题或分析案例时，从当事人"意志"出发，画几条线，看看能及于哪些对象或事物，当事人应当有哪些权利便一目了然。例如，在沿岸国的专属经济区内，沿岸国享有哪些权利，外国享有哪些权利，画几条线就清楚了。剩下的问题，就是用行动来践行权利。

2. 判断权利是否消失

"意志线"存在，权利便存在，消亡则消亡。在民事法律"取得时效"的规定中，占有人和平、公然占有所有人物品，经过一定时间之后，取得该物品的所有权，原所有人丧失该物品的所有权。这一过程便是原所有人"意志线"消失的过程。一位拾荒人在垃圾桶里拾到用破旧衣服包裹着的十万元钱，不能因此而取得其所有权，因为原所有人并不因为其不知情的情况下丢弃行为，而导致其"意志线"的消失。同样，一位将其所有的有问题的手提电脑有意丢弃到垃圾桶里，在重新拾回之前，其及于该电脑的"意志线"已经消失。

十、抛物线原理

（一）解读

1. 画出抛物线图形

在"x、y"坐标轴上，取"x"轴正上方和"y"轴右侧方的"第一象限"，自"0"点画一条抛物线。"y"表示"智慧"值，"x"轴表示"时间"值或表示所涉及"面"的大小值，抛物线顶点表示"智慧最大值"。"x"轴代表智慧水平为"零"。[1]从抛物线顶点画一条垂直于"x"轴的垂线，以此垂线为基准，面对抛物线，左手边称为"左边"，右手边称为"右边"。

2. 原理

（1）专业领域智慧成长规律。此时，"x"轴表示"时间"值。专业领域的智慧成长，取决于在科学思维方法指引下不断思考和探索该专业领域里的各种问题。"常思+科学思维方法"是不断提高专业领域智慧的唯一途径。抛物线的顶点是智慧的"瓶颈"，是任何形式的"依赖"或"不当思维"或

---

〔1〕 作为"联结"，智慧因思维及思路而发生。智慧的高低取决于思路能"走"多远。能把所有领域联结起来，无限地走下去，那便是高瞻远瞩、远见卓识的超人智慧。当点与点间的联结没有发生时，思路便没有开启，这时，智慧值为"零"。从这个角度来看，人在分析问题和解决问题之前，即开启思维及思路之前，都是平等的，其智慧值都处于"零值"状态。这便是老百姓口中"别说没用的，看行动"的原理所在。——笔者注

"心智"，是思维的停滞状态。一旦遇此点，智慧便开始随着时间的推移，逐渐下降。因此，要不停地在"左边"行走。"富不过三代"这句话，用这样的抛物线原理一解便知。

（2）超人智慧。在描述超人智慧时，"x"轴表示的是所涉及"面"的大小值。专业领域的"面"毕竟有限，如果将自然界和人类社会各个领域实质性联系起来，那便是超人智慧，那样才有资格称得上"高瞻远瞩""远见卓识"。一个人利用其毕生精力都在不断探索，那么，脑生命的终点便是其智慧的最大值。

（二）运行

1. 练就超人的司法口才水平

"抛物线"原理告诉我们，司法口才主体唯有不断思考和探索，再加上科学思维方法的指引，才有望获取超人智慧，拥有高水平司法口才。这是唯一的方法和途径，没有其他捷径可走。任何领域的技能都不能违背这一科学规律。"常思"不是胡思乱想，是在涉及司法口才所有"面"上进行思考，要想思考有成效，必须借助于科学的思维方法。两者结合在一起，才是"抛物线"左边的状态，即"常在左边行走"。拒绝任何理由阻断"常思"，更不能因为取得了小小成就，就怠于或停止思考。政治家的智慧源于其对政治领域的丝毫不停歇地思考。

2. 用来对一个人的司法口才水平高低进行判断

任何获取都需要成本，智商[1]也不例外。低智商低成本，高智商高成本。据此，可将智商分为"低成本智商"和"高成本智商"两种形式。"抛

---

[1] "智商"是一种"商"，一种比值。结合智慧的解读，其分子应当是"关联表象不同的事物间实质性联系（智慧）"；分母应当是时间"t"。因此，智商的公式应当是：智商＝智慧/t。能够迅速而准确地找到表象不同的事物间的实质性联系，为"高智商"。同值智慧高低的比较需要带有"时间"因素的智商来衡量。因此，智商是衡量同值智慧高低的标尺。智慧是"走出来的"。每一步之中"点与点"间联结，都需要智商，智商不高，很难拥有较高智慧。又，"感知—反应"是自然界万事万物共通之处，作为语词，智商和智慧不能脱离对这一实然状态的描述。因此，"迅速感知并迅速而准确地作出反应"既是智慧的最高境界，同样也是智商的最高境界。另外，"情商"与"智商"实质上是相同的，两者描述的都是人们对不同事物间的内在联系的感知，都与感知所用的时间"t"有关。从数学集合概念角度来看，"情商"是"智商"的真子集。"智商"适用于任何领域，而"情商"只局限于人与人之间交往中"人情关系"这一特定领域。如同专业领域一样，"情商"涉及的"面"十分有限。从"抛物线"的图形来看，在"x"轴表示"面"的大小值时，"情商"只是山脚，而"智商"可以耸入云端。——笔者注

物线原理"为判断一个人的司法口才水平高低或智商高低提供了科学标准。"抛物线"左边是"高成本智商"区间,意味着司法口才主体将其主要精力和时间投入到司法口才培养和思考上,"熟能生巧"状态昭然若揭。因此,司法口才主体在面临对手时,不应被对方显赫的名声所震慑,更不能从对方的表象简单地得出其司法口才水平高的结论。对方的司法口才水平高低,要看其整天在做什么、想什么、思维状态怎样,如果整天忙碌于人情世故,想着个人得失,其司法口才水平或智商绝对不会很高。一个整天忙于吃喝玩乐、拉帮结派的人,而其司法口才水平或智商却仍然处于高水平状态,那么"潜心修炼"岂不是有悖事物发展规律,成为笑谈。道理很简单,"高智商"和"高智慧"是一种"高回报",没有对路的"高付出"或"高成本",哪来"高回报"。"常思+科学思维方法",进入"高成本智商"区,牢牢把握事物的发展规律,才能立于不败之地。

综上所述,基本思维方法和关键点,是认识事物的手段和路径,其直接目的是揭示事实真相,其最终目的是促使大脑达到迅速准确的反应程度,走向智慧的最高境界。"闭着眼睛都会""不用想都知道"等语句描述的就是一种迅速而准确的反应速度。"从无形到有形,再到无形"是任何技能走向高超状态的发展规律。因此,在司法口才训练和成长阶段,离不开基本思维方法和关键点的反复运用,这个阶段能够清晰地看到思维痕迹,等达到司法口才最高境界时,从司法口才主体言语表达中就很难找到思维的痕迹了。"事情不是那样的,其实是这样的,此话怎讲?若想知道,那就待我慢慢道来。"限于本书的篇幅,也避免重复,在本书的"实务"部分,不完全显现出其中的思路,需要读者在阅读和训练的过程中通过思考将其寻找出来。这一过程本身就是司法口才的训练。思路就是"走路",从一个"点"走到另一个"点",走着走着,便有了"飞"一般的速度。智慧是走出来的,思路一定要发生。走得准、走得细、走得远、走得深,是不断提升智慧的关键。那种"见到现象就立刻得出结论"的表现看问题的思维是愚蠢的。"走一下、走下去"是思维永恒的座右铭。

十一、"发现问题、分析问题、解决问题"的关键点

（一）解读

从"主客观一致"的哲学原理来看,问题是未展开的事实。当人们对某

一事实不清时，问题便随之产生。例如，这样做有什么样的后果？你说这话是什么意思？你这样做有什么样的目的？法治是社会治理最好的手段吗？等等。

在"发现问题、分析问题和解决问题"三者当中，"发现问题"是关键，具有前提性和基础性，伴随问题解决全过程。当人们遇到不清楚的事实时，人们便感觉有问题出现，如受害人的钱包怎么就不翼而飞了？发现问题之后，人们自然要去分析问题，而分析问题的过程是不断展开事实，又不断发现问题并分析问题的过程，直到事实完全展开，便达到了解决问题的目标。当人们自认为已经圆满地解决了问题时，有人却发现了其中仍然有未解之谜，显然，问题还没有得到根本性解决。

（二）运行

1. "发现问题"是司法口才的关键

"追寻事实真相"是司法口才的灵魂，离开事实真相的口语表达，有时连一般口才都称不上，更何谈司法口才？司法口才是一个过程，是一种不断发现问题、分析问题和解决问题的过程，特别是在激烈的口语交锋的过程中，发现对方言语中的破绽往往是扭转战局的关键所在。当然，"发现问题"也是不断修正自我言语表达、提高自身司法口才水平的必备手段和路径。

2. "发现问题"是提高司法口才敏感度的基准

司法口才敏感度的实质是敏锐、迅速、准确地发现问题，发现问题的关键之处。发现问题的能力缺乏，不仅很难及时地感觉出对方言语中的漏洞，也很容易暴露己方言语中的漏洞。这是司法口才最忌讳的情况。

3. "发现问题"是培养司法口才的轴心

在司法口才培养的过程中，不仅要注重专业性的集中培养，还要注重日常生活中的经常性培养。司法口才是一种能力，而任何能力的培养都需要不间断地练习，要全心全意地去做好。"干一行，爱一行。"没有任何一种能力是随随便便、三心二意就能获取的。在日常生活中，对于所遇到的任何事情，都要思考其中的问题所在，绝不能以自身个人得失为走向、为取舍。只有"集中性培养"和"经常性培养"相结合，才有资格拥有"发现问题"的能力，才能提高司法口才敏感度。

此外，"发现问题"的能力是衡量司法人员司法口才水平高低的重要标尺。很难想象，一位"事不关己高高挂起""旁门左道""为达目的不择手段""溜须拍马""责任心和责任感丧失"的司法人员会拥有高水平司法口才。

十二、法律与道德区别的关键点

（一）解读

1. 关键点之一：是否有公权力介入

从形式上看，法律是国家意志的体现，道德则是社会意志的体现；从实质上看，国家意志与社会意志都是自然和社会发展规律的体现。但由于自然和社会发展规律具有隐蔽性，被人们发现是一个过程。因此，法律的实际运作是国家意志在起主导作用。前文已经阐述过，权利的关键和实质是"想要"，当法律主体的"想法"正是国家"想要"的，即与国家意志一致时，就会上升到法律上的法律主体权利，成为法律上的权利，受到国家公权力的保护，否则，仅与社会意志保持一致的社会主体的权利，是道德上的权利，只能受到道德的保护。当国家认为，某些社会意志要上升到国家意志层面，这时，某些道德规则上升到法律规则便成了必然。

2. 关键点之二：社会危害性大小

社会危害性大小是区分法律与道德的又一个分水岭。社会危害性较小的行为，一般交给道德进行规制，而社会危害性较大的行为，一般交给法律来规制。社会危害性大小也是区分刑事法律与非刑事法律的分水岭。

3. 关键点之三：立法者的认知能力

法律规制的通常是那些社会危害性较大的行为，而对于社会危害性较大行为的判断取决于行使立法权的立法者的认知能力。正是这个缘由，世界各国的法律才呈现出万花筒现象，也能据此解读有些国家的奇葩法律。

（二）运行

法律是国家意志运行的载体，因此，法律与国家政策有着千丝万缕的联系。司法口才主体在法律实务中千万不能忽视这一关键点。司法实践中，拥有公权力的公安机关、检察机关、法院，经常在政府的想法与社会舆论之间进行权衡，并最终作出选择。

司法口才主体，特别是律师，在施展司法口才过程中，务必要运用好这一点，在唤醒正义力量的同时，将个案的解决与国家和政府的意志联系起来，和权力意志联系起来，最大限度地借助于国家权力实现个案正义。

思考：

1. 作为语词，思维和思路分别描述怎样的实然状态？
2. 如何评价得失思维？
3. 语言的两大基本功能之间关系？
4. 智慧的最高阶段"感觉"与人们的一般"感觉"有何质的不同？
5. 试分析和评价"情商比智商更重要"这句话。

第二章
司法口才基础性建设

第一节　司法口才的定义、特点及分类

一、司法口才的定义

（一）口才的含义

"口才"一词由"口"和"才"两个部分组成，"口"在这个词中是指"口语表达"，即说话；而"才"是指"表达的才能"，即说话的能力。一个隐居深山老林的"隐士"，可以任意说话，高音、低音、狂笑、怒吼，不论怎样，山林可以容纳他，大地仍然支持他，天空会一如既往地宽恕他。但是，如果隐士来到世俗中，成为红尘中的一分子，面对他人时，说话就要"因人而异、因事而异、因时而异"。关于口才，有学者将其定义为，"口语表达的才能，即善于用口语准确、贴切、生动地表达自己思想感情的一种能力"。[1]

作为语词，"口才"同样在描述一种实然状态，而"自己的思想情感"只是实然状态的一部分。除了口才主体之外，还有口才对象的存在，口才主体不应当不顾及口才对象的感受。因此，口才是一种"说话中听"的状态，那种不顾对象感受的思想情感的表达，不仅算不上口才，而且会令人厌烦。司法口才以揭示事实真相为第一要务，但不能离开一般口才"说话中听"这一基本要素，可这一基本要素建立在事实真相基础之上，法律实务工作者也应当使事实真相中听。

根据"主客观一致"的哲学原理，一般口才的最终走向依然是事实真相，

---

[1]　胡卫红：《口才学》，内蒙古文化出版社 2000 年版，第 2 页。

也就是说，一般口才不能仅仅停留在"说话中听"这一层面，其终极目标还是要以向口才对象揭示事实真相为要义，那种"溜须拍马""见人说人话""见鬼说鬼话"的形式，实质不是口才。从"一切从事实出发"的原理来看，口才应当是以口才对象能够接受的方式渐进地揭示事物的真相。离开事实真相的口语表达，只是在胡说八道，与"口才"无关。从事实真相角度来看，一般口才与司法口才的实质是相同的。

（二）司法的定义

从"立法、执法和司法"等国家三大职能机关来看，司法是指司法机关，而不是立法机关或行政执法机关。对于这一点，学界没有异议。可是，司法机关到底包括哪些机关，学界却存有很大歧义。有学者认为，公安机关和司法行政机关也属于司法机关。

关于司法的概念，学界有不同看法。有学者认为，司法除了指司法机关以外，还包括公安机关和司法行政机关；[1]另有学者则认为，司法机关仅包括人民法院和人民检察院。[2]但是无论怎样，有一点是肯定的，司法的性质是依据事实和法律解决各种具体的冲突和纠纷。本书的立足点是提高参与具体的法律冲突和纠纷解决的主体的口语表达能力，而不是注重针对"司法范围"的学术研究，因此对"司法"一词采取《法律逻辑学》教科书中的"语词定义法"[3]进行界定，以示本书所涉范围。

根据"语词定义法"，本书将司法界定为：刑事侦查人员、公诉人、审判人员和律师（本书将这四种人员统称为"司法人员"），在处理刑事诉讼案件、民商事诉讼案件、行政诉讼案件以及各种非诉讼案件过程中，依据事实和法律所进行的侦查讯（询）问、审查起诉、提起公诉、审理、辩护（代理）、调解等法律活动，以解决各种具体法律纠纷和冲突，并进而提出相关司法建议以促进社会文明、进步。立法、执法、司法（解决法律纠纷和冲突）等是法治社会建设的三驾马车，共同促进法治社会的发展。因此，本定义与法治社会建设的实践是相吻合的。

（三）司法口才的界定

司法口才主体是解决各种具体法律纠纷和冲突的司法人员，即刑事侦讯

---

〔1〕 吴磊主编：《中国司法制度》（第2版），中国人民大学出版社1997年版，第44页。

〔2〕 王利明：《司法改革研究》（修订版），法律出版社2001年版，第6页。

〔3〕 李振江主编：《法律逻辑学》，郑州大学出版社2004年版，第24~25页。

（询）人员、检察人员、审判人员以及辩护或代理律师；司法口才对象是解决法律纠纷和冲突过程中所涉当事人、对方律师、公诉人、审判人员等需要被说服的言语表达对象；司法口才表达的主旨是通过对涉案当事人的行为进行法律上的肯定或否定，以伸张法律正义、弘扬法律精神，促进社会文明进步；司法口才表达的方式是：在清晰的思路指引下，真实而准确地叙述事实、完整地再现案件全貌、精确地阐明所适用的相关法律；司法口才的具体任务是，保证案件得以公正和公平地处理的以保护当事人的合法权益、教育当事人和社会大众遵纪守法。

综合司法口才各个要素，可以将司法口才界定为：司法人员在解决各种法律纠纷和冲突中，借助于对事实真相准确的描述、对案件全貌完整的再现、对相关法律的精确的阐明等口语表达方式，公正和公平地处理案件，向社会传达正义的思想情感，以维护法律正义、弘扬法律精神、教育当事人和社会大众遵纪守法、促进人类社会文明进步。

二、司法口才的特点

英国著名的哲学家奥斯汀在论及言语行为时，把说话行为分成三种行为，即"言内行为、言外行为和以言取效行为"。所谓"言内行为"，就是言语中所包含的主体内在的思想情感，即主体所思、所想及所感的思想活动；"言外行为"就是将主体的思想情感用言语的形式传递给外界，让听者了解和知晓自己的所思、所想及其所感的一种言语表达活动；"以言取效行为"即言语主体的意思表达在听者身上所取得的言语效果。可见，"自我的认知+表达+听者的效果"构建言语者与听者互动情况下事物所呈现的"面"，通过相互交流和相互修正，走向事物的全貌，这便是言语所要达到的功效。显然，里面含有"思辨"过程。

司法口才之所以能从一般口才中独立出来自成一类，原因在于司法口才有其独特的主体、对象和目的。这些鲜明的特点决定着司法口才有其自身的言语技巧和发展规律，不能完全照搬一般口才技能。

（一）司法口才主体方面特点

1. 司法口才主体的资格法定性

司法口才主体是从事刑事侦查讯（询）问、审查起诉、提起公诉、审理、辩护（代理）、调解等法律活动的司法人员，肩负着适用法律解决法律纠纷和冲突的法定职责。刑事侦查讯（询）问、审查起诉、提起公诉、审理、辩护（代理）、法庭调解等法律行为，是具有法律效力的行为，诉讼法对行为主体都有明确的法律规定，如根据《中华人民共和国刑事诉讼法》（以下简称《刑事诉讼法》）有关规定，对刑事案件的侦查、拘留、执行逮捕、预审，由公安机关负责；检察、批准逮捕、检察机关直接受理的案件侦查、提起公诉，由人民检察院负责；审判由人民法院负责；除法律特别规定以外，其他任何机关、团体和个人都无权行使这些权力。因此，凡是不符合法律规定的主体所实施的与上述有关的行为，在法律上，不但不具有任何法律效力，甚至还可能触犯法律。譬如，村民们将偷盗者抓住后，不是送往当地的公安机关，而是将其带到村委会，由当地德高望重的村主任对之进行审问，同时由村委会会计制作好审问笔录。这种看似是侦查讯问，但是由于其主体不合法，无论该村主任口才有多好，其所谓的"侦查讯问"不但不能被称之为司法侦讯口才，不具有法律效力，反而因其行为具有非法拘禁嫌疑，可能还会受到法律的追究和制裁。可见，司法口才主体的资格法定性特点将其与一般口才严格地区分开来。主体的资格法定性是司法口才主体方面的前提性特点，失去这个前提，也就无所谓司法口才了。

2. 司法口才主体的数目法定性

根据《刑事诉讼法》有关规定，讯问犯罪嫌疑人必须由人民检察院或者公安机关的侦查人员负责进行。讯问的时候，侦查人员不得少于2人；基层人民法院、中级人民法院审判第一审案件，应当由审判员3人或者由审判员和人民陪审员共3人组成合议庭进行，但是基层人民法院适用简易程序的案件可以由审判员1人独任审判；高级人民法院、最高人民法院审判第一审案件，应当由审判员3人至7人或者由审判员和人民陪审员共3人至7人组成合议庭进行；人民法院审判上诉和抗诉案件，由审判员3人至5人组成合议庭进行。此外，我国民事诉讼法、行政诉讼法对审判人员的人数也作了严格的法律规定。据此，司法口才主体数目受到法律的严格限制。如果违反该限制性规定，司法口才主体的所有言语行为将因违反程序法而导致无效，而这一点在一般口才中是无法想象的。很难设想，在一般演讲中，在场的听众要求演讲必须由两个以上演讲者或演讲团来进行，否则就不接受演讲者的演讲。司法口才主体的数目法定性是司法口才主体方面的程序性特点。违反这种法定程序的口才因不能产生任何法律效力，将被司法口才拒之门外。

3. 司法口才主体的职责法定性

根据《刑事诉讼法》有关规定，刑事侦查讯问是刑事案件侦查人员的职责，律师不能对其当事人进行讯问；因而，律师不具有讯问口才；提起公诉是检察人员的职责，法官和律师不具备指控刑事案件被告人有罪、罪重、从重等方面的口才；审判是法官的职责，因此，公诉人和律师不能享用控制法庭秩序和对诉讼案件作出宣判的口才。在一般口才中，口才主体既可以拥有谈判口才、演讲口才、一般的论辩口才，还可以拥有教师的传授口才、营销商的营销口才、律师的辩护口才。一般口才主体可以集各种口才于一身，这在司法口才主体中是不为法律所容忍的。可见，司法口才主体的职责法定性不仅将司法口才与一般口才区分开来，而且也将司法口才中各种类别的口才彼此间区分开来。司法口才主体的职责法定性是司法口才主体方面的基础性特点。脱离这个基础，司法口才将因主体职责不明而显得混乱，法庭审判将无法正常进行。

（二）司法口才对象方面的特点

1. 对象具有特定性

司法口才对象的特定性是指，司法口才对象仅局限于与非正常法律关系有一定程度联系的相关人。非正常法律关系是指，法律关系因违法行为遭到破坏而导致的法律纠纷和冲突。司法口才主体肩负着适用法律、解决法律纠纷和冲突的法定职责，因此，司法口才对象是处在某种法律纠纷和冲突中的当事人，或者是对该具体纠纷和冲突有所了解的知情人，或者是与该法律纠纷和冲突有利害关系的人，或者是诉讼案件其他参与人，甚至是公诉人、审判人员等司法口才主体。譬如，刑事侦查讯问对象是在案被确定有犯罪嫌疑的人；刑事侦查询问对象是了解案情经过的人，包括知晓案件发生背景的人、知道案件事实真相的知情人、被害人及被害人的家属和亲戚朋友、犯罪嫌疑人的家属和亲戚朋友，甚至包括被确定有犯罪嫌疑之前的案件中的加害人本人；审判人员的审判口才对象是已经提起公诉的刑事案件或已经由当事人起诉到法院并进入开庭审理程序的民商事案件、行政诉讼案件和涉外民商事案件中的当事人；律师口才对象是处在某一具体法律纠纷和冲突中的当事人，包括为解决某一具体法律纠纷和冲突而前来咨询的人、民商事案件和行政诉讼案件以及涉外民商事案件中的双方当事人、被刑事羁押的犯罪嫌疑人以及刑事案件中的被告；在口语交锋的过程中，司法口才主体互为司法口才对象。

由于司法的被动性，《刑事诉讼法》规定的"告诉才处理"的刑事案件和其他非刑事诉讼案件，司法程序的启动取决于涉案当事人意志，即使在非诉讼案件中律师的介入也需要借助于当事人的聘请。可见，成为司法口才对象的范围要小于实际发生的法律纠纷和冲突。司法口才对象仅局限于司法人员按照法定程序介入的法律纠纷和冲突所涉当事人及与之有一定程度联系的相关人。而一般口才对象则不同。一般口才对象虽然也具有某种程度上的特定性，但是这种"特定性"是经过口才主体在非特定化人群中选定后的特定化结果。俗话说，"秀才遇到兵，有理讲不清"，在这种理念的支配下，一般口才主体可以选择那些通情达理之人来施展其说服才华，当然也可以选择"拒绝伺候、蛮不讲理"之辈。从法律角度来讲，这两种都是口才主体所享有的法律上的权利。而职责不是权利而是法定义务，侦查人员在讯问时，不能对犯罪嫌疑人进行选择"问或是不问"，不能因为看犯罪嫌疑人不顺眼或对之愤恨而懒得与之对话，代之以拳脚或恶劣条件伺候。因此，一般口才对象因口才主体有较强的主动性，在口才主体作出决定之前，其是不确定的。

此外，司法口才对象的特定性还表现在法庭上旁听群众特定化（旁听群众需要法庭颁发的旁听证）、旁听群众作为司法口才对象的间接性以及旁听群众的法庭纪律性。

2. 对象具有双向性

司法口才对象的双向性是指，司法口才对象在同一案件中同时兼有"对象"和"主体"两种角色。司法口才主体彼此互为司法口才对象。除刑事侦查讯（询）问以外，诉讼案件和非诉讼案件的对立双方可能都有司法人员的介入，司法口才交锋因此而发生，彼此都想试图说服对方。在刑事诉讼案件中，公诉人既是口才主体，也是被告人的辩护律师司法口才的对象，反之亦然。譬如，公诉人提出对被告人提出的有罪指控，辩护律师针对公诉人对案件事实的认识、向法庭提供证据的瑕疵以及其所主张的法律适用不当而提出的辩护意见；公诉人在事实、证据及法律适用方面对辩护律师提出的反驳。审判人员既是口才主体，也可能成为公诉人员司法口才或律师司法口才的对象。例如，公诉人和辩护律师对彼此的不当言语向法官提出的抗辩意见；公诉人依据《刑事诉讼法》所赋予的法律监督权，对审判人员的法庭言行实施的抗辩。在民商事诉讼案件、行政诉讼案件及涉外民商事案件中，双方代理律师既是口才主体，又是对方的口才对象，这主要体现在相互质证和相互辩论中。一般口才除了论辩口才和专业性谈判口才以外，口才对象很少具有双向性，因为口才对象的双向性实质就是口才交锋。

司法口才对象的双向性源于司法活动的整体性，刑事侦查人员、公诉人员、审判人员和律师，在处理某一具体案件过程中，彼此不是孤立的，更不是根本上对立的，而是相互合作、相互监督，共同服务于司法公正，服务于法治社会建设，服务于人类社会文明进步的。司法口才对象的双向性，有助于促进司法人员在处理案件过程中，积极应对和冷静处理对方的刁钻和刻薄问题，从而不断提高自身素质和口语才华。

（三）司法口才目的方面的特点

1. 崇尚正义

"崇尚正义"是司法口才主体最为崇高的思想境界。自人类社会产生以来，正义一直被人们视为人类社会一种最基本的美德和价值理念，坚定不移地捍卫正义，不但为思想理论家所崇尚，而且深深地植入人类的心灵深处。[1]在法治社会中，国家通过立法、执法和司法来实现正义。"正义是法的实质和宗旨"，这是为许多著名的思想家和法学家所强调的。[2]司法人员是国家法律工作者或社会法律工作者。其在法律工作中，通过司法口才路径，伸张法律正义、弘扬法律精神，以推动人类社会文明进步。

法律纠纷和冲突通常是既定法律状态下的正义遭到破坏的结果，每一次违法和犯罪无不是侵害人对受害人合法权益的一种侵犯。解决法律纠纷和冲突、最大限度地恢复法律正义是司法人员义不容辞的法律职责，也是建设法治社会的必然要求。然而，正义并不仅仅局限于法律正义，法律正义只不过是人类生产和生活过程中的一个环节、一个点。法律正义是一面折射镜，其状况如何可以折射出社会方方面面的问题。相对于"面"来说，"点"的力量显得弱不禁风，容易被"面"所吞噬。就像一位医生，虽然找到了让病人感冒的病毒，并对症下药治好了病人的感冒，但如果该医生没有诊断出滋生该病毒的病人生活习性、生活环境等根源性因素，那么不断重复的感冒将不可避免。因此，"崇尚正义"要求司法口才主体透过对法律正义问题的处理，去追寻普遍的社会正义的存在。

---

〔1〕 吕世伦、文正邦主编：《法哲学论》，中国人民大学出版社 1999 年版，第 463 页。
〔2〕 张文显主编：《法理学》（第 3 版），法律出版社 2007 年版，第 321 页。

2. 追求高尚的思想情感

"喜、怒、哀、惧、爱、恶、欲"是儒家的"七情"思想。情感是人对外界的一种主观心理反应，是与生俱来的。在"七情"中，"需要"是基础，具有源生性，其状况的不同能引发出不同的情感，如满足需要过程中遭到他人有意阻挠，会产生"愤怒"之情；得到他人热情相助，会产生"爱"的情怀。而"爱"则在"七情"中具有质的规定性，决定着情感的质量和层次的高低。自爱会漠视他人的存在。在"二取一"的生成法则中，当他人因自我的取胜而毁灭时，只有因之而感到"胜利的喜悦"，而不会感到"悲痛欲绝"。一个爱他人胜过爱自己的人，其情感会始终随着他人命运的变化而变化，这就是情感的高尚之处。

"崇尚正义"决定了司法口才主体以追求高尚的思想情感为目标。首先，司法人员是人，有需要，更有爱，因而具有情感性；其次，法律是有情感的，美国著名的法学家伯尔曼认为，"法律不应只图方便；它应当致力于培养所有有关人员——当事人、旁听人和公众——的法律情感"，[1]法律不但有情，而且它的爱没有"有色眼镜"，是对正义的崇尚；最后，"崇尚正义"要求司法人员舍私情、爱正义，舍小爱、取大爱，具有追求正义的高尚情操，发扬法律正义之情，引导人们爱法律、爱正义。

总之，法本有情，有大爱之情，而不是法本无情；法官不是"铁面"的代名词，而是"至情至理"的引路人；法律不是"有情有义"的否定语，而是"大情大义"的指航灯。在当下的中国，人们对法律仍然存在不同的认识，"有人对法深感满意、欢欣；有人对法便是恐惧、厌恶；有人对法漠不关心、麻木不仁"。[2]之所以这样，是因为"法本无情"的偏见还在侵蚀着这个社会，使人们错误地感觉到法律与自身需要的满足联系甚少。作为法律工作者的司法人员，在处理法律纠纷和冲突过程中，只有借助于其司法口才才能向社会公众诠释法律的高尚情感；才能让社会大众真正"感受到司法公正"、深切体会法律正义；才能让社会公众感受到法律的大爱之情。这也正是司法口才所表达的思想情感的高尚所在。

（四）司法口才所表达的内容方面的特点

"以事实为依据、以法律为准绳"是司法人员工作的准则。司法口才主体

---

〔1〕 [美] 伯尔曼：《法律与宗教》，梁治平译，生活·读书·新知三联书店1991年版，第112页。

〔2〕 刘进田、李少伟：《法律文化导论》，中国政法大学出版社2005年版，第82页。

应用事实和法律说话。据此，司法口才主体要用真实的案情情节让人感受到罪犯"罪大恶极"，而不能直接说"被告罪大恶极"。因此，司法口才所表达的内容具有以下主要特点：

1. 客观真实、准确

司法口才是为查明案件事实服务的。"以事实为依据"要求案件事实必须客观真实且准确无误，不能含糊不清、模棱两可，更不能子虚乌有。例如，在一起网络诈骗案中，公诉人指控诈骗主犯王某的妻子李某犯有窝藏赃物罪，在法庭上，公诉人和辩护人就窝藏赃物事实作了如下辩论：

公诉人：被告人王某诈骗90余万元巨款后，于2010年11月26日下午回老家找到了被告人李某，将一袋东西递给了她，再三叮嘱李某一定要藏好它之后便匆匆离开。李某随即按照王某的吩咐将这袋东西藏在其房屋后的竹林里。据被告人李某的描述，被告人王某交给她的袋子足以装下50多斤茶叶，所以我们认为这样大的袋子装下90余万元巨款是没问题的。

辩护人：90余万元巨款有相当大的体积，能装下50多斤茶叶的袋子根本就装不下这么大数目的巨款。因此，事实应当如我的当事人当庭所做的辩解那样，袋子里装的是茶叶，而不是90余万元巨款。

"90余万元"到底是多少？缺乏准确性；"王某的一再叮嘱"就能说明李某所藏的东西是赃物吗？"能装下90余万元"和"袋子里装的就是90余万元赃款"之间没有必然联系，"能装下90余万元是没问题的"不能当然说明"袋子里装的就是90余万元的巨款"。因此，公诉人的有罪指控缺乏准确性和客观真实性，甚至含有子虚乌有的成分。同样，本案中辩护人由于缺乏详细调查，其所做的无罪辩护也存在含糊不清，缺乏客观真实性和准确性的问题。

一般口才的表达内容对客观真实性和准确性要求不高，甚至暂时不作要求，只要达到交际目的就值得肯定。在一般论辩当中，论辩双方没有对错之分，论辩只是一种双向或多向群体的思维和言语交际形式。[1]有时，一般口才主体还不得不说假话或违心的话。例如，在遇到病重的人，为了让他振作起来，就可能编造各种谎言安慰他，这就是所谓的"善意的谎言"；当一个人

---

〔1〕　王冷、吕鸿臣编著：《司法口才教程》，中国政法大学出版社2009年版，第248页。

要讨好他的上司时，他会搜肠刮肚地寻找最美的词当面去赞美他，但是转身以后，他会觉得很恶心，这可能就是通常人们所说的"身在屋檐下，不得不低头"。司法口才的表达内容必须具有客观真实性和准确性，在任何情况下都不能向恶势力低头，说出违背客观真实和模糊不清的话语。

2. 具有法律意义

司法口才是通过讯问、询问、陈述、质证、辩论、调解等口语表达的方式查清违法犯罪行为人的动机、意志、行为、结果以及社会危害性，以便确定违法犯罪行为的性质。法律是一种通过规定主体的意志来规范主体行为的规则，但不是唯一的规则，所以并不是所有行为都在法律"关顾"的范围之内，如简单的骂人行为。因此，司法口才所表达的内容应当围绕违法犯罪者具有法律意义的行为或状态进行表述，而不能涉及或纠缠无法律意义的行为或状态。具有法律意义的行为或状态是指，能够体现和说明违法犯罪者行为动机、主观意志状态、违反法律规范的行为、违法犯罪的结果以及违法犯罪行为所造成的社会危害性的状态，如在一起交通肇事案中，侦查人员是这样讯问犯罪嫌疑人的：

> 问：你案发当时穿的是什么颜色的外套？
> 答：我穿得是深红色外套。
> 问：你平时经常穿这件深红色外套吗？
> 答：不是的。我有很多颜色的外套。
> 问：都有哪些颜色？
> 答：红色、白色、黄色……
> 问：你为什么在案发时穿红色外套，而不是其他颜色的外套？
> 答：……

在这样的刑事侦查讯问中，"你案发时穿得是什么颜色的外套"是具有法律意义的，因为它能准确地展现案件事实状况，而后面的问答则没有法律意义。"平时穿这件红色的外套吗""都有哪些颜色的外套""为什么案发时穿红色外套，而不是其他颜色的外套"等问话，既无助于犯罪嫌疑人供述该案的其他情节，也不能查明本案犯罪嫌疑人的犯罪动机、主观状态、犯罪结果及其社会危害性，因此不符合司法口才所表述的内容具有法律意义这一典型特征，不可取。

3. 具有职责限定性

一般口才的话语应与说话者的年龄、身份、语言环境和听话者的心理状态相适应。任何口才都是特定的人在特定的时空，对特定的对象，通过一定的方式描述语境事物的实然状态，不是自娱自乐，因此，任何口才都有一定的限定性，司法口才也不例外。司法人员是法律工作者，其在处理法律纠纷和冲突时，作为司法口才主体，其所表达的内容要受到法律赋予其职责的限制。公诉人的职责是对刑事被告人进行有罪指控，而不是对其进行无罪、罪轻、从轻、减轻或免除处罚进行辩护，也没有对被告人进行审判和作出定罪与处罚的权力；审判员的职责是维持法庭秩序与对庭审案件作出公正判决，而不能对被告提起公诉或提出辩护意见；辩护或代理律师的职责是维护己方当事人的合法权益，而不是站在对方的立场上来指控己方当事人的违法犯罪事实。司法口才主体由于各自的法定职责不同，而不能进行角色互换或错位，否则将无法公正地处理法律纠纷和冲突。

（五）司法口才表达方式的特点

"良言一句三冬暖"讲的就是说话的方式方法。任何口才都有对象，口才主体在描述其对外界事物的认知状态及感受时，面对的是特定的听众，目的是使自己的话语能够在听众那里激荡起一定的效应，所以口才主体的言语必须考虑口才对象的状况，讲究说话的方式方法，而不能想说什么就说什么，唱独角戏是不可能成就口才的。不同种类的口才由于其主体的目的不尽相同，其表达方式呈现自身独特的特点。司法口才要求司法人员严格按照法定程序，查清案件事实，正确适用相关法律，公正处理法律纠纷和冲突，目的是恢复正常的法律关系、伸张法律正义、弘扬法律精神、教育公民合理行为、促进社会文明进步。基于这样的目的，司法口才必须客观展现整个案件事实、陈述案情的每一个细节；必须让口才对象深切体会到什么样的行为是合理的、什么样的想法于人于己都有益；必须让包括口才对象在内的全体社会大众深切感受到法律对行为取舍的正确性和用心之良苦。因此，司法口才的表达方式应当具有描述客观、陈述具体、表达通俗、语言准确等方面特点。

1. 描述客观

"以事实为依据"是司法工作的前提和基础，客观而完整地再现案件事实真相是司法人员的前提性任务。因此，司法口才的描述必须尊重案件发生的客观事实。司法口才主体不是散文家，更不是诗人，其在表述案件事实时，目的是将案件事实客观真实地呈现在世人面前，而不能将自己的主观认识参与其中。司法口才主体与散文家和诗人最大的不同点在于：由谁来呼唤事实中所蕴含的情感。司法口才主体像电影工作者，把自己置身于听众之中，用画面再现其中所蕴含的情感，用事实去说话，同听众一起感受其中的情感成分，让听众发出内心的呼唤、传达自己的心声，而诗人则利用富有感情色彩的语言来唤起读者的情感共鸣。譬如，对一起故意伤害事件，公诉人和诗人有着截然不同的描述：

公诉人： 被告人郭某乘机猛推正在候车的北京市东城区紫竹林小学的学生队伍，致使该校五年级三班的六名学生被推倒，其中11岁男孩李某上半身悬空倒在站台边，被同学拽住；另一名11岁男孩陆某被推下站台。该站派出所执勤民警21岁女警官周怡随即上前抢救陆某，被告人郭某又将周怡推下站台。

诗人： 赠周怡（题目）

  正是这一小手，

  从危难与时间的夹缝中，

  抢救了十一岁公民的生命，

  以及

  剑与盾的光荣。[1]

公诉人的描述给听众展现了现场生动的情景，将听众置身于案件发生、发展的过程之中，让他们身临其境地感受所发生的一切，且公诉人没有丝毫的流露出自己的情感。而这一事件在诗人口中，"这一小手""危难与时间的夹缝中""剑与盾的光荣"等用语，无不流露出诗人饱满的感情色彩，以唤起人们对生命敬重和对英雄崇敬之情。"客观公正"要求司法口才表达时必须对案件事实进行客观性描述。正是因为这一特点，法律在老百姓心目中留下了"法本无情"的假象。

2. 陈述具体

"事实胜于雄辩。"无论是讯问（询问），还是法庭陈述，抑或法庭辩论，

---

 〔1〕　潘庆云：《中国法律语言鉴衡》，汉语大词典出版社2004年版，第180页。

其实质都是对案件事实或应适用的法律进行陈述，都是"求真"的叙说，目的是将案件的事实真相展现在人们面前。因之，司法口才的表述必须具体、细致，以追寻事实真相为要义，达"对自己的行为负责"之法律主旨。如果事实不清，很难使违法犯罪之人心服口服，也谈不上正确处理法律纠纷和冲突，更不能指望教育当事人和社会大众了。例如，对同一抢劫案件的讯问，侦查人员的不同表达方式带来截然不同的效果。

讯问1：

司法人员（以下简称"司"）：你说拿人家的手表，说得真轻巧。你怎么不说是人家送给你的！嗯？你把两只眼睛睁大，看看这是啥地方？！

被告人（以下简称"被"）：是拿的。

司：人家女青年有神经病！你再去拿一只来我看看！去！去拿呀！

被：拿的时候……

司：赖！再赖还是拦路抢劫！我看你是活得不耐烦了！

被：我又没有想死……

司：那好，你老实交代，人家手表带怎么断的？你说！你说！！你说！！！

被：是……夺的。

司：夺夺夺，"夺"就是"抢"！我老实告诉你，不交代，照样叫你吃"花生米"（指枪毙）！

被：我交代，你说抢的就是抢的好了。

再听一听另一位司法人员与被告人的问答。

讯问2：

司：被告人×××，你刚才说是"拿"走了被害人女青年×××的手表，那么，我问，手表是在哪里"拿"的？

被：在女青年手腕上拿的。

司：怎么"拿"的？

被：拉的。

司：被害人女青年叫你拉的？

被：没有。

司：那你怎么拉的？

被：硬夺的。

司：手表带怎么断的？

被：我抢断的。

司：怎么抢断的？

被：夹着她头颈抢断的。[1]

第一种讯问中，侦查人员的失败之处在于：过多地掺入了评价性语言，没有注重再现案件事实，似乎想"威胁"犯罪嫌疑人就犯，既没有从犯罪嫌疑人口中得到案件的真相，将案件事实完整地展现在人们面前，同时也没有使犯罪嫌疑人就犯。而第二种讯问，侦查人员用追寻事物发展脉络的方式，向我们展现了犯罪嫌疑人抢劫行为的每一个具体细节，既查清了案件事实，又为法律上定性提供了客观可靠的依据。究其原因，后者体现了司法口才"陈述具体"的特点，而前者则严重偏离了这一特点，显得妙语不足、废话有余。

3. 表达通俗

法律是一种意志体现，是法律主体的意志体现，是通俗意义上老百姓的想法得到法律的肯定和认可。法律首先规定"意志"，通过既定的"意志"作用于人的"行为"。"法律—意志—行为"是法律与行为的关系模式和实然状态，不能跳过"意志"直接将"法律"与"行为"联结起来。法律是一本"意志书"，首先要看法律怎么想，合乎法律的想法，与法律保持一致，反之则不行。据此，法律实质上是一种"思想引导"。"法律是行为规范"一说不准确、不严谨、不全面，因为没有直接反映法律的"思想引导"这一实质性状态，容易使人们忽略法律的"意志"状态。准确的表述应当是，"法律通过规定法律主体的意志，来约束主体的行为；通过惩戒法律主体的行为，来恢复法律的意志"。规定、保持、弘扬、推行、恢复法律的意志，是法律的基础性目的。这样就不难理解，法律既惩罚违背法律意志的法律主体行为，也惩罚某些仅停留在语言层面的违背法律意志的法律主体的思想。

既然法律在昭示其"想法"，那么这种"想法"就应当以一种通俗的语言让百姓知晓。如果法律被一系列专业语言所垄断，将严重阻隔普通百姓对

---

〔1〕 高玉成：《司法口才学》，知识出版社1986年版，第3~4页。

法律意志的理解，更谈不上接受它，这使得百姓不得不生活在其所不理解的各种法律关系之中，而感觉不到法律是对他们合理想法的肯定和认可。所以，法律的语言应当通俗简明，司法口才的表达应当通俗易懂。在国外，"明白简单英语运动"一直是英美国家法律改革的一项重要内容，英美国家的法律语言一直在朝着简朴化方向发展。[1]

"法言法语"不是司法口才表达的原则，更不是其特征，因为"法言法语"不可能为所有的司法口才对象所理解。"法言法语"不是法律的目的，"宣传法律内含的意志或思想"才是法律的初衷。如果司法口才主体不顾其对象而我行我素的话，那便只能自己唱"独角戏"，公正的法律程序就没有必要存在了。如在一次刑事案件审判中，审判员这样问被告人：

审判员：你是什么时候被采取强制措施的？

被告：⋯⋯

审判员：就是进所儿啦？

被告：呃，4月30号。

"通俗易懂"不是偏正词组，而是同义词组。"易懂"是对"通俗"的解释，也是"通俗"的程度，避免其庸俗化。当审判员用到法言法语中"强制措施"一词时，被告木然；当审判员改用"进所儿"一词时，被告听懂了，可是审判员却掉进了"街谈巷议"的庸俗的"婆娘圈"。"进所儿"既不是对事实的客观描述，也不是生活中的普通化用语，而是带有"鄙视"色彩的于人背后的闲言碎语。审判员的正确表述应当是："你什么时候进看守所的？"或"你什么时候被关起来的？"

"表达通俗"不仅有助于查清案件事实，也有利于社会大众感受到法律的人文关怀。违背这一特点，将对案件的处理带来诸多不便，同时也会使社会大众感到"云里雾里"。譬如，在一起强制猥亵、侮辱妇女案件中，刑事侦查人员是这样讯问犯罪嫌疑人的：

问：你叫什么名字？

答：张×。

---

〔1〕　廖美珍：《法庭语言技巧》（第3版），法律出版社2009年版，第127页。

问：什么时候开始学会挂码子的？

答：（不语）

问：住在哪？干啥的？

答：XXX 宿舍，XX 厂技术员。

问：你什么时候开始挂码子的，到现在一共挂了几个？快说！

答：我不懂什么叫挂码子。

问：码子就是码子。你别装蒜，据我们掌握，你已经挂了好几个，你想抵赖是没有好结果的。

答：我确实不知道什么叫码子，你说我挂了好几个，都在哪？码子是什么？我还不知道呢！

问：看来你是想挨揍了……〔1〕

"挂码子"是一种黑话，不是所有人都能听得懂的，这就给犯罪嫌疑人的对抗创造了条件，事实也正是如此。在该案中，由于司法人员不懂得"表达通俗"是司法口才表达重要的特点之一，因此，其一开始就用黑话把自己引向了讯问的绝境。退一步说，即使犯罪嫌疑人能听懂，问话也能照常进行下去，可这是否有"黑与黑对白"之嫌呢？司法公正的形象又何在呢？社会大众听不懂，这样我行我素的行为又将老百姓置于何地呢？案件是审结了，可老百姓却因无感而不能从中得以启迪，就更谈不上因之而受到教育了。

"表达通俗"对辩护或代理律师尤为重要。律师施展其司法口才过程中，只有司法口才用语通俗易懂，才能为社会大众所理解、接受，才能唤醒正义的力量，才能让法庭审理或当事人之间的解决法律纠纷的谈判最终受到社会的监督。如果，辩护或代理律师在施展司法口才过程中运用"法言法语"，因社会大众不懂说什么，自然就将自身限定在"与权力争锋"的狭小圈子里。律师是揭示案情事实的，不是炫耀自己法律专业领域所谓的"专业修养"的。

4. 语言准确

"语言准确"不仅是法律文本用语的特点，也是司法口才表达方式的重要特点。法律必须表述准确，容不得含蓄，如提供劳务的一方问用人单位的法人代表：

---

〔1〕 由文平主编：《公安司法口才学》，南海出版公司 1992 年版，第 3 页。

"老板，您每月能付我多少工钱？"答："见外了不是，依我们之间的交情，我会亏待你吗？"

"含蓄"无法明确指引法律关系主体的行为，也无法明确当事人的法律责任。在司法口才中，"含蓄"甚至会招致指供和诱供，如：

刑事侦讯人员：你如实交代对你有好处。
犯罪嫌疑人：我如实交代能判我轻一点吗？
刑事侦讯人员：这要看你交代的情况啰。交代好坏的结果，你我都很清楚的。
犯罪嫌疑人：哦，那我如实交代吧。

这段问答真叫人欲哭无泪。稍微有点水平的犯罪嫌疑人就会纠缠"蓄"的内容，"该判多少年？""轻一点是少多少年？""我不清楚，麻烦您告诉我"等追问将使讯问陷入僵局。

"语言准确"像一根针，触及案件事实的每一个细节，使案件事实真实、完整、生动地再现在人们面前；"语言准确"又如同一张盾牌，挡住歧视性、侮辱性和主观性的语言"色彩"，避免语言失真。

三、司法口才分类

（一）诉讼司法口才和非诉讼司法口才

诉讼司法口才是指，当案件进入司法程序时，司法人员所展现的口语表达才能；而非诉讼司法口才则是指，案件未进入司法程序，但有律师参与时，非诉讼代理律师所展现的口语表达才能。非诉讼司法口才必须有律师介入，才能归类到司法口才类别之中，否则属于一般口才，而不属于司法口才这一类别，这与司法概念是相吻合的。

"诉讼司法口才"和"非诉讼司法口才"是对司法口才较大的一种分类，其分类标准是：法律纠纷和冲突是否进入司法程序。在司法程序中所涉及的司法口才是诉讼司法口才；未进入司法程序时所涉及的司法口才是非诉讼司法口才。根据非刑事案件诉讼自愿的原则，非刑事案件的法律纠纷和冲突是否进入司法程序，由当事人自己的意志来决定。包括"告诉才处理"的部分刑事案件和所有非刑事案件在内的法律纠纷和冲突，都存在诉讼案件和非诉讼案件之分，都可能涉及诉讼司法口才和非诉讼司法口才。相较于其他司法口才分类，该分类较为宏观，是对司法口才的粗略分类和概括性认识，不利于精确认识司法口才，所以本书较少涉猎该种分类。

（二）单向性司法口才和双向性司法口才

根据司法口才言语表达过程中是否涉及其他司法口才主体的口才交锋，可将司法口才分为"单向性司法口才"和"双向性司法口才"。"单向性司法口才"是指在言语表达过程中没有遇到口才交锋时的言语表达才能的展示，如讯问、询问、公诉词宣讲、辩护词或代理词宣讲、审判人员对庭审的管理和干预、判决词宣读、仅有审判人员参与的法庭调解；"双向性司法口才"是指在言语表达过程中遇到口才交锋时的言语表达才能的展示，如质证、法庭辩论、有律师参与的法庭调解、双方均有律师参与的非诉讼案件中双方当事人之间的谈判。

这一分类是对司法口才属性的微观层面认识，是查清案件事实、正确适用法律以及保证案件处理符合法定程序的重要手段和途径。

（三）侦查人员司法口才、公诉人员司法口才、审判人员司法口才和律师
　　　司法口才

根据司法口才主体的不同，可将司法口才分为侦查人员司法口才、公诉人员司法口才、审判人员司法口才和律师司法口才。"立法、执法、司法"是建设法治国家和法治社会的三大主要权能。"司法"通过正确适用立法机关制定的法律、公正地处理法律纠纷和冲突，来推动法治国家和法治社会的建设。作为服务于"司法"职能的不同岗位的司法人员，各自负有独立的法定职责，同时又通过相互配合和协作，来共同完成"司法"权能。因此，司法人员的法定职责是司法口才的重要属性，离开这一属性，司法人员不仅不能拥有口语才能，而且因违反法定职责而导致案件不能按照正常的法律程序处理，严重时可能涉嫌违法犯罪。因法定职责相异，不同的司法人员拥有不同的司法口才。

司法人员肩负着建设法治国家和法治社会的神圣使命，司法口才因之而产生和发展，从而具有了意义和价值。有鉴于此，本书以该分类为主线和框架，借助于其他分类形式，来揭示司法口才的规律性。

第二节 司法口才基本原则及基本要求

一、司法口才基本原则

(一)求真原则

"以事实为依据"是司法人员法律工作的前提和基础,因此"求真原则"是司法口才最基本的原则。求真指的是追求案件的事实真相,最大限度地还原案件的本来面目。这里的真相包括:违法犯罪的原因真实、动机事实、目的事实、行为事实、手段和情节事实、主观状态事实、结果事实、各种证据的真伪事实以及违法犯罪行为所造成的社会危害程度事实。这些事实真伪性直接决定着违法犯罪行为是否存在、当事人行为的法律上定性、法律对该行为的处罚力度以及法律适用是否准确、适当。在事实不清的基础上处理案件,不仅不能培养良好的司法口才,甚至会导致冤假错案的发生。这势必影响到司法威信的树立,有损司法形象,危及法律精神的弘扬,最终会导致法律与社会大众的情感疏远。

"求真"不一定会有"取胜"的结果,"求胜"不一定始终在"求真"的轨道上运行。在司法实践中,"求真"和"求胜"往往会脱节。有的司法人员为了取胜,常常不惜舍弃"求真",甚至制造伪证,严重地损坏了法律的"尊严"。可见,"求胜"必须建立在"求真"基础之上,"取胜"是"求真"这一过程的一种结果。丧失"求真"过程的"求胜"是一种"拔苗助长",甚至会触犯法律,不可能真正"取胜"。这种"胜利"在某种程度上甚至是另一种"罪恶"的宣言。从司法人员的形象来看,偏离"求真"的"求胜"可能导致"心切",可能导致性情大乱,甚至会导致违法犯罪行为的发生。所以,"求真"是司法口才坚实而不可动摇的原则和基础。

在"取胜"的道路上,"求真"是唯一的正当过程。这一过程,在人们希望的时间内,并不总是顺利地达到"取胜"的结果,因为过程和结果毕竟是两回事,尤其是在急功近利的思维指引下的价值取向环境中。但是,法律弘扬的是正义,无论如何,司法口才都必须在"求真"的轨道上运行,否则,就谈不上司法口才才能。

"求真"与"较真"不同。前者是追寻事实真相,而事实真相除了事实的外在部分之外,还包括事实的意志部分,因此,司法口才在追寻事实真相的过程中，要时刻关注司法口才对象的思想和意志活动，注意司法口才对象接受事物的渐进过程；后者是不顾对方的心理感受，只认"死理"，结果不能被对方所认可，达不到应有的效果。

（二）尊重人权原则

人权是指，在一定社会历史条件下，每个人基于其本质和尊严所享有或应当享有的基本权利，如生命权、健康权、名誉权、人格权、自由权、平等权、发展权，等等。人权的实质是尊重他人独立的意志或想法，哪怕这种意志或想法存在不合理、不科学、不切实际甚至与法律意志不一致等现象，只要没有通过言行加以践行并达到违法程度。首先是尊重，然后是教育和引导，而不是控制、限制和强加，这是尊重人权的基本轨迹和做法。违法犯罪行为人的行为虽然触犯了法律，侵害了受害人的合法权益，使受害人的人权受到不同程度的损害，但是他们作为人，其基本人权仍然存在，不能因其从事了违法犯罪行为而被漠视或践踏。违法犯罪行为应当承担法律责任，而这种责任与其行为危害程度应当是相应的。刑法中的"罪行相应"原则、"罚当其罪"原则，民法中的"赔偿与损害相应"原则，都是这种精神的体现。如果认为行为人犯了罪，你就有权对他（她）冷言冷语、挖苦讽刺、恶语施加、破口大骂甚至赐予拳脚，那么犯罪岂不是不需要经过审判就可以认定？你对行为人的这种言语和行为算不算一种惩罚呢？你有没有这种惩罚的权力呢？如果有，那你的这种惩罚能不能抵作刑罚的一部分呢？如果不能，那么"罚当其罪"的刑罚原则又如何体现呢？司法制度的建立否定了原始社会"以牙还牙、以血还血"那种同态复仇的不文明的现象，难道犯罪之人在受到法律惩罚之外的这种"待遇"不是原始社会的同态复仇方式在现代社会的重演吗？所以，尊重人权原则是司法口才必须坚守的原则，这既是法律和道德的要求，也是育人的生命线。

尊重人权就是把司法口才对象当作平等的人来看待，不得对其施加任何歧视，这是尊重人权的前提和基础。尊重人权要求司法口才必须尊重客观事实，不能凭空捏造、无中生有，更不能恶语伤人。从语言的第一大基本功能来看，尊重人权原则有利于查清案件事实，避免案件事实里因注入司法口才主体的主观情绪而失真。

（三）追求正义原则

正义既是一个简单的概念，同时又是一个非常复杂的概念。从理论上讲，我们可以将正义简单地界定为："人的正当和合理的需要或欲望得以满足。"从实践中情况来看，正义又表现出非常复杂的状况：一方面，"正当和合理"的主客观标准因实际情况千差万别而呈现多样化态势，加上个人自身的知识、能力、所付出的努力以及所处的外在环境存在细微差别，很难衡量付出的"同样性"，也就无严格意义上的"同样的付出应有同样的回报"；另一方面，由于资源的稀缺性，人的需要或欲望的满足受到客观条件的限制。主观条件相同的人，由于客观条件的限制，其需要和欲望不一定得到同等程度的满足，如教育资源的有限性，社会不可能满足所有人都能接受高等教育；优质教育资源的稀缺性，就不能确保所有的好学生都能进入顶尖大学深造。稀缺的资源需要制度进行分配，因此，正义是制度下的正义，具有相对性。从法律角度上来讲，正义是合法行为以及因之取得的合法权益应当受到法律的保护，违法犯罪行为应当受到法律追究，当受害人因违法犯罪行为而遭受侵害时，司法应尽最大努力以便最大限度地修复那已被破坏的实体正义，对受害人实施法律救济，实现程序正义。

"追求正义原则"要求对司法口才对象的思想和行为的正当性、合理性和合法性进行有效鉴别，对当事人的违法犯罪行为寻求相应的法律处罚，以最大限度地修复实体正义。实体正义一旦被破坏，完全恢复已成为不可能。美国著名律师格里·思朋斯认为："全部的正义只有在我们有能力将当事人带回到受伤害以前才能实现，如果我们能消除身体损害和精神伤害，并且能够起死回生的话。"[1]在无法完全恢复实体正义的情况下，司法口才的重大责任就是：在不违反法律的情况下，尽最大努力以程序正义来最大限度地修复实体正义。"罚当其罪"正是运用司法救济手段来修复实体法下的正义的。

（四）施教原则

司法口才的魅力并不仅仅限于查清案件事实和正确适用法律、公正地解决法律纠纷和冲突，使违法犯罪行为受到相应的法律处罚、恢复正常的法律关系，其最大的魅力在于对涉案当事人所面临的问题一针见血的分析；在于对违法犯罪根源的深刻揭示，以消除违法犯罪的土壤；在于对存有与当事人类似问题的人警示；在于启迪社会各界进行相关制度建设，以促进社会文明

---

〔1〕〔美〕格里·思朋斯：《胜诉：法庭辩论技巧》，牟文富、刘强译，上海人民出版社2008年版，第183页。

进程。这种魅力的展示正是在司法口才"施教原则"指引下进行的。

司法口才在其口语表达的过程中，通过对违法犯罪行为人的心理分析，指出其主观认识的错误之处，指明对外界事物正确的认识方法，让其彻底醒悟，从而为其将来做一个守法的公民打下坚实的思想基础。行为人之所以违法犯罪，除了行为人自身原因之外，还有诱发行为人产生违法犯罪念头的外界原因性因素和引发违法犯罪的外界条件性因素。司法口才围绕这些因素展开施教，解决了法律无法触及的问题，能完整地实现"惩罚与教育"相结合的法律精神。唯有在"施教原则"的指导下，司法口才才能完成其神圣使命。

二、司法口才基本要求

德＋能＝才，无德便无才。司法口才有三大基础性要求：①有深厚的内在素养；②拥有科学的思维方法；③具有追寻事实真相的能力。这三大基本要求缺一不可。"内在素养"规制着司法口才主体的"良心"，让其知道什么是好的，什么是坏的。"良心"是一种积极的心理状态，是一种时刻为他人着想的状态。那种保持"不害人"的心理，不能归属于良心范畴。"良心"涉及对事物的判断，因此与"智慧"有关。丧失良心或良知的司法口才主体，不可能有"良言一句三冬暖"的口才，也不会拥有"探明事实真相"的口语才能。科学思维是事物发展脉络的真实写照，拥有科学思维方法，才能把握事物发展脉络，查明案件事实。具备追寻事实真相的能力，不仅能够再现案件事实，而且在追寻事实真相过程中，不断修正思维，有助于构建科学的思维方法，增强大脑的敏捷度，提高口才智慧。

（一）司法口才内在素养要求

1. 高尚的品德修养

品德，即道德品质，是指个体对他人、对周围的事物、对社会所表现出的一种符合特定历史条件下的社会大众所认可的"善"的心理或倾向，如"爱心""关心""热心""态度谦逊""诚信""对他人人格的尊重""言谈文雅""举止大方"，等等。"德"是"才"的前提和基础，"才"是"德"的施展，两者密不可分。从评价标准来看，"德"是对"才"的评价，是"才"施展后留给人们的良好印象；从目的与手段关系来看，"德"是目的，"才"是在人与自然及人与社会关系中践行"德"的手段。总之，有德，终究必有才；无德，自始便无才。

在众多的品德表征当中，"爱心"位于众品德之首，是一个人品德的灵魂，其广度和深度决定一个人品德高尚的程度。"爱心"是司法口才必备的品德修养，是司法口才主体综合素质的根基。"爱心"的体现是多方面的，如爱国家、爱社会、爱群体、爱民众、爱职业、爱岗位、爱身边的每一件事物，等等。而对司法口才主体来说，最为重要的是爱司法口才对象，不仅要爱受害一方当事人，而且要爱口才交锋的对方，同时也要将"爱"赋予违法犯罪行为人，因为从某种程度上讲，他们也是不同程度的受害人。"爱心"要求司法口才主体要把当事人的事当成自己的事，要设身处地去体验和感受当事人的思想情感。"爱"充满着巨大的正能量，是推动其他品德修养的原动力。"关心"是"爱心"的细化，是对"爱心"的践行和对爱的结果的体察。司法口才主体应时刻关心案件的进展状况，关心司法口才服务对象的心理和思想变化，细心体察司法口才所带来的效应。"热心"是"爱心"和"关心"的发动机和助推器，是"爱心"和"关心"的一种度的展示，是社会大众和当事人衡量司法人员对其法律工作关爱程度的重要标尺。没有"热心"，"爱心"和"关心"很难充分得以展示。

"爱心""关心"和"热心"是司法口才内在的品德修炼，相比之下，"态度谦逊""诚信""对他人人格的尊重""言谈文雅""举止大方"，则是司法口才外在的品德修炼。"态度谦逊"要求司法口才主体对待其口语表达要永远保持不断探索的精神，不满足于个案的精彩言论；对待当事人要以"理"取力，不能以"势"压人。"诚信"要求司法口才主体不违背法律精神任意许诺，对于应诺当事人的正当要求，要恪守诺言，以诚待之。"对他人人格的尊重"要求司法口才主体在言语表达过程中，要尊重当事人的人格和尊严，不能言语过激，更不能恶语伤人。"言谈文雅"要求司法口才主体言谈有度、通俗易懂，易为当事人所接受。"举止大方"要求司法口才主体行为举止得体、适度，与其身份相宜，要表现出耐心、宽容、端庄、认真、负责、尊重等积极的姿态，以给当事人和社会公众树立良好的司法形象。

高尚的品德修养决定着司法口才的口语表达内容和方式，决定着司法口才的表达效应。"让世界充满爱"是每一个人的责任，因此司法口才的口语表达实质上是一种爱的传递。

2. 虚怀若谷的情怀

法国著名作家雨果曾经是这样形象比喻人的胸怀的："比海洋宽广的是天

空；比天空宽广的是人的胸怀。"如果这个世界人人都能做到这一点，违法、犯罪以及人与人之间的相互残杀等丑陋的现象，还可能有存在的空间吗？虚怀若谷的情怀要求司法口才主体对待任何人和任何事都要有博大的胸怀、宽厚包容的心境。唯有这样，才能心如止水，才能冷静思考，才能语出惊人，才能充分发挥司法口才应有的效应。

世界是个万花筒，人是多种多样的。每个人的思想、素质、品性、价值观和人生观以及其生活的环境都是不同的，并且时刻在发生变化。司法口才主体在法律工作中，会遭遇到不同特性的人以及相同人不同时段的不同特质，如果没有虚怀若谷的情怀，其主观认识很容易被这种情形所左右，其思想、性情、态度、作风以及言语将随之发生变化，这势必影响到其口语表达风格和才能，最终会阻碍司法口才的培养和建立。所以，"虚怀若谷的情怀"是司法口才内在素养重要的组成部分。

3. 先进的思想

主观意志状态是行为构成违法犯罪的首要条件。可见，违法犯罪行为都是在主观认识存有不良的情况下进行的，如财产类犯罪、经济类犯罪，行为人一般将财产同自己的生活幸福、社会身份地位、个人享受联系起来，认为只有拥有更多的财产，才能拥有身份、地位、幸福和快乐。一旦因自身的现实条件的限制，无法通过正当途径满足其欲望时，就会走上违法犯罪道路。其他类型的违法犯罪，也都存在不同程度的思想认识问题。"治标必须治本"，唯有在对人们的思想教育上下功夫，才能从源头上根治违法犯罪现象，使人们的行为步入文明的轨道。这就必然需要司法口才主体拥有先进的思想，用先进的思想照亮人们前进的道路，指明人们的行为方向，最终实现法律正义，促进社会文明。

先进思想是人类最宝贵的财富。司法口才主体是法律工作者，更是社会文明的建设者。很难想象，一个没有先进思想的司法人员能够说出"语惊四座"的话语，能够引导别人正确思维、改变其不正确的想法、彻彻底底地意识到其行为于人于己的危害。作为人类最宝贵的财富，先进思想应当为每一个人所共享，司法口才主体应毫不吝啬地将其传递给每一个人，为人类文明作出应有的贡献。

4. 严谨的工作作风

法律工作是神圣的，容不得半点疏漏。"惩罚"和"教育"并重，不容许有所偏袒。古人云："勿以善小而不为，勿以恶小而为之。"这是符合物理学"良性循环和恶性循环"所蕴含道理的。由于这种循环的存在，小善会成大善，小恶会成大恶，这也是经济学中"蝴蝶效应"和"马太效应"的结果。司法人员要想获得司法口才，首先必须认真细致地对待自己的法律工作、对待每一起案件、对待每一个案件的细节，要把当事人的事当成自己的事，要像对待家人一样对待当事人，要感同身受。唯有这样，司法口才主体的口语表达才能有血有肉，才能一针见血，才能为当事人所接受。就当事人来说，案件的每一个细节对其都很重要，如果司法口才主体对某一细节有疏漏，将直接影响到案件的定性和处罚。如在一起故意伤害案法庭审理中，被害人的代理律师指控被告人犯有抢劫罪：

代理律师：被告人到被害人家中实施伤害行为是为了索要被害人所欠的3000元钱，因此应追加对被告人抢劫罪的指控。

被告人：我没有抢劫，这是对我人格的侮辱。

代理律师：你有没有要钱？

被告人：我没有要钱。

代理律师：你去他家不是为了索取他事前答应你的3000元钱吗？

被告人：我去他家是为了教训他，是因为他抢走了我的女朋友，又不守诺言。我虽然犯了罪，但我也有人格。

在这起案件中，幸亏公诉人和法官有严谨的工作作风，最终没有采纳被害人代理律师的意见。严谨的工作作风是决定司法口才细节的关键要素。

5. 刚正不阿的勇气

司法人员在口语表达过程中，时常会遭遇到各种势力的干扰，如权力、偏见的社会舆论、媒体、当事人的恐吓，等等。如果司法人员没有抵制这些不良势力干扰的勇气，就会气短、气虚、言不着调、言语混乱、语不成句、句不成形、前后矛盾、漏洞百出，就不可能有司法口才可言，更谈不上言语的感染力，法律工作的成效就可想而知了。正确的做法是，司法人员要用口才击碎这些不良势力的影响，追求案件真相、伸张法律正义、弘扬法律精神是司法口才的重要使命，在任何情况下都不能动摇。正义因其能够唤起民众的情感共鸣而具有强大的能量，是无坚不摧的力量。只有法律正义得到充分伸张，法律情感才能得以充分的展示，所以，刚正不阿的勇气是司法口才必须具备的重要内涵。

6. 强烈的事业心和责任感

在当今市场经济的浪潮中，追名逐利成为普遍的现象，不少人很难静下心来将自己的工作当作一份事业去努力拼搏，总是将自己的工作当成一份赚钱的工具。这样一来，工作就成了"奴隶"，对工作所付出的情感自然显得"杯水车薪"。将工作看成赚钱的工具，对其情感的多少自然就取决于它给你带来收入的大小。在中央电视台（今合并为"中央广播电视总台"，下同，不再说明）《社会与法》频道《庭审现场》栏目播出的刑事法庭庭审节目中，人们经常会发现被告辩护律师消极辩护的状态，如在一次《故意伤害庭审现场》节目中，被害人指控被告人犯有抢劫罪故意，被告人对此极力进行辩解，当法官问及被告人的辩护律师有无辩护意见时，只听他有气无力地说了一句"没有"。这显然不是一个律师所应有的工作态度，辜负了被告人对他的期望，属于严重不负责任的行为。当一切围绕"钱"进行规划时，司法人员就很难全身心地投入到法律工作中，其责任感就要大打折扣，因为其关心的不是别人那期待的眼神和渴求的目光，其关心的是自己的钱袋子。金钱和利益会限制司法人员的眼光，使之变成目光短浅之辈，如此岂能发现案件事实的全貌。

强烈的事业心和责任感要求司法人员时刻牢记法律、国家、社会、老百姓和当事人所给予他们的神圣的使命和责任，要将法律工作当成自己的事业去努力拼搏，并为之付出毕生精力。只有具备"强烈的事业心和责任感"，司法人员才能认真对待每一个案件的处理，才不至于出现与法庭氛围不相称的"时髦打扮"的女法官，才不会出现庭审中打盹、打电话的法官，才不至于出现庭审中嘴里叼着烟的书记员；[1]只有具备"强烈的事业心和责任感"，司法人员的口语表达才能充满生机和活力，才能查明案件事实真相，司法口才才能立于不败之地。

7. 追求法律正义的精神

人是精神动物，精神是人的灵魂，是人的行为强大的动力源泉。老一辈无产阶级革命家的革命路程就是这一事实的真实写照。作为法律工作者，司

---

[1] 这些法庭的怪现象，参见"法庭威严才能为司法赢得尊重和公信"，载http://www.shm.com.cn/ytrb/html/2008-01/07/content_ 5073541.html，访问日期：2021年10月6日。

法人员必须牢固地树立"追求法律正义"的精神，唯有在这种精神的激励和感召下，才能注重自身的品德修养，才能拥有虚怀若谷的情怀，才能自觉培养先进的思想，才能练就敏捷的思维能力，才能具备严谨的工作作风，才能充满丰富的法律情感，才能具有刚正不阿的勇气，才能有强烈的事业心和责任感，才能有资格拥有司法口才。

法律正义包括实体法正义、程序法正义和修复性正义。实体法是以确认法律主体权利、义务以及法律责任为主要内容的规则，如宪法、民法、刑法、行政法、劳动法、商法，等等。实体法正义在于其规定的合理性、权利和义务指引的正确性以及法律责任的适当性。程序法是以保护权利得以有效行使和实现、确保义务得以全面履行及保障法律责任得以实现等有关程序为主要内容的规范，如刑事诉讼法、民事诉讼法、行政诉讼法，等等。程序法是实体法的保障，是查明案件事实和正确适用法律的手段和途径。因此，程序法正义在于司法人员应严格按照法定程序处理和解决法律纠纷和冲突，在处理和解决案件的过程中，保障人权，如不刑讯逼供；保障当事人程序性权利，如陈述权、辩护权；保护当事人实体权利，如获得救济权，等等。实体法和程序法共同承担着维护正常法律关系的重任，因此，对实体法正义和程序法正义的追求本质上是对社会正义的追求。

前文已经论述过，正义一旦被破坏，完全恢复已成为不可能完成的事，司法人员只能尽最大努力去修复正义。因此，修复正义的工作不能仅限于对违法犯罪行为的适当处罚，还应当追寻违法犯罪的源头，这个源头就是如何修复违法犯罪行为人从事违法犯罪行为前所遭受的权利伤害。这就要求司法人员在确保司法公正的同时，追根求源，提出相关的司法建议，警示社会各界防患于未然。只有这样，司法人员才能最大限度地修复法律正义。

追求法律正义的精神为司法口才的培养和铸就提供了主动性、积极性和创造性的源泉，为司法口才其他素养的练就提供了强大的动力，为司法口才功效的发挥提供了充分保障。追求法律正义的精神是司法口才内在素养的最高境界。

（二）敏捷的思维能力

理论是前人社会实践经验的总结，是死的东西。学理论不是为了记住它，而是在学习过程中通过思考，将其转化为智慧。"理论—智慧—行为—实践"的运行轨迹才是理论与实践之间的关系模式。"智慧"描述的不是"面临问题时，去搜寻理论是怎样规定的，然后对照理论的规定解决问题"的实然状态，而描述的是"对外界信息的迅速感知并即刻作出准确有效的反应"的状态。"智慧"是在按照科学思维方法指引的思路"走"出来的。没有科学思维方法的指引，即便拥有深厚的理论功底，也无法拥有敏捷的思维能力。在司法口才的口语交锋中，口语表达前后衔接较快，没有过多的时间进行"思考"。这就需要司法口才主体及时地找到对方的口语表达破绽，并迅速予以指明和论证。例如，在一起故意杀人案法庭审理中，公诉人和辩护律师有这样的口语交锋：

公诉人：一个孕妇被被告人残忍杀害，两条人命就这样无情地消失了。

辩护人：请问公诉人，一个孕妇能说成是两条人命吗？

公诉人：（不知如何反驳，于是停顿一会儿，用微弱的声音解释道）我指的是胎儿。

在此案中，公诉人可谓是理论功底较为深厚的人，但在激烈的口语交锋中却显得有些迟钝，从而影响对案情的情节的描述。"两条人命"的表述虽然在法律上显得不太准确，但并没有错。"胎儿"虽然不是刑事法律上的人，但它是继承法上的人，是有生命的，是未出世的人。杀死孕妇关涉两条生命，与杀死两个人的情节同样严重。公诉人大可以借辩护人的问话时机来说明这一点。只可惜，由于其思维缺乏敏捷性，没有针锋相对地予以应对，而导致这一严重的情节被淡化了。公诉人的这一"停顿"使其与辩护人的口语交锋顿失司法口才色彩。

（三）追寻事实真相的能力

两个孩童跟一位老者学下象棋的寓言故事广传于民间，已家喻户晓。其中，一位孩童专心致志，学艺精湛，另一位则心不在焉，半途而废。司法口才修炼也是这样。司法口才建立在追寻事实真相的基础之上，这就需要司法口才主体要时刻走在追寻事实真相的道路上，一刻也不能松懈。在事实面前，不能"睁一只眼，闭一只眼"。这样下去，时间久了，可能永远睁不开双眼，更何谈拥有一双"慧眼"。当然，这并不是说，遇到虚假的东西就当场揭露，还要考虑对方心理层面的接受程度。"忠言逆耳"不是口才，因为无视对方"感受"这一事实，"忠言顺耳"才是口才中的上乘。言语方式不能阻止对事实真相的探索和思考。这是"十年磨一剑"的日常功夫，不可小觑。唯有具备了追寻事实真相的能力，才能对对方的司法口才水平作出准确的判断，做到"知己知彼，百战百胜"，否则，不要说能够看清对手的实际状况，连自己的真实状况都无法把握。唯有具备追寻事实真相的能力，才能达到"语出惊人""一针见血""一语道破天机"的司法口才上乘。

在司法口才交锋时，追寻事实真相的能力主要体现在司法口才的口语表达上。因此，本书就这一问题着重从司法口才口语表达要求方面进行阐述。主要体现在：①语言通俗易懂；②言语朴实无华；③用语准确；④言之有据；⑤前后连贯；⑥与身份相宜；⑦思路清晰。

1. 语言通俗易懂

中国是一个多民族的国家，也是地方方言最复杂、最多样化的国家。民族语言和地方方言是历史的产物，是各民族文化和地方文化的重要组成部分，是表达各民族和各地方人民思想情感的特殊的语言形式。各民族和各地方人民对之有特殊的感情，对自己的语言倍感亲切。法律是取之于民用之于民，服务于社会大众的一种规则，法律情感必须深入各民族和各地方人民的内心深处。要让所有的社会大众都能深切感受到法律的关爱，司法口才主体所使用的语言必须通俗易懂。根据司法口才的"施教"原则，"通俗易懂"的衡量标准应当是，司法口才所使用的语言能够让司法口才对象完整、准确地领会其所表达的意思和情感。据此，司法口才不能以"普通话"这一官方语言为标准。对此，《刑事诉讼法》和《民事诉讼法》也未对之作强制性规定，而且分别在相应的条款中对民族语言作了适当规定。

至于"法言法语"更不能作为司法口才的用语标准。"法言法语"是法律专业用语，一般社会大众很难领会其传达的意思和思想，而司法工作不是法律专业者之间的游戏，更不是法律专业人士借此自我炫耀的资本。司法工作是面向普通百姓的，"法言法语"可能使当事人和社会大众"丈二和尚摸不着头脑"，如下面一段庭审实录中的对话反映被告对"回避"一词的不理解。[1]

---

〔1〕　廖美珍：《法庭语言技巧》（第3版），法律出版社2009年版，第256页。

审判长：你对合议庭人员、书记员、公诉人是否申请回避？

莫某某：谢谢。

审判长：是否申请回避？

莫某某：是。

审判长：听清楚了没有？

莫某某：听清楚了。

审判长：你对合议庭人员、书记员、公诉人是否申请回避？

莫某某：是，谢谢。

审判长：被告人莫某某，你知不知道什么叫"申请回避"？

莫某某：我不懂。

"语言通俗易懂"要求司法口才根据不同的对象和语境使用合适的语言形式；要求司法口才所使用的语言既能清楚地表达自己的意思和思想，又能让其对象和旁听席群众准确领会；要求司法口才"通俗"而不"低俗"，如不能用"黑话""粗话"等低俗的话语。"语言通俗易懂"是司法口才"施教原则"的必然要求，也是司法口才充分发挥其功效的重要保证。

2. 言语朴实无华

"查明案件事实""准确和适当地适用法律""施教于当事人"以及"警示社会各界"是司法口才主体所肩负的责任和使命，因此，对司法口才的言语要求是朴实无华的，而不是形式上"华丽"和"优美"。司法口才主体不是文学家，更不是诗人，否则，不但不能收到良好的效果，反而事与愿违。例如，德国伟大诗人歌德在青年时代以律师身份首次出庭辩护时，曾经这样辩护道：

啊！如果喋喋不休和自负竟能预先决定明智的法院的判决，而大胆和愚蠢竟能推翻证明的真理！简直很难相信，对方居然敢向你提出这样的文件，它们不过是无限的仇恨和最下流的谩骂热情的产物。啊！最无耻的谎言、最不知节制的仇恨和最肮脏的诽谤，在这场角逐中受孕的丑陋而发育不全的低能儿！

听了歌德的辩护词，法官不由得摇头，也引起了听众的强烈不满，遭来对方律师的无情反驳。见其言语引起法庭骚乱，歌德再次用诗人的语言愤怒地进行还击，结果遭到法庭的阻止，被赶出法庭。

"言语朴实无华"要求司法口才言语应以清晰的叙事、客观直白、无加修饰为原则，"夸张、比拟、借代"等文学修辞手法是为司法口才所禁忌的，如司法人员不能用"秃头"来指代被告人，不能把杀人凶手说成"猪狗"。司法实践中，有的司法人员为了激起民愤、期望法庭作出最严厉的判决，言语十分夸张，但效果却令其失望。例如，在一起故意杀人案庭审中，公诉人是这样进行陈述的：

王某居然在20××年×月×日暮色降临之时，满脸杀气、咄咄逼人地身藏锋利的匕首，窜到了孤苦无助的亭亭玉立的妙龄少女田某的家中，恶狼般凶狠地朝田某身上连刺九刀，田某一下子栽倒在鲜血染红的坚硬的水泥地上昏死过去。苦命的田某啊，过早地告别了欢乐，永远躺在了病榻上，终日与苦痛相伴，整天与寂寞为伍。杀人魔王的手段何其残忍，用心何其毒也！不仅葬送了无辜少女一生的幸福，也严重扰乱了社会治安秩序，不严惩不足以平民愤，不严惩不足以正视听！

"咄咄逼人""窜到""亭亭玉立""恶狼般凶狠地""苦命"等夸张性用语，并不足以说被告人"手段残忍""用心何其毒"等恶劣的犯罪情节，反而引起旁听席上不绝于耳的嗤笑声，言语效果可想而知。

司法口才不是自我情感抒发的工具，而是用铁一般的事实来唤起人们（当然包括当事人）的内心情感，以收到最佳效应。从这个角度来看，司法人员是"冷静"的、"理性"的、"铁面无私"的。朴实无华的言语更贴近百姓、更接近生活、更具有亲切感、更具有感染力，这是那些华而不实的言语无法胜任的。

3. 用语准确

法律是一种规则，它告诉人们什么可以想、什么不可以想、什么应当想、什么不应当想、如何通过行为实现自己的想法。因此，法律的意志务必要精确，不能含糊不清，否则就无法让法律主体在行为前了解和把握法律的真实想法，从而导致无所适从。与精确的法律用语相适应，司法口才用语必须准确，即必须准确地对事实加以叙述，以便清晰地再现案情；必须准确地发出指令，以便明确告诉司法口才对象应当想什么、不应当想什么、可以想什么、不可以想什么；必须准确地传达自己言语所描述的事物实然状态，以便司法口才对象和旁听群众正确地加以还原和领会。

"用语准确"具体要求司法口才必须做到：叙事准确、叙人准确、叙物准确、指令准确、表意准确。

（1）叙事准确。叙事准确是指，对整个案情的叙述要细致，不能放过任何一个细节。叙事准确不仅是对司法口才自身的要求，而且也是运用司法口才发现矛盾和疑点的重要手段之一，同时也是司法口才问话的指针。其具体要求是：①对案发时间的叙述要精确到某年某月某日某时，甚至有时要精确到某分钟，如犯罪嫌疑人乘坐的交通工具于 2013 年 6 月 16 日凌晨 4 点 46 分经过了南郊 10 公里处收费站，而不能泛泛地说凌晨 4 点经过南郊 10 公里收费站，因为凌晨 4 点 10 分，犯罪嫌疑人的车辆可能处在南郊 2 公里的地方；②对事发的地点及其周边的环境要有精确的描述，如林肯在从事律师职业时，在一次辩护中，由于他对证人描述的那天晚上的月亮、月光、证人所站的位置以及面朝的方向做了精确的描述，从而戳穿了证人的谎言，赢得了辩护的胜利；③对案发经过叙述要与客观情况保持一致，如在一起故意杀人案中，刑事侦查人员在讯问自动投案的犯罪嫌疑人时，根据"叙事准确"的标准，针对其所说的抛尸地点与案情不符这一情况，果断地排除了其嫌疑；④对案件的情节的描述要精确到位，能与法律规定保持一致，如对伤害程度的描述，不能简单地用"造成轻伤"或"造成重伤"等词语一语带过，应当精确地将伤情鉴定叙述出来，因为在审理终结前，任何人都不能下结论；⑤对行为描述准确，如犯罪嫌疑人如何进行违法犯罪前的准备工作，又如何实施违法犯罪行为的，犯罪嫌疑人对被害人刺了几刀，刺在什么部位，侵害人如何实施侵害的，民事违法行为是如何进行的，多种行为之间发生的时间顺序怎样，等等。对行为的描述不能笼统，如不能简单说"犯罪嫌疑人来到受害人家中，对受害人实施了强奸，并将其杀害"，而应当将强奸和杀人的经过准确、细致、完整地描述出来，如犯罪嫌疑人是如何进行犯罪准备的，如何来到受害人家中的，又如何遭到受害人的反抗的，又如何将其杀死的，杀死被害人后又如何行为的，等等。

违法犯罪行为既反映了行为的动机、目的和性质，同时也反映了行为人的主观意志状态，直接影响到该行为的法律定性和法律责任的大小。

（2）叙人准确。叙人准确要求对违法犯罪行为人的年龄、籍贯、民族、外貌、性别、文化程度、社会阅历、爱好、性格、接受能力与语言表达能力、健康状况、婚否、社会关系以及从事违法犯罪行为时的衣帽特征等细节作精确的阐明。叙人准确的工作作风和习惯的养成，不仅能够培养敏锐的观察能力和思辨能力，而且还能鉴别证人的证词，如：在一起入室抢劫强奸案中，刑事侦查人员在询问几个被害人时，由于她们对犯罪嫌疑人相貌特征的描述出现了偏差，遂将其证词一一进行了否定，最后认定了在同一伙犯罪嫌疑人的犯罪中止案中的受害人的描述，并成功将他们抓获归案。这正是司法人员在"叙人准确"的思想指引下所取得的成功。

（3）叙物准确。叙物准确要求司法口才主体对违法犯罪行为所涉及的物品的性质、特征、质量、数量、形状、大小、体积、受损程度等与案件定性和处罚有关质和量规定性作出详细描述，以便确定违法犯罪行为的法律性质和社会危害性大小，以准确地作出定罪、量刑或处罚。"物"是违法犯罪行为所作用的对象，其质和量的规定性直接决定了罪与非罪、此罪与彼罪、罪重与罪轻、案件的性质与情节、刑罚幅度、民商事法律责任的大小以及行政法律责任状况，如刑法对盗窃数额、诈骗数额、贪污数额的规定，对数额巨大、数额特别巨大以及相应的刑罚幅度的规定，民商事法律和行政法对补偿性赔偿的规定。

在刑事案件中，对物的准确叙述与否，有时直接决定对犯罪嫌疑人的行为的法律定性。例如，在江苏省盐城市中级人民法院于 2003 年审理的王某平盗窃过程中杀人证据不足一案[1]中，江苏省盐城市人民检察院不服一审判决，以一审法院未认定王某平持刀抢劫为由，向江苏省高级人民法院提出抗诉，其抗诉理由中就有涉及对犯罪工具"刀具"描述不清的情形：

公诉人：被告人王某平供述抢劫犯罪事实的许多细节，如听到有人喊"逮贼"后转身刺来人一刀、被害人倒地的方位、被害人被刺的部位及刀数、作案刀具系单刃、尺把长等事实、特征，都分别得到了证人证言、法庭鉴定结论、被告人王某平、证人张某浪所画刀具图像等证据的证明。

审判员：法庭经审理认为，原判认定被告人王某平强奸、盗窃罪的事实

---

〔1〕　最高人民法院中国应用法学研究所编：《人民法院案例选》（2005 年第 1 辑），人民法院出版社 2005 年版，第 4~5 页。

清楚，证据确实、充分，定罪量刑正确；抗诉机关和支持抗诉机关指控被告人王某平犯抢劫罪并致一人死亡事实的证据不足，不予认定。现裁定如下：维持原判，驳回抗诉。

江苏省盐城市中级人民法院和江苏省高级人民法院，之所以均未认定被告人王某平犯有抢劫罪，是因为刑事侦查人员和公诉人对作案工具"刀具"的描述比较抽象，刀具形状系被告人应侦查人员要求画出的，而死亡鉴定结论并未对致死锐器单、双刃性质作出判断。由于"刀具"的模糊性，根据"疑罪从无"原则，法院最终没有认定被告人犯有抢劫罪，尽管有被告人的供述和证人的证词为证。

由此可见，叙物准确，关系到案件的法律定性和法律责任的有无，也关系到案情的真实性程度。此外，叙物准确，有利于司法人员培养认真细致的工作作风，养成精益求精的工作习惯；有利于言语细腻、无可辩驳的司法口才的培养。

（4）指令准确。司法口才主体在处理法律纠纷和冲突时，经常会对司法口才对象或法庭的其他人员发出指令，要求其回答什么问题、实施什么样行为等。这就要求司法口才在发出指令时，不仅目的要明确，而且要让对方能够准确地理解其要表达的意思，从而使对方正确而完整地进行相应的言语表达或从事相应的行为。司法口才主体发出指令，几乎伴随着案件处理的整个过程，如非诉讼案件中，律师对当事人的询问、案情的调查、谈判、调解协议书的签订；诉讼案件中庭审前调查、庭审中调查、法庭辩论、最后陈述、宣判。指令是否准确直接影响到案件处理的时间效率。例如，在一次刑事讯问中，刑事侦查人员与犯罪嫌疑人有这样的口语交锋：

刑事侦查人员：你说！说！说！说！快说！
犯罪嫌疑人：我说什么？
刑事侦查人员：别装了。
犯罪嫌疑人：我装什么了，我装。
刑事侦查人员：你自己干的事你不知道？
犯罪嫌疑人：我知道什么？你到底在说什么？
刑事侦查人员：你所干的事我们全都知道了，你还不赶快老实交代！负隅顽抗是没有好下场的!

犯罪嫌疑人:我交代什么?我顽抗了什么?你知道,你说呀!干嘛还要我说,多此一举。

刑事侦查人员:你别以为你不说,我们就拿你没办法。你不说,我们照样可以法办你,你就等着吃"枪子"吧你!

犯罪嫌疑人:吃"枪子"就吃"枪子",谁怕谁呀!

又如,在一起民事侵权庭审实录中,[1]审判人员是这样询问被告人的:

审判长:鱼,浮头,也就是元月二十八日,就发现鱼浮头。你采取了什么措施?

被告人:我当时立即去找了——这个——政府,去找了这个政府的副书记胡昌平。在这个事情发生的以前呢,两个月以前,我去找、找到了镇委的这个——罗安明,罗镇长。他就说喊我去。找这个……

审判长:暂停了,我需要你回答得非常简单。那么你发现鱼浮头,你认为应当采取什么样的措施,才能够使鱼不浮头?甚至不产生死亡呢?你知不知道……应当采取什么措施?

被告人:我——鱼缺氧,我增氧。

…………

审判长:稀释,那你是什么时候采取增氧措施,放水稀释的呢?

被告人:当时的条件下,这个(……)放水来稀释——是、是不可能的。

审判长:简单,简单就说时间,简单。什么时间?啊,这个放水稀释,什么时间?呃,这个放、水进去?(……)

…………

审判长:这几天,这个就放净水剂?

被告人:呃。

审判长:是吧,对吧?你就简单一说就行了嘛,别那么复杂。呃,那这个放水稀释,是什么时间?

被告人:放水稀释是——2月1号,

――――――――――

〔1〕 廖美珍:《法庭语言技巧》(第3版),法律出版社2009年版,第279~280页。

审判长：是 2 月——1 号

被告人：因为、死……

审判长：好，行了。我一再跟你讲要简单、简单，不要发挥了，那鱼是 1 月 30 号死的，是吧？

指令不准确，其效率可想而知了。此外，审判人员对法警的指令也要表述准确，如不能把"传被告人到庭"说成"把被告人提上来"。"指令准确"能确保司法人员头脑清醒、思路清晰、目的明确；能保证司法口才干净利落、不拖泥带水；能确保案件处理过程顺利进行。

（5）表意准确。司法口才是司法口才主体表达自己思想和情感的有效手段和途径，其意思表达是否清晰、准确，是区分普通司法口语和司法口才的重要标准之一。表意不准确不但收不到良好的效果，反而影响案件的处理进程，而且还有损司法人员的良好形象。例如，在一起故意杀人案的庭审中，法庭审理进入被告人陈述阶段，审判人员与被告人有下列一段对话：

审判人员：被告人，法庭审理已进入了最后阶段，法庭问你：你还有什么最后要说的吗？

被告人：啊（一脸呆滞的表情）

审判人员：我的意思是说，你对法庭有什么要求？

被告人：没有什么要求。

审判人员：你不要求法庭对你的行为轻判吗？

被告人：要求法庭给我一个重新做人的机会。

审判人员：你对你的行为怎么看？

被告人：我杀人了，我犯了杀人罪，请法庭和被害人家属原谅我，再给我一次……

审判人员：我是说，你对你的杀人行为有什么悔恨的吗？

…………

在该案中，被告人的回答显然不符合审判人员的要求，这与审判人员的表意不准确有关。又如，在一起民事侵权上诉案庭审实录中，[1] 审判长在法

---

〔1〕 廖美珍：《法庭语言技巧》（第 3 版），法律出版社 2009 年版，第 279 页。

庭调查中做了如下表意：

审判长：没有了啊，鉴定人，下来以后，我们那个书记员有个笔录，你们在笔录上，呃，签字。好，双方的证人也完了，呃，鉴定结论，出庭的也完了，下面有几个事儿，本审判长不太清楚，需要——询问一下被上诉人，请被上诉人，接受审判长的提问。

…………

"双方的证人也完了""出庭的也完了"等用语，表达的意思虽然是"双方所有证人出庭作证完毕、鉴定结论宣读完毕"，但不是所有人都能够准确领会审判长的意思的，如还有没有新的证人呢？询问证人的法庭程序是否结束了呢？鉴定结论法庭呈现程序是否完毕？法庭中每一个程序的进行和宣布结束都是由审判长掌控的，如果审判长不明确宣布一个程序的结束和下一个程序的开启，法庭审理将陷入较为混乱的状态，而且"完了"这种表述，不仅表意不准确，而且有损司法人员良好的司法形象。

4. 言之有据

事实需要相应的证据加以证明，而证据必须符合客观性、合法性和关联性等"三性"原则。证据是人的言行给客观世界留下的印记，我国修订后的《刑事诉讼法》规定了包括"电子数据"在内的八大证据种类。司法口才的言语表达除了符合常理、合乎逻辑以外，还必须符合客观事实，必须言之有据。如果司法人员的言语没有相关证据加以佐证，就不可能有说服力，更谈不上司法口才了，至少算不上良好的司法口才。例如，在一起故意杀人案庭审中，被告人汪某于 1994 年聚众斗殴致被害人死亡，事后潜逃，10 年后被公安机关抓获归案，公诉人指控被告人汪某犯故意杀人罪，辩护律师认为被告人汪某斗殴致人死亡的行为性质应属于故意伤害，不宜认定为故意杀人。在该案中，辩护律师发表了下列辩护意见：

起诉书认定的"被告人汪某将枪的撞针打开"这个问题值得推敲。公安人员在审讯被告人时，汪某并没有谈到这个问题，审讯人员反复强调、启发，撞针不拉开，枪怎么响。由于公安的指供，促使汪某作了假想的供述。从实际情况来看，争吵打架进行得很快，汪某也很紧张，不可能有意识地注意到拉开撞针这一动作。从当时汪某的目的来看，汪某也没有想开枪打人的意思，主观上没有杀害对方的故意。事实证明，他没有开枪打，只是用枪砸。

由于自制火药枪很不规范，不打开撞针也可以走火，自制火药枪引火与撞针不分离，火药枪遇到撞击也会走火，原理就像摔炮一样。1994年前后，市场上流行火药、火炮、自制枪支比较多，特别是需要引火的火枪，有小纽扣那么大，成板的，稍一挤压就爆炸。枪在汪某怀里揣着，人体体温37度，按照热传递原理，也会传递到火药火炮上，再加上撞击，自然会影响爆炸，自动发射，即俗话说的"走火"……

由于作案工具没有找到，无法鉴定其性能，其自制火枪肯定不像国家制枪厂制造的枪支那样规范、保险，该枪是陈某兵给被告人的，被告人没有用过枪、试过枪，对枪的性能、杀伤力也不清楚，请法庭注意这个问题，是否有拉开撞针这一动作，是区分间接故意杀人和故意伤害的一个关键问题。[1]

本案经法庭审理后，法庭没有采纳被告人辩护律师的辩护意见，以被告人犯故意杀人罪判处其死刑缓期二年执行。

可以说，本案的辩护律师在思维层面上，做到了"思维敏捷、思路清晰、联结紧密"，具备了司法口才的一些表征，但因为他的言语中很多属于推理成分，没有相应的证据加以佐证，所以该辩护律师没有司法口才的实质。"不可能有意识地注意到拉开撞针""不打开撞针也可以走火""火药枪遇到撞击也会走火""自然会影响爆炸""被告没有用过枪、试过枪""对枪的性能、杀伤力也不清楚"等言语都没有相关的证据，如证人证言，加以佐证，而"枪在汪某怀里揣着，人体体温37度，按照热传递原理，也会传递到火药火炮上，再加上撞击，自然会影响爆炸，自动发射"则纯属一种推理，而不是一种事实。从辩护律师的辩护词中很容易看出，该辩护律师的调查取证工作做得很不到位。"思维敏捷、思路清晰、联结紧密"一定要构建在能够用充分证据加以证明的事实真相基础上，不能只停留在"思维推理"层面。司法口才水平，既是一种结果，但更是一个过程，是不断"追寻事实真相"的艰苦过程。也难怪，尽管本案辩护律师在思维层面具备了"思维敏捷、思路清晰、联结紧密"的表象样态，但由于其调查取证工作不扎实，因此，法庭对该案中被告人辩护人的辩护意见不予采纳，是合法的、有道理的。

---

〔1〕 汝亚国：《刑辩的艺术》，吉林人民出版社2008年版，第56~57页。

此外，"言之有据"还要求司法人员在陈述违法犯罪行为的社会危害性时，要有事实作为根据，不能高谈阔论，虚幻地抒发自己的情感，而当事人、旁听席的群众和社会大众却显得无动于衷。比如，我们经常听到公诉人在做最后总结陈述时，有这样一段话：

被告人犯罪手段卑劣，犯罪情节严重，社会危害性极大，给社会造成的恶劣影响无以言表。不对其严重的犯罪行为进行严惩，不足以正视听，不足以正法典，不足以平民愤。

"言之有据"是司法口才口语表达的基本要求之一，是司法口才具有说服力、感染力的重要元素，同时还能促进司法口才主体养成严谨的工作作风、认真而细致的工作态度和敏捷的思维能力。

5. 前后连贯

廖美珍教授的《法庭语言技巧》是其自 1999 年至 2002 年四年间，在北京、江苏、四川等地旁听了 40 多场法庭审判，通过大量的法庭观摩、考察和调查写成的专著。从这些大量的法庭旁听实录中我们可以发现，无论是法官、检察官，还是律师，其言语断断续续、反复、前后话语之间无意义停顿、前后不连贯的现象比较普遍，而且还比较严重。"这个""那个""呃""嗯"等口头禅时常出现在司法人员的口语表达之中，严重地影响了口语表达的连贯性和案件的审理效果。这些现象与司法口才"水火不相容"，更谈不上"思维敏捷，口若悬河"了。"前后连贯"的口语表达是司法口才最起码的条件，做不到这一点，拥有司法口才只能是一件"望尘莫及"的事情。

"前后连贯"的口语表达不仅能够主导局势，支配司法口才对象的注意力，使其大脑跟随自己的思路运转，而且有助于清晰地表意，使得司法口才对象准确地领会自己的意思，收到如期效果。例如，下面一段庭审中公诉人和被告人的对话实录：

公诉人：嗯，这个——九九年承包金交了吗？（"——"符号表示停顿，下同）

被告人：九九年——交了。

公诉人：行。就是——你们在这个三月三号，就是这个，这一天，放火之前，就是说，你们带，都带什么东西了，放火之，放火的时候？

被告人：我不知道带什么东西了。[1]

从这段对话中可以看出，作为司法人员的公诉人，在一段简单的叙述性对话中，语句断断续续，言语破碎，还伴有口头禅"这个"词语。这不仅不能被称为司法口才的口语表达，而且还有失水准，有损司法人员在社会公众心目中的良好形象。这段对话完全可以以下列方式呈现：

公诉人：九九年全年的承包金，你交了吗？
被告人：九九年——交了。
公诉人：好的。你们在放火前，都准备了些什么工具？放火时，都随身带了哪些东西？
被告人：我不知道带什么东西了。[2]

这样的问话就显得前后连贯、形象逼真，被告人和旁听群众也能够准确领会公诉人的意思，收到良好的效果。

6. 与身份相宜

一个人的身份与其年龄、辈分、知识、职业、职务、地位等因素有着密切的关联。不同身份的人对待他人言语的期望值以及他人对待不同身份人的言语的期望值都有很大的不同。"忠言逆耳"显然是没有顾及对象的身份，不是口才的表现。既"忠言"又"顺耳"才是口语中的上乘，即口才。要做到"忠言顺耳"，口语表达者必须要做到兼顾自己的身份和对方的身份，否则，不仅不能收到理想的效果，甚至还会惹祸上身，如俗话所说的"祸从口出"。

明太祖朱元璋在南京做了明朝的开国皇帝，消息很快传到了他的家乡安徽凤阳。这可激起了一帮从前与朱皇帝一道在乡下放牛的穷伙伴无尽的遐想。其中一位能说会道的穷伙伴风尘仆仆地赶到京城，想找朱元璋要个一官半职，于是对朱皇帝这样说道："我主万岁！当年微臣随驾扫荡芦州府，打破罐州城，汤元帅在逃，拿住豆将军，红孩儿当关，多亏菜将军。"朱元璋听后，心中十分愉悦，随即封了这位穷伙伴"羽林军总管"一职。这个消息传到了另一个

---

[1] 廖美珍：《法庭问答及其互动研究》，法律出版社 2003 年版，第 325 页。
[2] 廖美珍：《法庭问答及其互动研究》，法律出版社 2003 年版，第 325 页。

穷伙伴耳朵里，心中不禁乐呵起来，心想："不就是当年我们穷哥们在一起放牛偷豆吃豆的事情吗，把这事在现在做皇帝的穷哥们面前一说，就能做上高官，就这么简单，我也要去讨个高官做做。"于是，他来到了朱元璋面前，用从前穷哥们的口吻说道："我主万岁！还记得吗？从前你我都替人家看牛，有一天，我们在芦花荡里，把偷来的豆子放在瓦罐里煮着，还没等煮熟，大家就抢着吃，把罐子都打破了，撒下一地的豆子，汤都泼在泥地里。你只顾从地下满把地抓豆子吃，却不小心连红草叶子也送进嘴里。叶子哽在喉咙里，苦得你哭笑不得。还是我出的主意，叫你用青菜叶子放在手上一拍吞下去，才把红草叶子带下肚子里去了……"朱元璋听着听着，不禁勃然大怒："一派胡言，推出去斩了！"

孩童的言语"天真、稚嫩"；农民的言语"纯净、质朴"；工人的言语"率真、刚毅"；知识分子的言语"深邃、严谨"；母亲的言语"温和、慈祥"；流氓的言语"粗暴、狂妄"；轻浮之人的言语"轻薄、浮夸"；骗子的言语"诡异、狡诈"；司法官员的言语"严肃、庄重"；律师的言语"尖锐、犀利"，等等。这些不同的言语特色与口语者的身份不无关系。在日常生活中，人们经常对那些讲话不得体的人疾呼："这样的话也是从你嘴里说出来的？真不可思议！""你怎么也说出这种话？与你的身份相称吗？"与口语者身份不相称的话语只会招来人们的惊愕。

司法口才的口语表达也是一样的。司法口才主体要想树立良好的司法形象、取得良好的司法口才效应，其口语表达必须兼顾自己的身份和司法口才对象的身份，做到"刚中有柔、柔中有刚、刚柔相济"。"得理不饶人"不仅为司法口才所不齿，也为整个人类社会文明所唾弃。物理学中"正反馈和负反馈"的原理，同样适用于人类各种情感的传递：愤怒传递愤怒；粗暴传递粗暴；柔情传递柔情；爱传递爱，等等。司法口才是借处理个案达致教育当事人和社会大众的重要手段。唯有其口语表达兼顾了自己的身份和对象的身份，才能满足当事人和社会大众对司法口才主体的言语所给予的期望值，其思想才能为当事人和社会大众所接受，从而唤醒当事人和社会大众对正当行为、合法行为、文明行为的重视和尊重。

7. 思路清晰

（1）概念清晰。人的话语中总是涉及这样和那样的概念。我国古代战国时期后期墨家所著的《墨经》曾指出："声出口，俱有名。"19 世纪德国哲学家黑格尔也同样讲到，"人只要一开口说话，在他的话中就包含着概念"。概念清晰意味着概念对特定语境下同类事物的基本形态描述准确。如果司法人员的口语中存在概念不清时，不但不能称之为司法口才，甚至会损及司法尊严和威信。例如，2009 年 6 月浙江湖州南浔两名派出所协警共同实施对刚参加完高考的学生陈某强奸，浙江湖州南浔法院一审审理后判处两被告各 3 年有期徒刑，其判决理由如下：

"根据犯罪事实，考虑到两人属临时性的即意犯罪，事先并无商谋，且事后主动自首，并取得被害人谅解，给予酌情从轻处罚。"

"临时性即意犯罪"既不是法律上的概念，更不是生活用语。此语一出，便引起舆论哗然，网民将此事件戏谑为"临时性强奸"，严重损害了司法的威严和尊严。又如，2008 年贵州省公安厅新闻发言人王兴正对瓮安事件中女学生溺水死亡细节这样描述道：

"李某芬在与刘某闲谈时，突然说'跳河死了算了，如果死不成就好好活下去'。刘某见状急忙拉住李某芬，制止其跳河行为。约十分钟后，陈某提出要先离开，当陈走后，刘见李某芬心情平静下来，便开始在桥上做俯卧撑。当刘做到第三个俯卧撑的时候，听到李某芬大声说'我走了'，便跳下河中。"

公安司法人员王兴正因"做俯卧撑"这一表述，被网友戏称为"俯卧撑之父"，司法形象何在？如此类似的事件还有"躲猫猫"事件、"处女卖淫"事件等。诸如此类事件，均起因于概念不清，甚至莫须有。可见，清晰地表述概念在司法口才中的地位是何等重要。

（2）合乎事物发展规律。思维是人脑最重要的机能之一，是人在社会实践活动过程中，对客观事物的发展规律及发展脉络的有效把握。思维来源于客观物质世界，不是主观任意性产物。但思维形式需要借助于语言或言语手段传递给外界，让外界感知。司法口才正是通过言语的方式来表现其思维形式的。就司法口才实践来看，思维必须借助于口语表达的这一特性意味着恰当运用言语的重要性。违背客观事物发展规律的思维将导致"颠倒黑白"：

我国古代有一县令在断案后的判词中这样说道，"被告张某误伤李某，情有可原，法不能恕，应苛以重刑"。听了这样的判词后，被告张某遂以重金买通了该县令，于是县令随即改口道，"被告张某误伤李某，法不能恕，情有可原"，此后便草草了之，使被告张某躲过一劫。

司法人员的口语表达不能以"逻辑思维严密"为基准，也不能停留在概念清晰层面，因为概念清晰和逻辑思维严密的话语不一定与事物发展的客观规律保持一致。如下列逻辑推理的三段论：

大前提：法律是统治阶级意志的体现。
小前提：国际法是法律。
结论：所以，国际法是统治阶级意志的体现。

在这个逻辑推理的三段论中，"法律""统治阶级""意志""国际法"等法律概念都非常清晰，无争议，大前提和小前提的判断在法学界也无争议，依据两个正确的前提得出的结论，在逻辑推理上是无懈可击的。其逻辑思维可谓严密，但是，这一概念清晰和逻辑思维严密的话语却与国际社会现实相矛盾，因为国际社会是无政府社会，不同于国内社会存在一个统治阶级，服务于国际社会的国际法自然就不是统治阶级意志的体现。可见，看似逻辑严密、无懈可击的言语，如果用事物本身发展的客观规律作为试金石，就会显得无比脆弱、不攻自破了。

"合乎事物发展规律"是"思路清晰"质的规定性。不可否认，逻辑思维的思路也很清晰，但合乎逻辑的语言所描述的事物实然状态，可能是支离破碎的，甚至压根儿不存在。得失思维、权势思维、人治思维、名利思维等，都有自己的逻辑，强盗有强盗的逻辑，功利主义有功利主义的逻辑，"你有你的逻辑，我有我的逻辑"，这些现象无疑是对逻辑学家极力提倡的"逻辑思维"极大的讽刺，因为真相只有一个。司法口才主体应当以"把握事物发展脉络"来清晰自己的思路，以追寻事物真相的科学精神和态度鉴别一切思维，不要被"逻辑思维严密"所迷惑。

思考：

1. 你如何认识司法口才与一般口才的异同？
2. 如何理解司法口才责任？
3. 司法口才建设的基础性条件有哪些？
4. 司法口才与思维间关系怎样？

讨论：

在各大法院网站上搜索最新案例，讨论和寻找法院判决书、公诉意见书、辩护词存有哪些漏洞，并加以分析和评论。

第三章
侦查人员司法口才

立案、侦查、审查起诉、审判和执行，是我国刑事案件诉讼程序的五大阶段。一旦立案，刑事案件就进入了刑事侦查阶段，刑事侦查机关就必须对案件进行侦查。所谓侦查，指的是国家侦查机关为了查明案情、收集证据、查缉犯罪嫌疑人，依据法定程序进行的专门调查工作和有关的强制措施。[1]可见，专门调查工作和有关强制措施的采取是刑事侦查的两项主要内容。根据《刑事诉讼法》有关规定，"专门调查工作"主要包括：讯问犯罪嫌疑人、询问证人、询问被害人、勘验、检查、侦查实验、扣押物证、扣押书证、查询和冻结存款、冻结汇款、鉴定等；"有关的强制性措施"主要包括拘传、取保候审、监视居住、拘留、逮捕、强制检查、强制搜查、强制扣押等。

专门调查工作和采取有关强制措施的过程中，都会涉及侦查人员的司法口才，如讯问犯罪嫌疑人涉及侦查讯问口才；询问证人和被害人涉及侦查询问口才；勘验、检查、侦查实验、扣押物证、扣押书证、查询和冻结存款、冻结汇款、鉴定等调查工作均涉及侦查说明口才；拘传涉及侦查说明口才和施教口才；取保候审和监视居住涉及侦查施教口才；拘留、逮捕、强制检查、强制搜查、强制扣押等强制措施涉及侦查说明口才。刑事侦查活动不仅涉及犯罪嫌疑人、被害人和证人，而且也涉及与犯罪嫌疑人有利害关系的人，如犯罪嫌疑人的亲属、保证人、债权人、债务人等；不仅涉及国家侦查权力的行使，而且同时涉及犯罪嫌疑人和其他法律主体的合法权益的尊重和保护。可见，侦查人员司法口才涉及面广，意义十分重大。

---

[1] 王长水主编：《侦查学》（第2版），郑州大学出版社2009年版，第1页。

根据《中华人民共和国宪法》关于"文明社会"建设和《刑事诉讼法》关于"惩罚与教育"相结合的法律精神，刑事侦查司法口才不能仅仅满足于查明案件事实、将犯罪嫌疑人移交检察机关提起公诉，接受人民法院的公正审判，以便使犯罪嫌疑人受到应有的法律惩罚，而应当时刻牢记"教育是根本"这一宗旨。唯有在教育感化下的惩罚才是最为彻底的。刑事侦查人员的侦查工作在刑事案件诉讼程序中作为基础性工作，其与社会的接触面最为广泛，凝聚着社会各界关注的目光，关系到治安环境的建设和社会文明进步。因此，侦查人员的司法口才责任重大。

第一节　侦查人员司法口才所肩负的责任

提到"责任"一词，司法口才主体应当立即想到其关键点"期待"，那种期待的眼神和渴求的目光。据此，侦查人员司法口才所肩负责任实然状态，跟随着"眼神"——展开，画面将随即变动清晰、全面、完整，而且胸有成竹，自信满满。

一、侦查人员司法口才对社会的责任

"公安"顾名思义就是"公共安全"之意。从一般意义上讲，"公共安全"是指人的生命安全、人的健康安全和公私财产的安全，包含信息安全、食品安全、公共卫生安全、公众出行规律安全、人的行为安全、人身安全、人所在的场地安全、建筑安全、生产和生活秩序安全等；从法律角度来看，"公共安全"是指不特定的人法律上的权利没有遭受他人人为侵害的风险，如深夜户外行动自由权不会遭到他人随时和随意地侵犯、私人的财产权不会被他人随时和随意地剥夺、人的生命权和健康权不会被他人随时和随意地侵害，等等。"公共安全"的实质是：人根据自身条件和能力所产生的正当和合理的需要或欲望得以自由地实现。

《中华人民共和国刑法》（以下简称《刑法》）第 13 条规定："一切危害国家主权、领土完整和安全，分裂国家、颠覆人民民主专政的政权和推翻社会主义制度，破坏社会秩序和经济秩序，侵犯国有财产或者劳动群众集体所有的财产，侵犯公民私人所有的财产，侵犯公民的人身权利、民主权利和其他权利，以及其他危害社会的行为，依照法律应当受刑罚处罚的，都是犯罪，

但是情节显著轻微危害不大的，不认为是犯罪。"其中，"其他危害社会的行为，依照法律应当受刑罚处罚的，都是犯罪"的规定说明两点：一是具有危害性；二是该危害性受到刑法规制。任何损害他主体合法权益的行为，都具有社会危害性，只是存在程度上的差别。从这一规定来看，"危害性"是否受到法律的规制，是区分法律与道德的标准；是否受到刑法规制，是区分刑法与其他法律的标尺。如果"危害性"已经达到刑法规制的程度，说明危害社会行为所造成的社会危害性已经达到最为严重的程度。可见，犯罪行为是危及公共安全的最危险的因素，犯罪行为不被有效地制止，公共安全便无法得到真正的保障。

犯罪行为是使社会处在不安定的状态，严重危及社会大众人身、财产、思想和行为的安全，影响了正常的生产秩序和生活秩序。一个安定的生产和生活环境是社会大众的最基本需要。唯有在这种和平和安定的社会环境下，人们才能享有自由、享受生命带来的快乐，才能更好地生活和发展。这也正是社会对侦查人员司法口才的重要期待。该期待内容主要包括及时查处违法犯罪行为和探究存在违法犯罪的隐患等两个方面。违法犯罪行为的查处固然可以还社会一个安定环境，但如果造成违法犯罪的隐患不能被及时地发现，社会正常的生产和生活秩序将因潜在的违法犯罪因素的存在而受到威胁，公共安全状态无法得到根本性保障。侦查人员通过讯问口才，合法和有效地讯问犯罪嫌疑人，确定真正的犯罪行为人，及时修复社会关系，使非正常的社会关系重新回到正常的轨道；通过询问口才，询问证人和被害人，全面掌握具体的案情，证实犯罪行为，使犯罪行为人得到应有的法律惩处；通过施教口才，对犯罪嫌疑人进行施教，使犯罪嫌疑人彻底认识到其行为的社会危害性，心悦诚服地接受法律的审判，消除其再次危害社会的可能性；通过说明口才，取得社会各界的积极配合，及时获取和固定犯罪证据，有效避免犯罪行为人逃避法律的惩处，树立侦查人员良好的司法形象；通过司法建议口才，警示社会各界积极预防的同时进行各项制度建设，清理社会环境，彻底消除违法犯罪的温床，为社会大众提供稳定和长期的安定生产与生活环境。

侦查人员司法口才对社会的责任，意味着满足社会的期待，努力为社会大众提供安定的生产和生活的环境。这一责任要求侦查人员克服我国目前刑事侦查阶段仍然存在的立案阶段在一定范围内的"不破不立"与"有案不立"的程序虚无化弊病、侦查阶段出现的非法取证和滥用强制措施的现象等带有较强的行政化和超职权主义治罪活动色彩。[1]

二、侦查人员司法口才对被害人的责任

犯罪嫌疑人的犯罪行为不仅给被害人的人身权利和财产权利造成了重大的损害，而且还给被害人的精神造成了一定程度的侵害，严重地影响了被害人正常的生产和生活秩序。虽然在各种刑事案件中，被害人所处的境况各不相同，既存在无辜的被害人，也存在对引起犯罪行为的发生存有一定程度的过错的被害人，但不管怎样，犯罪嫌疑人是犯罪行为的实施者，而被害人是受到犯罪行为侵害的受害者，如在一些故意杀人和故意伤害案件中，被害人可能存在一定的过错，甚至是直接引发这类刑事案件的诱因，但不能因为他们存有过错，他们的生命就应当因之而消失，他们的肢体就因之而受到功能被人为减损或残缺的惩罚。生命权、健康权和财产权是每个人获取正常生活所必须具备的基本要件，是最基本的人权，任何人或组织都不能非法予以剥夺。当这些最基本的人权被犯罪行为所侵害时，被害人除了行使法定的私力救济权利之外，只能求助于公力救济，求助于侦查机关立案侦查。如果侦查机关存有"不破不立""有案不立"等程序虚无化弊端，那么被害人的合法权益将无从得到法律保护，对被害人的公平和正义终将成为泡影。

当被害人的合法权益受到犯罪行为侵犯后，被害人正常的生活和工作秩序受到了严重影响，法律正义遭到了破坏。对被害人实施法律救济是司法人员的法定职责，更是被害人的最后希望。对刑事案件不予立案、不能侦破的原因，侦查人员需要给被害人一个合情合理的说法，这是被害人给予侦查人员司法口才的重要责任之一。

遭到破坏的法律正义是无法得到完全修复的，留给被害人的最后期望只有求助于侦查人员的侦查工作，希望侦查人员通过侦查说明、讨论、询问、讯问等侦查司法口才查明犯罪嫌疑人、查清整个案件事实，使犯罪嫌疑人得到应用的法律惩罚，最大限度地修复被犯罪行为破坏的法律正义，这是被害人给予侦查人员司法口才的重要责任之二。

任何犯罪的背后都埋藏着各种复杂的原因，有来自犯罪行为人本身的原因，有来自社会的原因，有来自家庭的原因，也有来自被害人本人的原因。

---

[1] 陈卫东主编：《刑事审前程序研究》，中国人民大学出版社 2004 年版，第 2 页。

如果这些原因不被消除，犯罪行为人即使受到了法律的公正惩罚，其重新犯罪的可能也不能被排除，新的犯罪也会接踵而至，被害人再次受到伤害和新的被害人出现将会不可避免。就被害人来说，对被害人再次受到犯罪行为的伤害来自两个方面：一方面是，犯罪行为人出狱后对被害人再次实施犯罪；另一方面则是，由于被害人本人缺陷的存在，被害人将招致新的犯罪行为人的非法侵害。这两个方面的原因导致的被害人的再次伤害都是被害人所不愿意看到的。因此，被害人寄希望于侦查人员通过司法施教口才，既要对犯罪嫌疑人进行施教，同时也要对被害人进行施教。施教于犯罪嫌疑人，使其彻底悔过自新，提高对其行为的认识，改善其价值观和人生观，消除其重新走向社会再次实施犯罪的可能性；施教于被害人，修正其思想和言行的错误之处，帮助其提高思想认识、改变不良的言行、增强防范意识。这是被害人寄希望于侦查人员司法口才的重要责任之三。

综上所述，被害人给予侦查人员司法口才的责任主要来自以上三个方面，其中，"及时立案"是被害人寻求司法救济的前提；"查明犯罪嫌疑人和查清整个案情事实"是将犯罪嫌疑人移交法律审判与惩罚、最大限度地恢复法律正义、保护被害人合法权益的基础性条件；"避免被害人再次遭受非法侵害"是确保对被害人的法律正义不再遭到犯罪行为破坏的现实保障。侦查人员司法口才对这三种责任必须同等重视，不可偏废，否则，将损及口才的质量，最终会损及侦查人员良好的司法形象。

三、侦查人员司法口才对犯罪嫌疑人的责任

侦查人员司法口才对犯罪嫌疑人的责任，首先表现在刑事侦讯过程中对犯罪嫌疑人的人权保护上。第二次世界大战之前，惩罚犯罪是各国刑事诉讼最主要的目标价值，第二次世界大战之后，随着诉讼民主化的浪潮兴起，保障被追诉者的权利成为实现刑事诉讼法治的基本要求。保障被追诉者的人权，随着诉讼民主化的发展，逐渐被司法者所重视并获得加强，逐渐成为与惩罚犯罪相并列的价值目标。保障被追诉者的人权甚而被视为追诉活动是否具有正当性、是否符合程序正义要求的标尺。现代刑事诉讼已不再单纯是追究、惩罚犯罪的活动，保障人权愈益成为刑事诉讼的重要价值。现代刑事诉讼越来越强调对被追诉者予以权利的充分保障。可以说，刑事侦查过程中对犯罪嫌疑人权利保障的状况和程度，是刑事诉讼法治化、民主化水平的重要标志。

国际刑事司法准则在犯罪嫌疑人权利保护方面，已经有了指导性的规定。[1]

保障犯罪嫌疑人的人权是文明社会的时代潮流，也是犯罪嫌疑人对侦查人员的渴望。根据现代刑事诉讼法"罪行相应、罚当其罪"的原则，刑法对犯罪嫌疑人的惩罚应当与其所犯的罪行相当。因此，犯罪嫌疑人有理由期待司法人员对其所实施的惩罚不超过其所犯罪行的程度，特别是在刑事侦查过程中，由于犯罪嫌疑人处于困境、受控制、弱势等危险状态，其各种权利更容易受到刑事侦查权力的侵犯，这种期待更为突出。在刑事侦查过程中，由于案件处于未知状态，侦查人员运用一系列侦讯措施的目的是收集证据，而这些侦讯措施往往涉及犯罪嫌疑人的人身、财产权利和隐私权利。在权力面前，犯罪嫌疑人的权利显得非常脆弱。在这一过程中，很容易发生"刑讯逼供、变相刑讯、超期羁押、非法搜查、扣押、电子监控"等侵犯犯罪嫌疑人人权的现象，这是法治社会所不允许的，也是犯罪嫌疑人所不能接受的。保障人权是侦查人员司法口才对犯罪嫌疑人所肩负的最基本和最首要的责任。

此外，犯罪嫌疑人也是人，也曾有过快乐的童年。当一个人呱呱坠地的时候，从此就开启了其生命旅程，其家人和社会对其都给予了很高的期望，没有人能够预测、去积极预测其将来会走向犯罪道路。在以后的人生成长道路上，为什么大多数人远离了犯罪，而有些人却走向了犯罪道路？犯罪行为因其严重危害社会而被法律所否定，为社会所不齿。一旦一个人从事了犯罪行为，他（她）的正常的社会生活将被改变，其人生道路将更加艰难，这是任何犯罪行为人都不愿看到的，也不是他们真心想要的。他们打心底里也想过一种正常人的生活，犯罪行为人实施犯罪后的"忏悔"就是一个很好的例证。

究竟是什么原因将一个人推向犯罪道路？如何将其根除？对于此类问题，法律想知道，因为将合理、科学、善的意志规定在法律之中，以便促进人的行为走向文明是法治社会建设的终极目标；社会想知道，因为人的文明行为是创造良好的社会环境的基本元素；犯罪嫌疑人也想知道，因为他们不想被社会抛弃，更想过上幸福和快乐的生活。因此，追究犯罪行为发生的原因，并提出相关合理化建议，不仅是侦查人员司法口才对法律和社会所肩负的重要责任，也是侦查人员司法口才对犯罪嫌疑人所肩负的重要责任。这一责任

---

〔1〕 陈卫东主编：《刑事审前程序研究》，中国人民大学出版社 2004 年版，第 8 页。

对犯罪嫌疑人的悔过自新、重新做人起到至关重要的作用。

四、侦查人员司法口才对法律的责任

法律通过规定人的"意志"来规范人的行为，而这里的"人"不是某个具体的活生生的人，而是抽象的人，是抽掉了具体人的各种性格特征、仅仅反映所有人共有的本质特征的人，从这个意义上讲，法律是抽象的。法律是意志的体现，"意志"和"具体行为"结合在一起，才是具体的画面。在法律实践过程中，侦查人员所面对的是形形色色的具体犯罪行为人、被害人和证人。同样的刑事案件，犯罪嫌疑人的犯罪动机、目的、手段、情节、后果以及促成犯罪的原因是千差万别的，被害人在该刑事案件中的责任程度也各不相同，证人的法律意识也大相径庭。而这些形形色色的具体案件的特点，都不可能在《刑法》等刑事法律文件中具体细致地得以充分展现，但这些具体案件的个性化特征却会直接影响到法律在社会实践中得到正常的贯彻和实施，直接影响到正常社会生产与生活秩序的维系，直接影响到公民或组织的合法权益的保护，最终会影响到法律秩序的建立和维护。

全国人民代表大会及其常务委员会是我国的国家立法机关，其制定的法律是其管辖范围内所有法律主体意志的体现。法律是公正的，法律的要求和精神来源于社会实践，是每一个智力正常的人都能理解和体会的，因此，法律要求侦查人员司法口才在司法实践中，必须认真和细致地领会法律精神，再将抽象的法律运用到具体社会实践的过程中，不能停留在"你犯罪，我查处"这种浅显的层面上，而是要将法律精神具体传递给每一个具体案件里所涉及的相关人，让他们体会到法律的正义情感，意识到法律对他们行为指引的重要性，从而自觉地维护法律、信仰法律，彻底消除违法犯罪的隐患，使法律秩序最终得以建立。

侦查人员在刑事侦查活动过程中，接触到各种犯罪现象，面对形形色色的犯罪嫌疑人，遇到各种被害人和证人，对案情发展的经过深有感触，是违法犯罪的第一手材料的收集者和研究者，对违法犯罪的原因有深刻了解，是治病救人的最佳人选，是治理法律环境、维护法律秩序、与邪恶作斗争的正义卫士。因此，侦查人员司法口才所肩负的法律责任重大，通过侦查人员的言语表达才能，彰显法律正义，使一切邪恶的思想遁形，为法律的有效实施铺平道路。

第二节　侦查人员司法口才的分类

刑事侦查离不开侦查技术，但更离不开侦查人员的口语表达，因为案件的发生已成为过去，在侦查人员查明案情事实之前，案情事实处在未知的状态。侦查人员只有将各种可能性进行一一排除以后，整个案情事实才能水落石出，而在这一过程中，显然离不开先进的侦查技术。但是，这些技术是不会说话的，侦查人员使用何种技术、何时使用、如何准确地使用、又如何说明使用结果的正确性等与侦查技术运用有关的问题，都需要借助于侦查人员准确的言语表达才能，即侦查人员司法口才，来加以判别和推进。因此，侦查人员的司法口才贯穿于立案、侦查、询问、审讯等刑事侦查整个过程。根据侦查人员司法口才所涉对象的特点，可以将其分为侦查人员司法讨论口才、侦查人员司法讲授口才、侦查人员司法谈话口才、侦查人员司法询问口才、侦查人员司法讯问口才、侦查人员司法说明口才等六大类型。

一、侦查人员司法讨论口才

侦查人员司法讨论口才是指，侦查人员在刑事案件侦查过程中，为挖掘和排除案情疑点、彻底查清整个案件事实，彼此之间在正式或非正式地进行思想交流过程中所表现出的口语表达才能。从讨论的形式上看，侦查人员司法讨论口才可分为正式讨论口才和非正式讨论口才等两种类型。

（一）正式讨论口才

侦查人员司法正式讨论口才主要表现形式是会议讨论。会议讨论的形式主要呈现于立案之后着手侦查准备、案件侦查过程中和对犯罪嫌疑人审讯等三个阶段。在刑事案件立案之后，侦查人员常常通过召开集体会议的形式，群策群力，充分发挥每一个侦查人员的智慧，制订出较为详细的案件侦破计划，为顺利破案做好充分准备。在案件侦查过程中，有必要通过集体会议的形式，将各路侦查人员的侦查情况进行汇总、比较、分析和筛选，厘清办案思路和案件的主攻方向，集中力量攻克难关，以便及时和有效地侦破案件。在对犯罪嫌疑人进行审讯前，有必要通过正式讨论的形式，针对犯罪嫌疑人的个人特点和案件的具体实际情况，制定正确、恰当和有效的侦查讯问计划，以便及时、快捷和有效地进行审讯。在对犯罪嫌疑人审讯过程中，当遇到审讯难以继续顺利进行时，进行正式讨论，研究对策以便打开僵局，使得审讯朝着正确的方向发展，最终达致侦讯终结。

正式讨论口才是充分和有效地利用侦查人员集体口语表达才能、达到顺利侦破案件的有效途径。在正式讨论过程中，每个侦查人员不仅能够充分展示自己的口语才华，而且通过相互学习、相互借鉴，使自身的口语表达能力得到进一步加强和提升，有助于侦查队伍整体侦查能力的提高。

集体会议讨论应当有明确的目的和方向，如分析判断案情、制订案件侦破计划、指明案件一系列重大疑点、寻找案件的关键问题、确定案件的突破口，等等。刑事案件侦查所面对的是犯罪行为实施完毕后遗留下来的一系列客观映像。侦查人员通过现场勘查和调查访问，获取与案件有关的信息，并在此基础上对案情进行仔细分析和判断，以制订周密的案件侦破计划。分析判断案情是制订周密的案件侦破计划的前提和基础，而制订周密的案件侦破计划是确定案件的侦查方向和范围的重要保障。在案件的侦查过程中，随着各种案件线索的收集，分析和判断案件所涉的重大疑点和关键问题、确定案件的突破口是确保案件侦查过程顺利进行的关键因素。每一个刑事案件的顺利侦破，都必须借助于集体的智慧。因此，正式讨论口才在侦查人员司法口才中的地位十分重要和突出。

（二）非正式讨论口才

在整个刑事案件侦查过程中，集中讨论和分散侦查总是交替进行的，直到案件的侦查终结。侦查人员在分组勘查、调查、走访、询问和讯问过程中，对所收集到的物证、书证、证人证言、被害人陈述、犯罪嫌疑人供述和辩解、鉴定结论、电子数据、勘验、检查笔录、视听资料等证据形式的客观性、关联性、合法性和全面性，随时进行讨论，通过相互之间的思想交流，分析、研究和判断案情事实，以便确定各种证据的真实性、充分性和有效性，找出有价值的案情线索，排除一切合理怀疑，为侦查工作汇总提供充分的案件事实材料，以有效地推动整个案件的侦破工作。

非正式讨论是每组侦查人员彼此协作的必备条件，是侦查过程中不断交流思想的有效途径，也是提高各组侦查人员工作效率、把握侦查方向和工作重点的有效手段。分组侦查要想卓有成效，必须借助于各侦查人员的口语表达能力，凭借其口才将各种证据的疑点进行有效的发掘、分析、研究和排除，准确地把握案情线索，找准侦查方向，揭示整个案情的实然状态。

非正式讨论口才是将每组侦查人员中每一个人的各自看法进行有效整合的过程。在讨论过程中，各侦查员充分发挥各自的口语表达才能，谈论自己对案情、事实和证据的看法，彼此之间进行沟通和交流，相互学习和相互促进，最后达成统一认识，促进侦查工作的顺利进行，为案情的集中讨论做好充分准备。唯有非正式讨论口才的作用得到充分和有效地发挥，正式讨论口才才能有的放矢，才能言之有物、言之有效，才能得以顺利地展开。

此外，侦查人员司法讨论口才还可以从所讨论的对象的角度进行划分。从讨论的不同对象上来看，可将侦查人员司法讨论口才分为针对案情线索讨论口才、针对证人证言讨论口才、针对被害人陈述讨论口才和针对犯罪嫌疑人供述和辩解的讨论口才等四种类型。刑事侦查的主要任务是查明案件事实，将真正的犯罪嫌疑人绳之以法，因此，针对案情线索讨论口才、针对证人证言讨论口才、针对被害人陈述讨论口才和针对犯罪嫌疑人供述和辩解的讨论口才，是贯穿于整个案件侦查过程之中的，是正式讨论口才和非正式讨论口才的具体内容，其言语表达要求和技巧是正式讨论口才和非正式讨论口才的重要组成部分。因此，限于本书的篇幅，不再另行对其进行细致的论述。

二、侦查人员司法讲授口才

侦查人员司法讲授口才是指，主讲侦查人员根据自己对案情了解和掌握的情况，向特定案件侦查组成员进行讲解，以表达对案件侦查的要求或对案件侦查的看法。侦查人员司法讲授口才对具体侦查工作的科学安排具有指导意义，对各侦查人员全面了解案情、把握侦查工作重心、充实侦查计划、修正侦查方向具有导向性作用。根据侦查人员司法讲授口才的功能，可将其分为部署性讲授口才、梳理性讲授口才和建议性讲授口才等三大类型。

（一）部署性讲授口才

部署性讲授口才是指，案件侦查工作的主要负责人根据自己对案情的掌握情况，将案件的具体侦查工作安排的思想传达给每一位侦查人员，使他们了解各自在侦查工作中的主要任务、工作重心以及各自的主要责任。"良好的开端等于成功了一半。"在每一个刑事案件侦查工作开始之初，侦查工作的主要负责人的部署工作非常重要，直接影响到现场的勘查、犯罪证据的采集、案情线索的提取，以及今后案件侦查工作是否能够顺利进行。随着案件侦查工作的推进，部署性讲授口才有助于及时调整侦查思路、改变侦查工作重心、集中侦查力量，加速案件的侦破。

（二）梳理性讲授口才

梳理性讲授口才是指，对具体案件较为全面了解和掌握的侦查人员，将自己对案情的理解和侦查工作的思路，向其他侦查人员进行传达，使他们对整个案情有较为整体性的了解，以便及时调整各自的侦查工作方向和重点，促进彼此间的协作，推动侦查工作有序进行。目前，我国刑事侦查力量还比较薄弱，而刑事案件的案发具有随机性、多案集中性和涉及地域广等特性，分散警力对付同时发生的刑事案件和对付同一刑事案件不同地域的情况时有发生，这就需要负责不同案件或负责不同地域侦查工作的侦查人员，将各自对案件的掌握情况进行汇总介绍，发挥集体智慧效应，以便及时充实和调整案件侦查计划，有效地促进整个案情的侦查工作。

（三）建议性讲授口才

建议性讲授口才是指，侦查人员将刑事案件侦查过程中所获取的对案件发生的社会根源的认识和看法，向社会各界进行细致讲解，以警示社会大众，目的是净化社会环境、消除犯罪隐患、降低犯罪率，促进社会文明建设。侦查人员在案件侦查过程中，与犯罪嫌疑人直面接触，全面掌握案件发生的整个过程，对案发的各种原因有较深的了解，对社会各种制度缺陷、管理缺陷和社会风气的好坏有深刻的体会。基于文明社会建设的重任，侦查人员有责任通过讲授口才，建议和提醒社会各界进行相应的制度建设、管理建设和社会风气建设，堵住犯罪漏洞，净化社会环境，推动社会文明进步。

三、侦查人员司法谈话口才

在刑事侦查过程中，侦查人员需要向案发现场周围群众、被害人及其亲友、犯罪嫌疑人及其亲友、证人等有关案情知情人了解与案件有关的情况，需要对犯罪嫌疑人到过的场所进行调查，以便发现与案件有关的线索和证据。在这一过程中，可能会遇到有关人员及犯罪嫌疑人不积极配合的情形，侦查人员需要借助于司法谈话口才，开导相关人员及犯罪嫌疑人，明晰事理，打消其顾虑，以便促使他们积极配合侦查人员的侦查工作。侦查人员与犯罪嫌疑人进行的谈话，还有一个重要的作用就是，了解其犯罪动机、犯罪原因和犯罪心理，以便有针对性地对其进行说服教育，促使其积极配合侦查人员的讯问工作，让其彻底认识到犯罪行为的危害性以及思想认识的错误性，为其彻底悔改、重新做人打下坚实的思想基础。

（一）侦查人员司法谈话口才的目的

侦查人员司法谈话口才自然是围绕侦破特定的刑事案件进行的，但是，它不同于侦查人员司法讨论口才，更不同于侦查人员司法询问口才和司法讯问口才。虽然侦查人员在司法谈话过程中，仍然是以国家机关工作人员的身份与相关人员进行谈话，但这种谈话的方式主要不是以"一问一答"的方式进行，更多的是以"引导"和"说服教育"的方式开展，其目的主要是发现和收集案情线索，消除证人、被害人、犯罪嫌疑人的心理负担，对其进行说服教育，促使案件的侦查工作顺利进行。侦查人员在刑事案件侦查过程中，不可能总是遇到积极配合的对象，当"一问一答"的方式无法进行下去的时候，需要侦查人员施展其司法谈话口才，有效地清除调查对象不适当甚至违法的想法，消除其顾虑及其心理障碍。因此，司法谈话的内容不同于司法询问和司法讯问，其与案情事实状况没有多大关联性，因而不能作为证明案情事实的证据。总括起来，侦查人员司法谈话口才的目的主要表现在两个方面：一方面是，发现和收集案情线索；另一方面则是，消除谈话对象的心理负担以及对谈话对象进行说服教育。

1. 发现和收集案情线索

案件现场是犯罪行为人实施犯罪行为以后遗留下的客观痕迹，一般呈现的都是支离破碎的客观映像，如尸体、血迹、指纹、脚印、犯罪工具、异样物品等。从表象上看，这些支离破碎的痕迹间没有必然的联系，需要侦查人员通过查找、发现和收集案情线索，将这些支离破碎的痕迹串联起来，还原出整个案情事实。例如，一起故意杀人案：

"尸体、田间、白色粉末"是犯罪现场留下的为数不多的痕迹，侦查人员通过走访周围的群众，与群众进行交谈后发现，该死者是一名流浪汉；与离案发现场最近的一户人家交谈时发现了一名夜间目击者，从其口中得知有两个分别穿着黑色和白色衣服的男子，以及一辆开着前灯的摩托车；通过与公安消防战士的交谈，发现该白色粉末是陈旧的消防灭火器里的原材料；通过与通往案发村庄公路旁的加油站的工作人员的谈话，发现了丢失的灭火器；通过与案发村庄的群众进一步的交谈，发现了案发当晚两位年轻人的活动迹象，从而找到了两位犯罪嫌疑人。至此，基于侦查人员的一系列的谈话口才，对案情线索的查找、发现和收集，将犯罪现场遗留下的支离破碎的痕迹还原出一个完整的案情：两位犯罪嫌疑人于案发当晚开着一辆摩托车，去镇上为一位朋友庆祝生日，于午夜沿路返回。在返回家的途中，路过一家加油站时，发现加油站的工作人员不在，于是趁机将安放在加油站墙壁上的灭火器盗走一个，随后便驾驶那辆摩托车匆匆往回赶。进入村庄后，在穿过村庄的大路上碰到一个常在该村庄流浪的流浪汉。这两位年轻人见其挡住了他们的去路，于是下车与其发生争吵。因饮酒过量，这两位年轻人在与之争吵过程中失去理智，用手中的灭火器将该流浪汉打死，并随手将尸体扔在了大路旁的田间。由于用力过猛加上灭火器年久锈化，灭火器破裂，其里面盛装的白色粉末散落一地。犯罪行为实施后，两位年轻人见其行为惊动了一位住在附近的村民，并朝他们的方向靠近，未敢有所动作，只得原地站立不动，等该村民回去以后，顾不上收拾现场便匆匆拿起破碎的灭火器骑上那辆摩托车逃走……

案件的侦破取决于案情线索的查找、发现和收集。案发以后，侦查人员需要借助于其司法谈话口才，与案发现场周围的群众进行有效交谈，以便从中发现与案情有关的线索，从而加速案件的侦破。

2. 消除谈话对象的心理负担

知晓与案件发生有关情况的人，如案发现场的目击者、被害人本人及其亲友、犯罪嫌疑人本人及其亲友以及其他了解和知道案件情况的证人等，可能会基于他们自身利益的考量，从而产生这样或那样的不同程度的心理问题，而这些心理问题会阻碍侦查人员的侦查工作的顺利开展，影响到与案件有关的线索的发现、查找和收集，影响到对犯罪嫌疑人的侦讯工作的顺利进行。遇到此种情形，侦查人员应施展其司法谈话口才，耐心细致地与他们进行交谈，彻底消除他们的心理障碍，为顺利完成案件的侦破工作奠定基础。

可见，侦查人员司法谈话口才对及时有效地发现案件线索、收集犯罪证据、了解犯罪动机和目的、挖掘犯罪根源、教育犯罪嫌疑人以及警示社会等方面，都有非常重要的作用。侦查人员司法谈话口才发挥得好，可以调动社会各界力量与犯罪行为作斗争，为及时和全面地收集犯罪证据、顺利侦破案件以及彻底拯救犯罪嫌疑人开辟道路。

(二) 侦查人员司法谈话口才的对象

1. 案发现场周围的群众

刑事案件的发生总是在一定的时空中进行的，有一定的场所，而案发现场周围的群众，可能会对案发时现场的异常情况有所见、有所闻、有所感觉，对犯罪嫌疑人遗留在案发现场的痕迹信息有所知晓。侦查人员与案发现场周围群众的有效谈话，有助于引导他们准确回忆其所知道的信息，发现和收集与案情有关的线索，从而有效地推动侦查工作的进程。

2. 被害人

被害人在多数情况下是会主动和积极地配合侦查人员调查工作的，但是在某些案件中，被害人是强奸犯受害者，或者被害人与犯罪嫌疑人有着某种身份关系，如夫妻、父母与子女等亲属关系，往往会心存某种顾虑，基于自己的名声、家庭或亲属关系，不愿意或不积极配合侦查人员的刑事侦查工作，影响到案件的侦破。这时，侦查人员就需要耐心细致地与被害人进行交谈，打消其顾虑，使侦查人员的询问工作顺利地进行下去，以便及时地获取犯罪嫌疑人的犯罪证据，促进案件的顺利侦破。

3. 被害人的亲友

被害人的亲友是指被害人的家属、亲戚和朋友。根据是否了解案件情况，可将被害人的亲友分成两类：一类是那些经历过案件的发生过程，对案件情况比较了解的亲友；另一类则是那些虽然没经历案件的发生过程，但对被害人日常的生活、工作、学习、社交活动、经济状况、个人爱好、案发前后的生活轨迹等情况较为清楚的亲友。对于前一类亲友，侦查人员可将其作为询问对象，以便获取证人证言；而对于后一类亲友，侦查人员主要不是采取"一问一答"的方式对其进行询问，而是更多地采纳气氛更为轻松的"谈话"形式与其进行交流，从而获知被害人的生活、工作、交友等情况以及案发前后的活动轨迹，以便了解和发现与案情有关的线索。

4. 犯罪嫌疑人

犯罪行为人在被侦查机关确定为案件的犯罪嫌疑人之前，有可能会成为侦查人员的询问对象，接受侦查人员的询问。在侦查人员对其进行询问过程中，由于其本人深知自己就是犯罪行为的实施者，但因其畏惧心理和侥幸心理，犯罪行为人可能用一系列谎言来欺骗侦查人员，不愿意说出案件的真实情况。这种情况下，侦查人员需要借助于其谈话口才，消除犯罪行为人的心理障碍，促使其承认实施犯罪行为的事实。

犯罪行为人在被确定为犯罪嫌疑人后，要接受侦查人员对其的合法讯问。在讯问过程中，有的犯罪嫌疑人可能存在这样或那样的顾虑，或者存在侥幸、畏罪、抗拒、抵触等各种心理或情绪，影响到侦讯的顺利进行。这时，侦查人员不能急于求成，更不能实施刑讯逼供等违法手段，逼迫犯罪嫌疑人如实招供，而只能借助于司法谈话口才对其实施说明、教育，进行有效的开导，彻底消除其顾虑，根除其心理障碍，推动侦讯工作顺利进行。

"惩罚与教育相结合"的原则是司法实务中最重要的原则之一。根据这一原则，侦查人员在办案过程中，不能止步于将犯罪行为人绳之以法，更不能止步于将犯罪动机查明，其更为艰巨的任务是：找出犯罪行为人犯罪的思想根源，并对症下药地去拯救他（她），以此来警示社会，净化社会环境，推动文明社会的进程。中央电视台《社会与法》栏目曾经报道过一则"入室盗窃"案。在这个案例中，记者与此案中的一名犯罪嫌疑人有过下列一段谈话：

记者：你有过工作吗？

犯罪嫌疑人：有过。

记者：你的工资不是很高？

犯罪嫌疑人：不算低，中等水平。

记者：中等水平的工资应当能够维持你不错的生活水准。

犯罪嫌疑人：是这样。

记者：那你为什么要实施盗窃？

犯罪嫌疑人：我想过有钱人的生活。

记者：你就那么羡慕有钱人？

犯罪嫌疑人：人们说，"好死不如赖活"，而我不这么想，我要"好活"，不想"赖活"。

记者：（没能接上话）

从这一段记者与犯罪嫌疑人的对话中可以看出，"入室盗窃"的案件虽然为侦查机关成功破获，犯罪嫌疑人的犯罪动机也已经查明，但是，促进犯罪嫌疑人实施犯罪行为的思想根源，还依然顽固地存在于其头脑当中。如果这种错误的思想根源没有从犯罪嫌疑人的大脑中根除掉，谁又能保证其刑满释放以后，不再重新危害社会呢？谁又能保证社会因该犯罪嫌疑人受到刑罚处罚后，会变得更加安全呢？在本案中，记者没能对犯罪嫌疑人的错误思想进行说服教育。但话说回来，即使记者与本案中的犯罪嫌疑人进行了更为深入的谈话，并最后成功地说服了该案犯罪嫌疑人，促使其彻底地纠正了那种错误的想法，可是，记者在这方面的作用毕竟有限，他不是侦查人员，不可能接触每一个刑事案件中的每一位犯罪嫌疑人，所以说，与犯罪嫌疑人司法谈话的重要责任最终还需要每一位侦查人员肩负起来。

5. 犯罪嫌疑人的亲友

犯罪嫌疑人的亲友与犯罪嫌疑人的关系比较密切，他们很可能知道犯罪嫌疑人的行踪，对犯罪嫌疑人的犯罪动机、犯罪目的和犯罪心理，可能有比较清晰的了解和掌握，但是鉴于与犯罪嫌疑人的特殊关系，或者对犯罪嫌疑人利益的考量，他们可能不愿意或不积极配合侦查人员的调查工作。这时就需要侦查人员通过司法谈话口才，与他们进行有效的交流，促使他们积极配合侦查人员的调查工作，提供犯罪嫌疑人案发前后的行踪以及与案情有关的事实和证据。

6. 证人

根据《刑事诉讼法》有关规定，凡是知道案件情况的人，都有作证的义务。据此规定，证人有义务向侦查人员或法庭陈述其所了解的案件情况，应当如实地提供证据、证言，不得有意作伪证或者隐匿罪证。但现实生活中，证人或其家属因害怕会受到来自犯罪嫌疑人或者与犯罪嫌疑人的利害关系人的威胁、侮辱、殴打或打击报复，而不敢说出其了解的案件情况。而根据《人民检察院刑事诉讼规则》有关规定，不得采用羁押、刑讯、威胁、引诱、欺骗以及其他非法方法获取证言。因此，侦查人员只能借助于谈话的方式，说服证人，消除其作证的心理障碍。

综上所述，与侦查人员司法询问口才和司法讯问口才不同的是，侦查人员司法谈话口才有其特定的口才对象、特定的口才形式和特定的口才目的。任何一宗刑事案件，都有导致犯罪行为的思想根源的存在，而这种导致犯罪的思想根源很难通过"一问一答"的方式加以根除，必须借助于侦查人员与犯罪嫌疑人之间深入细致的谈话，才能彻底地促使其醒悟。此外，某些刑事案件如果遭遇到犯罪嫌疑人、证人、知情人乃至被害人的非积极和主动的配合，当"一问一答"的方式无法进行下去的时候，司法谈话口才可以尽情地施展其才华，弥补司法询问口才和司法讯问口才之不足。

四、侦查人员司法询问口才

侦查人员司法询问口才是指，侦查人员在刑事案件侦查过程中，为了查明具体案情、获取证据，在依法向证人和被害人进行调查时，所体现出的言语表达才能。侦查人员司法询问口才既不同于司法谈话口才，也不同于司法讯问口才，其有自己特定的目的和特定的对象。

（一）侦查人员司法询问口才的目的

"侦查询问是指侦查人员在案件侦查过程中为了获悉案情，用口头的方式依法向证人、被害人及有关人员所进行的调查取证活动。"[1]从学者对"侦查询问"的定义可以看出，侦查询问是一种刑事案件的调查取证方式，目的是获取证人证言和被害人的陈述。可见，侦查人员司法询问口才的主要目的是发现和收集案情线索、获取证据以及查明案情的事实真相，通过一问一答的方式，借司法询问对象之口将案情的有关事实真相再现出来。

（二）侦查人员司法询问口才的对象

1. 被害人

被害人是在某一具体的刑事案件中，直接遭受犯罪行为侵害的人。被害人是某一具体刑事案件的亲历者和受害者，对犯罪行为人及其行为有切身的感触，因此，被害人的陈述最能够体现和反映犯罪行为的实施状况和情景。侦查人员对被害人的询问，有利于真实地再现犯罪嫌疑人的面貌特征，还原当时犯罪行为实施的场景和过程。

2. 被害人的亲友

被害人的亲友是指被害人的家属、亲戚和朋友。根据是否了解案件情况，可将被害人的亲友分成两类：一类是那些经历过案件的发生过程、对案件情况比较了解的亲友；另一类则是那些虽然没经历案件的发生过程，但对被害人日常的生活、工作、学习、社交活动、经济状况、个人爱好、案发前后的生活轨迹等情况较为清楚的亲友。对于前一类亲友，侦查人员对其进行询问，能够有效地获取证人证言；而对于后一类亲友，侦查人员通过有效地施展司法谈话口才，可以了解和发现与案情有关的线索。

---

〔1〕　王长水主编：《侦查学》（第2版），郑州大学出版社2009年版，第107页。

3. 犯罪嫌疑人本人

犯罪行为人在被侦查机关确定为案件的犯罪嫌疑人之前，有可能会成为侦查人员的询问对象，接受侦查人员的询问。此时，侦查人员对犯罪行为人的询问，目的主要是了解其本人在案发前后的行动轨迹及其与被害人的关系，为进一步采取侦查措施、排除矛盾以及确定其是否为犯罪嫌疑人做好铺垫工作。

4. 犯罪嫌疑人的亲友

犯罪嫌疑人的亲友与犯罪嫌疑人的关系比较密切，他们很可能知道犯罪嫌疑人的行踪，对犯罪嫌疑人的犯罪动机、犯罪目的和犯罪心理，可能有比较清晰的了解和掌握，但鉴于与犯罪嫌疑人的特殊关系，或者对犯罪嫌疑人利益的考量，他们可能分化为两种不同的类型：一类是，能够顾全大局，积极配合侦查人员的调查工作；另一类则是，不愿意或不积极配合侦查人员的调查工作。对于前一类亲友，侦查人员能够有效地利用司法询问口才，借以获取有价值的线索以及与案情有关的事实和证据，而对于后一类型的亲友，则属于侦查人员司法谈话口才的对象。侦查人员可以通过其司法谈话口才，打开此类亲友的心结，消除其顾虑，纠正其错误的想法，使其积极配合侦查人员的询问工作，促进案件的侦查工作顺利进行。

5. 证人

刑事案件侦查是为了查明案情事实，依法将犯罪嫌疑人移送司法机关进行审判和惩罚的一项司法活动。查明案情事实需要借助于"物证；书证；证人证言；被害人陈述；犯罪嫌疑人、被告人供述和辩解；鉴定意见；勘验、检查、辨认、侦查实验等笔录；视听资料、电子数据"等八种证据形式的运用，其中"证人证言"是一种重要的证据形式。根据《刑事诉讼法》有关规定，凡是知道案件情况的人，都有作证的义务。可见，证人是指知道案件情况的人。侦查人员可以通过施展其司法询问口才，通过一问一答的方式，将证人所知道的案件情况——地再现出来。

6. 专业人士

专业人士是指，能够对与涉案有关的专业性较强的问题，如尸体检验、血样鉴定、物品鉴别等，提出具有专业知识的较权威性答复的人士。刑事案件往往涉及很多专业知识较强的领域，需要专业人士作出权威性鉴别。为解决与案件有关的专门性问题，侦查人员经常还需要向一些专业技术人员咨询，故这些技术人员、专家亦是询问对象。

7. 受审查人

受审查人是指侦查阶段被认为是有犯罪嫌疑的人，因此在侦查初期他们也可能成为侦查询问的对象。在侦查过程中，一些涉嫌人员经查询被认为与犯罪无关，另一些涉嫌人员经查证被认定有犯罪事实。按我国法律规定，讯问对象是指依法被逮捕或拘留的犯罪嫌疑人。由此可见，受审查人既可能是询问对象，也可能会成为讯问对象。在立案侦查之后至破案之前的阶段，受审查人应视为询问对象。只有在破案之后并确定其为犯罪嫌疑人时方可将受审查人列为讯问对象。

8. 案发现场可能知情的人

案发现场可能知情的人是指，在现场周围居住或工作，或在案发时曾途经现场，或在现场附近滞留，或在犯罪嫌疑人来去现场沿途路上碰到过犯罪嫌疑人的可能对案情多少有些了解的人员。侦查人员对案发现场可能知情的人员进行询问，有助于了解案件发生前后及发生过程中发现的可疑人、事、物等情况，案件发生地区的社会治安、人员流动情况及其他可疑情况，发现犯罪现场的具体时间、地点、详细经过，案发前现场的状态、发现犯罪现场时现场的状况及近期到过现场的人员、现场有无变动和变动后的状态及变动的原因，发现犯罪现场时在场人员的基本情况，发现犯罪现场后对现场的保护情况，犯罪行为人的个人特征及人数、人身及财物遭受侵害的情况及受侵害财物的种类和数量及特征，犯罪行为人在实施犯罪过程中使用犯罪工具的种类和数量及特征，与案件有关的其他线索及周围其他群众对案件的议论与看法对案件的看法，等等。可见，案发现场可能知情的人员也是侦查询问口才的重点对象，对他们进行有效的询问，对了解、发现和掌握与案件有关的线索具有非常重要的推动作用，能够有效确保案情的侦破方向，节省侦查资源，达到顺利破案的目的。

五、侦查人员司法讯问口才

侦查人员司法讯问口才是指，侦查人员为了查明犯罪嫌疑人及其实施的犯罪过程，依照法定程序在对犯罪嫌疑人实施提问过程中所展示的口语表达才能。它包括讯问的目的、讯问的对象以及讯问的程序等三个方面的主要内容。

（一）侦查人员司法讯问口才的主要目的

1. 查明犯罪行为人

根据《刑事诉讼法》有关规定，侦查人员在讯问犯罪嫌疑人的时候，应当首先讯问犯罪嫌疑人是否有犯罪行为，让他陈述有罪的情节或者无罪的辩解，然后向他提出问题。犯罪嫌疑人对侦查人员的提问，应当如实回答。但是对与本案无关的问题，有拒绝回答的权利。从该规定可以看出，查明和确定被讯问的嫌疑对象是否是犯罪行为人，这是侦查人员司法讯问口才首先要解决的问题，也是最首要的目的。这一目的能否有效完成，不仅关系到侦查人员司法讯问口才的质量，更关系到冤假错案的有无。因此，侦查人员司法讯问口才必须首先完成"查明犯罪行为人"这一首要目的之后，才能展开后面的讯问工作，避免无辜之人受到法律追究、有罪之人逃脱法律制裁的错误现象发生。

2. 查清犯罪嫌疑人实施犯罪行为的整个过程

根据《刑事诉讼法》有关规定，侦查人员在讯问犯罪嫌疑人的时候，让他陈述有罪的情节或者无罪的辩解，然后向他提出问题；侦查人员在讯问犯罪嫌疑人的时候，应当告知犯罪嫌疑人如实供述自己的罪行可以从宽处理的法律规定。据此规定的精神，侦查人员在施展其司法讯问口才时，要对犯罪嫌疑人进行全面讯问，应当围绕犯罪嫌疑人陈述的"有罪的情节"和"无罪的辩解"等两个方面进行提问，目的是查明或核实侦查人员在讯问前侦查工作中未掌握的或已经掌握的案件事实，以便查清犯罪嫌疑人实施犯罪行为的整个过程。

（二）侦查人员司法讯问口才的对象

1. 没有实施犯罪行为的嫌疑对象

被侦查人员讯问的嫌疑人可能没有实施犯罪行为，其之所以成为嫌疑对象，可能因为其与某一具体案件有某种程度的表象上的联系，如犯罪工具上有他的指纹、有目击者见过其到过犯罪现场，等等。要最终排除其嫌疑，必须经过侦查人员依法讯问之后，才能最终加以确定。

2. 实施了犯罪行为的嫌疑对象

"实施了犯罪行为的嫌疑对象"当然是侦查人员司法讯问口才的对象，因为他是具体案件的实施者，对包括犯罪动机、犯罪目的、犯罪主观状态、犯罪行为实施过程、犯罪情节以及犯罪结果都亲力亲为。对他进行有效的讯问，可以查清案件发生、发展和结束的整个过程。根据《刑事诉讼法》有关规定，犯罪嫌疑人可分为两种类型：一是被依法实施逮捕、拘留的犯罪嫌疑人；二是依法不需要逮捕、拘留的犯罪嫌疑人。

六、侦查人员司法说明口才

侦查人员司法说明口才是指，侦查人员在履行搜查、扣押、查封和冻结等法定职责时，对诸如犯罪嫌疑人家属、亲友及与犯罪嫌疑人有经济往来的利害关系人进行有关法定职权活动时，所体现出的言语表达才能。侦查人员在刑事侦查过程中，可能会涉及对犯罪嫌疑人的住所、隐藏赃物处所、犯罪嫌疑人隐藏地等场所进行依法搜查，而这些地方可能涉及犯罪嫌疑人的家属和亲友的私人住宅权。依据我国的法律规定，侦查人员在进入私人住宅进行搜查工作时，要出示公安机关或者检察机关的工作证和搜查证。虽然法律仅要求侦查人员搜查时出示相关证件即可，但是，为了取得相关人员积极配合侦查人员的侦查工作，也为了在人民群众中树立良好的司法形象，侦查人员在具体侦查工作中，除了出示相关证件之外，更需要对所涉及的相关人员进行必要的情况说明，使他们认识到侦查工作的重要性，避免因群众对侦查人员的误解而导致侦查工作受到干扰。在某些犯罪中，如经济类犯罪，侦查人员可能会涉及依法对犯罪嫌疑人财产的扣押和查封，涉及对犯罪嫌疑人银行存款的冻结，这时可能会影响犯罪嫌疑人的利害关系人的财产权益。为了避免对犯罪嫌疑人的利害关系人的财产权益造成不必要的损害和影响，侦查人员有必要通过施展其司法说明口才，处理好侦查人员与犯罪嫌疑人的利害关系人之间的关系，使侦查工作得到他们的积极配合和协助。

（一）侦查人员司法说明口才目的

侦查人员在刑事案件侦查过程中，其工作范围的涉及面很广，需要社会各界积极配合。而这种配合不能简单地借助侦查人员所拥有的国家公权力来完成，需要侦查人员充分施展其包括说明口才在内的各种言语表达才能，使其口才对象心悦诚服地给予侦查人员的侦查工作以帮助，特别是搜查、扣押、查封和冻结等侦查工作，侦查人员应当主要借助于其司法说明口才，对相关人员进行认真和细致的阐释，使他们意识到相关侦查工作的重要性，从而积极主动地配合侦查人员的侦查工作，提高侦查工作的效率。侦查人员在对犯罪嫌疑人家属、亲友及与犯罪嫌疑人有经济往来的利害关系人施展司法说明口才时，目的不仅仅是顺利履行侦查人员所肩负的搜查、扣押、查封和冻结等法定职责，更重要的是借此机会向相关人员宣传法律知识、增强他们的法律意识，从而教育他们遵纪守法，最终在社会大众心里树立良好的司法形象，进而推动法治社会和法治文明的进程。

（二）侦查人员司法说明口才对象

侦查人员司法说明口才不同于司法讨论口才、司法讲授口才、司法谈话口才、司法询问口才和司法讯问口才，有自己特定的口才对象。由于侦查人员司法说明口才是侦查人员在履行搜查、扣押、查封和冻结等法定职责时所体现的言语表达才能，因此，其对象主要涉及犯罪嫌疑人家属、亲友及与犯罪嫌疑人有经济往来的利害关系人。犯罪嫌疑人实施犯罪行为后，其本人或其犯罪所得的赃物可能会隐藏在自己、父母、亲戚和朋友的住处，其犯罪所得的赃物可能通过交易的方式卖给了其他人，其犯罪所得的赃款可能存入了有关银行。侦查人员在侦查过程中履行搜查、扣押、查封和冻结等法定职责时，可能会影响到上述相关人员的私人住宅权、财产权等合法权益。为了保护他们的合法权益，侦查人员在履行其法定职权时，必须耐心和细致地对他们进行相关的法律知识的宣传和法律教育，以促使他们积极和主动地配合侦查人员有关的侦查工作。

第三节　侦查人员司法口才的言语表达要求

"言为心声、文如其人。"一个人的言语不仅能折射出其思想情感、对人对事的态度，而且更能体现出其涵养、品质、胸怀、知识和能力等综合素质。因此，侦查人员在司法实践过程中注重其言语表达能力的培养，有助于培养和提高其自身的综合素质。侦查人员司法口才属于司法口才的一种，其言语表达方面的要求在总体上当然要符合司法口才对司法人员提出的要求，即语言通俗易懂、言语朴实无华、用语准确、言之有据、前后连贯、与身份相宜、思路清晰，然而，侦查人员的侦查工作具有复杂性，其社会接触面甚广，因此，不同种类的侦查人员司法口才的言语表达方面有其不同的侧重点和特殊的要求。

一、侦查人员司法讨论口才言语表达要求

要侦破案件，还原整个案情事实，在每一个具体的刑事案件立案之后，侦查人员必须有效利用集体智慧，群策群力，通过正式或非正式的讨论形式，充分发挥其侦查人员司法讨论口才，分析判断案情、制订案件侦破计划、指明案件一系列重大疑点、寻找案件的关键问题、确定案件的突破口，为具体的侦查工作指明方向，确定侦查工作的重心，以便及时和有效地侦破案件。基于侦查人员司法讨论口才的主要任务和目标，其言语表达必须符合一系列基本规范和要求，归纳起来，这些基本要求主要体现为言之成理、言之有据、言之准确和言之清晰等四个主要方面：

（一）言之成理

查明案情事实是侦查人员侦查工作的首要任务，是侦查人员司法口才的生命力所在。因此，侦查人员在对案情进行讨论时，其言语表达必须做到"言之成理"，即侦查人员在正式讨论或非正式讨论过程中，根据其所掌握的案件事实、证据及其所了解的其他事实情况，对案情的陈述必须围绕日常生活规律来进行，其所作的推理必须符合人之常情及事物的发展规律，以便确定案件的侦查方向，把握侦查工作重心，推动侦查工作进程。在 2013 年 5 月 16 日中国网络电视《天网》栏目播出的一档《红颜劫》电视节目中，居住在一个被废弃的工地旁的一位老汉报案称，他在这个被废弃的工地里发现了一具已化成白骨的尸体。侦查人员立即赶到了现场进行勘查。经勘查，侦查人员发现现场除了一堆尸骨外，还遗有褐色的长发、很时尚的服装和一双女士高跟鞋。针对这一情况，为确定案件的侦查方向，侦查人员召开了集体讨论会，展开了如下讨论：

侦查人员 1：从尸骨旁遗留的褐色长发、时髦的女装和一双女式高跟鞋来看，这具尸体应当是位女性，而且是位比较时尚的女性。

侦查人员 2：按照常理，女性出门通常都随身带有肩包，可是，案发现场没有发现死者的肩包，更没有发现死者的手机，这可能是一起抢劫杀人案。

侦查人员 3：从法医的尸检报告来看，死者的颅骨有一道很长的裂痕，这道裂痕不可能是死者摔倒所致，死者生前可能遭到重器打击，因此，这是一起命案，但不一定是抢劫杀人案。

侦查人员4：从现场的初步勘查来看，没有发现拖带痕迹，因此，现场不是抛尸地，而是案发地，死者和犯罪嫌疑人是和平进入犯罪现场的，是熟人作案。

侦查人员5：从现有的证据来看，很难对该起杀人案作出定性，但有一点可以肯定的是，该起案件是一宗杀人案；当下最首要的任务是，要查明死者的身份，否则无法破案。

侦查人员6：从死者和犯罪嫌疑人和平走进现场来看，死者和犯罪嫌疑人应当生活和居住在案发现场附近；从法医的尸检报告来看，该死者的死亡时间大约在三个星期，因此，应对案发现场周围进行近一个月以来的失踪人员调查，以查明死者的真实身份。

侦查人员7：可以通过法医对死者的DNA作出鉴定，然后，与本地公安的DNA数据库进行比对，很可能迅速查明死者的身份；如果在DNA数据库中没有找到比对结果，那么，死者可能是外来务工人员，这样可以缩小案件的侦查范围。

从上述侦查人员讨论的情况来看，"侦查人员2"对此案的"抢劫杀人"的定性符合常理的可能性不大，因为，现场没有发现死者随身携带的肩包，包里所盛装的财物无法确定，而且，从现场的初步勘查来看，该案应是熟人所为。在未充分掌握其他有力证据之前，熟人之间抢劫的可能性不大，况且在该案中，侦查人员的首要任务是查明死者的身份，而对案件的定性无助于该项任务的完成。"侦查人员5"果断地止住了对案件定性的纷争，正确地引导了案件的侦破方向。沿着"查明死者身份"的侦查方向，侦查人员逐渐地掌握了与案件有关的情况，死者的身份得以查明，犯罪嫌疑人也渐渐地浮出了水面，案件最终得以告破。

（二）言之有据

"言之成理"要求侦查人员在进行相关案件讨论时，对案情的推理必须符合日常生活规律、人之常情以及事物发生、发展的客观规律，以把握案情的主要侦查方向，充分利用有限的侦查资源，促进案件及时、有效地侦破。而侦查人员的正确推理必须建立在其所掌握的案件事实、证据及其所了解的其他事实情况等客观真实的基础之上，否则，即使侦查人员的思路清晰，侦查方向也会因此"差之毫厘、失之千里"，这就要求侦查人员的司法讨论口才不仅需要"言之成理"，而且需要"言之有据"。譬如上述案件中，尸骨旁"褐色长发、时髦的女装和一双女式高跟鞋"是客观事实，然而，根据这些客观事实，只能合理地推导出"这些物品为女性所有"的结论，而据此推导出"尸体为女性"，未免有失偏颇，因为不排除犯罪嫌疑人将这些物品放置尸体旁的可能性。"尸骨是女性"这一事实，还有待法医作出科学的医学鉴定。在一起故意杀人案中，一家私人企业老板王某的情妇死于卧室的床上。经初步侦查，侦查人员发现，死者的手指指甲缝里残留皮肤屑，在其阴道内发现了男人的精液。据此，由三人组成的侦查小组成员展开了如下小组讨论：

侦查人员 1：既然死者体内发现了男人的精液，该精液必定为死者的情夫王某所留下的，因此杀人凶手肯定是王某，我们要立刻将王某抓获归案。

侦查人员 2（该侦查小组组长）：现在将犯罪嫌疑人确定为死者情夫王某还为时过早，因为还有很多事实尚未查清，如精液与王某的 DNA 是否相符？皮肤屑是死者自己的还是犯罪嫌疑人留下的？如果皮肤屑是犯罪嫌疑人留下的，那么，是发生性关系之前留下的？还是发生性关系之后留下的？是强奸杀人还是泄愤杀人？等等。在这些疑问未查清之前，不能武断地将王某确定为本案的犯罪嫌疑人。

侦查人员 3：组长说得有道理，我们设法提取私人老板王某的 DNA，然后与死者身上遗留物的 DNA 进行比对，王老板是不是该案的杀人凶手的问题不就清楚了吗？

侦查人员 2：我们现在就去会会王某。

在上述侦查人员讨论过程中，"侦查人员 1"根据"死者是王某的情妇"推导出"犯罪嫌疑人就是王某"这一结论，因其"言之无据"而导致推理错误，不能达到"绝对状态"。"死者是王某的情妇"这一点无疑是客观事实，但是，"精液"与"王某"之间没有必然联系，是一种"相对状态"。好在侦查小组组长给予了及时的纠正，才避免了侦查方向的迷失。随后，通过侦查人员对王某 DNA 的巧取，发现精液的主人另有其人。通过进一步侦查，终于确定了王某的独子为本案的犯罪嫌疑人。

（三）言之全面

要最大限度地确保侦查的主要方向，侦查人员的司法讨论口才，除了符合"言之成理"和"言之有据"之外，还必须符合"言之全面"的要求。这是第二大基本思维的必然要求。侦查人员在刑事案件侦查过程中，所了解、掌握及查明的事实和证据，都带有限性、零散性、孤立性以及彼此之间缺乏明显的关联性等特点。在这种情况下，如果侦查人员仅仅根据某一事实或某几个事实对案情进行推理，再根据此种推理所得出的结论，来决定侦查方向，就很有可能偏离案件的侦破方向，最终将影响案件"及时、有效"地侦破。"言之全面"要求侦查人员在案件讨论过程中，要将案件侦查过程中所了解和掌握的事实和证据全方位地进行考量、斟酌和分析，注重所有的可能性。"过程+结果"是事实的全部。唯有全面考虑所掌握的案件事实、证据及其可能性的关联，才能避免在以后的案件侦查中忽视关键性事实，才能在所有可能性中确定重心，最大限度地确保案件的主要侦查方向。例如：

在一起故意杀人案中，一位六十多岁的农村老汉于某白天在自家门前晾晒东西时，被人用刀捅死。经初步侦查和走访调查，侦查人员得知如下事实：①被害人是一位身体比较结实的六十多岁老汉；②被害人近几年一直在家务农，作风正派，夫妻关系融洽，被害人与其周围的居民关系处理较好，与本村村民无结怨；③凶手是一名年轻的女性，年龄在三十岁左右；④凶手头上戴着一顶鸭嘴帽，脖子上围着一条围巾，围巾捂住了嘴和鼻子，眼睛上还架着一副眼镜；⑤凶手不是被害人的同村村民；⑥被害人有一个在外地打工的二十多岁的儿子，尚未成亲。基于上述事实，侦查人员之间展开了激烈的讨论：

侦查人员1：凶手在行凶时，没有遭到被害人的反抗，说明凶手是趁被害人不注意时行的凶。

侦查人员2：凶手不是被害人同村的村民，而其对被害人却一刀致命，说明被害人对凶手没有提防之心，而被害人之所以对凶手没有防备，至少存在两种可能：一是被害人认识凶手；二是在案发前，被害人与凶手就某一话题有过一段较为深入的对话。鉴于凶手与被害人不是同村村民、两者年龄的差距、被害人作风正派等因素，前一种可能性微乎其微，因此，后一种可能性很大。我们应当着重调查、研究和分析他们之间所谈的话题。

侦查人员3：鉴于被害人已经死亡，凶手尚未抓获，所以要知道他们之间所谈论话题的性质和内容，近乎"上天揽月"。

侦查人员 4：凶手是一刀致命，因此，本案可以排除是报复性杀人。

侦查人员 5：现在的主要任务是，要尽快查明凶手，而凶手又不是与死者同村的村民，追赶凶手的村民案发前从未见过同凶手有类似特征的女性。犯罪嫌疑人沿途一定向他人探问过"如何去被害人家"。因此，我们要扩大侦查和走访的范围，收取更多的信息和事实，以便更加准确地确定凶手的体貌特征和言语特点。

在这个案件侦查讨论过程中，侦查人员 1 注重了"被害人没有反抗"和"趁被害人不备"等事实，且简单地述说了两者间的因果关系，而没有把注意力放在"被害人没有防备"的根本性原因上，因此，其言语表达的价值十分有限；侦查人员 3 的言语虽然有一定道理，但是，他忽视了凶手与被害人之间话题的"共通"性质，而正是这一点才会将被害人的注意力牵制住，使被害人深陷这一话题时，无法很快地应对凶手突如其来的行凶行为；侦查人员 4 只注重"一刀致命"这一事实，然后，按常理得出"非报复性杀人"这一结论，其逻辑推理是：凡是报复性杀人，凶手为了解恨，必然要在被害人身上猛刺数刀，而凶手只刺一刀，所以本案不是"报复性"杀人，再加上凶手与被害人素昧平生，这一结论的可信度随之提升，然而，该侦查人员至少没有考虑到这样一个事实：凶案发生在白天，而凶手又是一位年轻的女性；侦查人员 2 的言语很有价值，他注重了"话题"这一事实，但是他没有注意到被害人还有一个在外地打工的、正值婚娶年龄的儿子，所以，他的话语没有引起其他侦查人员的足够重视。关于这一点，侦查人员 5 显然也没有顾及和重视。通过讨论，侦查小组最后采纳了侦查人员 5 的建议，通过大范围地走访和调查，最后终于完全确定了犯罪嫌疑人的体貌特征，并将其缉拿归案。通过对犯罪嫌疑人的审讯得知，本案与被害人在外打工的儿子有关。基于被害人不同意其儿子与犯罪嫌疑人的姐姐谈恋爱，于是产生了"报复杀人"的念头。

在本案中，侦查人员没有全面考虑到其在初步侦查过程中所了解和掌握的事实和证据，如在讨论过程中，没有一个侦查人员提起被害人的儿子这一重要事实，结果导致推理出现偏差，主要侦查方向出现了偏离，影响案件及时和有效地侦破。

二、侦查人员司法谈话口才言语表达要求

如前文所述，"发现和收集案情线索""消除谈话对象的心理负担"以及"对谈话对象进行说服教育"，是侦查人员司法谈话口才的主要目的。要达此目的，司法谈话口才的言语表达必须要遵循一定的规律，符合一定的要求。这一规律主要是：司法谈话的内容要触动谈话对象的心灵深处，让其真正地去认识事物的实质性现象，指导他们作出正确的选择；这一要求主要是：目的明确、言语通俗易懂、富有情感、平心静气、用语铿锵有力、入境入理。

（一）目的明确

侦查人员司法谈话口才对象主要涉及案发现场周围的人、被害人及其亲友、犯罪嫌疑人及其亲友以及证人。对于案发现场周围的人来说，某个刑事案件的发生在大多数情况下，没有直接涉及其自身的利益，因此，侦查人员在案件侦查过程中比较容易获得这类人的积极配合，以便从他们那里了解和获得与案件有关的线索。侦查人员在与案发现场周围的人进行交谈时，主要目的是了解和掌握与案件有关的侦查线索。但是，如果在交谈过程中发现此类人员对案件某些情节有清晰的掌握，如看清了犯罪嫌疑人的相貌、清晰地了解犯罪嫌疑人的体格特征、发现了作案工具，等等，侦查人员应及时地将此类人员转换为证人，用询问的方式对其进行询问，以便掌握案件的相关证据。

被害人或其亲友是刑事案件的直接受害人或最大的受害者。在通常的情况下，他们为了维护自己的合法权益，都会积极配合侦查机关的侦查工作，以尽快将犯罪嫌疑人绳之以法，但在某些情况下，如强奸案，他们为了顾及自身的社会名声，在侦查人员对他们进行有关询问时，往往不能积极配合侦查人员的询问工作。这时，侦查人员应耐心地与他们进行交谈和沟通，了解他们采取消极态度的真实动因，然后进行有针对性的疏导，使其彻底明白其中的利害关系，消除其顾虑，促使其积极配合侦查人员的询问。

刑事案件的侦破对于犯罪嫌疑人来说，将意味着随之而来的刑罚处罚，甚至危及其生命。出于对刑罚的畏惧，或者存有某种侥幸心理，犯罪嫌疑人有可能对侦查人员的讯问不能给予积极配合，甚至抗拒。这时，侦查人员不能急于求成，应当耐心地对其进行有效的司法谈话，掌握犯罪嫌疑人在侦查人员对其进行讯问过程中采取非积极配合的真正原因，并有针对性地对其进

行说服和教育，促使其端正态度、积极面对。犯罪嫌疑人的亲友在接受侦查人员询问时，由于其与犯罪嫌疑人之间有着某种利害关系，也有可能对侦查人员的询问采取消极态度。遇有此种情况时，侦查人员应当与其进行耐心的交谈，找到其消极行为的真实动因，纠正其想法的错误之处，使其真正意识到，对犯罪嫌疑人实施法律惩罚才是拯救和教育犯罪嫌疑人的前提和基础，也是对其自身利益实现最大程度保护的基本法律措施和路径。

"证人有作证义务"是法律对证人的要求，也是侦查机关能够顺利和及时破案的关键。在一般情况下，刑事案件中的证人都能够积极配合侦查人员的侦破工作，但在某些情况下，如害怕被报复的心理存在抑或图谋某种不正当利益等情形，证人有可能不愿意说出实情，甚至可能作伪证。证人不能积极配合侦查人员的侦查工作，原因来自多方面，侦查人员应在与其谈话的过程中，耐心地寻找其中的关键性症结，有针对性地对其加以引导。这是其他司法口才功能无法比拟的。

（二）言语通俗易懂

"言语通俗易懂"能够有效体现语言的第一大基本功能，将言语所描述的实然状态传递给侦查人员司法谈话口才对象，这样才能完成彼此间的高效沟通，实现谈话的目的。在谈话过程中，侦查人员的言语首先要做到"通俗易懂"。也就是说，侦查人员的言语必须是谈话对象最熟悉的口语，而不能一味地强调"普通话"，更不能过多地注重"法言法语"。不同的谈话对象不仅生活在自己独特的地方语言环境中，而且还有不同的年龄层次的语境。被谈话的对象听到自己所熟悉的言语，会倍感亲切。"言语通俗易懂"会使得谈话的气氛变得十分融洽，侦查人员与谈话对象彼此间的距离就会拉得很近，谈话便能顺利地进行下去。

侦查人员要想通过其谈话口才获取案情线索，或者消除谈话对象的心理负担，抑或对谈话对象进行说服和教育，以便推动侦查、询问和讯问工作的及时与有效地进行，侦查人员的言语表达不仅要清晰地传达其真实的意思，而且还要使谈话对象有效地理解和接受。"清晰的表达"是对"易懂"的基本要求，而"有效的理解和接受"是"通俗"的使然。"通俗"和"易懂"作为侦查人员司法谈话口才的基本要求，处在同等重要的位置。言语的通俗易懂直接决定了谈话的效果，影响着谈话目的的实现。

（三）平心静气

"平心静气"要求侦查人员在与谈话对象谈话时，要保持良好的心态和宽厚的胸怀。俗话说得好，一样的米能养百样的人，千人千面、万人万性，各人有各人的思想情感，各有各的脾气禀性。正是因为这些差别的存在，再加上人们对之认识的深浅不同，才导致人们的言行有别，甚至会促成犯罪动机的生成和发展。谈话对象之所以不能积极配合侦查人员的侦查工作，其根本原因就在于他们对这些差异的错误认识，譬如，被害人认为，如果公安机关介入，其不好的境遇就会公之于众，其损害将会扩大；犯罪嫌疑人认为，如果他（她）守口如瓶，法律将因查无实证而拿其没办法。有的犯罪嫌疑人尽管伏法或认罚，但是对其行为的性质却始终认为是正当的。对于谈话对象那些错误的认识甚至近乎荒唐或幼稚的看法，侦查人员应保持良好的心态，不能急躁，更不能投之以鄙视的目光和神情，应辅之以耐心劝导。

"人心不同、各有其面"是客观存在的。"大路通天、各走一边"，各有各的走法，虽然每个人所走的路径有捷、偏、背之别，这是现实，不容否定。谈话对象的思想路径不可能和侦查人员保持一致，侦查人员除了"平心静气"地加以引导，让其彻底意识到其路径与其目的地背道而驰以外，别无他法。侦查人员作为国家司法工作者，不仅肩负着查明犯罪事实、将犯罪行为人绳之以法的重大责任，而且还肩负着教育社会民众、引导其正确思维、促进社会文明等神圣使命。这种"责任"和"使命"离开"宽厚的胸怀"是无法彻底实现的。

（四）用语铿锵有力

侦查人员在谈话对象面前所体现的姿态要"平心静气"。但是，这并不意味着侦查人员对谈话对象的言行或不合作的态度要一味地迁就，更不意味着侦查人员在谈话过程中的用语软弱无力。要让谈话对象意识到，"客气不等于是他（她）的福气、容忍不等于是侦查人员的软弱和无能"，在必要时，侦查人员的言语必须"铿锵有力"，避免谈话对象，尤其是犯罪嫌疑人，对侦查人员"平心静气"的言语有某种错误的认识，如错误地认为侦查人员在恳求或乞求，从而增强其对抗心理。用语的语调一味地平缓，不仅没有说服力，而且还会导致谈话对象坚守其固有的想法而丝毫不肯让步。

（五）入境入理

"目的明确""言语通俗易懂""平心静气"以及"用语铿锵有力"等，

都是对侦查人员谈话口才的态度、面貌、言语方式等形式方面的要求。符合这些要求不能当然达到侦查人员司法谈话的目的，还需要借助于某种实质性要求，即侦查人员在谈话时要"入境入理"。"入境"要求侦查人员将谈话对象带入一定的场景，而不能空讲大道理，说一些大而空的话语。"入理"要求侦查人员在与谈话对象谈话过程中，在情景中寻找事物发展规律，帮助他们提高自身的认识，从而改变其不合作的态度，或者引导谈话对象对其所了解的案情进行正确的叙述，以便侦查工作顺利进行。

案发周围的群众能否提供有价值的线索，关键在于其对有关案情的叙述是否准确。如果案发周围的群众对其了解的案件场景的叙述存有偏差，就会影响侦查人员作出正确的判断。群众对案情叙述是否准确，主要取决于两个方面的因素：一是群众本人的言语表达能力；二是侦查人员的谈话口才。在这两个因素中，侦查人员的司法谈话口才起到主导作用。如果侦查人员在与案发周围的群众谈话过程中，不能很好地引导谈话对象对场景的细节构建，将会导致侦查工作走不必要的弯路。例如，在一起故意杀人案中，案发周围的一名40多岁的中年男子看到了本案女犯罪嫌疑人往村里的一个山丘跑去，于是就追了上去。由于对方跑得较快，再加上该中年男子的害怕心理，他追到了中途就放弃了。面对这一重要情况，侦查人员与该中年男子之间进行了一次谈话：

侦查人员：你有没有看清她的脸？

中年男子：没有。她虽然在跑的过程中回头看了我一眼，但是她当时头戴一顶鸭嘴帽，戴着一副眼镜，鼻子以下的脸部被口罩围住。整个面部围得很实，加上我们之间有一段较长的距离，所以，未能看清她的脸。

侦查人员：你觉得该女子是中年女性，还是年轻的女性？

中年男子：我感觉她是一个30岁以上的中年女性。

侦查人员：你确定吗？

中年男子：我觉得差不多就是这个样子。

这段侦查人员与中年男子之间的谈话显然未得到充分展开，很多细节性问题，如该女子的穿着打扮、步态、姿态、体态、跑的姿势等，未能在谈话过程中充分再现。场景未能细致地再现，中年男子和侦查人员对犯罪嫌疑人年龄的判断出现了偏差，结合凶案发生时"凶手只向被害人刺了一刀"的情节，侦查人员将该案错误地定性为：非仇杀。而该案最终破获的结果是：犯罪嫌疑人是一名17岁的在读高中女生；案件的性质系"仇杀"。

三、侦查人员司法询问口才言语表达要求

"发现和收集案情线索""获取证据"以及"查明案情的事实真相"是侦查人员司法询问口才的主要目的。在侦查询问过程中，侦查人员所询问的对象因个性特征鲜明而千差万别，诸如年龄、性别、性格、心理、文化、教养、素质、禀性、法律意识、正义感等因素的影响，要顺利实现侦查询问的目的，询问的过程不可能是一帆风顺的。如何应对这些不同而又关键的因素，就询问时侦查人员的言语表达而言，侦查人员必须做到如下几点基本要求：①针对性；②简捷性；③明确性；④准确性；⑤细致性；⑥洞察性；⑦启迪性；⑧合乎常理性。这些基本性要求不仅是侦查人员司法询问口才的基础，也是培养与增强侦查人员刑事侦查能力和侦查素质的重要保障，是树立侦查人员良好司法形象的一种重要的途径和方式。

（一）针对性

"针对性"要求侦查人员在遇到不同的询问对象时，言语表达要随着对象的不同年龄、不同性别、不同层次、不同状况以及不同的语境，而明智地作出不同的选择，以便使询问顺利地进行。

侦查人员在询问不同对象时，"有针对性地选择言语"主要包括：①易懂，侦查人员在询问过程中应针对不同的询问对象使用不同言语，目的不仅要让询问对象能够听懂，而且要让询问对象易于接受；②亲和力，侦查人员与询问对象之间的心理距离远近，关系到询问工作能否进展顺利，言语的亲和力可以消除询问对象的戒备心理，使其感到亲切，增强其配合的积极性；③影响力，不同的询问对象因其年龄、性别、性格、心理、文化、教养、素质、禀性、法律意识、正义感等因素的存在，其记忆力、心理承受力、对事物的认知能力、理解力以及言语表达能力，有着不同程度的差异，侦查人员应根据不同的情况，对询问对象加以正确引导，主导整个询问过程的进行。

"易懂""亲和力"和"影响力"是"针对性"对侦查人员司法询问口才言语表达方式最基本的要求。一旦这些基本要求在询问过程中无法重现，侦查人员就不宜继续进行询问。要么转入司法谈话过程，了解其中的原因，对

其进行开导；要么中止询问，另寻合适的时机再行询问。

（二）简捷性

简捷性是指，侦查人员在询问过程中所使用的言语要简单明确，能够直接体现询问中要解决的关键性问题，不要拖泥带水，应力求简单明了地将要询问的要旨讲清楚，使得询问对象能迅速作出回答，以便提高侦查询问工作的效率。如果用语复杂，一句话包括很多内容，抑或想几个问题一次性问完，这不但不能带来轻松的询问气氛，也会让询问对象一时很难记忆，容易引起头脑混乱，难以理解，不知从何答起，或答非所问，甚至会给对方造成不必要的心理负担，影响到询问顺利进行。

"简捷性"要求侦查人员在询问过程中，意旨清楚，要解决什么问题、先解决什么问题、后解决什么问题、重点解决什么问题，这些都应当清晰地体现在侦查人员的头脑当中，然后，用简单明了的言语有顺序、有节奏、不紧不慢地一一表达出来，使得侦查人员的问话与询问对象的作答共同构建一幅连续而清晰的画面。

（三）明确性

明确性是指，侦查人员询问时的用语能够清楚地体现用意，表达的内容清晰明了，所提出的问题能够为询问对象正确地理解。"明确性"的重点在于"清楚"，即侦查人员在询问时表意要清楚，用语要正确和规范，引导要有效，询问对象的回答要清晰。只有这样，才能发现询问工作的问题，并有针对性地提出应对之策。

"明确性"不仅要求侦查人员询问的言语清楚明了，而且要求询问对象对侦查人员提出的问题作出清晰的回答。它是侦查人员与询问对象之间的互动过程，其最终目的是达到对案情事实的真实而清楚地再现。侦查人员在询问过程中的言语要做到"明确性"，有时候要对询问的关键性问题讲清讲透，必要时，还要对关键性问题进行有计划的重复，再辅之以正确的引导，以便询问对象对问题有清晰的理解，并作出清晰而准确的回答。

（四）准确性

准确性是指，侦查人员在询问过程中，每句话都讲得恰当，言语中的每个字、词都说得清晰、达意，不含糊，不言过其实或词不达意，使得询问对象易于领会。"明确性"意在侦查人员通过言语清晰地表达其意旨，而"准确性"注重的是侦查人员言语中所运用的字、词、句等用语形式达意程度。两者的关系可以表述为："通过准确的用语，明确地传达意旨。"

言语的准确性要求侦查人员在询问时，用语能够向询问对象清晰地传递所要表达的信息，语句通顺、结构完整、有条理性、深入浅出、自然流畅。不要说半截话，不乱用专用名词术语、晦涩字句，避免让询问对象听起来不知所云。言语的准确性还要求侦查人员在询问时，应根据询问对象的接受能力、文化和知识水平、职业特点、心理状况、语言环境等因素，有选择性地使用言语，使询问对象易于领会。根据"准确性"的要求，侦查人员在询问时一般要做到：言语表达速度和声调要适当，停顿要准确。讲话不宜太快，语句不宜太长，以免询问对象听不清、记不准，缺乏思考的时间，理解不了；讲话也不宜太慢，语句也不宜太短，停顿不宜太多，以免言语内容不连贯，分散听话人的注意力，减弱了询问的正式性及氛围。此外，言语的准确性还体现在声调方面，声调过高会给询问对象造成不必要的精神紧张，影响其回答问题的准确性和真实性；声调过低，又不能引起询问对象足够的重视，也将影响询问的效果。[1]

（五）细致性

侦查人员询问被害人及其亲友、犯罪嫌疑人及其亲友、证人、专业人士、受审查人以及案发现场可能知情人，目的是收集案情线索、获取证人证言。在有些案件中，即使询问对象能够积极配合侦查人员的询问工作，但是，侦查人员在询问过程中，如果不能做到细致入微，也很难获取有价值的案情线索和有效的证人证言，甚至可能造成冤假错案的发生。有价值的案情线索和有效的证人证言往往深藏在事物现象背后，被种种假象所掩盖，需要侦查人员通过询问口才及智慧的大脑仔细地加以分析和辨别之后，才能准确地发现并予以挖掘。下面一则典型的案例可以说明"细致性"在询问中的重要地位。

在一起故意杀人案中，侦查人员在审查一帧监控录像画面时，找来了死者的女儿进行询问，让其辨认录像中的老太太是否是其母亲时，该询问对象最后确认是其母亲。侦查人员未做进一步询问，就相信了询问对象所说的话。可是，案件侦破之后发现，录像中的老太太是与死者的步态非常相近的附近的另外一个人，而且事后经侦查人员的核实，录像的时间是在死者死亡时间

---

〔1〕 范刚：《刑事侦查心理学》，甘肃人民出版社 2007 年版，第 166 页。

之后，所以录像中的老太太不可能是死者。

在该案中，如果侦查人员在询问时，注意到录像录制的时间这一关键性细节，就不可能出现这种错误。

（六）洞察性

在询问过程中，为了引导案发周围的群众准确地说出其所知道的有关案情的事实和情况，为了避免被害人由于激动、愤怒、报复、惊慌、恐惧、羞涩等情绪而表述夸张、缩小、回避、失真等现象的出现，为了有效识破和及时制止证人作伪证，侦查人员询问时的用语应当具有洞察力。洞察性言语可以促使案发周围的群众能够准确地表述其所了解的有关情况，如"你确定？""你没看错"；可以消除影响被害人正确叙述的不良情绪，如"你的心情我们很理解，但是，如果你不能把情绪镇定下来、好好配合我们的工作、将案发经过细致地讲出来，案件将无法得以及时和有效的侦破，犯罪行为人也无法受到应有的法律制裁，法律无法保护你的合法权益，你的伤痛也无法得到最大限度的弥补；如果犯罪嫌疑人逍遥法外，社会不安定的因素将会增加，而这些不安定的因素的存在，不仅将会使其他人遭受与你同样的噩运，你和你的家人也难免再次会遭受伤害，所以，还望你告诉我们事实的全部经过和真相"；可以督促证人如实作证，避免其作伪证，能有效地戳穿其作伪证的侥幸心理，如"你确定你讲的是实情？""你知道作伪证的法律后果吗？""我们不可能单凭你的一面之词结案的""你所讲的与我们侦查人员的调查有所出入""请你好好想一想，考虑清楚了再说"。

"洞察性"是侦查人员询问口才所必须具备的基础要求之一。它能够及时和有效地鉴别询问对象言语中的真伪成分，消除不良因素的干扰，获取案情线索，把握侦查方向，为彻底查清案情的全部事实、顺利侦破案件提供有效支撑。

（七）启迪性

因自然环境和询问对象自身条件的限制，如询问对象所处的环境中光线昏暗，其记忆力、观察力和知识面等因素的影响，询问对象对外界事物的感知会出现一定的偏差，因此，其表述的内容可能与客观事实情况有所出入。侦查人员在询问过程中应当十分注意这些因素的影响，提醒询问对象注意其可能忽略或忘却的细节，帮助其最大限度地作出完整的表述。

　　"启迪性"是侦查人员在询问过程中运用询问口才时的基本要求之一，因为案发周围的群众、被害人及其亲友、犯罪嫌疑人及其亲友、证人、受审查的人等询问对象，大多数都是普通的民众，他们的记忆力、观察力、对事物的感知能力以及言语的表达能力，都或多或少地存在一定程度的缺陷，而这些缺陷直接或间接地影响到他们对客观事物的表述，需要侦查人员运用启迪性语言来唤醒或纠正。即使专家也可能在某种程度上由于忽视了某种细节，而得出错误的结论。如在一宗美国私家车内发生的枪击案中，由于鉴定专家没有考虑到公路的坡度，对子弹运行的轨迹作出了错误的鉴定，从而得出"子弹是从车内发射的"的错误结论。

　　"启迪性"不仅能确保询问对象正确表述，准确收集案件线索，获取有效的证人证言和被害人陈述，确保案件的侦破方向，而且能够防止冤假错案的发生，避免无辜的人受到法律追究，而使有罪之人逃脱法律制裁。

　　（八）合乎常理性

　　事物的发生和发展一般都具有条件性、先后顺序性以及因果关联性。侦查人员为了收集案件线索、获取被害人陈述和证人证言等证明材料，在询问过程中，应当根据询问对象的特点选择一定的顺序进行询问，而不能随心所欲地想怎么问就怎么问，否则，不仅会引起询问对象言语表达的混乱、表述不清，影响询问效果，而且会使询问不周详，导致询问多次反复，从而影响案件侦破的进程。

　　"合乎常理性"不仅仅是对侦查人员询问思路提出了较高的要求，而且也有助于侦查人员在询问过程中发现询问对象言语表达的前后矛盾之处、非常理性成分，以便及时加以纠正和引导，或发现真伪，及时调整侦查策略。

　　1991年12月29日凌晨，美国亚利桑那州繁华的娱乐中心发生一起凶杀案。主管安科纳小姐遭人杀害。现场证据表明，安科纳小姐没有遭到性侵害，她紧身背心被咬破，胸口留下明显的咬痕。安科纳小姐独身，36岁。警察很快将注意力集中到一个与安科纳小姐关系密切，名叫雷·克朗的35岁男人身上。雷·克朗承认他与安科纳认识，与安科纳是一般朋友，但否认与安科纳有亲密关系，这与酒吧的女友们说法有明显的出入，自然加大了警方对雷·克朗的怀疑。同时，雷·克朗指出案发当天未与安科纳见面，他的室友瑞特·詹森也证明那天晚上雷·克朗确实一直待在家里，但雷·克朗有没有在他入睡后又出门，他无法证实。警方发现雷·克朗的左前牙有点向外突出，和在安科纳前胸发现的唆牙齿痕比较一致。

法医检查了一系列与安科纳认识的人的牙痕，其中只有雷·克朗的牙痕与安科纳尸体上的咬痕完全一致。警察逮捕了雷·克朗。随后的审讯中，雷·克朗坚称自己是无罪的，但他无法辩解他的咬痕看起来与安科纳身上的咬痕很像。当警察问到这个问题时，他一言不发。警方认为他无法抵赖才哑口无言，更相信是他干的。

开庭审理这起案子前，起诉人为了使咬痕证据更有说服力，特地请来一位知名的牙痕专家雷蒙德·罗森博士，他确认证据是确凿的。法庭上，罗森博士播放了一盘录像带，这盘录像带将安科纳尸体上的咬痕与照片比对，证实雷·克朗的牙痕与尸体上的咬痕完全吻合。雷·克朗仍然坚称自己无罪，但他提不出任何支持自己无罪的证据。雷·克朗被判犯有一级谋杀罪，（被）判处死刑。该案的上诉为雷·克朗赢得了一丝希望。再审前，雷·克朗的家人为他请了律师克里斯·普劳达博士。普劳达认为，警方没对现场这么多证据进行缜密的侦查和分析，对其他的证据一带而过，仅从安科纳胸口的咬痕出发，仅根据雷蒙德·罗森博士的鉴定就作出结论是不严谨的，普劳达决定聘请新法医和刑侦人员对证据进行重新鉴定。特别关键的是推翻那个咬痕证据。法医斯吉普·斯皮尔波博士鉴定牙痕的方法比罗森的更为精确，罗森用平面在录像带上进行比对，但安科纳的胸部不是一个平面而是有起伏的，拍摄角度不同，录像带难免产生视角误差。他和警方都犯了先入为主的错误。

在二审法庭上，参加一审的专家雷蒙德·罗森博士重申他的证词，他说死者身上的咬痕是雷·克朗留下的！对于咬痕鉴定这样专门的领域，法官和陪审员都是门外汉，面对权威，他们只有相信名气更大的权威雷蒙德·罗森博士。陪审团再次判定雷·克朗一级谋杀罪，但改判雷·克朗终身监禁，不得假释。

等到判决发生后，雷蒙德·罗森博士冷静下来仔细研究斯皮尔波博士的鉴定方法和结论，他明白自己搞错了。但审判已结束，终审判决的结果无可更改。雷蒙德·罗森博士经过一夜痛苦的思想折磨选择了沉默，虽然他也想改正自己的错误，但美国法律规定，除非找到谋害安科纳的凶手，否则判决无法改正。

2001 年 5 月，亚利桑那州通过了一项新法律，如果罪犯认为他们是无罪的，有权使用证据和定罪后的 DNA 检测来为自己申辩。州警方检测了安科纳上衣留下的唾液，没有得到确定的结果，但那几根黑色的短发被检测出不是安科纳的，也不是雷·克朗的。法医把这个新的 DNA 测试结果输入国家 DNA 数据库，该数据库有全国 100 多万个罪犯的遗传标记，这些遗传标记被一一进行比对，数据库出现了一个匹配者，他是 35 岁的肯尼斯·飞利浦。这一次，警方调查了所有的证据，所有的鉴定结果都指向飞利浦，齿痕也是吻合的。

雷·克朗为警察和雷蒙德·罗森博士的错误坐了 10 年零 4 个月的冤狱。[1]

四、侦查人员司法讯问口才言语表达要求

"确定犯罪行为人""获取案件线索""查明犯罪嫌疑人犯罪动机、案件事实"以及"获取犯罪嫌疑人有效的口供"是侦查人员司法讯问口才的主要目的和宗旨。这些目的和宗旨是侦查人员及时侦破某一刑事案件的关键，是有效避免冤假错案发生的前提和基础。基于这样的目的和宗旨，侦查人员司法讯问口才的言语表达必须做到如下几点基本要求：①言语文明；②言语合法；③言语通俗；④言语客观；⑤言语精炼。

（一）言语文明

"文明"是建设人类社会永恒的话题。从总体角度来看，"文明"包含了两层关系，一是人与社会的关系；另一个则是人与自然的关系。从人与人之间交往的这一角度来看，"文明"对一个人言行的基本要求是：其言行应当令其他人（包括自己在类似情景下）能够欣然接受，不能引起对方任何不舒适、反感、厌恶，甚至憎恨。"促使人与人之间在相处或交往过程中自然、舒适、惬意"是"文明"所要达到的最基本的目标。违法和犯罪行为显然是行为人的一种严重不文明行为，而这种严重不文明行为的发生虽然是有很多因素促成的，但是一个最关键的因素是普遍存在的，那就是，行为人曾经或多或少地受到社会上不文明言行的冲击或伤害。不文明行为可能导致违法犯罪，相反，文明行为可以根治违法犯罪现象的发生。从这一角度来看，文明既是建设人类社会的目标，又是治理社会的重要手段和途径。

---

〔1〕 北京大陆桥文化发展公司编译：《屈打成招》，中国城市出版社 2004 年版，第 5 页。

"言语文明"要求侦查人员在讯问过程中，其言辞不仅不能污浊、粗俗、低级、下流、有辱讯问对象的人格，而且其口气也不能显得轻佻、漠视或鄙视。在讯问中，如果侦讯人员使用污浊、粗俗、低级、下流等有辱讯问对象人格的言语，不仅会伤害犯罪嫌疑人的自尊，而且有损侦查机关和侦讯人员的良好形象和威信，可能导致犯罪嫌疑人对抗心理的产生，不利于犯罪嫌疑人不文明行为的根除，最终会影响到对犯罪嫌疑人的彻底拯救，或彻底根除社会不良因素对其造成的影响。

（二）言语合法

"言语合法"是指，侦查人员在讯问过程中，其言辞的内容既要符合程序法的规定，又要符合实体法的规定。根据《刑事诉讼法》有关规定，侦查人员在讯问犯罪嫌疑人的时候，应当首先讯问犯罪嫌疑人是否有犯罪行为，让他陈述有罪的情节或无罪的辩解，然后向他提出问题。该规定对侦查人员的讯问提出了严格的程序性要求，侦查人员的讯问口才必须严格遵守《刑事诉讼法》的规定，不能超越法律的规定，直接针对案件的细节进行讯问。

根据《刑事诉讼法》有关规定，犯罪嫌疑人对与本案无关的问题，有拒绝回答的权利；审判人员、检察人员、侦查人员必须依照法定程序，收集能够证实犯罪嫌疑人、被告人有罪或者无罪、犯罪情节轻重的各种证据。严禁刑讯逼供和以威胁、引诱、欺骗以及其他非法方法收集证据。必须保证一切与案件有关或者了解案情的公民，有客观充分地提供证据的条件，除特殊情况外，可以让他们协助调查。这些规定是对侦查人员司法讯问口才提出的要符合实体法的要求。侦查人员在讯问过程中，其言辞不得侵犯犯罪嫌疑人的自由权、人格权、人身权等合法权益，严禁诱供、引供、指供和逼供的现象发生。从本质上来看，侦查人员那些不文明和不合法的言论，与司法讯问口才是背道而驰的，为司法口才所唾弃。

（三）言语通俗

"言语通俗"是整个司法口才领域必备的基本要素，它要求司法工作人员在言语表达过程中，能够让司法口才对象准确无误地领会其所要表达的意思、观点和思想，避免答非所问，或曲解司法工作人员的意思，最大限度地提高司法工作的效率。

侦查讯问对象具有多样化特性，再加上不同的刑事案件的社会影响面的不同，侦查人员在认真考量各方面因素之后，决定对言语的通俗程度进行有

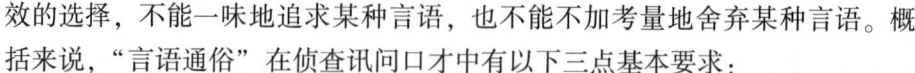

效的选择，不能一味地追求某种言语，也不能不加考量地舍弃某种言语。概括来说，"言语通俗"在侦查讯问口才中有以下三点基本要求：

1. 适合讯问对象

讯问对象因其出身、家庭背景、生活环境、性格、心理、受教育程度、道德品质、职业、生活习性、所处的地域等因素的不同，其对侦查人员讯问时言语的接受程度大相径庭。侦查人员在面对这些不同的讯问对象时，应有针对性地选择言辞，目的是要对方能准确无误地领会讯问言语所要表达的意旨。在整个讯问过程中，侦查人员应围绕其肩负的"讯问"和"施教"两种神圣的职责，对言语进行有效的选择。

2. 适合案件的影响程度

不同的刑事案件有着不同的影响范围，有的案件的影响面局限于案发地点周围的群众；有的局限于某一地区；有的重大刑事案件的影响超出了某一地区，甚至波及全国，乃至世界。对这些社会影响程度不同的案件，侦查人员在讯问时应当根据其所涉及的面，来决定所使用的通俗的言语，既要顾及讯问对象易于理解，也要照顾到案件影响面所涉及的社会大众。目的是达到警示犯罪嫌疑人和社会大众的双重效果。

3. 适合处在犯罪边缘的人群

流动人口多且多元化，是当今中国转型社会的主要特征，而这些流动人口成为我国当今社会刑事犯罪的高发端。鉴于此，有些案件所造成的社会影响尽管局限于某一地区的狭小范围，但由于犯罪嫌疑人属于流动人口群，当地侦查人员在讯问时应当选择全国通用的普通话作为通俗言语。这样做有助于有效地警示那些非本地的而又处在犯罪边缘的流动人群，使一方治安得以根本地改善。

（四）言语客观

"言语客观"是指，侦查人员在对犯罪嫌疑人讯问过程中，其言语表达必须尊重事实，用事实来说话，符合案情实际和犯罪嫌疑人的具体情形，不能无视客观真实、凭空想象、选用主观臆断的言语。这里的"事实"既包括侦查人员手中已经掌握充分证据的事实，也包括侦查人员手中没有足够证据加以证明，但确实为客观存在的事实。此外，这里的"事实"还包括对犯罪嫌疑人态度、肢体、神态、表情、语气、语调、沉默、反应等无声语言的正确解读。

"事实胜于雄辩。"要想让犯罪嫌疑人彻底认罪服法，侦查人员在讯问过程中的言语选择必须遵循"言语客观"这一基本要求。唯有遵循这一基本要求，才能避免或根治犯罪嫌疑人的对立情绪；才能促使其积极配合侦查人员的讯问工作；才能全面而真实地还原案件发生的全过程；才能及时地侦破案件；才能有效地拯救犯罪嫌疑人。"言语客观"是司法口才的灵魂。

（五）言语精炼

侦查讯问是侦查人员与犯罪嫌疑人面对面较量，涉及心理、意志、言语、知识及智慧等诸多方面。侦查讯问既是侦查人员与犯罪嫌疑人斗智的战场，更是侦查人员施展自己言语才华的舞台。"言语精炼"要求侦查人员在讯问过程中，其言语表达既要准确无误地传达其要表达的意旨，更要一语击中犯罪嫌疑人的要害，使其狡辩、诡辩、欺瞒、抵赖等无理对抗的言辞无所遁形。

要做到"言语精炼"，侦查人员必须做好充分准备，对案情作出仔细分析和判断，对犯罪嫌疑人的性格、品行、教养、知识、心理等因素，进行认真调查和研究，对讯问过程中遇到的困难作出最大限度的准确预测，并在此基础上，做好最完备的讯问计划和对策。"言语精炼"不仅要求侦查人员有广泛的知识面，而且还要有敏捷的思维能力、高度的洞察力以及瞬间的反应速度。唯有这样，侦查人员才能有效地控制讯问的节奏和方向，及时且圆满地完成侦查讯问工作。

第四节　侦查人员司法口才言语表达技巧

一、侦查人员司法讨论口才言语表达技巧

侦查人员司法讨论口才是群策群力、集体办案的必经阶段，是侦查人员集体智慧之结晶，因此，侦查人员在讨论过程中，其言语表达一定要围绕如何充分体现和挖掘侦查人员的集体智慧，而不能把讨论当成自我展现的舞台。倘若偏离这一方向，再好的"口才"都将弄巧成拙。鉴于此，讨论口才技巧主要体现在以下两个阶段：①叙述；②发表见解。

（一）叙述技巧

侦查人员在集中讨论某一具体刑事案件之前，由某个侦查人员对案情的简况进行叙述或介绍是必要的程序。叙述有利于参与讨论的侦查人员对案情有个概括性了解和掌握，以便发表自己对案件侦查的看法。鉴于此，叙述要

尽量做到清晰、条理、完整和客观。

1. 平铺直叙

侦查人员在叙述案情时，最重要的是对其所掌握的案情作一个直接、客观的陈述，有发生就说，没有发生或没有被掌握的情况，就不要说，不能凭空想象，也不能过多地形容，更不能添油加醋，夸大或缩小事实。如在一起因恋爱而导致的故意杀人案中，侦查人员对杀人过程作了如下简要陈述：

犯罪嫌疑人手持明晃晃的大刀，风驰电掣般地冲到受害人上班的工厂车间，发了疯似地寻找受害人。当他发现受害人时，他不顾一切地冲到受害人面前，挥起手中大刀、凶神恶煞般朝着受害人劈头盖脸地砍去，直到工厂的保安将其制服为止。

侦查人员在叙述杀人过程时，明显地带有个人主观色彩，注入了案情原本不存在的侦查人员的个人情感，可能夸大事实，会导致讨论的方向偏离，或者为寻找客观事实而过多地浪费时间，影响讨论效果。

2. 点点相联

案件发生后，摆在侦查人员面前的是一个个孤立的事实点，如尸体、物品、案发现场、血迹、证人、被害人状况、犯罪嫌疑人特点，等等。这些孤立的事实点彼此之间因犯罪行为而有机地联系在一起。侦查人员在叙述时要抓住某一关键点，从此点出发，通过某种联系元素，逐一将其所掌握的案情事实叙述出来。在一起无名尸案侦查讨论中，因该案的发现缘于一老汉的报案，侦查人员对案情的叙述可以从报案人开始：

5月25日，一老汉报案称，他在自家附近一个废弃的工地上掏土时，发现了一具白骨。在老汉的带领下，我们来到了现场进行初步勘查。在勘查时，我们发现白骨旁边一团染了色的长发、一件没有腐烂的时髦的女式短袖上衣、牛仔裤和尸体不远处的一双高跟鞋，没有发现女式随身携带的挎包。在现场周围也没有发现拖带的痕迹。

该案涉及诸多事实点，如报案人、白骨、染色的长发、女式短袖上衣、牛仔裤、高跟鞋等，侦查人员在陈述该案时，以"报案人"这一事实"点"，将"女性着装"作为联系元素，把诸多事实点自然而清晰地叙述了出来。

3. 面面俱到

"话语简洁"有时是一般口才的重要表现，但对于侦查人员司法讨论口才来说，这却是一大禁忌。"细节决定成败"是司法讨论口才的真实写照。侦查人员在叙述案情时应将其所掌握的所有案情细节一一陈述出来，不放过任何一个细微之处，哪怕看似与案情无多大联系的细节。"面面俱到"有利于其他侦查人员对案情发表各自的见解，开启集体智慧之门。在一起入室盗窃案中，侦查人员在讨论时对案发现场作了非常细致的描述：

案发现场非常凌乱。我们经过细致的勘查，没有发现犯罪嫌疑人留下任何物品，但是我们在室内地板上发现一个被摔坏的闹钟和一节闹钟电池，而在床上发现了闹钟的另一节电池。此外，在现场的茶几的台历上发现写有一个人名和一个手机号码。

"面面俱到"地叙述，就是不放过案情的每一个细微之处，特别是那些发生了位移的物品或新增的物品和痕迹。

（二）发表见解

对于每一个刑事案件的侦查，都离不开侦查人员对案情的判断和推理，这是确定侦查方向、查找案情的突破口和寻找案情线索的重要途径和手段。在侦查阶段，特别是初步侦查阶段，侦查人员所掌握的案情事实材料是有限和零散的，侦查人员必须借助于其群体智慧，通过判断和推理，深入细致地挖掘案件的其他事实和证据，最终侦破案件。可见，发表见解是侦查讨论的必经阶段，也是非常重要的阶段。侦查人员见解的科学性直接影响到案件的侦破方向和办案效率。

1. 指出案件的关键

案件的性质、犯罪动机、重要事实、关键细节等案件的节点，往往是案件的关键之处。发现这些关键之处，常常是案件侦破的转折点，确保案件的侦破方向，提高侦查效率。案件的性质主要是指罪与非罪、此罪与彼罪等案件的定性。犯罪动机、重要事实和关键细节案件侦破的突破点，是整个案情逐步明朗化的关键所在。在一起强奸案的讨论中，侦查人员发表了各自的看法：

侦查人员 1：从报案人痛苦的表情来看，这是一起性质非常恶劣的强奸案。

侦查人员2：从现场初步勘查的情况来看，由于没有被害人反抗的痕迹，可以初步判断这是一起普通的通奸案。

侦查人员3：在本案一些关键事实（如犯罪嫌疑人与被害人之间的关系、被害人的禀性、案发时被害人对局势的可控状态等）还未查明之前，对本案的刑事性下一个结论是不可靠的。

从上述强奸案的讨论，侦查人员1和侦查人员2所注重的事实只是一种表象，而非案件的关键，而侦查人员3提到的一些事实是决定本案性质的关键，是司法讨论口才所提倡的对事物关键点的把握。

2. 提出案情的疑点

案情疑点的提出及其解决，常常是纠正案件的侦破方向、提高办案效率的关键。对疑点的忽略往往导致侦查资源的浪费。侦查人员对一起故意杀人案展开了下列讨论：

侦查人员1：通过对案发周围群众的走访，犯罪嫌疑人是一位年轻的女子，并且不是被害人的同村村民，被害人与犯罪嫌疑人的年龄相差悬殊，而被害人一向作风正派，因此，可以排除犯罪嫌疑人因与被害人之间的感情纠葛而产生的报复杀人动机。

侦查人员2：犯罪嫌疑人在行凶过程中，只向被害人胸口刺了一刀，而没有刺扎数刀，因此可以肯定地排除报复性杀人。

侦查人员3：案件侦查到现在，我们发现：被害人身强力壮，显然，案发前两人处在一段相对平和期，所以，被害人对犯罪嫌疑人放松了警惕；按照常理，对于一个作风正派的老汉来说，一个陌生的年轻女子突然造访，应当引起老汉的警觉，时刻观察陌生女子的一举一动。这就是本案的重大疑点所在。"互不相识""年龄悬殊""不存在感情纠葛"，以及"只刺了一刀"等事实，都不足以排除"报复性杀人动机"的存在，因为，犯罪嫌疑人完全有可能因其他关联事件的发生，而迁怒到被害人的身上。因此，我建议，从被害人外出打工的儿子恋爱交往的事实查起，可能从中取得意想不到的收获。

侦查人员3提出的疑点具有合理性，但由于其意见最终未被采纳，侦查小组只好采取地毯式排查，花掉大量的侦查资源，最终才将凶手抓获归案。

而案件的真相正如侦查人员 3 所料，问题出在犯罪嫌疑人对被害人反对其子与犯罪嫌疑人姐姐婚事这一事件上。

3. 道出案件事实间的实质关联性

案发周围的异常情况以及案发现场的蛛丝马迹，通常看起来，与案件没有多少关联性，但是，这些看似没有多大联系的细节，往往对案件的侦查有着突破性意义。在案件讨论过程中，应当注意这些细节与案件间的关联性。如在一起美容室凶杀案讨论中，侦查人员就案发现场发现的一根花枝展开了讨论：

侦查人员 1：从案发现场发现的这枝花来看，犯罪嫌疑人与被害人之间可能相识，因此，我们应当围绕被害人的社会关系或者被害人的常客进行调查。

侦查人员 2：案发现场的这枝花是小孩在被害人处玩耍时丢下的可能性不大，因为这与案发契合的概率微乎其微；这枝花是被害人带进来的可能性更不大，因为被害人是中年妇女，整天忙于生计，不可能有心情摆弄花束，而且美容室内也无任何花束陈列，所以这枝花一定是犯罪嫌疑人带来的。

侦查人员 3：这枝花很普通，不可能作为礼物来送人，更不可能成为男女之间联络情感的信物，因此，犯罪嫌疑人用它作为礼物讨好被害人的可能性几乎不存在；如果这枝花是犯罪嫌疑人带入现场的，很有可能表明其是犯罪嫌疑人漫不经心地在路边随手采摘的，所以，我们应当着手查看犯罪现场周围绿化带有无这种花枝，这很有可能让我们了解犯罪嫌疑人在案发当天来到现场的轨迹。

侦查人员 3 综合了侦查人员 1 和侦查人员 2 的看法，结合常理，认真细致地分析了这枝花与本案之间的实质性联系。按照他的思路，最终找到了这枝花的来源，并通过案发现场的公共录像监控，发现了这枝花与犯罪嫌疑人之间的联系。顺着这条线路，最终锁定并将犯罪嫌疑人抓获归案。

二、侦查人员司法谈话口才言语表达技巧

"案发现场周围的人、被害人及其亲友、犯罪嫌疑人及其亲友以及证人"是司法谈话口才的主要对象，而"发现和收集案情线索""消除谈话对象的心理负担"以及"对谈话对象进行说服教育"，是司法谈话口才的主要目的。一

般情况下，司法谈话口才对象都能积极配合侦查人员的案件调查工作，但在某些情况下，由于谈话对象的思想、认识、知识及心理等方面存在某种阻碍，将会影响到侦查人员的侦查工作的进展，此时的司法谈话口才的意义和作用尤为突出。无论谈话对象处在积极还是消极状态，侦查人员都必须掌握一些最基本的司法谈话口才言语表达技巧。

（一）帮助回忆

任何一宗刑事案件，都是发生在过去，有的甚至经过了很长一段时间。从心理学角度来看，人对过去发生事情的记忆和感知，随着时间的推移会逐步弱化。甚至人们感知外界事物时，往往会受到自己的人生经历、阅历、认识、心理、情感等因素的影响，掺入自己的主观想法，出现感知的偏差，有时还会出现某种幻觉。针对这些因素的存在，侦查人员应当最大限度地帮助谈话对象准确地回忆其所见、所闻、所感。

"帮助回忆"应当从谈话对象感知最深的事情入手，如所做的事情、所看见的现象、所听到的声音、所闻到的气味等。以此为出发点，按照事物发生和发展的自然顺序，一点一点让谈话对象去追忆，最终构建出较为完整的映像。

（二）适时提醒

当侦查人员在聆听谈话对象叙述过程中，发现对象语气不很确定，或者有违事物本身常理时，侦查人员应当以问话的方式进行适当的提醒。譬如，你确定吗？你的视力是多少？你当时紧张吗？你行车的方向？声音是从哪个方向传来的？周围有没有其他声响？这种植物一般生长在什么季节？那个时间有月光吗？等等。

"适时提醒"能够帮助谈话对象及时消除错误的映像，准确地再现其对事物的感知，有利于侦查人员有效地把握案情线索，避免偏离案件的侦破方向，为日后庭审提供具有法律效力的证据。

（三）适当假设

当谈话对象坚持自己的想法或做法、不能很好地配合侦查人员的调查工作时，侦查人员可以就谈话对象所坚持的想法或做法进行假设。假定其这样坚持下去，故事将作怎样的发展。如果谈话对象所坚持的想法或做法存在错误，以此为起点同谈话对象一起将后续的故事追寻下去，不可能得出谈话对象想要的结果，从而促使其改变消极态度，积极配合侦查人员的调查工作。

谈话对象的消极态度，根源在于其存有某种不切实际的想法，或不良心理，或错误认识，甚至某种幻想。侦查人员在谈话受阻时，适当运用假设，开阔谈话对象的视野，让其充分看清这样坚持的结果。"适当假设"常常是开启谈话对象心理枷锁的金钥匙。

（四）追寻故事

谈话对象之所以不能够积极配合侦查人员的调查工作，除了不当考虑眼前利益之外，暂时性失去良知也是重要的原因。"追寻故事"以谈话对象为主人翁，将曾经发生在其身上的与案件中所涉人、物和事相关联的受感动或感染过他人的事情追忆出来，让谈话对象再一次受故事感染，唤醒其说出事实真相的责任感。

包括犯罪嫌疑人在内，任何人都有其所爱的人，其背后都有感动他的人生经历。只要其良心没有彻底泯灭，总有一个故事能够感动谈话对象，使其改变态度。追寻的故事恰当，不仅能够促使谈话对象转变态度，积极配合侦查人员的调查工作，而且还会使其接受一次较为深刻的思想和道德教育。

三、侦查人员司法询问口才言语表达技巧

《刑事诉讼法》虽然对证人或被害人的如实作证或如实陈述的义务作出了明确的法律规定，但是，这并不意味着实践中所有的询问对象都能积极配合侦查人员的询问工作。询问工作能否顺利进行，并收到成效，与侦查人员询问时的言语表达技巧有很大关系。技巧运用得当，不但会促进询问对象有效地配合，收到事半功倍效果，而且更能促使处于消极状态的询问对象及时地转变态度，使询问工作顺利进行。

（一）构筑来龙去脉

案发现场知情人、证人、专业人士，还是被害人及其亲友、犯罪嫌疑人亲友及受审查的人，他们之所以能够成为侦查询问对象，是因为他们对某一案件的案情或犯罪嫌疑人本人的某些状况有一定程度的了解和掌握。侦查人员通过对他们的询问，努力再现他们对案情的感知，还原案情的全景或者部分情节。

接受询问的对象，对案情都有一定程度的感知。侦查人员在询问时，通过"构筑来龙去脉"这一技巧，将询问对象脑海中与案情有关的映像完整地再现出来。这一技巧通常使用的言语有：你把你所看到的、所听到的、所感

觉到的事情经过给我们叙述一下；你是怎么看到的？事情是怎么发生的？你对犯罪嫌疑人的印象如何？你觉得他是一个什么样的人？案发前，你与被害人有过接触吗？你近期发现犯罪嫌疑人有什么异常？等等。这些开放式问话，是"构筑来龙去脉"的首要手段和必经之路。通过这一技巧，侦查人员可以发现重大线索或疑点，以便进行进一步侦查或询问。

（二）细节追踪

让询问对象说出其对有关案情感知的来龙去脉，是侦查询问首先要解决的问题。然而，询问对象往往很简单地对其感知的案情作非常概括性的叙述，常常对细节性问题一笔带过，或有所忽略。如入室抢劫案，被害人可能在陈述时说得很简单：

犯罪分子趁我不注意闯进我的家门，拿刀指着我，逼问我家现金和首饰放在哪里。我当时很害怕，就告诉了他。他接着就把我捆了起来，就这样把我家的现金和首饰全抢走了。

经过侦查人员"细节追踪"，案情全景就展现出来了：

侦查人员：犯罪嫌疑人是怎么进你家门的？

被害人：我下班回来开门后，正要转身关门，就见一个大汉猛地闯了进来。

侦查人员：你下班回来时，有感觉身后有人跟踪吗？

被害人：没有。

侦查人员：你突然看见一名大汉闯了进来，你没有惊叫吗？

被害人：我还没叫出声，他就用刀顶住我的胸口，威胁我说："别叫，叫，我就捅死你"。

侦查人员：你随后有什么反应？

被害人：我看到他那凶神恶煞的样子，吓得全身发抖，哭丧着脸哀求他放过我。

侦查人员：对方对你的哀求是怎么回应的？

被害人：他凶狠地说，"把你家值钱的东西和现金交出来，我就放了你"。

侦查人员：你喉咙上的血印是怎么回事？

被害人：我没有马上按照他说的讲，他就把刀口在我的脖子上用力压，并吼道，"快说，不说就给你放血"，我吓得连忙说了出来。

侦查人员：你家对门没人吗？

被害人：他们全家昨天就出远门了。

侦查人员：后来，你怎么被捆绑上了？

被害人：他怕我跑掉，就把我给捆绑了。

侦查人员：绳索是你家的吗？

被害人：不是，是他自己带来的。

侦查人员：犯罪嫌疑人翻完钱财后，对你有什么其他过激举动？

被害人：没有，他翻完东西后就急匆匆跑掉了；临逃跑时还恐吓我说，"你敢报警，日后就要了你小命"。

侦查人员：你是怎么获救的？

被害人：我拼命地将身体移到门边，使劲地撞门，很久后，才被路过的楼上邻居发现了，他给你们报的警。

……………

侦查人员在询问时，通过"细节追踪"，将犯罪嫌疑人犯罪前的准备、主观恶性、社会危害程度等犯罪手段和情节一一地展现出来，为侦查讯问和对犯罪嫌疑人的刑罚处罚做好了铺垫。

（三）反复询问

当询问对象过度受到过刺激，或者有意避开某种事实或情节，或者故意作伪证时，侦查人员在询问过程中，应当采用"反复询问"这一技巧和手段，对询问对象有疑点的描述重复进行询问，从而发现问题所在，或获取询问对象对事实真相的陈述。如在一宗犯罪嫌疑人实施的多起入室抢劫、强奸案中，为了获取被害人对犯罪嫌疑人的形象的描述，侦查人员对不同受害人进行了询问，而不同受害人对犯罪嫌疑人的描述出入很大。在调查中，侦查人员发现这些受害人都是单身女性，在犯罪嫌疑人实施犯罪时，由于过度惊吓而对犯罪嫌疑人的形象产生了模糊性认识，因此，侦查人员没有采纳被害人对犯罪嫌疑人样貌特征的描述，只得另辟蹊径。

"反复询问"对故意作伪证的人或受审查的人（准犯罪嫌疑人）的功效最为突出，因为他们避开真相所叙述出来的故事，完全是自己编造出来的，纯属子虚乌有。在这种情况下，他们对侦查人员的反复询问很难做到自圆其说，结果是漏洞百出，无法继续隐瞒，只得说出事实的真相。

（四）提出质疑

询问对象不能如实陈述其了解的案情时，必然会留下诸多破绽和疑点。侦查人员可以根据其掌握的情况和常识性知识，对询问对象提出质疑。面对侦查人员的质疑，询问对象必定用谎言进行掩饰，而这些经不起验证的掩饰，将最终把询问对象逼向死角，促使其如实道出案情的真相。在一起强奸诬陷案中，侦查人员在充分了解有关案件事实的基础上，对报案人（"受害人"）进行了如下询问：

侦查人员：你和他（本案的犯罪嫌疑人）是怎么认识的？

报案人：在一次商品广交会上认识的。他当时作为一家商家的法定代表，在广交会上展示其产品，我当时作为一家经销公司的业务员考察该商品广交会上展示的商品时，与他偶遇，就这样认识了。

侦查人员：你们后来经常联系吗？

报案人：经常联系。

侦查人员：是谁主动找对方见面的？

报案人：是他主动找我的。

侦查人员：可据我们了解，是你主动找他见面的。

报案人：不是这样的，是他主动找我见面的。

侦查人员：那你说说，他是怎么主动找你见面的？

报案人：7月27号下午5点左右，我因在外办理公司业务，路过他公司门前，正好碰上他，我们寒暄了几句后，他就请我到一家宾馆吃晚饭，这是我们第一次见面。

侦查人员：噢，是这样（侦查人员在此前的调查中了解到报案人所说的与事实有出入，心中已有底，不便在这一问题上纠缠，于是侦查人员直接将话题转入了对案发当天有关情况的询问），那你就说说案发当天的情形吧。

报案人：（听到侦查人员叫她说说案发当时的情况后，立马哭诉起来）他是个禽兽，我出于一般男女朋友关系，邀请他到我的住处做客，可是，他来了以后不一会儿，就暴露出他的色相，两眼直溜溜地盯着我的胸看，还不时地动手动脚……

侦查人员：等一下，不好意思，打断你一下，你当时穿的是什么衣服。

报案人：我当时穿的是低胸睡袍。

侦查人员：你不是说你们是普通的男女朋友吗？怎么……

报案人：（还未等侦查人员说完）我在家就是这样的，不管有没有其他人在，我夏天在家都是这样穿着的，这有错吗？

侦查人员：（知道这与事实有出入，但这不是重点，于是，侦查人员避开了这一点，继续问道）没有错，你继续把他是怎么实施犯罪的讲一讲。

被害人：（似乎受到了委屈，哭声大了一些）他不是人，居然在我坚决反对的情况下，强行脱掉了我的衣服，对我实施了强暴。（哭声更大了）你们要为我做主啊。

侦查人员：你还是冷静一点，法律绝不会放走一个坏人，也绝不会冤枉一个好人。不过，对于你的问题，有几个疑问，还需要你配合一下。

被害人：（收住了哭声）我一定配合。

侦查人员：事发前，他有来过你的住处吗？

被害人：没有（很镇定）。

侦查人员：可据我们了解，他有来过一次。

被害人：完全没有那回事。

侦查人员：你当天有穿内裤吗？

被害人：有，就是你们公安收走的那一件。

侦查人员：他强暴你的时候，你有反抗过吗？

被害人：我拼命地反抗，还用手抓了他。

侦查人员：抓了他哪里？

被害人：好像抓了他的脸。

侦查人员：可是他的脸上没有任何抓痕呀？

被害人：不对，我记错了，我抓了他的颈部。

侦查人员：（暂时避开这一点）案发时，你有呼救吗？

被害人：我有拼命地喊过，可是没人听见。

侦查人员：怎么喊的？声音有多大？你能给我们示范一下吗？

被害人：可以（拼命地喊）。

侦查人员：不要再喊了，还是说出实情吧（厉声说）。

被害人：……（被镇住了）

侦查人员：从一开始，你就谎话连篇，我们对事实真相掌握得一清二楚。

案发当天，你根本就没穿什么内裤，你送交给我们的那条内裤，经过检验，完全是一件洗好后没有穿的内裤；你说你拼命反抗，可是现场根本就没有厮打的痕迹；你说你大声呼叫，可是，案发时间正是下班时间，你的左右邻居怎么觉得你家在当时一点动静都没有？据我们侦查，你和对方早就厮混到一起了。你要知道，你这属于诬告和陷害，属于犯罪行为，是要负法律责任的。你还是趁早醒悟吧。

被害人：我错了。

………

（五）跟踪追问

侦查人员在询问过程中，运用"跟踪追问"这一技巧，能够帮助侦查人员有效地发现疑点或破绽，及时地帮助询问对象纠正问题，或者揭露询问对象的虚假陈述，最大限度地寻找案情真相。如在一次对证人的询问过程中，侦查人员通过对证人的跟踪询问，发现并及时纠正了证人的问题。

侦查人员：你说你看到了犯罪嫌疑人殴打被害人的经过，你是从哪里看到的？

证人：我是透过我家厨房窗户看到的。我家住在一楼，我家厨房外有一块空地，当时我正在厨房干活，突然听见哭叫声，我扭头一看，就看见了凶手在殴打被害人。

侦查人员：你家厨房窗户有多高？

证人：一米六五到一米七之间吧。

侦查人员：你身高有多少？

证人：大约有一米六三吧。

侦查人员：你这样的身高，能够回头一看就能看到窗户外发生的事情吗？

证人：不对，我记错了，我是踩着凳子往外看的。

侦查人员：那你的凳子是从哪里搬来的？

证人：我是从客厅里搬来的。

侦查人员：可是，犯罪嫌疑人当时是追着被害人打的，并且是沿着你家厨房后外墙跑过你住的那栋房子拐角的。你觉得等你搬来凳子再爬上去往外看，还能看得到吗？

证人：（沉默）

侦查人员：你听到你家厨房外的哭叫声，这一点是真实的，可是，你不能夸大你了解的事实，看到了就是看到了，没看到就是没看到，可不能添油加醋，这样会严重误导我们的侦查工作，造成社会危害后果，是要负法律责任的。

证人：可事实就是受害人丈夫（犯罪嫌疑人）干的呀。

侦查人员：不错，她丈夫确实是犯罪嫌疑人，可是，你讲的是事实吗？如果在法庭上，你这种行为属于作伪证，就你本人要承担相应的法律责任不说，你无形中为凶手开脱罪责提供了机会，你知道你是在帮谁吗？

证人：原来是这样，我以为亲眼看见比亲耳听到更有说服力，真是很对不起。

侦查人员：你知道错了就好，要记住：事实胜于雄辩！

又如，在一起继母杀害继子案中，侦查人员对接受审查的继母进行跟踪追问，结果发现继母有重大的作案嫌疑。

侦查人员：你7月15日上午去了哪里？

受审查人：我去了市中心。

侦查人员：你是怎么去的？是走去的还是乘车去的？

受审查人：我是坐摩的去的。

侦查人员：你在哪里下的车？

受审查人：我是在十字路口转角处下的车。

侦查人员：你下车以后去做了什么？

受审查人：我下车后去逛市场了。

侦查人员：你有带着孩子一起去吗？

受审查人：有，我带着我女儿去的。

侦查人员：你儿子没有和你一起去吗？

受审查人：没有。

侦查人员：你儿子那时在哪？

受审查人：不知道去哪了。

侦查人员：你儿子失踪了，你知道吗？

受审查人： 我知道，我也一直和我老公在寻找呢？

侦查人员： 你继子和你关系怎样？

受审查人： 一般吧，不是很好，也不是很差，不过他平时还是比较黏我。

侦查人员： （一个"黏"字引起了侦查人员的警觉，她继子的失踪一定和她有关，不过没有充分证据，侦查人员不便"打草惊蛇"，她去市场后的行踪必然有问题，于是问道）你去市场后又去了哪里？

受审查人： 我回娘家去了。

侦查人员： 你是怎么去的？

受审查人： 我是坐公交车去的。

侦查人员： 你在你娘家待了多久？

受审查人： 我在娘家吃过中饭后就回来了。

………

在此次询问中，侦查人员通过"跟踪追问"和事后细心地侦查，发现受审查人在编造故事，事实情况与受审查人的陈述有很多出入。侦查人员在掌握一系列证据证明受审查人的当天行踪后，对受审查人进行了再次询问，并对其谎言一一进行了驳斥。在证据面前，受审查人只能承认其杀害继子的事实真相。

（六）直奔主题

在询问对象与犯罪嫌疑人或者案情之间存在某种利害关系时，询问对象因某种不合理的顾虑，对侦查人员的询问可能不予积极配合，有意闪烁其词，故意躲闪侦查人员的询问。侦查人员在询问前应当考虑这种情况，对这类询问对象进行询问时，应当机立断，直奔主题，单刀直入地进行询问，不要留给询问对象过多的思想空间，避免其寻找托词，心存侥幸地规避侦查人员的询问。如在一起交通肇事案中，交通警察就很好地运用了这一询问技巧对肇事司机所属单位领导进行了非常的有效询问。

交警： 上个星期六，你们车队的一个司机开车撞人后驾车逃跑的事你知道吗？

车队领导： 不知道（对交警直入主题的问话显得不知所措，很是惊慌）。

交警： 26 岁左右，身高在 175 厘米到 180 厘米之间，国字脸、大眼睛，你们车队不是有这个人吗?

　　车队领导：（注视了交警一会，然后答道）有这个人。

　　交警：他叫什么名字?

　　车队领导：陈××。

　　交警：他开的是草绿色解放牌汽车，对不对?

　　车队领导：对。

　　整个过程前后，交警仅用了 20 分钟时间就取得了预期有效的成果。在使用这一技巧进行询问时，侦查人员必须要对有关情况有基本的把握。对有所顾虑的询问对象来说，他们通常抱着一种"他人对情况不了解，我不说谁也不知道，只要不说就能躲过麻烦"的侥幸心理，当侦查人员在询问对象面前彰显出其对情况可能有一清二楚的把握时，在惧怕作伪证的法律责任或不诚实的道义责任心理驱使下，询问对象只能如实说出其知道的事实真相。如在本案中，面对交警直奔主题的问话，车队领导一开始还是做了否定的回答，但交警随后的一番话彻底击垮了其侥幸心理，其只能如实陈述。

四、侦查人员司法讯问口才言语表达技巧

　　讯问，实质上就是侦查人员与犯罪嫌疑人之间斗智斗勇的过程。由于畏罪心理的存在，犯罪嫌疑人对于讯问一般都存有不同程度的对立情绪，并由此引发抵触、恐慌、蛮横、抗拒、绝望、狡辩、欺瞒、侥幸等心理。由于犯罪嫌疑人这些情绪和心理的存在，他们对侦查人员的讯问就会采取消极态度，这就要求侦查人员在讯问时，必须善于运用言语表达技巧，促使犯罪嫌疑人积极配合侦查人员，从而作出全面而真实的供述。

　　（一）投石问路

　　不同的犯罪嫌疑人，因他们自身的性格、品质、爱好、心理、受教育程度、认知能力、价值观、家庭环境、成长经历、人生阅历等主客观条件存有差异，对其犯罪行为有着不同的认识和心理。在初次与犯罪嫌疑人交锋的时候，侦查人员在了解特定的讯问对象个性特征及有关信息基础上，运用"投石问路"这一试探性问话，察其色、听其声、视其态，进一步确定犯罪嫌疑人具体的思想动态，为下一步讯问技巧的运用做好充分准备。"投石问路"的言语形式通常使用诸如"你讲一下你是怎么实施犯罪的""××月××日××时，

你在哪里，在干什么""平日里，你和被害人之间关系怎样""你知道我们为什么抓你吗"等言语形式。侦查人员通过对犯罪嫌疑人对这些问题的回答进行分析和观察，能够初步捕捉到犯罪嫌疑人的心理状态。

某市财政局局长张某在该市甲公司与外省乙公司签订联营协议的过程中，利用手中的权力，为甲公司提供担保，违反国家有关强制性规定，从银行贷款200万元，由甲公司电汇给乙公司，而乙公司并未遵循联营协议，并有欺诈行为，导致120万元无法追回。侦查人员在对其进行初步讯问时，就用了"投石问路"这一讯问技巧：

侦查人员：张某，你知道我们检察院为什么抓你吗？

犯罪嫌疑人：不知道。如果你们有什么事情向我了解情况，我愿意配合你们的工作，但我不明白你们为什么要抓我，不过拘留证我也签字了，谁让你们是在执法呢，但这回你们可真抓错人了。[1]

在这一案例中，侦查人员通过"投石问路"这一讯问技巧的运用，初步了解了犯罪嫌疑人的心理状态。一方面，犯罪嫌疑人想否定自己的犯罪事实，不积极配合侦查人员的讯问；另一方面，又表现出其心里有鬼，不敢完全否定侦查人员对其抓捕的行为。这一矛盾，反映出犯罪嫌疑人"能抵赖就抵赖，无法抵赖时才认罪"的心理。这一心理，为侦查人员着手进行下一步讯问提供了方向。

（二）追逐矛盾

犯罪嫌疑人要否定自己是犯罪行为的实施者，通常是否定某种事实，或者虚构某种事实，以便证明自己的无辜，如"我当时没有作案时间""案发时，我在其他地方""我不懂德语""我精通古代文化""我是个文化人，绝不做野蛮的事情""我们之间关系非常好""我从来不抽这种烟"，等等。犯罪嫌疑人要想否定自己的犯罪行为，通常会用一系列谎言来掩饰自己，所以，他所讲的内容与事实之间充满了矛盾，而"追逐矛盾"这一讯问技巧的使用，重点在于寻找关键性矛盾，如纳粹分子否定其懂德语、凶手编造自己不在场的言辞或证据等。这些关键性矛盾的搜寻和树立，为下一步揭露和摧毁犯罪

---

〔1〕 杨迎泽、刘品新主编：《检察机关侦查讯问实务》，中国检察出版社2002年版，第108~109页。

嫌疑人的最后一道心理防线埋下伏笔，是开启有效讯问的一把金钥匙。

20 世纪 50 年代，我国一个老预审员在讯问一个美国间谍时，有下面一段对话：

预审员：坐下吧，你衬衫袖子怎么弄成这样？

间谍：不小心让门上的铁栓挂破了。

预审员：说说你的生活经历吧，随便说，想起什么就说什么。

间谍：（不知用意，开始炫耀自己的经历）我出生在华盛顿，父亲是铁路工人，比较穷困。但我决心摆脱困境，后来我一边做工一边上大学。1942 年政府征兵，我怕当兵，经人介绍进入美国海军学校学习日文，后随美军到日本当翻译……

预审员：那就用日语谈谈你的工作情况吧。

间谍：（吃惊，没想到对方会日语，便开始结巴地用日语叙述经历）。

预审员：当翻译是你唯一的工作吗？你还做别的吧！

间谍：我还研究中国历史。1948 年到北京，向名教授学习，准备写博士论文。

预审员：你研究什么题目？

间谍：研究管子。

预审员：那你就给我讲讲《韩非子·说林》记载的"老马识途"的故事吧。

间谍：（怔怔地，满脸惊讶的神色，说不出一句话来）

预审员：你说你当过翻译，但你的日语很不熟悉，你说是研究"管子"的，但连老马识途的故事你都不知道。你在中国绝非是单纯地研究学问吧！

间谍：不！我……

预审员：不要耍小聪明了，你应当明白，共产党绝不是"无知的土包子"。我们的事业是不准任何人颠覆的，希望你能转变立场，否则，我们只能按照《惩治反革命条例》来逮捕你了……[1]

该案中，预审员很好地运用了"追逐矛盾"这一讯问技巧。表面上，预

---

〔1〕　由文平主编：《公安司法口才学》，南海出版公司 1992 年版，第 196~197 页。

审员是在漫不经心地审讯，一旦预审员将关键性矛盾逐到之后，立即义正词严地揭露其矛盾，并辅之以共产党的智慧和威严进行攻心，使审讯工作卓有成效。

（三）直捣黄龙

当侦查人员将关键性矛盾捕捉到之后，接下来的主要任务就是揭示矛盾，直捣黄龙，让犯罪嫌疑人无所遁形。

荷兰著名反间谍专家奥莱斯特·平托上校在第二次世界大战期间审讯的一个纳粹间谍案就很值得我们借鉴。当时盟军部队已经进入比利时，德军正仓皇溃退。一天，两名士兵在驻军附近逮捕了一个名叫埃米里约·布朗格尔的人。平托上校凭直觉感到：这个人的穿着和谈吐虽然完全像个典型的北方农民，口音也是地道的瓦隆地区（比利时某地区名）的土音，但他粗壮的颈部和魁梧的运动员体型与当地常见的惰性十足的人截然不同，于是决定对他进行审讯。

第一次审讯：

问：你是农民吗？

答：过去是，现在不是。德国鬼子抢走了我的牲畜，杀死了我的家人。

问：会数数吗？

答：数数？

问：对，把桌子上这盘豆子数一数吧。

答：1、2、3……（慢慢地用法语数）

在第一次审讯中，平托上校未发现对方有任何值得怀疑的地方。但他仍不气馁，决定对其进行第二次审讯。

在第二次审讯前，平托上校让人在这个人的住处放了几捆草，一个士兵点着火后，烟从门的下面进到屋里，值勤的士兵用德语大声喊："着火了。"布朗格尔醒了，动了动，又睡了。于是，平托上校大声用法语喊道："着火了。"布朗格尔一下子跳起来，绝望地敲打着门，与第一次一样，平托上校第二次独特的审讯方法仍未发现任何破绽。

第三次审讯，平托上校与同事又制订了一个小方案。在布朗格尔被带来时，平托上校拿起一支从他身上搜出的铅笔。

问：你带这个干什么？

答：不就是支铅笔吗？

问：用它给敌人写情报？

答：（流露出不屑回答的样子）

问：可怜的家伙（用德语问身边的军官说）。（军官也用德语反问）为什么？他还不知道今天上午就要被绞死，已经 11 点了。他肯定是个间谍，他不会有别的下场。

平托上校一边说，一边用眼睛斜视着布朗格尔，特别注意他的眼睛和喉头。但布朗格尔没有任何表示，他用神态证明他不懂德语。很明显，第三次审讯仍无法证明布朗格尔是一个纳粹间谍。平托上校至此为止，几乎绝望了，他开始怀疑自己以前的判断。他准备对布朗格尔进行最后一次审讯——第四次审讯。

最后一次审讯是这样进行的：当布朗格尔像平时一样走进平托上校的办公室时，平托上校装作正在看一份文件，看完后拿起笔在上面签了字，然后抬起眼突然用德语说道："好啦，我满意了，你自由了，现在就可以走了。"平托上校发现布朗格尔长长地舒了一口气，动了动肩膀，像是卸下一个沉重的包袱。他仰起脸，愉快地呼吸着自由空气，当他发现平托上校的嘲笑时，已经晚了，身后的两名士兵紧紧地抓住了他。[1]

当纳粹间谍埃米里约·布朗格尔坚决否认其间谍身份时，平托上校在第一次对其审讯中，用"数数"的办法发掘了此案的关键性矛盾——是否懂德语，在第二次审讯中，这一关键性矛盾凸显出来。在接下来的审讯中，平托上校的审讯着重揭示这一关键性矛盾，直捣黄龙，促使奸诈和狡猾的埃米里约·布朗格尔现出原形。

（四）万弹齐发

犯罪嫌疑人为了掩盖其全部或部分犯罪事实，通常用一系列谎言来粉饰自己。这些众多谎言与客观事实之间矛盾重重。对于一般犯罪嫌疑人来说，侦查人员只要对其谎言逐个揭穿，就能逼其就范，而对于某些顽固、狡诈、无耻的犯罪嫌疑人来说，单射一箭或单发一弹，不足以使其就范，必须万箭穿心、万弹齐发，方可彻底将其击垮。运用这一技巧，侦查人员不应对犯罪

---

[1] 由文平主编：《公安司法口才学》，南海出版公司 1992 年版，第 203～204 页。

嫌疑人的谎言进行一一揭穿，而是应将犯罪嫌疑人的谎言逐一引出，然后进行连珠炮似的猛烈还击，使其难以招架，束手就范。例如，侦查人员对一个盗窃团伙中一名狡诈成员的讯问：

> **侦查人员**：是你指使张某（案发时年仅 14 周岁）实施盗窃的吗？
>
> **犯罪嫌疑人**：是的。
>
> **侦查人员**：盗窃成员就你们两个人吗？
>
> **犯罪嫌疑人**：是的，就我们两个人。
>
> **侦查人员**：没有其他人了？
>
> **犯罪嫌疑人**：没有。
>
> **侦查人员**：张某偷电视机的时候，你参与了吗？
>
> **犯罪嫌疑人**：没有，我当时在一家宾馆里等他。
>
> **侦查人员**：彩电是多大的？
>
> **犯罪嫌疑人**：是 22 英寸的。
>
> **侦查人员**：张某盗窃后是怎么将彩电搬到你那里的？
>
> **犯罪嫌疑人**：他是骑着三轮将彩电运送到我那里的。
>
> **侦查人员**：你们是怎么销赃的？
>
> **犯罪嫌疑人**：我俩在第二天早晨 8 点钟将彩电卖给了一家个体商户。
>
> **侦查人员**：真的就你们两个人吗？没有其他成员了？
>
> **犯罪嫌疑人**：真的只有我们两个人，我发誓。
>
> **侦查人员**：你不要发誓了，你以为你发誓就能掩盖你那犯罪团伙的其他成员吗？你以为我们公安都是一些白痴吗？你说张某骑着三轮车将彩电送到你那里，可据我们调查，张某根本不会骑三轮车；据张某交代，他那天晚上盗窃后，是步行去你那的，一个身高仅 155 厘米、年仅 14 岁的少年怎么能拿得动一台 22 英寸的彩电？即便拿得动，又怎能抱着它走到你的住处？即便抱得动，难道不怕引起他人的怀疑吗？你说你们是第二天早上 8 点钟销赃的，除了你的同伙以外，有谁敢在早晨 8 点钟从一个来路不明的人手中买下这一贵重物品？（彩电在当时属于贵重物品）你满嘴都是骗人的谎话，不要再自欺欺人了，赶紧如实交代你们盗窃团伙的事实吧。

侦查人员在掌握案情一些基本事实的基础上，对犯罪嫌疑人的谎言了如指掌，但是，其没有在每次谎言后紧随着去揭穿，而是先将这些谎言一一展露出来之后，集中加以驳斥。表面上看，侦查人员的讯问很零散，"东一榔头，西一棒"，而实际上，侦查人员这种令犯罪嫌疑人"丈二和尚摸不着头脑"的讯问方式，一方面，令犯罪嫌疑人放松警惕；另一方面，为"万弹齐发"做好了充分准备，彻底打破了犯罪嫌疑人的心理防线，使讯问工作走向成功。

（五）跟踪质疑

"跟踪质疑"是侦查人员在讯问过程中，在犯罪嫌疑人的每一次回答之后，紧随着提出质问的一种讯问方法和技巧。"回答—对之提出质问—对质问回答—对该回答提出质问……"如此反复，让犯罪嫌疑人无喘息的机会，迫使其如实招供。

在一起盗窃案中，犯罪嫌疑人不愿意如实供述其犯罪经过，并谎称其一直和朋友在一起。侦查人员通过侦查掌握了本案的一些关键性证据，在此基础上，对犯罪嫌疑人进行了讯问：

侦查人员：你昨天干什么去了？

犯罪嫌疑人：我昨晚和朋友在××酒店一起喝酒。

侦查人员：喝完酒以后，你们去哪了？

犯罪嫌疑人：我带我的朋友一起回我家去了。

侦查人员：是直接回家的吗？

犯罪嫌疑人：是的。

侦查人员：中途没有去其他地方吗？

犯罪嫌疑人：没有，我们当时喝了很多酒，想直接回家睡觉。

侦查人员：真的没有去过其他地方？

犯罪嫌疑人：真的没有。

侦查人员：你和××一家人认识吗？

犯罪嫌疑人：你说的哪家？

侦查人员：这家主人名叫王××，一家四口人，夫妻加上一儿一女，儿子在北京读大学，女儿在外企上班，你认识吗？

犯罪嫌疑人：我不认识。

侦查人员：可他们家却有你们的脚印和指纹，你怎么解释？

犯罪嫌疑人：这……

侦查人员：你昨晚入室盗窃的事实，你清楚，我们也很清楚，给你一个认罪的机会，希望你要好好把握。

犯罪嫌疑人：我说……

一个谎言往往需要一堆谎言去掩盖。犯罪嫌疑人总是在私底下仔细琢磨了一系列谎言来应对侦查人员，但是，即使绝顶聪明的犯罪嫌疑人也无法与侦查人员的智慧相对抗，与正义的力量相抗衡，更何况讯问的主动权掌握在侦查人员手中。"跟踪质疑"必然使犯罪嫌疑人措手不及，只得如实供述。

（六）细节追踪

犯罪嫌疑人为了极力掩盖其犯罪行为，总是编造各种谎言，生怕出现破绽。"百密难免有一疏"，更何况犯罪嫌疑人实施犯罪行为之后，其精神常常处在惊慌、害怕、恐惧、紧张、不安的状态下。面对犯罪嫌疑人的这种精神状态，侦查人员在讯问过程中只需稍加追踪其中的某个细节，就可以让犯罪嫌疑人现出原形。

在一起故意杀人案中，犯罪嫌疑人偷窃某仓库时被值班人员发现。犯罪嫌疑人在逃跑时被值班人员拦住，于是他们就撕扯在一起。在厮打中，值班人员将犯罪嫌疑人的耳朵咬伤，盛怒之下，犯罪嫌疑人将值班人员杀死。犯罪嫌疑人回家后与其妻子统一了口径，建立了攻守同盟。针对这一情况，侦查人员对犯罪嫌疑人作了以下讯问：

侦查人员：你的耳朵是怎么伤的？

犯罪嫌疑人：是昨晚我和我老婆打架，她咬伤的。

侦查人员：你们是什么时候开始吵架的？

犯罪嫌疑人：晚上10点多，当时我看了一下表。

侦查人员：为何事而吵架？

犯罪嫌疑人：是因为邻居来串门的事。

侦查人员：你的耳朵是在炕上被咬的，还是在炕下被咬的？

犯罪嫌疑人：（迟疑）在……在炕上。当时我们已经睡下。

侦查人员用同样的讯问方式对犯罪嫌疑人的妻子进行了讯问。一开始，他们的回答都是一致的，当侦查人员问到"是在炕上，还是在炕下"这一细节时，一个回答在炕上，而另一个却回答在炕下。至此，犯罪嫌疑人无法继续抵赖下去，只好如实招供。

当侦查人员在讯问中遇到犯罪嫌疑人与他人之间建立攻守联盟时，"细节追踪"这一讯问技巧的运用，能使讯问卓见成效。

（七）避重就轻

"避重就轻"是指，避开案件的实质性部分，围绕看似与案情无关的情节进行讯问，以此出发，逐步走向案情的关键，使得讯问有效地进行。"避重就轻"中的"重"是指案情中的关键性事实或情节，其中的"轻"主要是指有关犯罪嫌疑人的生活、家庭、工作、经历、所爱之人、所恨之人、心理状况等与案情无直接联系的情节。这些情节可能是打开犯罪嫌疑人心锁的一把钥匙。从这些看似与案情无关的情节入手，迂回到案情的实质部分，不仅能使讯问顺利进行，而且能够使犯罪嫌疑人深受教育，正确地面对自己的人生。

在一中学生赵某杀害其同学李某案件中，开始由两名男讯问人员进行讯问。当赵某谎称墙上、被子上的血是自己来例假弄上的时，审讯人员便反驳道："你的例假与别人不一样？你来例假像水龙头一样，喷得墙上、被子上到处都是吗？"赵某听审讯人员如此说，情绪对抗起来，反而一句话都不说了。

后改为两名女讯问人员对赵某进行了讯问：

侦查人员：小娟，你相信我们吗？

赵某：相信。

侦查人员：相信的标准是互相之间说真话，我们相信你会说实话，我们更相信你对自己的人格非常尊重。

赵某：嗯，我应当尊重自己的人格。

侦查人员：你在学校经常和哪些同学接触？

赵某：我经常和张某霞她们几个，接触也不太多，她们去操场玩，我就去教室看书，我不喜欢玩。

侦查人员：我们听说你有个男朋友，他叫什么名字？

赵某：在高二时，我们班转来一个男生，叫孙某，他父亲和我父亲是同学，孙某的东西放到我们寝室，他经常去，同学们认为我们谈恋爱。

侦查人员：你们谈了没有？

赵某：后来，班里的李某主动和孙某谈，这样同学们说我们是"三国同盟"，闹得满城风雨，到三年级时，李某对我讲的话更难听，讽刺挖苦，这些情况对我压力很大，弄得我学习成绩下降，身体素质不好，经常有病吃药，我曾想过自杀……我对李某非常反感。

侦查人员：反感就使你有所行动，对吗？

赵某：开学不久，孙某到郑州工作了，有一天，我到了郑州。后来，孙某写信给李某说我去郑州了，李某看信只给我看了两行，说下边是他俩儿的事，气得我哭了好几天，我在三月份写了谩骂李某的匿名信，我是想报复她，出出气。

………

侦查人员：小娟，我只想问你一件事，你被褥上的血是怎么回事？

赵某：是我来例假弄上的。

侦查人员：你说得不对，我们都是女人，都来过例假，都知道来例假时应该怎么办，小娟，你说对吧？

赵某：（低头沉默）

侦查人员：人来例假一不会量那么大，二不会弄到墙上，三更不是你的血型，小娟，你要相信科学。

赵某：（头更低）我说……〔1〕

本案中，一位情窦初开的少女，欠活泼，但情感丰富，自尊心强。对于经常戏弄她的李某非常痛恨。她的犯罪动机是深藏在内心深处的心理活动。两名男侦查人员之所以讯问以失败而告终，主要原因不在于他们是男性，而在于他们对犯罪嫌疑人内心心结的一种忽视，而两名女侦查人员的成功讯问，关键也不在于她们是女性，而在于她们采取了"避重就轻"的讯问技巧，走进了犯罪嫌疑人的内心深处，让赵某彻底释放其多年的积怨，使其能够真正有勇气来面对和正视其犯罪行为。

思考：

1. 谈一谈你对侦查人员的期待。

---

〔1〕 徐加庆、宣祎扬、姚健编著：《讯问言语学》，中国人民公安大学出版社1992年版，第270页。

2. 侦查人员在办理刑事案件过程中涉及哪些重要司法口才，其意义和作用是什么？

3. 思考一下本章所列举的案例中隐藏的思维方法。

讨论：

通过法律实务途径收集侦查人员司法讯问或询问材料，或者搜索最新中央电视台"一线"栏目，讨论和寻找侦查人员司法讯问或询问存有哪些漏洞，并加以分析和评论。

第四章

公诉人员司法口才

根据《刑事诉讼法》有关规定，检察、批准逮捕、检察机关直接受理的案件的侦查、提起公诉，由人民检察院负责；凡需要提起公诉的案件，一律由人民检察院审查决定；人民法院审判公诉案件，人民检察院应当派员出席法庭支持公诉；人民检察院提起公诉的案件，由检察长或者检察员以国家公诉人的身份出席法庭，支持公诉，并且监督审判活动是否合法。根据这些规定，侦查机关对某一刑事案件侦查终结后，应移送人民检察院提起公诉。在法庭审理过程中，检察机关以公诉人身份代表国家对被告的犯罪行为进行指控、证实，使刑事案件被告受到法律应有的惩处。可见，公诉人肩负着揭露和证实犯罪、维护法制和法律尊严、维持社会生产和生活秩序、保护人民生命和财产安全的神圣使命和职责。而公诉人员司法口才是公诉人履行这种使命和职责的集中体现。

第一节　公诉人员司法口才所肩负的责任

根据《中华人民共和国人民检察院组织法》（以下简称《人民检察院组织法》）有关规定，人民检察院通过行使检察权，镇压一切叛国的、分裂国家的活动，打击危害国家安全行为和其他犯罪行为，维护国家的统一，维护无产阶级专政制度，维护社会主义法制，维护社会秩序、生产秩序、工作秩序、教学科研秩序和人民群众生活秩序，保护社会主义的全民所有的财产和劳动群众集体所有的财产，保护公民私人所有的合法财产，保护公民的人身权利、民主权利和其他权利，保卫社会主义现代化建设的顺利进行；人民检察院通过检察活动，教育公民忠于社会主义祖国，自觉地遵守宪法和法律，积极同违法行为作斗争。从该条规定可以看出，公诉人肩负着国家、社会和公民的重托，其职责履行是否到位，关系到其对国家的责任、对社会的责任、对公民的责任和对法律的责任。

一、公诉人员司法口才对国家的责任

"危害国家安全罪"是刑法分则中被列在首位的罪名，包括背叛国家罪、分裂国家罪、煽动分裂国家罪、武装叛乱或暴乱罪、颠覆国家政权罪、煽动颠覆国家政权罪、资助境外危害国家安全罪、投敌叛变罪、叛逃罪、间谍罪、为境外窃取或刺探或收买或非法提供国家秘密或情报罪、资敌罪等。危害国家安全的犯罪不同于刑法分则中的其他一般性刑事犯罪，其属于政治性犯罪，是背叛国家、分裂国家、侵犯社会主义制度、颠覆无产阶级专政的性质非常严重的犯罪行为。公诉人在庭审过程中，有效运用其司法口才对这类犯罪的揭露和证实，既是法律赋予其的庄严职责，也是国家给予其的神圣责任或使命。这种责任或使命履行成功与否，直接关系到对一切背叛国家、分裂国家和其他危害国家安全的犯罪行为的惩处，关系到国家统一和无产阶级专政制度的维护。

二、公诉人员司法口才对社会的责任

良好的法律秩序，为社会提供了一个安定、秩序、和谐、自由、平等、公平与公正的生产和生活环境，任何一种刑事犯罪行为都会对社会秩序、生产秩序、工作秩序、教学科研秩序和人民群众生活秩序造成不同程度的损害，破坏良好的社会环境，最终侵害到国家、社会、组织、团体和公民个人的合法权益。维持、恢复和保护良好的社会秩序，是社会寄希望于公诉人司法口才的重大责任或使命。公诉人员司法口才的建设和提升，对惩罚各类刑事犯罪、维护社会秩序、生产秩序、工作秩序、教学科研秩序和人民群众生活秩序，有着重要而深远的意义。

三、公诉人员司法口才对公民的责任

这里的"公民"是指刑法管辖范围内中国领土境内的自然人，既包括具有中国国籍的中国公民，也包括不具有中国国籍的外国人和无国籍人；既指受到犯罪行为侵害的被害人，也同时指向没有直接受到犯罪行为侵害的其他公民。此外，还包括刑事案件被告人。公诉人员对司法口才掌握和运用的状况，关系到实施犯罪行为的被告人能否得到法律应有的惩处；关系到能否对有潜在犯罪倾向的人起到震慑作用；关系到社会环境能否得以净化，百姓的日常生活能否安定；关系到对被害人的正义能否得到最大限度的伸展；关系到被告人的人权能否得到有效保护，能否避免蒙受冤屈。

（一）公诉人员司法口才对被害人的责任

被害人的合法权益受到被告人犯罪行为的侵害，不仅社会正义因之而遭到破坏，而且对被害人来说，正义也因此处在无法恢复的状态，因为被害人遭受犯罪行为侵害以后，不可能再回到此前的状态，特别是生命因此消失、肢体因之而残缺、少女身心被毁。"将犯罪分子绳之以法"是被害人给予公诉人最大的，同时又是最基本的期望。面对这一点，公诉人员有责任有效运用其司法口才，合法行使审判监督权，及时和有效地驳斥被告人及其辩护人诡辩、狡辩、欺诈等不合理和不合法的行径，使刑事案件被告人受到法律应有的制裁。

（二）公诉人员司法口才对社会公民的责任

这里的"社会公民"是指除了刑事案件被告人和被害人之外的所有在《刑法》管辖范围内中国领土境内的自然人。"自由而安全地生活"是中国境内公民所享有的法定权利。如果境内的犯罪行为不能得到及时而有效地打击，犯罪隐患就不可能根除，社会环境就无法得以净化，"自由而安全地生活"这一基本权利就无从受到根本性保障。公诉人主要依靠其司法口才来实现社会大众对公诉人的期望和寄托。

（三）公诉人员司法口才对刑事被告人的责任

刑事被告人不等于有罪之人。没有经过合法程序审判，或在法庭依法宣判其有罪之前，在法律上，被告人尽管要接受法律审判，但其是无罪的。法庭审判结果有两种走向：一是被宣判有罪；二是无罪释放。公诉人代表国家出庭提起公诉，指控、证实和揭露被告人有罪，其特殊的法律地位决定了其拥有强大的公权力，与之相比，被告人及其辩护人处在相对弱势地位。在这种地位和力量悬殊的情况下，被告人自然期待公诉人合法、合理和公正地对其行为作出客观评价，保护其正当的权益，尊重客观事实，不能捏造和夸大事实，更不能对其进行诬告和陷害。在庭审中，公诉人唯有掌握良好的司法口才，才能担当起这一重要责任。

四、公诉人员司法口才对法律的责任

任何一种犯罪行为都是对法律法规中强制性规定的违反，损害了法律尊严，给社会主义法制和法律秩序造成了不同程度的破坏。如果公诉人不能很好地运用国家和法律赋予的公诉权力，在法庭上对被告人的犯罪行为进行有效地指控、证实和揭发，就等于是对犯罪行为的放纵和纵容，社会主义法制和良好的法律秩序就不能得到根本性维护，刑事法律法规因此而增大了被破坏的风险。法律寄希望于法律主体严格守法的理念也将因之而受损。由此可见，公诉人员掌握和运用司法口才是法律寄期望于公诉人员的神圣责任或使命。

第二节　公诉人员司法口才的分类

公诉人员是具有特殊身份的人，是检察人员以国家公诉人的身份出席法庭履行法定职责的法定称谓。因此，公诉人员司法口才，"只能是公诉人进行公诉实践的工作中口才。国家检察人员日常生活的口语表达才能，不属于公诉人口才；检察人员非职务活动的口语表达才能，不属于公诉人口才；检察人员职务活动中非公诉过程中的口语表达才能，不属于公诉人口才。只有当检察人员以国家公诉人身份出席法庭，支持公诉，即在法庭上指控犯罪、揭露犯罪、证实犯罪、宣传法制时，所发挥的口语表达才能，才属于公诉人口才。这种口才表达必须受到事实根据、法律准则、时空环境和对象环境的严格限制。任何超越这些限制的口语表达才能，都不属于公诉人口才概念所包含的内容"。[1]

根据《刑事诉讼法》有关规定，可以将公诉人员司法口才分为以下几类：①公诉人员司法宣读口才；②公诉人员司法讯问口才；③公诉人员司法询问口才；④公诉人员司法辩论口才；⑤公诉人员司法宣教口才。

一、公诉人员司法宣读口才

根据《刑事诉讼法》有关规定，公诉人在法庭上宣读起诉书后，被告人、

---

〔1〕　郑志林、袁之余主编：《司法口才学》，安徽人民出版社1991年版，第125页。

被害人可以就起诉书指控的犯罪进行陈述，公诉人可以讯问被告人。起诉书是人民法院审判的合法依据，是人民检察院代表国家向人民法院提出追究被告人刑事责任的司法文书，是将被告人交付人民法院审判的凭证，既是人民法院对被告人得以行使审判权的法律依据，也是法庭调查和辩论的基础。起诉书的制作，是一项十分严肃的工作，不仅关系到国家法律的正确实施，而且关系到被告人的切实利益。宣读起诉书，是人民检察院当庭向人民法院指控被告人犯罪，要求法庭追究其刑事责任的诉讼活动。[1]

法庭是一个严肃而威严的场所，在这种非常正式的地方，起诉书必须以一种书面形式存在，但是，公诉人在法庭上必须对起诉书的内容加以宣读，且这种宣读不是任意的，而是要符合一定的言语表达规律和要求的，这就是公诉人员司法宣读口才。除了公诉人宣读起诉书时要涉及其司法宣读口才，在法庭辩论阶段，公诉人发表公诉词或公诉意见书时，同样也需要公诉人的司法宣读口才。总之，宣读起诉书和发表公诉词是公诉人司法宣读口才的重要体现。

公诉人宣读起诉书的司法宣读口才，不仅向法庭提供了审判的内容和范围，而且也是某一案件审判的主要任务，同时还可以使旁听群众了解案件的基本情况，便于他们监督法庭审理活动。公诉人宣读公诉词的司法宣读口才，既是法庭辩论阶段的开端，也为被告人及其辩护人的辩护提供了参照物，同时也为审判人员对法庭辩论阶段的掌控提供了基础。

二、公诉人员司法讯问口才

公诉人司法讯问口才主要体现在法庭调查阶段。根据《刑事诉讼法》有关规定，公诉人在法庭上宣读起诉书后，被告人、被害人可以就起诉书指控的犯罪进行陈述，公诉人可以讯问被告人。据此规定，公诉人的讯问是在被告人、被害人就起诉书中指控的犯罪事实陈述之后的法庭调查阶段。

公诉人司法讯问口才的施展，主要是核查被告人对起诉书指控的罪行及有关情节的供述和辩解情况，不仅可以达到揭露犯罪、支持公诉的目的，而且为审判人员客观了解案情创造了条件。公诉人讯问被告人时，讯问内容一般应涉及以下事实：被告人的身份；指控的犯罪事实是否存在，是否为被告

---

〔1〕 岳悍惟主编：《刑事诉讼法学》，对外经济贸易大学出版社 2013 年版，第 232~261 页。

人所实施；实施犯罪行为的时间、地点、方法、手段、结果、动机、目的；被告人犯罪后的表现；被告人有无责任能力；有无法定的从重或者从轻、减轻以及免除处罚的情节；犯罪对象、作案工具的主要特征、与犯罪有关的财物的来源、数量以及去向；犯罪集团或者其他共同犯罪案件中参与犯罪人员的各自地位和应负的责任；被告人全部或者部分否认起诉书指控的犯罪事实的，否认的根据和理由是否成立；与定罪量刑有关的其他事实。

公诉人员司法讯问口才，能够有效地向法庭展示被告人的身份及其犯罪经过，使法庭粗略掌握被告人实施犯罪行为的时间、地点、犯罪方法和手段、犯罪对象、犯罪经过、犯罪情节、犯罪动机、目的和结果、悔罪表现以及社会危害性等与定罪量刑有关的事实和情节。公诉人员司法讯问口才将侦查人员侦查与讯问的主要过程和结果由幕后移向了前台，是对侦查人员对案件侦讯的公正性和公诉人员提起公诉的公正性一种很好的展示，也为监督刑事侦查程序和提起公诉程序提供了一条有效的路径。

三、公诉人员司法询问口才

在法庭调查阶段，公诉人为了证实起诉书对被告人的犯罪指控具有确凿、充分的证据，应当对证人、被害人以及鉴定人进行询问。可见，证人、被害人和鉴定人是公诉人员司法询问口才的主要对象。公诉人司法询问口才目的主要是进一步查明被告人的犯罪事实、犯罪动机、犯罪目的、犯罪手段、犯罪情节及其社会危害结果。一方面是促使审判人员相信和采纳证人证言、被害人陈述及鉴定结论等证据形式的证明力；另一方面是为了检验起诉书指控和认定被告人的犯罪事实是否清楚、罪名是否准确、证据是否确实、充分。由此可见，在法庭审理阶段，特别是法庭调查阶段，公诉人员司法询问口才意义十分重大。

四、公诉人员司法辩论口才

公诉人员司法辩论口才是公诉人与被告人及其辩护人的口语交锋。凡是涉及事实之辩、证据之辩、法律适用之辩，都涉及公诉人员司法辩论口才，而不论庭审是处在法庭调查阶段，还是在法庭辩论阶段。《刑事诉讼法》虽然在程序上对法庭调查和法庭辩论有所区分，但是在司法实践中，法庭调查和法庭辩论之间的界限有时不十分明显，在法庭调查阶段也会伴有控辩之间的辩论。例如，根据《刑事诉讼法》的规定，公诉人在宣读起诉书后，被告人就起诉书中指控的犯罪事实进行陈述时，可能提出与起诉书相迥异的看法或观点，公诉人对之可以进行讯问，口语交锋的形式就可能出现。

公诉人员司法辩论口才在法庭审理过程中具有非常重要的地位。其意义至少体现在以下几个方面：第一，犯罪事实更加清楚。公诉人通过辩论，将被告人的犯罪事实更加清晰地展现在法庭之上。第二，法理更加充分。针对被告人的犯罪行为具体如何运用相应的刑事法律条文、对被告人的犯罪行为如何定罪量刑，往往控辩双方会存在激烈的口语交锋。公诉人员的司法辩论口才，能够辨明是非，驳斥对方的狡辩、诡辩，使得公诉人在起诉书中所主张的观点、论据和论证更具有威慑力和说服力。第三，驳斥谬误。被告人及其辩护人可能因其一己之利，或者其本身品行、修养、知识水平、认识等方面的欠缺，提出一些不合乎法律、事实和常理的谬论，公诉人对之进行有力的辩驳，从而修正对方的言论，提高旁听群众的思想认识。第四，弘扬法律精神。公诉人员借助其司法辩论口才，向被告人和旁听群众充分展示出什么样的思想意识和行为属于真、善、美的范畴，是法律所弘扬的，什么样的思想意识和行为属于假、丑、恶的范畴，是与法律精神相悖的，从而使法律精神深入人心。

"真理越辩越明"，而"求真"正是法庭辩论区别于一般辩论的实质所在，是法庭辩论最高的境界和终极目标，更是作为国家代表的公诉人的神圣使命和职责。因此，公诉人员司法辩论口才既是一种艺术，更是一种其肩负的重担和责任。

五、公诉人员司法宣教口才

《人民检察院组织法》第2款规定："人民检察院通过检察活动，教育公民忠于社会主义祖国，自觉地遵守宪法和法律，积极同违法行为作斗争。"侦查人员在对犯罪嫌疑人讯问过程中对其进行的宣教活动非常必要，但这种宣教活动对于社会公民来说，具有幕后性和对象的特定性，其教育面和影响面非常有限。而在法庭审理过程中，由于有旁听群众和新闻媒体的参与，公诉人对被告宣教活动的意义和影响要远远超过侦查人员对犯罪嫌疑人的宣教。因此，公诉人员司法宣教口才除了肩负着对刑事被告人的责任以外，还肩负着对旁听群众、对广大公民以及对社会的责任。

显然，从法律规定的精神来看，公诉人员司法口才所肩负的责任不仅限于对被告人犯罪行为的指控、证实和揭发，还包括法治教育和社会文明教育。这不仅是法律对公诉人员司法口才的要求，也是法治的宏伟蓝图对其提出的要求，与习近平总书记所倡导的"让人民群众感受到司法公正"的精神相一致。

第三节　公诉人员司法口才言语表达要求

言语表达有多种形式。就口才来说，其言语表达形式有其自身的规律可循，而不同口才，对其言语表达有不同的要求，这取决于口才的对象、口才的语境、口才的内容、口才主体的身份、口才的目的以及口才的责任等口才的内在和外在的元素共同作用。公诉人员司法口才由于其特殊的主体、特定的对象、特定的语境、法定的口才目的及其肩负的责任等独特的因素的作用，因此，其言语表达有其自身的规律和要求，如合乎法律、合乎常理、语气庄严、凛然正气、用语准确、公正客观、辩驳有力，等等。这些言语表达要求，在公诉人员司法口才不同类别中，有不同侧重和呈现。

一、公诉人员司法宣读口才言语表达要求

起诉书的宣读，开启了法庭对刑事案件正式审理的序幕。公诉人在宣读起诉书时表现出的司法宣读口才，奠定了法庭审理的基调，将在场的审判员、陪审员、被告人及其辩护人、旁听群众带入案情特定的场景，在场的每个人跟随着公诉人的宣读，案情在他们脑海里呈现出一幅幅动态画面，同时将事物中所蕴含的情感植入他们的心灵。对与错、是与非、善与恶、美与丑、正义与非正义、同情与鄙视等情感的波动，随着公诉人员司法宣读口才的施展，已在人们心目中得以初步勾勒，为接下来的法庭审理效果打下了坚实基础。

公诉人发表公诉词开启了刑事诉讼程序的法庭辩论阶段。公诉词不同于起诉书，公诉词是公诉人在法庭调查阶段基础上，对起诉书所指控的犯罪事实的具体化；是对起诉书中认定被告人犯罪行为的强调；是对法庭审判提出的建议性言辞；是宣传法治、教育公民遵纪守法与积极同犯罪行为作斗争的法律文书。公诉人对公诉词的宣读，向法庭重申事实真相，展示法律尊严，传递正义之声，抒发法律情感，为法庭辩论定下基调，直接影响法庭判决。

基于公诉人宣读的意义及其在法庭审理中的地位，公诉人员司法宣读口才言语表达必须满足以下一些基本要求：①语气庄严；②语速适中；③停顿恰当；④语音清晰、准确。

（一）语气庄严

法庭是庄严而神圣的地方，公诉人是代表国家行使公诉权的，其意志是国家司法机关的司法意志和法律意志，具有权威性和严肃性。无论是宣读起诉书，还是发表公诉词，公诉人的宣读语气都不能使用法庭之外任何正式场合宣读范式，更不能带有文学作品朗读色彩。语气庄严要求公诉人在宣读起诉书或发表公诉词时做到：表情平静，姿态端庄，声音洪亮，语音有力。这样才能营造法庭庄严肃穆的氛围，彰正义之气概，显法律之神圣。

（二）语速适中

语速，即说话者说话时的语音速度，是传递说话者思想情感的重要途径。例如，当说话者情绪悲伤、低沉或漠不关心时，语速通常较慢；当说话者情绪激动时，语速通常较快；当说话者比较平静、客观地叙述某一事物时，语速通常不快不慢，比较适中。在庭审过程中，公诉人以国家的代表身份行使法定的公诉权，在宣读起诉书和发表公诉词时，不应带有个人的喜怒哀乐的情感，因此就没有个人喜怒哀乐的强烈情感变化，就无需明显加快和放慢语速，其语速应当保持适中，对起诉书和公诉词的内容进行客观的陈述，将案情中所包含的情感变化客观公正地传递出来，避免因掺入个人主观情感而影响法庭庄重严肃的氛围，避免因公诉人个人情感的介入而影响公诉人作为司法工作人员的良好形象，避免因公诉人个人情感的介入而使得所涉案件事实失真。

（三）停顿恰当

停顿，即语句或词语之间在语音中的间歇，能够使宣读者的言语间歇有序、节奏明晰、语意有层次，能够准确地向听众传达宣读者所要传递的信息，同时也能给听众留有思索的余地。对于书面文字来说，人们可以通过标点符号，如顿号、逗号、冒号、分号、句号、问号、感叹号等，来表达语句或词语间的停顿，但在宣读这些书面文字时，宣读者不仅要通过停顿将这些表达符号反映出来，而且还要根据语意，在书面文字中没有标点符号的部分进行恰当的停顿，以便听众准确地领会句子或每个词的意思，让他们听得清楚、听得明白。例如：

1. 被告人携其妻子在 5 月 21 日深夜 2 点共同实施盗窃。

2. 被告人携其妻/子在 5 月 21 日深夜 2 点/共同实施盗窃（"/"表示停顿）。

同样一句话，在"妻"与"子"这两个词之间是否存在停顿，其所表达的意思将完全不同，直接影响到所涉主体的法律责任问题。又如：

1. 被告人张××向其妹夫被告人李××提出趁被害人赵××不留神时一起上去抢夺其肩上装满货款的挎包。

2. 被告人张××向其妹夫被告人李××提出/趁被害人赵××不留神时/一起上去/抢夺其肩上装满货款的挎包（"/"表示停顿）。

在这一个长句中，如果按照"1"的方式宣读，中间没有任何停顿，其语速和语调将无法与其他部分保持协调，其语气的庄严性也将受到不同程度的减损，同时也会给在场的听众带来听觉疲劳，难以始终保证听众听得清楚、明白。而按照"2"的方式进行宣读，能够很好地避免这些缺陷，收到良好的宣读效果。

（四）语音清晰、准确

"语音清晰"主要是指公诉人在宣读起诉书或发表公诉词时，口齿一定要清楚，读音一定要标准。刑事案件被告人来自不同地方，生活在不同的方言区，存在着"五里不同俗，十里不同音"的迥异语音，但是"普通话"是官方语音，作为国家代表的公诉人在宣读起诉书或发表公诉词时，是代表国家和法律的意志来宣读司法文书的，除了法律明文规定使用少数民族语言之外，应当使用普通话进行宣读，以便与国家司法活动的社会影响面相匹配。

公诉人在宣读时，除了使用标准的普通话语音之外，还应注意每个字的读音准确，不能读成错字、别字，也就是说，语音要准确。对于音近字、形近字和多音字，公诉人在宣读时要特别注意，读错了，意思就有天壤之别，甚至会引起法律争议。例如：

被告人甲在案发前与被告人乙多次通过通讯联系商讨有关犯罪细节，因此属于共同犯罪。

"讯"和"信"是音近字，如果把"通讯"读成"通信"，那么公诉人向法庭提交的证据就大相径庭，因为，"通讯"是指通过电信设备进行联系，而"通信"则是指通过书信或电子邮件进行联系。又如：

被告人王××还欠中国工商银行 26 000 元款项。

"还"是个多音字，有"huán"和"hái"两种读音。如果将该句中"还"读成"huán"，表示被告人将总共欠中国工商银行 26 000 元款项全部归还；如果读成"hái"，则表明被告人只归还了部分款项给中国工商银行，现在仍然还欠着该银行 26 000 元款项没有归还。读音不同，将导致被告人王××的犯罪数额不同，从而导致其所负的刑事责任不同。可见，"语音准确"是公诉人员司法宣读口才必须具备的基本要求之一。

二、公诉人员司法讯问口才言语表达要求

侦查人员对犯罪嫌疑人讯问的过程，通常不为社会知晓，其透明度远不及对刑事案件的公开审理。当刑事侦查进入法庭审理程序后，侦查程序中的犯罪嫌疑人就转化为刑事诉讼程序中的被告人。公诉人对被告人的讯问是建立在侦查人员对犯罪嫌疑人的讯问基础之上的，但不是简单地对侦查人员讯问的重复。公诉人在法庭上对被告人讯问至少有以下几个主要特性：①当庭性，公诉人对被告的讯问，将侦查人员对犯罪嫌疑人的讯问从幕后移至台前，接受媒体和社会大众的监督；②比照性，公诉人的讯问是在检验被告人在法庭上陈述与其在公安机关的供述是否一致，通过比照，彰显公安机关和检察机关的客观公正性；③印证性，公诉人对被告人进行法庭讯问，可以印证公诉人向法庭出示的相关证据，提高证据的证明力及其在法律上的有效性；④可辩性，公诉人在法庭上对被告人进行讯问，向被告人及其辩护人提供了辩护对象，接受辩护的检验，使事实更加清楚和明了；⑤说服性，侦查人员在对犯罪嫌疑人讯问时获取的供述，虽然具有证据的形式特征，但由于没有经过法庭调查阶段的审查，所以不能直接用来作为法律上的证据，而公诉人对被告人进行法庭讯问，试图说服法官，以获取"被告人陈述"这一重要的法律证据；⑥揭示性，公诉人对被告人的讯问，揭示其犯罪动机产生的根本

原因，以警示社会，揭示被告人悔罪程度，为法庭对其适用相应的刑罚提供依据；⑦教育性，公诉人通过对被告人讯问，揭示其犯罪动机、原因、情节、手段、经过和结果，从而为社会提供一个活生生的教材，教育社会大众遵纪守法的重要性，达到宣传社会主义法制、弘扬社会主义法律精神的目的。

鉴于以上公诉人员在法庭上对被告人讯问的特性，公诉人员司法讯问口才在言语表达方面必须满足一些基本要求，以便充分体现这些特性，为法庭对被告人的公正审理提供客观、真实、充分的事实基础。

（一）与职责相应

公诉人和审判员同为国家司法机关的工作人员，拥有法律授予的司法权力，但两者的职权有本质差异。审判员行使的是国家司法审判权，而公诉人行使的是控诉权和监督权，对案件的定性、对被告人适用什么罪名以及如何适用刑罚，属于审判人员的职权范畴，而公诉人员的职权仅涉及对被告人犯罪的指控、证实、揭露和建议，因此，公诉人员对被告人的讯问一定要与其职权和职责相适应。例如，在司法实践中，公诉人对被告人有这样一段讯问：

公诉人：被告人史某某，今天北京市某某区人民法院公开审理你犯有诈骗罪的这个案件，啊，希望你能够当庭如实陈述公诉人对你的提问，如实供述你所犯的犯罪事实，你听清楚了吗？

被告人：听清楚了。

公诉人：啊，听清楚了。对于起诉书中指控你犯有诈骗罪，你认罪吗？

被告人：认罪。

公诉人：认罪？

被告人：嗯。[1]

又如下列一段讯问：

公诉人：你非法卖给他人房屋，给他人开具的收据是哪儿来的？

被告人：呃，收据是公司给的。

根据《刑事诉讼法》有关规定，在审判长主持下，被告人、被害人可以就起诉书指控的犯罪事实分别进行陈述，公诉人可以讯问被告人。据此规定，

---

[1] 廖美珍：《法庭语言技巧》（第3版），法律出版社2009年版，第174~175页。

被告人在公诉人宣读完起诉书后，有陈述权利，公诉人此处的"认罪"问话，还叫被告人怎么陈述呢？再说，"罪"？是什么罪？"非法卖给他人房屋"这一对被告人行为的法律定性，既超出了公诉人的职权范围，又是一种不合法的"引供"。根据《刑事诉讼法》规定，没有经过法庭审理和审判，被告人都被视为无罪。因此，"定罪"是审判人员的职责，而不属于公诉人员的职责范畴。

（二）客观严谨

公诉人在讯问被告人时，一定要本着客观严谨的态度，追寻事实真相，切忌以权势压人，逼被告人就范。例如，下列一则公诉人的讯问就严重背离了"客观严谨"这一言语表达要求：

审判长：下面由公诉人对被告人进行讯问。

公诉人：被告人王某某，今天根据法律规定对你进行讯问，你听清楚了吗？

被告人：听清楚了。

公诉人：你对起诉书中对你的犯罪指控有异议吗？

被告人：有。

公诉人：有？

被告人：是的，有。

公诉人：那你就讲一讲你有什么异议（有点不耐烦了）。

被告人：你们说我抢劫，我没有，我只不过是拿回属于我自己的东西。李某某（指被害人）欠了我的钱后耍赖不还，我就带人……

公诉人：你就带人去他家抢，是吗？

被告人：不是，是拿。

公诉人：是拿？李某某同意你这样做吗？

被告人：没有。

公诉人：没有？"没有同意"不是抢是什么？

被告人：那是你们的想法，我不这么看。

公诉人：（被彻底激怒了）你不要狡辩了，你也不看看这是什么地方，这是法庭，是庄严的法庭，狡辩是没有好下场的。

被告人的辩护律师见状，遂举手对审判长说："审判长，我认为公诉人在讯问我的当事人时，应当保持冷静和客观，应当允许我的当事人把事实说清楚，而公诉人的问话是不适当的。"

公诉人：（大怒）本公诉人依法执行职责，任何人不得加以干涉。

从上述公诉人对被告人的讯问过程来看，公诉人显然不把被告人及其辩护律师放在眼里，以国家代表身份自居，有"以权势压人"之嫌，公诉人的司法形象因此而受损。在被告人不承认自己的行为是抢劫时，公诉人应做的是通过讯问，客观地再现被告人实施犯罪行为的场景，而不是逼被告人就范。

（三）目的明确

公诉人讯问被告人的主要目的是还原事实真相，获取"被告人供述"这一重要的证据形式，因此，一定要围绕"犯罪主体、犯罪时间、犯罪地点、犯罪实施经过、犯罪手段、犯罪情节、犯罪动机、犯罪目的、危害后果"等几个方面进行，不能迷失讯问的方向，随意讯问。目的明确，一方面可以防止公诉人在讯问时超越职权现象的发生，另一方面也可以避免公诉人讯问偏离主题。例如，在一起交通肇事逃逸案审理中，公诉人对被告人的讯问存在不适之处：

公诉人：你开车撞到人以后，有没有下车查看？

被告人：我下车了。

公诉人：你当时看到了什么？

被告人：我看到了受害人躺在地上一动不动。

公诉人：你有没有凑近去看？比如说，看看当事人是否还活着。

被告人：没有，我只是在距受害人一段距离的地方看了几眼。

公诉人：你为什么不凑近去看看？

被告人：我害怕。

公诉人：之后你又是怎么逃走的？

被告人：我看了受害人不动了，我害怕，我怕事情传出去影响到我的名声和前途，我就驾车逃离了现场。

在这则讯问中，"你为什么不凑近去看看"与讯问目的无关，既无益于查清犯罪目的和手段，也无益于查清犯罪动机。公诉人此言一出，就遭来被告人的辩护人的抗议。可见，"目的明确"是把握讯问方向的重要指针。

（四）针对性强

"针对性强"是指，公诉人在进行常规讯问之后或在常规讯问中，对于关涉案件定性定罪的问题或有分歧的事实部分，要认真和细致地讯问，以便对被告人的犯罪事实进行清楚的验证。"针对性强"通常体现在以下几个方面：①对于被告人在庭审中翻供的事实，公诉人要着重进行细致的讯问；②对于共同犯罪中各被告人的罪责没有分清或没有完全分清的，公诉人要仔细讯问；③对可能成为辩论焦点的有关事实、情节，公诉人要特别注意讯问清楚。

在法庭调查阶段，公诉人应特别注意对与案件定性、定罪有密切联系的关键性事实或有争议的事实和情节进行认真和细致的讯问，针对性要强，不要无的放矢、盲目地讯问，要抓住时机，重点突破，以达到指控、揭露和证实被告人犯罪的目的。

（五）简洁明了

我国司法审判资源是十分有限的，公诉人在讯问被告人时不能占用过多的时间，一定要围绕讯问目的进行简洁明了的讯问，把握尺度，既不能形式化地草草了事，也不能任被告人"口水自流"，一定要控制好被告人对问题回答的范围和内容。因此，公诉人在讯问时应多采用封闭型问话，尽量少采用开放式问话。例如，在一起经济犯罪案件的庭审中，公诉人的讯问就没有做到"简洁明了"的言语表达要求，结果使得法庭审理失控。

公诉人：那关于本案这个起诉书指控的事实，你就这个事实过程说一下，谈一下，那个怎么认识，怎么联系上业务的，谈起的？……

被告人：就这个起诉书上啊？

公诉人：对。

被告人：这个（……）这个业务呢，按照起诉书刚才宣读的内容，那个首先我想里头有几点不符合的地方我说一下，然后说一下过程行吗？

公诉人：嗯，不符合的话纠正可以，我问你的意思是说从这个事情的起因，怎么起因的？过程说一下。

被告人：这个事情的起因是在 1995 年年初。经过朋友介绍，那个（……）结识了隶属于新、新华社下的某某某电脑中心法人总经理李某某。呃，当时谈起就是说，有这么一个，中国人民银行，委托的，即将要经过全国人大通过的《票据法》，搞一个宣传图册，配合进行宣传，但是又缺少资金。他们能拉来这个项目，我们呢能不能够，呃，提供资金，包括提供，呃，抵押担保贷款。

…………

在这种情况下，我们也就没有在意，我们两个商量之后，就，也同意签字了，贷，签了（……）这是第一点。第二点就是，第二份来讲呢，我真是本身不太清楚。但是后来，我1997年底辞职以后，1998年新班子成员王某某告诉我，说第二份贷款合同……（被审判长打断）

被告人借公诉人的抽象性问话，一股脑地将事情的起因和来龙去脉细致地叙说着，整个法庭成了他说故事的场所。说了很长一段时间，而公诉人丝毫没有阻止的意思。这时，审判长看不下去了，打断了被告人的叙述：

审判长：请这个，被告人就本案的事实，本案的事实讲，啊？公诉人在讯问的时候（……）让你按本案的事实讲……（被告人插话）

被告人：这说了第一份，第二份贷款协议呢……（被审判长打断）

审判长：让你按本案的事实讲。

被告人：我说的就是第二份贷款协议……（被审判长打断）

审判长：听清楚了吗？被告人！

…………[1]

显然，这段讯问是失败的。从这一问一答中可以看出，公诉人讯问时，目标不是很明确，因此，在失控时，公诉人也不知如何恢复讯问秩序，导致审判长处在非常尴尬的境地。公诉人应当目标明确地一个一个问题地问，而不能一次性问多个问题，试图一次性问完。这样的讯问，不仅背离公诉人员司法讯问口才，而且也是一种极不负责的态度，法庭失控在所难免。

（六）细节展开

当被告人对起诉书中对其犯罪行为的指控有异议，或者否定起诉书中的指控时，公诉人不能和被告人作无谓纠缠，应当注意将被告人实施犯罪行为的细节进行一一展开，清晰地再现犯罪事实和情节，揭露被告人的真实面目。尤其是在质证的过程中，"细节展开"尤为重要。例如，在一起窝藏赃物罪的

---

〔1〕　廖美珍：《法庭语言技巧》（第3版），法律出版社2009年版，第178~181页。

庭审中，被告人的辩护人为了开脱被告人的罪责，对被告人进行了模糊性讯问，公诉人为了揭示事实真相，紧接着讯问了被告人。在讯问中，公诉人就注意到了"细节展开"这一言语表达要求：

辩护人：你儿给你送这些东西时，你是否知道这是偷来的？

被告人：不知道。

辩护人：你儿是怎样对你说的？

被告人：他说是做生意挣的。

公诉人接着讯问：

公诉人：你儿给你送的这些东西现在在哪里？

被告人：交给公安局了。

公诉人：怎么交给公安局的？

被告人：我儿被捕后，我和我的老伴害怕被查出来，想扔但没处扔，就埋在厕所里了，后被公安局搜去了。

公诉人：你儿做生意挣的东西，为什么要埋在厕所里？

被告人：听说是他偷的。

公诉人：公安局是怎么对你说的？

被告人：公安局说是我儿偷的。

公诉人：你怎么对公安局说的？

被告人：第一次问我我没承认，第二次我就承认是我儿偷的了。[1]

在该案中，公诉人从"做生意挣的"这一问题入手，进行细节追踪，把被告人在其儿子被捕后对赃物采取的一系列行为、态度以及被告人与公安局之间的对话等细节一一再现出来，事实真相昭然若揭。

三、公诉人员司法询问口才言语表达要求

证人、被害人及鉴定人是公诉人员司法询问口才的对象。公诉人对证人、被害人及鉴定人的询问，主要目的是查明犯罪主体、时间、地点、经过、手段、情节、动机、目的以及后果等犯罪事实。公诉人在法庭上对证人、被害

---

〔1〕 廖美珍：《法庭语言技巧》（第3版），法律出版社2009年版，第182页。

人及鉴定人的询问，其法律上意义在于向法庭提供证人证言、被害人陈述以及鉴定结论等证据形式，力求法庭采信，从而完成对被告人犯罪行为的指控、证明和揭露的重任。因此，与侦查人员的询问不同，公诉人在询问时，不能仅仅只考虑询问对象，更要考虑审判员和陪审员，在公开审理的案件中，还要顾及旁听群众和媒体。因此，公诉人员司法询问口才言语表达，在侦查人员司法询问口才言语表达的基础上，需要着重注意以下一些基本要求：

（一）体现事物发生、发展先后顺序

任何事物都有其发生和发展的先后顺序，这是事物发展的基本脉络。证人在习惯于周围环境的情况下，当周围环境因犯罪行为突然发生变化时，证人首先通过感觉系统，感知到这种变化，然后进行确认，最后作出判断；被害人在受到犯罪行为侵害时，首先身心遭受重创，紧接着陷入痛苦、恐惧、悲伤和绝望之中，最终导致被害人的生活状态将发生根本性变化；鉴定人在接收到鉴定指令之后，首先要着手鉴定准备工作，然后实施鉴定过程，最后得出科学的结论。公诉人在对询问对象进行询问时，务必要按照事物本身发生和发展的先后顺序，不能"东一榔头，西一棒"，以便获取客观、准确的证人证言、被害人陈述和科学的鉴定结论。例如，公诉人对被害人的询问：

公诉人：你是怎么遭到被告人抢劫的？

被害人：7月20日下午5点，我从超市购物后，准备开车回家。当我在停车场正准备打开车门上车的时候，突然有一个人用刀顶住我的后背说："别动，老实点，不然就要你的命。"

公诉人：你看清了抢你的人吗？

被害人：一开始，他在我的背后，我看不到，到了车上后，他用刀逼我去副驾驶室时，我就看清了他的脸。此后，在一路驾驶的过程中，他一边开着车，还不时地把头偏向我，不断地警告我，"要老实点"，逼我说出银行卡的密码。

公诉人：你看看是不是被告席上的被告人。

被害人：就是他，化成灰我都认得出。

公诉人：你被被告人控制后，你当时心理是个什么状态？

被害人：我当时心里十分害怕。因为他很凶，还拿着刀顶着我，我怕他把我杀了。为了保命，我只能故作镇定，按照他所说的去做。

公诉人：你是怎么逃脱的？

被害人：他抢钱得手后，还不罢休，开车向郊区驶去。这时，我心里更加恐惧，又不敢追问，害怕激怒他。我暗自想，不能让他把车开到郊区，否则，荒郊野岭再加上天黑，还不知他会做出什么行为来。于是，我灵机一动对他说，我家里还有些现金和金银首饰，总共加起来大约有几万元，我说我可以带他到我家去取。他听了我这话之后，就调转车头向城里方向驶去，并凶狠地说，"你若敢骗我，我就杀了你和你全家"。听了他这样说，我连忙说，"没有，没有，我不敢骗你"。

公诉人：接下来，发生了什么情况？

被害人：一路上，我半句不敢吭一声，在寻找机会。当车开到离我住的小区大门不远处时，我发现保安室的灯亮着，这时，他把车停下来，叫我下车。我若无其事地打开车门走下车来，看他正在下车时，我下意识地突然叫了起来："抢劫！抢劫！救命啊！"我边喊边拼命地向小区大门跑去。听到我的呼救声，小区的保安跑了出来。保安跑出来之后，这个抢劫犯就跑掉了，后来我就报了警。

公诉人：这次遭遇抢劫后，你的损失有多少？

被害人：财务损失倒不大，可是，到现在我都不敢一个人开车出门，也不敢一个人出去，晚上还经常做噩梦，只能辞掉工作待在家里。

在这段询问中，公诉人按照被害人遭受抢劫的犯罪行为发生、发展的先后顺序对被害人进行询问，使人们如临现场，充分地展示了"被害人陈述"这一证据形式的证明力。

（二）突出重点

由于庭审受到场地、证据的及时性以及法定审理程序和时间等因素的限制，公诉人在询问时，不可能、也没有必要面面俱到。在这些诸多因素的限制下，公诉人应着重围绕犯罪主体、时间、地点、手段、情节、动机、目的以及后果等影响定罪和量刑的犯罪事实进行重点询问。例如，就犯罪情节对证人进行询问：

公诉人：你当时看到的是什么情景？

证人：我当时看到被告人驾驶着汽车在马路上横冲直撞。

公诉人：你觉得被告人当时开车像不像喝醉了，酒后驾车？

证人：我一开始看到被告人非正常驾驶，以为是喝醉了酒，可是后来发现不对劲。

公诉人：怎么个不对劲？

证人：喝醉酒的人驾驶通常是没有方向感的，因为方向感处在失控状态。

公诉人：你是怎么判断被告人没有处在方向感失控的状态？

证人：我看到被告人专门向有骑自行车和电动车的人方向开去，并撞击他们，而且在几次要撞上旁边的绿化带时，都被被告人的急转避开了。

公诉人：你见状后，有没有报警？

证人：我当时吓傻了，等我回过神来之后，连忙大声喊"撞人了！撞人了！赶快报警！"我一边喊，一边用颤抖的手在口袋里摸出手机打了 110 报警电话。

公诉人在询问证人时，着重对证人所看到的被告人实施犯罪的情节进行了询问，从而揭露出被告人实施犯罪时的主观状态和社会危害性大小。

（三）注重细节

对询问对象细节的询问，一方面可以增强证人证言、被害人陈述及鉴定结论等证据形式的真实性和证明力，另一方面可以揭露对方证人的不实之词和谎言。在对证人询问时，为了强调其感官的正常性，公诉人可以就其视力、听力、嗅觉、味觉、触觉等感官系统进行细致询问。

公诉人：证人甲，你当时确实看清了是坐在被告席上被告人的脸吗？

证人：看清楚了。

公诉人：你确定吗？

证人：我完全可以确定。

公诉人：你当时看到被告人时，离他多远？

证人：大约二三米。

公诉人：你两眼的视力是多少？

证人：左眼是 1.5，右眼是 1.4。

公诉人：我们能当场对你的视力做个测试吗？

证人：可以。

对被害人进行询问时，询问其遭受被告人侵害以及受到侵害过程中心理活动变化的具体细节，能够充分再现被告人的犯罪情节、手段、目的、后果及其主观恶性。在对鉴定人进行询问时，通过对鉴定人鉴定时的技术手段、鉴定程序、鉴定流程等细节询问，可以展示鉴定结论的客观性和公正性。在交叉询问时，进行细节性追问，可以荡涤虚假成分，还原事实真相。

（四）语气平稳

公诉人在法庭上的一言一行都代表着国家的司法形象，指控、证实和揭露犯罪是公诉人的法定职责，公诉人在庭审的任何阶段都不能有过激的言语，在询问时更是如此。司法口才靠的是运用言语技巧揭示事实真相来完成其使命的，而不是靠强硬、威胁和权势来逼人就范的。在对己方证人和被害人进行询问时，公诉人的语气很容易做到平和稳定，但是对待对方证人时，公诉人的语气有时可能显得有点激烈。例如，在一起贪污案庭审中，公诉人在对对方证人进行交叉询问时，语气就显得有些强硬：

公诉人：被告人的钱是不是交给了企业？

证人：是交给企业的。

公诉人：你当时是在什么地方？

证人：我在玉环。

公诉人：那么你的眼睛是怎么看到兰化去的？你自己的问题要当心点，好好考虑考虑！

辩护律师：我认为公诉人在询问证人的时候，应当保证证人有客观作证的条件，刚才有些话是不恰当的。

公诉人：（大怒）本公诉人依法执行职责，任何人不得加以干涉！[1]

公诉人的威胁和大怒不仅没有为其增强威信，反而暴露出其"江郎才尽"，损害了国家公诉人的司法形象。"语气平稳"是公诉人在培养和增强其司法询问口才过程中要特别注意的一点。

四、公诉人员司法辩论口才言语表达要求

对被告人犯罪行为进行定罪和量刑的依据是事实和法律，其中事实部分

---

〔1〕 秦甫编著：《律师办案艺术》，法律出版社1996年版，第146页。

需要公诉人在法庭上列举证据加以证明，而法律适用则需要公诉人运用法理进行阐明。根据《刑事诉讼法》有关规定，证据必须当庭出示并经过双方质证后，才能作为定罪和量刑的根据，而质证就涉及公诉人司法辩论口才。至于法律适用，更是法庭辩论的焦点，在法庭辩论阶段得以充分展示和体现。刑事法律法规条文众多，所规定的罪名和刑罚也是琳琅满目，多样而细致。如何将被告人的犯罪事实与特定的刑法条文联系起来，不仅仅是一门学问，而且也是一种口才艺术。如果公诉人没有优秀的言语表达才能，对被告人的犯罪行为进行定罪和量刑就基本上是一句空话，就无法完成对被告人指控、证实和揭露的法定职责。要想拥有和掌握司法辩论口才，公诉人首先必须要注意其言语表达的一些基本要求。在此基础上，公诉人才能有效地培养和提高司法辩论口才。

（一）用事实和证据说话

"言之无物"不仅是一般辩论口才的一大禁忌，更是公诉人员司法辩论口才所忌讳的。"以事实为依据，以法律为准绳"是司法审判的灵魂，离开事实和证据，不但谈不上司法辩论口才，还有可能侵犯到被告人的合法权益，严重时甚至会导致冤假错案的发生。"用事实和证据说话"虽然是司法口才言语表达的普遍要求，具有普适性，但是，在公诉人员司法辩论口才中，这一要求是首要的和最基本的。无论在法庭调查阶段的证据之辩，还是在法庭辩论阶段对被告人的犯罪行为的定罪和量刑之辩，公诉人的言论必须基于事实和证据之上，对被告人的有罪指控必须达到"事实清楚，主要证据确实、充分"的严格标准，而被告人及其辩护律师，只要指出公诉人指控的犯罪事实及其证据存在疑点和矛盾之处，就能破坏公诉人的指控，无需举出相应的证据加以证明，例如：

公诉人：现场提取的脚印经过科学鉴定书，证明为被告人所有，在被害人客厅的茶具上也提取到了被告人的指纹。这些事实和证据都无疑表明一点，那就是杀害被害人的凶手就是被告人。

辩护人：脚印和指纹只能说明我的当事人到过案发现场，但并不能由此推断杀害被害人的凶手就是我的当事人，因为有可能在我的当事人离开被害人家之后，有个反侦察能力较强的犯罪行为人进入现场实施了犯罪，而整个过程没有留下丝毫痕迹。

在这场辩论中，辩护律师只要指出有其他人进入现场的可能性就足矣，而无需举证证明这个"其他人"是谁，而公诉人则不同，其必须有充分的事实和证据排除这种可能性，证明被告人是唯一进入现场的人。

公诉人在辩论时的言语表达如果离开"用事实和证据说话"这一基本要求，不但离公诉人司法辩论口才相差十万八千里，有时还会使自己陷入尴尬的境地。

公诉人：从本案事实和证据来看，被告人的犯罪行为在法律上应当定性为故意伤害罪。

辩护人：故意伤害罪在主观方面必须具有直接故意，并且必须具有故意伤害他人的目的。

公诉人：有没有这样的目的，被告人心里是很清楚的。

辩护律师：他心里清不清楚，你怎么知道？请拿出证据来。[1]

根据《刑事诉讼法》相关规定，被告人没有义务证明自己有罪。因此，即使被告人心里很清楚自己有"故意伤害他人"的目的，也没有证明义务和责任。辩护律师一句"请拿出证据来"，可以设想公诉人的处境是怎样的尴尬！

（二）以理服人

"以理服人"要求公诉人在辩论时，要以一般法理、事物内在规律和日常生活中的常理为基准，来反驳对方的言论或论证己方的观点，不能以势压人，逼人就范。"有理走遍天下，无理寸步难行。""以理服人"不仅是公诉人员司法辩论口才的基本元素，也是其巨大的魅力所在。在一起交通肇事案庭审中，公诉人就很好地运用了一般法理，对被告人的辩护律师的错误观点进行了有力的驳斥。

辩护人：被告人在这起交通案件中也是被害人，车报废、人受伤，且在处理事故阶段，已经经由交警队赔偿有关被害人 1 万元，不应追究被告人的刑事责任。

公诉人：法律实施，刑事优于民事，这是众所周知的。民事赔偿不等于

---

〔1〕 王冷、吕鸿臣编著：《司法口才教程》，中国政法大学出版社 2009 年版，第 321 页。

承担刑事责任。由于本案被告人的行为，致使该案中4人丧生，3辆车报废，2辆车严重受损，如此恶劣的特大案件的人，必须以刑律手段予以惩罚。

"民事不破刑事"，不能用当事人已承担的民事责任来抵消其应当承担的刑事责任，也不能用当事人已承担的刑事责任来抵消其应负的民事责任。公诉人正是运用了这一重要的法理对被告人辩护人的观点进行了有力的驳斥。

在一起妻子伙同其情人杀害自己丈夫案件的庭审中，公诉人很好地运用了日常生活中的常理对被告人的不实之供进行了有力的反驳。

公诉人：当时谁拿绳子勒死你丈夫的？

被告人：是徐某某（本案另一被告，是被告人的情人）勒死的。

公诉人：你有没有参与？

被告人：我没有，是他一个人干的。

公诉人：你和徐某某是什么关系？

被告人：是朋友关系。

公诉人：没有其他关系吗？

被告人：没有。

公诉人：我是说，你和他除了朋友关系之外，还有其他什么关系？

被告人：没有。

公诉人：好，那么那天晚上，你是怎么叫他来的？

被告人：我打电话叫他来的。

公诉人：你叫他来干什么？

被告人：我打电话来叫他帮个忙。

公诉人：他是怎么去你家的？

被告人：他是开车来的。

公诉人：他开车来了之后，你有没有叫他干什么？

被告人：没有。

公诉人：你没有叫他干什么，那么徐某某下车之后，就直奔被害人卧室用绳子将他勒死，是这样？

被告人：嗯。

公诉人：你和徐某某到底是什么关系？

被告人：是朋友关系。

公诉人：普通朋友会帮你干这事？你觉得常理上说得通吗？

被告人：（无言以对）沉默。

该案中，公诉人运用常理对被告人的不实之供进行了强有力的还击。

至于公诉人法庭辩论时，其司法辩论口才的言语表达要符合"事物内在规律"这一要求，也不可小觑。刑事犯罪涉猎各个领域，专业技术型犯罪特别是高科技犯罪是现代社会中的新型犯罪形式。公诉人要想对这类犯罪成功地实现指控、证实和揭露，除了具备深厚的法律功底之外，还需要具备各种专业基础知识。唯有这样，公诉人才能全面铸造其司法辩论口才。

（三）言语前后一致

公诉人在法庭辩论阶段，其言语所涉内容一定要保持前后一致。公诉人所要阐明的观点应当与证明其观点的法律事实保持一致；公诉人发表公诉意见书的基本内容应与起诉书保持一致。否则，在辩论中，公诉人将把自身置于被动地位。如：

法庭在对一起走私案庭审中，公诉人在起诉书中指控的是某公司的业务员郭某犯有走私罪，而公诉人在法庭辩论阶段发表公诉意见书时，却谈的是郭某所在公司走私罪的事实和法律依据。公诉人的言辞就没有满足"言语前后一致"的要求，遂遭到被告人的辩护律师的反驳。

辩护律师：请问公诉人，你在起诉书中指控谁犯有走私罪？

公诉人：我们在起诉书中说得很清楚，当然指控的是被告郭某某。

辩护律师：既然起诉书仅仅指控郭某某犯有走私罪，没有指控法人犯罪，那么郭某某仅仅是某公司的业务员，不是法人代表，起诉书也没有依据他代表公司的身份对其进行指控。因此，本案没有法人犯罪的被告人；我们也没有受委托作公司犯罪的辩护人，只是为个人被告人做辩护人。法人犯罪既无起诉书，又无被告人和辩护人，公诉人凭什么指控该公司犯罪呢？

公诉人：（无言以对）

言语前后保持一致，能够有效地避免言语前后矛盾现象的产生。"言语前后一致"不仅是公诉人司法辩论口才言语表达的基本要求之一，也是衡量公诉人是否具备司法辩论口才的标准之一。

（四）言及重点

公诉人的辩论务必围绕案件发生的时间、地点、经过、手段、目的、动机、影响定罪和量刑的法定情节以及案件的法律定性等重点细节展开，把握公诉意见的针对性，做到处处击中要害。如果不能言及重点，就有可能导致"洋洋千言，离题万里"的现象发生，严重影响辩论效果。

法庭辩论阶段以公诉人发表公诉意见为开端，因此，公诉意见奠定了公诉人法庭辩论的基调。基于"言及重点"这一公诉人司法辩论口才言语表达要求，公诉人发表公诉意见，必须针对被告人极力狡辩、辩护人关注的、审判长关心的、旁听群众疑问的关键事实、情节、证据等重点环节来进行，对事实详细陈述，对证据环环相联，对疑点条分缕析，对狡辩抽丝剥茧，痛析谬误，这样才不致泛泛而言，才能动摇被告人及其辩护人的辩解根基和信心，才能强固审判人员的主观确信。例如：

法庭在审理李某某故意伤害一案时，李某某的辩护律师为了开脱罪责，从外围大谈其犯罪的所谓动机、现场及其家庭的责任，并以此作为其不构成故意伤害的辩护依据。此时，公诉人若跟着被告人及其辩护律师的观点进行辩论，那么就会离题千里，落入律师的圈套，就会在一些细节问题上纠缠不休，陷入被动。于是，公诉人在发表公诉意见时明确指出，所谓动机问题、家庭责任问题等，均非本案的主要问题。至关重要的问题就是该案的定性问题。对此，公诉人详细地论证了故意伤害罪的构成特征，并针对本案被告人的犯罪行为发表了其故意伤害的犯罪事实和应承担的责任的意见，使合议庭最终采信了公诉人的意见，对被告人以故意伤害罪定罪处刑，取得了良好的庭审效果。[1]

指控、证实和揭露犯罪是公诉人在法庭审理过程中的主要职责。这一职责决定了公诉人的辩论言辞必须符合"言之要害、言及重点"等基本要求。对于关涉案件定性以及关涉对被告人定罪量刑的事实、证据、情节，公诉人必须进行有力的论证或反驳；对于与案件定性、定罪和量刑无关的事实和情节，公诉人不必与被告人及其辩护律师纠缠，避免影响辩论效果；对于被告

---

[1]　陆焕军："谈如何利用公诉意见掌握庭审辩论主动"，载《内蒙古检察》2006年第1期，第35页。

人极力狡辩、审判人员所关心的、旁听群众存有疑问的关键事实、情节和证据，公诉人应及时地有针对性地阐明观点，澄清疑问，揭露谬误；对于被告人无关紧要的狡辩、审判人员基本确认的、旁听群众无疑问的事实、情节和证据，公诉人不必与对方纠缠，甚至可以不予理会。如果公诉人把握了主要问题，那么次要问题将不攻自破，这样既提高了庭审效率、节约了司法资源，又能收到最有效的辩论效果。

（五）联结恰当

根据"点—面—点"基本思维方法，第一个"点"必须通过其所在的"面"，才能找到下一个恰当的"点"。如下列案件中，对被告人用菜刀砍受害人头部的行为的定性，应当在考虑被告人的行为方式、行为状态、行为时的周围环境、被害人的反抗情况、行为后果等情况之后，才能断定是故意杀人还是故意伤害。否则，很难得到法庭的采纳。

某厂临时工冯某见其母与邻居杨某在院内对骂，遂从屋中拿出菜刀，乘杨某不备，照其头部连砍两刀。经诊断，杨某颅骨被砍伤，中度脑震荡。在对该案庭审过程中，公诉人认为冯某用菜刀猛砍他人要害部位，是间接故意杀人的行为，应定杀人罪。而辩护人认为冯某没有杀人故意，因为，如果冯某有杀人故意，那么他使用一斤半重的菜刀，猛砍被害人杨某头部两刀，其颅骨定被劈开，但是，从该案的后果来看，冯某只造成了被害人外伤和中度脑震荡。可见，冯某有杀人的故意是不成立的。由于公诉人的言语缺乏严密的逻辑性，没有达到说服法官的效果，法庭最后没有采纳公诉人的意见。

五、公诉人员司法宣教口才言语表达要求

《人民检察院组织法》第2款规定，人民检察院通过检察活动，教育公民忠于社会主义祖国，自觉地遵守宪法和法律，积极同违法行为作斗争。在公开审理的刑事案件中，一般有旁听群众和新闻媒体亲临庭审现场，亲历整个案件审理过程。旁听群众和新闻媒体出席庭审，不仅仅是来感受司法公正和正义的，更重要的是来悟知犯罪的根源、深悉犯罪后果及其社会危害性、感悟法治文明和社会文明建设的重要意义。而这一点，不是仅仅依靠"指控、证实与揭露犯罪"这一手段就能完成的。"司法宣教"重任落在了公诉人肩

上。由此可见，司法宣教不仅是法律赋予公诉人的法定职责，也是公诉人对社会所承担的神圣使命和责任。司法宣教口才是公诉人司法宣教的主要路径和方式，其言语表达绝不是任意的，而必须至少满足以下三项基本要求。

（一）追本溯源

公诉人对被告人的犯罪事实、情节、动机、目的和后果的揭露，只能向人们展示被告人实施了犯罪行为，而不能由此促使被告人深切领悟其犯罪行为的危害性、痛改前非，也不能让旁听群众和社会从中汲取深刻教训、净化社会土壤、彻底消除犯罪根源，使社会不断走向文明和进步。"揭露犯罪"仅停留在"发现病毒"和"处死病毒"的初级阶段，而"追本溯源"则是发展到"深究病毒产生的根源"和"根除病毒产生的环境"的高级阶段。"揭露犯罪"属"治标"，而"追本溯源"才能引导"治本"。因此，"追本溯源"是公诉人司法宣教口才言语表达的基本要求之一。例如：

在一起连环杀人案庭审中，被告人自始至终丝毫没有悔过的意思。他始终认为被害人是咎由自取，因为，被害人生前与他合伙做生意时，不仅不按照合伙协议分给他应得的份额，而且在此后的生活中还不时地对他实施捉弄、欺压和侮辱，令他忍无可忍，他才对被害人实施如此报复。直到整个庭审结束，被告人仍然怀揣这种思想，而公诉人、审判员和被告人的辩护律师对此却无动于衷，没有适时地对其进行施救。公诉人在发表公诉词时，对此种情形仅仅一笔带过："被告人心胸狭窄，用惨无人道的手段，无情地剥夺了四位被害人鲜活的生命。这是血的教训，法律绝不能坐视不管，一定要对被告人这种令人深恶痛绝的丑恶的犯罪行为严惩。"这样的言语除了可能会引起公愤以外，还能让人们深刻反思其背后什么样的究底吗？

任何一个犯罪动机都有其产生的土壤，公诉人应当从被告人的自身情况（如性格、秉性、品质、生活环境）、被害人与被告人的交往（特别是被害人好的一面）、被告人处理问题的方式方法等情况入手，对被告人进行施教，指出被告人的根本问题所在及应当采取的适当方式方法。这样，不仅能让被告人彻底悔过，而且也给旁听群众上了一堂深刻的教育课，警示社会如何应对类似的场景，防患于未然。

（二）言语具体

公诉人在发表公诉词时，对社会危害性的描述应当具体，用活生生的事实说话，不能使用诸如"被告人的犯罪行径给社会带来了非常恶劣影响，造成了极其严重的危害后果，应予以严惩"等概括性言语。例如：

公诉人：……第二，被告人五人犯罪情节严重，社会危害性大。被告人五人实施犯罪行为的时间跨度仅仅为四个月，但实施犯罪的地点多达 8 个城区，犯罪事实达到 34 起，被害人多为六七十岁的老年妇女，所骗财物达到了 30 余万元，那么从这一系列的数字我们可以看出，被告人五人为攫取不义之财，把实施这个犯罪的对象定位于老年妇女，针对这类群体，她们最大的企求就是家庭健康、平安这样一个心理，犯罪的足迹踏遍了 8 个城区，攫取的数额达到了 30 余万元，其犯罪手段的卑劣，社会危害性之大，社会影响之广，是无以言表的。今天被告人五人坐在被告席上，接受人民的审判，那么作为公诉人，我想问一问，面对比你们年长那么多的女同胞们，啊，她们一心想消除家庭灾祸，一心想医治顽疾的同胞们，你们在实施行骗时，就从来没有受过良心的谴责吗？交出钱财的是这些被害人的个人，那么她们的家庭，她们的亲属在失财，又感觉到上当受骗的时候带来这些家庭困扰，以及为此焦急，甚至忧郁成疾的种种诈骗后果，那么在你们拿钱时，你们就从来没有想过吗？你们就那么心安理得地攫取这些不义之财？啊？因此，对被告人五人的犯罪行为必须从严惩处。[1]

通篇空话，公诉人没有用具体的事例说明"犯罪手段的卑劣，社会危害性之大，社会影响之广"，只是高调地在喊，整个过程都在抒发自己的个人情感（就连这一点都值得怀疑），而这种无事例空泛的抒发不仅对被告人毫无用处，也无法引起旁听群众和社会的共鸣，其宣教效果可想而知。

（三）言语生动

事实、法理和常理，是公诉人宣教的主要手段和路径，但这并不意味着公诉人可以在法庭宣教中使用假、大、空等无实质内容的抽象大道理进行说服教育。倘若这样，不仅不会起到理想的效果，甚至还可能适得其反。公诉人在宣教时，充分揭示人物故事中内含的情感，叙述人们的美好经历、感受和情感历程时，言语才最为生动，才能感染人，才能引起情感共鸣。比起

---

〔1〕 廖美珍：《法庭语言技巧》（第 3 版），法律出版社 2009 年版，第 173~174 页。

"被告人行为太可恨了，罪大恶极，给被害人造成了极大的痛苦"等抽象空洞性言语，叙述被告人行为带来的恶劣影响、被害人及其家人遭受悲惨和痛苦等具体事例，效果要好过千倍万倍。例如：

在法庭审理被告人罗某强奸案时，与多数强奸案一样，被告人拒不认罪。在审查案件的时候，公诉人发现，该案被害人和被告人是同事关系，双方的感情基础很好，但由于被害人是农村出来的女孩，所以对婚前性行为相当排斥，而被告人虽然在强奸时殴打被害人，导致她轻伤，但是强奸之后又心疼被害人的伤势，带她去医院治疗，也是在这样的情况下被害人才报警的。掌握这些情况之后，庭审进入法庭辩论阶段时，公诉人在公诉意见时，用简单而朴素的言语激起了被告人对其与被害人之间美好时光的回忆。朴素之中藏深情，深情之中蕴生动。公诉人的公诉意见发表之后，被告人痛哭失声，当庭认罪，哭着请求法院重判他，对于附带的民事请求也全部愿意赔偿。而被害人红着眼睛，要求撤回民事部分的起诉，请求法庭从轻处罚被告人。[1]

真情实感具有强烈的共振效应。公诉人一定要将情感用生动的事例传递出去，不能无病呻吟，更不能感情失控。例如，在一起故意毁坏财物一案的审理中，在法庭辩论阶段，公诉人发表了下列公诉词：

审判长，人民陪审员：……三、犯罪根源及社会危害性，被告人张某某之所以走上犯罪的道路，是因为其法治观念淡薄，平时守法观念不强，遇事不冷静，而是采用放火的方法毁坏他人财物，致使自己站在了今天的法庭上，不仅给他人的财产造成了严重的损失，而且给自己的家庭也带来了巨大的灾难。其上有（停顿12秒，感情激动，哽咽，说不出话），其上有年逾花甲的老母（感情激动，哽咽，难以控制），下有刚满周岁的女儿（停顿7秒），这是血的教训，希望被告人张某某认真吸取这次教训（停顿6秒，泪下），在今后要多学一些法律知识，遇事多思考，树立正确的人生观，悔过（说错了，随后对之修正），改过自新，成为一名有益于社会的守法公民，以上意见，请合议（随后对之修正）请法庭在核议时（随后对之修正）合议时予以考虑，完了。[2]

---

〔1〕 李东蓊："法庭辩论技巧与应变"，载《法制与社会》2012年第31期，第103页。
〔2〕 廖美珍：《法庭语言技巧》（第3版），法律出版社2009年版，第84~85页。

显然，公诉人的情绪处在失控状态，声泪俱下，但旁听席上的旁听群众回应冷漠；看似情感丰富，但实则言语苍白。无生动事例的叙说，非但不能引起共鸣，达不到宣教效果，而且还有损公诉人良好的司法形象。

第四节　公诉人员司法口才言语表达方法和技巧

在了解和掌握公诉人员司法口才种类及其言语表达要求之后，如何确保这些要求的实现，以便达到最佳效果？这就需要认真细致地思考和把握公诉人员各种司法口才言语表达技巧。"技巧"建立在"要求"基础之上，并服务于"要求"。两者并举，构筑了公诉人员司法口才的外在表现形式。不同种类的公诉人员司法口才，其言语表达技巧各有所侧重。鉴于公诉人员司法宣读口才言语表达方法和技巧比较简单，掌握该类口才言语表达要求之后，就能够完全把握司法宣读口才的方法和技巧，是故，本节内容不再对其加以阐述，仅对公诉人员其他种类的司法口才言语表达方法和技巧进行论述。

一、公诉人员司法讯问口才言语表达方法和技巧

公诉人在庭审过程中对被告人进行讯问，是法庭调查的必经阶段，是公诉人出庭支持公诉的一项重要庭审制度。公诉人讯问对于协助法庭查明案件事实、证实公诉机关对被告犯罪事实指控的客观性和准确性、进而对被告人正确定罪量刑具有十分重要的意义，也为法庭辩论提供了坚实的基础。但因庭审讯问过程存在诸多不确定的因素，如被告人常常当庭翻供、拒供、串供以及辩护律师态度在庭审前与庭审中的突然转变，等等，使得公诉人的庭审中讯问面临诸多困难和考验，并因此而加大了公诉人庭审讯问的难度。公诉人庭审讯问的成败，直接影响到法庭辩论阶段的成效，最终将影响到公诉人支持公诉工作的法律有效性。要攻克庭审讯问这一堡垒，公诉人在庭审前除了深刻了解案情经过和细节、拟好讯问提纲、做好充足准备外，还应当时刻注意讯问方法和讯问技巧的培养和锤炼，以自如、高效、迅速地应对庭审讯问阶段出现的各种不可预测的因素。

（一）投石问路

根据《刑事诉讼法》有关规定，公诉人在法庭上宣读起诉书后，被告人、被害人可以就起诉书指控的犯罪进行陈述，公诉人可以讯问被告人。据该规

定的精神来看，公诉人对被告人的讯问是在被告人就起诉书所指控的犯罪事实进行陈述之后进行的。被告人的陈述可能出现以下几种情况：①对起诉书中所指控的犯罪事实全部予以承认；②部分承认，部分不予承认；③对全部犯罪事实予以承认，但对起诉书中指控的罪名不予接受；④避重就轻，即被告人为了减轻或逃避法律的制裁，在对起诉书上对其指控的犯罪事实承认上，对性质不很严重的事实和情节予以承认，而对性质较为恶劣的事实和情节予以否定；⑤顾左右而言他，即被告人对起诉书中指控的犯罪事实，不正面进行陈述，而讲一些与诉讼法要求没有直接联系的话语，如"我做的事我承认，我没有做的事我不承认""我上有老下有小，你们就看在我要养家糊口的份上，饶了我吧"，等等；⑥全部否定，即通常所讲的"拒供""翻供"的现象。

　　《刑事诉讼法》关于"被告人在公诉人宣读起诉书之后就起诉书对其指控的犯罪进行陈述"的规定，其本身就是投石问路。针对被告人不同的陈述状况，法庭审理将会有不同的走向。"投石问路"这一方法和技巧，对公诉人来讲，是基础和首要的方法。通过"投石问路"讯问，可以清楚地掌握被告人对起诉书中指控犯罪事实的心态，以便接下来使用相应的讯问技巧。如果被告人明确承认所指控的犯罪事实，公诉人接下来就应当着重讯问被告人实施犯罪行为的时间、地点、经过、手段、情节、主观状态、动机、目的及结果，把被告人的犯罪事实呈现在审判人员和旁听席上的旁听群众及媒体面前，以协助法庭查明案情事实，完成法庭调查；如果被告人对起诉书中指控的犯罪事实部分或全部否定，公诉人应就其否定的缘由进行讯问，不能无视这一点或跨越这些否定去讯问其他内容，因为只有在被告人否定的事实查清楚之后，才能讯问诸如犯罪时间、地点、情节、手段、动机、目的和后果等实质性内容；如果被告人"顾左右而言他"，公诉人应当及时打断被告人陈述，明确讯问其对起诉书中所指控的犯罪事实是否承认。如：

　　审判长：被告人王某某，你现在可以就公诉人起诉书中对你指控的犯罪事实进行陈述。

　　被告人：啊？

　　审判长：你听清楚了吗？

　　被告人：没有。

　　审判长：就是让你讲一讲你对公诉人起诉书所说的关于你犯罪的事情，

你有什么不同看法，你明白吗？

被告人：噢，明白。

审判长：那你就讲一讲。

被告人：哦。我平时和张某某（本案被害人）关系还不错，我原本觉得他人还挺好的，他向我借钱的时候，我就毫不犹豫地借给了他，可没曾想他借了钱之后就耍赖不还。要知道，我平时经济收入并不宽裕，我上有80多岁的老母亲要赡养，下有两个孩子读大学，我老婆又没有工作，他人怎么这样……

公诉人：（打断）被告人王某某，请你明确回答对起诉书中指控你杀害了被害人张某某的杀人行为，是承认，还是不承认？

被告人：承认。

"投石问路"既可以帮助公诉人了解和掌握被告人的心理动态，也有助于公诉人确定法庭调查的重点、难点，及时调整讯问策略，把握讯问和辩论的主攻方向，并有针对性地对被告人进行说服教育，为接下来的讯问、询问和辩论奠定良好基础。

（二）简明扼要讯问

对于那些完全承认起诉书中对其指控的犯罪事实、能够如实供述自己罪行的被告人，由于被告人是犯罪行为的实施者，是整个案件亲历亲为的当事人，其当庭供述的内容具有客观性、丰富性和直观性等特点。但另一方面，又因被告人受教育程度、口语表达能力、性格、心理、语境等主客观方面因素的影响，公诉人又不能放任其空泛陈述，以免出现冗长、混杂、无序、模糊、凌乱等陈述不清的现象，从而影响庭审节奏、氛围、讯问的功效。因此，公诉人此时讯问，不宜采用开放程度最大的开放性问话，如"把你实施的犯罪经过说一下""你是怎么实施犯罪的，讲一讲""过程是怎样的？"等模糊性问话。面对这样的问话，被告人的陈述，要么结结巴巴、支离破碎、词不达意、陈述凌乱，不能完整地再现案件事实；要么事无巨细、滔滔不绝、无重点地冗长叙述，如脱缰的野马，失去控制；要么简单地缩略成一句话"我那天晚上，跑到他家去，用随身携带的尖刀把他杀了"，重要的细节未能呈现。这些情况的出现，都无法满足公诉人讯问的目的，还需要公诉人重新讯问，大大降低了讯问的效率。

被告人全部承认其犯罪事实与清晰完整地陈述其犯罪事实，是完全不同的两件事。公诉人不能借一句开放性问话，试图借被告人之口将其主要的犯罪事实完整地呈现在法庭上，以便缩短法庭调查时间，提高庭审效率。愿望是好的，但因各种因素的存在，势必将事与愿违、事倍功半，反而降低庭审效率。公诉人应当主动出击，运用封闭性问话，着重抓住关键性问题，把握问题层次，突出重点问题，简明扼要，围绕被告人实施犯罪的时间、地点、经过、手段、情节、目的、动机、主观意图、危害后果等与定罪量刑有关的事实，进行有序讯问。

有关讯问顺序，公诉人可以根据案情的特点和被告人的个人情况进行选择和确定。对于脉络清晰的案件，公诉人可以按照案件事实发生发展的时间顺序进行发问。例如，可以按照如何起意、预备、着手、实施和完成犯罪行为以及实施完结之后如何被抓获的时间顺序进行讯问。对于多次作案的被告人，公诉人可以按照其每次作案的时间先后顺序进行发问。对于一些被当场抓获的被告人，尤其是一些被采取强制措施后有特殊自首情节的被告人，公诉人可以采用时间倒序的方法进行讯问。例如：

公诉人：被告人李某某，你是在哪里被巡逻民警抓获的？

被告人：在城北区长安路旁边被抓获的。

公诉人：你在那里干什么？

被告人：我抢了一位妇女身上的金项链。

公诉人：什么时候？

被告人：大约5月21日上午9点。

公诉人：你是怎么抢的？

被告人：当时被害人从市场买菜回来，我就尾随着她，跟到城北区长安路附近，见四周没人，我就上前从后面将被害人颈上的项链扯下来就跑。

公诉人：你是怎么被抓的？

被告人：我抢了项链之后，被害人就拼命地在我后面边追边喊："抢劫！抢劫！"不一会儿，我就发现身后有两个巡警在追我，我跑不赢他们，就这样被他们抓住了。

公诉人：你像这样抢金项链，有过几次？

被告人：报告政府，我发誓，只有这一次。

公诉人：你为什么要抢别人的金项链呢？

被告人：我赌博赌输了……

随着公诉人讯问的展开，一场抢夺案件的发生经过就非常清晰地展现在法庭上。无论采用顺序法还是倒序法，公诉人对于完全承认起诉书中所指控的犯罪事实的被告人的讯问，目的都是将整个案情更加清晰、简洁地在法庭上展现出来。"简明扼要"讯问方法的运用，能促使被告人供述清楚，使案情呈现得条理清晰，避开一些无关紧要的细枝末节问题，既节约了司法资源，又与公诉人所掌握的相关证据能够相互印证，从而从根本上提高了公诉人的讯问效率。

（三）于常理显端倪

"常理"是一种应然标准，根据这一应然标准，事物应当呈现什么样态。当这种应然状态与犯罪行为人的实际状态相矛盾时，犯罪行为人所称的行为中的"意志"成分必然与实际状态相左，从而挖掘出其真实"意志"成分或真实的"外显活动"，还原行为真相（意志+外显活动，意志+外在）。据此，司法口才主体要做的就是，心中存有"常理状态"，在这种状态指引下，追寻犯罪行为人的实然状态。例如：

在一起强奸案庭审中，被告人当庭辩解称其与被害人是一对恋人，正处在热恋之中，被害人与其发生性关系是她本人自愿的，不应当属于强奸，是恋人之间经常发生的事情，是合法的。公诉人根据其所掌握和查证的犯罪事实，从被告人和被害人之间发生性关系的时间、地点和方式上，迅速察觉被告人的行为与常理相悖，于是对被告人展开下列讯问：

公诉人：当晚你是几点去的她家？

被告人：大约凌晨三点。

公诉人：你是怎么进入被害人家中的？

被告人：是从窗户进去的。

公诉人：她没有关窗吗？

被告人：我用铁片撬开的。

讯问到此，公诉人立即提请法庭注意："被告人辩解被害人是自愿与其发生性关系。而被告人进入被害人房间的方式，是在凌晨时分破窗而入，这明

显违背常理。"〔1〕

在本案中，公诉人有效地利用了常理，通过对被告人进行讯问，向法庭再现了其实施犯罪行为的时间、地点和方式，充分揭露了被告人的辩解非常理性。本案中，公诉人还可以通过被害人的生活作风、被害人与被告人之间的关系、他们之间的熟悉程度等情况的揭示，再结合他们之间性行为发生的时间和地点以及现场有关情况，也能充分揭露被告人辩解的无理性和诡辩性。

（四）于常识现真相

"于常识现真相"的运行原理，同"于常理现端倪"。被告人否定自己的犯罪事实，如果其理由与常识不符，公诉人可以以常识为指针对被告人展开讯问，其谎言将不攻自破。例如：

在一起被告人于某某（男）和被告人陈某某（女）共同故意杀人案庭审中，二被告人在侦查和审查起诉期间均供认，被告人于某某在陈某某按住被害人双腿、使被害人不能反抗的情况下，用刀捅刺了被害人，致使被害人死亡。在庭审期间，二人同时推翻原供述，辩称被告人陈某某没有实施按压被害人双腿的行为。针对被告人这一辩解，了解案发现场被害人尸体状况的公诉人发现，被告人的辩解与常识不符，于是着重讯问被告人捅刺被告人时被害人的反抗情况。被告人于某某和陈某某均供述：被害人用尽全身的力气反抗，用双腿做了蹬、踏之后死亡。就此，公诉人进一步讯问二被告人，捅死被害人后是否动过被害人双腿，二人均供认，捅死被害人后二人马上逃离现场。至此，公诉人向法庭出示了被害人在案发现场的尸体照片，证实被害人的双腿笔直，脚穿鞋。公诉人利用案发现场的尸体照片向法庭讲明：如果像二被告人供述的那样，那么被害人反抗之后，在无他人翻动尸体的情况下，尸体不可能保持如此笔直。这是一般常识，显然二被告人的辩解与这一常识相违背，二被告人的当庭翻供与证据形成矛盾，使得二被告人当庭的翻供不攻自破。紧接着，公诉人讲明二被告人以前关于被告人陈某某按压被害人双腿的行为和证据吻合，是客观供述，应采纳。同时，公诉人提醒法庭，二被告人的翻供系虚假供述，建议法庭不予采纳。〔2〕

---

〔1〕 徐志高："公诉人法庭讯问艺术"，载《中国检察官》2007年第1期，第15页。
〔2〕 周晓燕："谈公诉指控中的讯问技巧"，载《天津检察》2006年第3期，第50页。有改动。

既然被告人陈某某没有实施按住被害人双腿的行为，那么被告人于某某在捅刺被害人过程中，被害人在意识、生理、身体和感官都正常的状态下，处在清醒状况下的被害人，面对身体遇到外来的捅刺，在没有外力的限制下，必然会做出明显的反抗举动，这也是一种常识，符合自然界中万物"感知—反应"的规律。二被告人为了使他们的辩解真实可信，他们自然沿用了这一常识进行供述。公诉人正是利用了这一点，充分让二被告人供述他们在实施侵害过程中被害人反抗的举动。二被告人虚构的情景与现场尸体的状况完全不符，因为他们同时又违背了另一个常识。至此，事实真相自然浮出水面。

（五）于细节见"庐山"

有些被告人对实施或参与实施的犯罪行为事实予以承认，但是，对公诉人在起诉书中认定的犯意加以否定，认为其虽然有相应的行为，但不是犯罪，或者没有犯罪的故意。犯罪行为人的行为及其造成的后果是直观的、可见的，而其主观心理状态是隐蔽的、不可视的，除了行为人自己承认之外，没有其他直接证据能够加以直接证明，这就需要众多的间接证据加以推导。要实现正确无误的推导，这些众多的间接证据必须指向唯一的可能性：故意或过失或无过错。正如"分子可以分为原子，原子可以分为质子和中子"一样，每一细节都是人类对事物进一步的精确认识，对事实的细节认识是排除其他可能性，以达到唯一的强有力途径和手段。细节是对事物进行过滤、显现其原形的唯一方法。例如：

在一起共同盗窃案庭审中，其中一名被告人到案后，始终否认有参与盗窃的故意，仅承认帮助销赃的行为及故意，理由是：同案中的其他被告人事先没有跟他讲明去盗窃。该名被告人在庭审中供述称，他之所以出现在盗窃现场，是因为该案中的其他被告人骗他驾车到现场运赃的，但因当时夜很黑，其在黑暗中无法辨明真相，直到销赃地他才知道原来是盗窃。

"他人告知"不是产生"盗窃犯意"的必要条件。作为智力正常的成年人，该被告人可以根据自己和同伙所做的事情的内容、时间、地点和方式等路径来判断他们的行为性质。如果其明知其同伙的行为是盗窃，而自己仍然同他们一起作为，即使其他同伙不明确告诉他"我们这是盗窃"这一"故意"成分，该被告人仍然具备"盗窃故意"。该案中，公诉人没有像这样在法庭上讲大道理，而是从该被告人参与盗窃的细节入手对其进行讯问。

公诉人：你到现场后是从大门进去的，不是停在围墙外？

被告人：是他们叫我在离围墙蛮远的地方停车的。我不知道他们要干什么。

公诉人：他们装上车的是什么？

被告人：铅锭。

公诉人：每块铅锭重达 25 公斤，你知道吗？

被告人：是蛮重的。

公诉人：这么重的货不走大门运，这不反常吗？

被告人：我不知道……

公诉人：你是专业货运出租车主，对正当的装货常识你会不懂？

被告人：我没想那么多。

公诉人：后来有狗叫声，你听到后跑到围墙处让同伙快走是不是？

被告人：（沉默）是的。

公诉人：按你的说法没有感到不正常，那又为什么听到狗叫声就怕了呢？

被告人：我怕狗咬。

公诉人：如果怕被狗咬，你关上车门坐车里不就安全了，为什么反倒跑去车外去叫骑在墙上的人下来快走。这样不矛盾吗？

被告人：（沉默）。

公诉人：这足以证明你是怕狗叫引来工厂门卫被发现，所以才催同案犯快逃，难道不是这样吗？

被告人：（无言以对）〔1〕

本案中，公诉人利用了"狗叫及被告人的反应"这一细节对被告人的狡辩进行了淋漓尽致的驳斥。至此，被告人参与共同盗窃的故意完全暴露在法庭上。

（六）于自身现原形

"自相矛盾"的典故已深入人心，说的是古代一个卖"矛"和"盾"的商人，一方面说自己的"矛"锋利无比，能刺穿任何"盾"；另一方面又说

---

〔1〕　康猛："公诉人庭审讯问的基本原则与常用方法"，载《辽宁经济职业技术学院、辽宁经济管理干部学院学报》2004 年第 4 期，第 39~68 页。有改动。

自己的"盾"坚不可摧，任何"矛"都无法刺穿它。到此，商人的虚伪已完全暴露在光天化日之下，是商人自身话语的冲突出卖了他。"于自身现原形"这一讯问技巧，通过将被告人引向"自相矛盾"来充分暴露被告人的谎言，使其原形毕露，无处遁形。

这一技巧，通常不是直接去反驳对方所说的谎言，而是顺着被讯问人的思路走下去，把他引向自我矛盾和冲突之中去，最终让其自我否定，无路可退，只得如实供述。例如，荣获安徽省第二届"十佳检察官""十佳政法干警"、省、市"三八红旗手"等众多荣誉的全国优秀检察官魏竹梅，在其出庭提起公诉的司法实践中，对被告人讯问时曾多次灵活和高效地运用这一技巧，打了很多漂亮的胜仗，连对手都不得不为之折服。如一起受贿案庭审中讯问：

基本案情：

受贿的戴某，曾经是一个公安局的预审科长，可算得上是一个老公安，其反侦查能力之强，不言而喻。

为了索贿，戴某用尽了其职务上的便利条件。其最拿手的是接到案件后便将其束之高阁，压上一段时间，目的是让当事人或当事人的亲属找上门来。那时，他就可以坐收渔翁之利。

有三个盗窃嫌疑人盗窃了一家服装厂出口服装后被抓获。案件到了戴某手里后，其中两个情节严重的嫌疑人亲属找上门来表示了"意思"之后，戴某作了罚款处罚后将两人予以释放。然而，情节最轻的一个同案嫌疑人因亲属没有表示"意思"，只能被关在铁窗里作"鱼饵"。过了一段时间，戴某见"鱼"不上钩，便找上门去。他打电话给那个嫌疑人的母亲，以帮助"找人"为名，用一张"释放证"换回了5000元，从中拿出1000元上交罚款，剩下的4000元装进自己口袋。

法庭较量：

在法庭上，戴某借自己曾经是个老公安、具有丰富的侦查经验和反侦查能力，气焰十分嚣张，盛气凌人，根本就不把年轻的检察官魏竹梅放在眼里，对其高调宣称：以前的供述是"诱供"出来的，《悔过书》是逼出来的。

对于戴某的嚣张气焰和当庭翻供，公诉人魏竹梅镇定自若，沉着应对，表现出大将的风范。在征得审判长同意后，她开始就被告人戴某的翻供冷静地讯问道："你原来是做公安预审工作的，谙熟'诱供'的含义，即使审讯人员诱供，你完全可以拒绝在笔录上签字，而你明知诱供却签了字，而且不止是一次，是多次，这符合常理吗？"

一语击中要害。被告人戴某一方面说以前的供述是"诱供"，另一方面又展示出自己老公安的"傲慢"和"经验十足"的样子，那么一个"经验十足"的老公安怎么识破不了简单的"诱供"呢？而且还在多次笔录上都有签字。这显然是自相矛盾，不能自圆其说。至此，被告人戴某无言以对。

见此状，公诉人魏竹梅趁热打铁，继续发问："你说《悔过书》是逼出来的，是谁逼的？是在何种情况下逼的？法律上没有规定写《悔过书》是犯罪嫌疑人认罪的必备程序，也不是必备的认罪证据，你写《悔过书》完全是出于你的自愿，这能够从细节真实、语言恳切中流露出来，逼是逼不出来的……"

这又是一次经典的"自相矛盾"的揭穿。一方面戴某在写《悔过书》时，字里行间透露出真情实感，另一方面他却否定出自其自愿，是被别人逼迫出来的，不是真实的而是虚假的。这种言行矛盾彻底将戴某的丑恶嘴脸暴露无遗。公诉人魏竹梅这一番剖析，滴水不漏，入木三分，连被告戴某自己及其辩护人也不得不折服。经法庭审理，被告人戴某因受贿 14 万元被判无期徒刑。[1]

再如一起轰动一时的安徽金融第一案——中国银行安徽省分行原行长吴某五等人挪用公款、非法出具金融票证案。在办理此案时，检察官魏竹梅和安徽省人民检察院反贪局侦查处副处长黄欣默契配合。在庭审阶段，作为公诉人的魏竹梅正是利用"自相矛盾"的手法将被告人吴某五的狡诈彻底击个粉碎。

案件侦查阶段简介：

在侦查阶段，此案是由魏竹梅的同事、安徽省人民检察院反贪局侦查处副处长黄欣侦破的。根据其多年的办案经验，黄欣在每次提审吴某五时，都要吴某五将供认的事实重复一遍，目的是防止那些从高官沦为阶下囚的人因强烈的畏罪感和失落感而在法庭上翻供。

---

〔1〕 侍继余："挑战自我的全国优秀检察官"，载《检察风云》2006 年第 14 期，第 56 页。有改动。

法庭上针锋相对:

在法庭上，正如黄欣所料，吴某五跟众多的贪官一样当庭翻供，对侦查阶段承认的事实全盘予以否认，理由是，办案人员对其进行了"逼供信"。公诉人魏竹梅镇定自如地问，办案人员对他有过几次"逼供信"？吴某五答，凡是在笔录上"这样"签字的，就是"逼供信"，"那样"签字的，就不是。魏竹梅又问他有几次"这样"和几次"那样"？魏竹梅紧追不舍，问他是否所有的签字都是"这样"？吴某五摇摇头。于是，魏竹梅把全部笔录交给了审判长，然后让吴某五确认。吴某五辨认了很长时间，也未辨认出哪是"这"，哪是"那"。对此，魏竹梅并不让步，质问道："在所有的笔录上你交代的事实都一样又怎么解释？"吴某五无话，只好耷拉着脑袋。[1]

言与行、前言与后语、同一事情前后行为等不一致、相互矛盾的现象，能够充分而有效地暴露一个人虚伪、谎言、不可信等丑陋的嘴脸。公诉人可以通过对被告人言与行之间的矛盾的揭露，充分地让被告人现出原形，将事实真相还原于法庭之上。

二、公诉人员司法询问口才言语表达方法和技巧

公诉人员司法询问与侦查人员司法询问有很多相似之处，如询问对象都包括被害人、证人和鉴定人，询问的目的都是要寻求案情真相。因此，侦查人员司法询问技巧中的很多方面都可以为公诉人员采用，但是，由于两者所处环境的不同，侦查人员的询问是案件进入庭审前的询问，其自由度和灵活度比较大，询问过程还不时地伴有谈话，而公诉人员的询问是案件进入庭审程序之后的询问，是在庭审中进行的，其询问严格受到了庭审这一环境的限制。因此，公诉人员司法询问口才的言语表达方法和技巧，因各种条件的限制而表现出自身特色，有自己的侧重。

（一）确认式问话

被害人、证人和鉴定人对外界事物的感知受主客观条件的限制，如品行、知识、阅历、听觉、视觉、味觉、色盲度、与被告人关系、事发环境、对案件发生的紧张度、外界干扰度，等等。这些限制性因素都会对询问对象对外

---

〔1〕 侍继余："挑战自我的全国优秀检察官"，载《检察风云》2006 年第 14 期，第 57 页。有改动。

界事物感知的真实程度带来不同程度的影响。公诉人在询问时，通过"确认式问话"可以向法庭展示询问对象的陈述具有客观真实性，是可信的。

公诉人对被害人的"确认式问话"，主要确认被害人身体受到伤害前的状况、财产受到侵害前的状态、被害人与被告人之间关系是素昧平生还是存有积怨、被害人受到侵害时的周围环境状况、被害人在受到侵害时的精神紧张度及眼神方向，等等；公诉人对证人的"确认式问话"，主要确定的是：证人的听觉状况、视力状况、有无色盲、味觉状况、案发时证人感知案件事实的环境、证人获得对案情的认知是自己亲身感知的还是来自别人的传言、证人与被告人是否相识、平时与被告人有无个人恩怨、证人的品行、证人与被害人间的关系，等等；公诉人对鉴定人的"确认式问话"，主要确定鉴定人的资质、鉴定人的权限、鉴定人的专业素养、鉴定人的品行、鉴定人的鉴定条件、鉴定人的鉴定经验，等等。

"确认式问话"这一询问方法，既可以在询问开始时使用，也可以在询问过程中穿插运用，目的是向法庭展示询问对象所陈述的事实真实、客观、可靠。"确认式问话"不仅能为后面的法庭辩论阶段奠定好坚实的基础，而且还可以节省辩论时间，将辩论资源集中到案情的难点和疑点之中，提高辩论效率。如果对这一询问方法重视不够，甚至忽略，公诉人将在法庭调查的质证阶段就遭到被告人及其辩护律师强有力的驳斥，甚至是毁灭性打击。例如，林肯年轻时，作为被告人的辩护律师，在交叉询问时，对控诉方证人感知案情的当时环境的询问，既充分揭露了证人的谎言，也是对控诉方的毁灭性打击。

林肯在从事律师期间，曾经担任一桩"谋财害命"案中被告人小阿姆斯特朗的辩护律师，出庭为其辩护。他在查阅了关于小阿姆斯特朗"谋财害命"案的全部案卷材料后，发现小阿姆斯特朗之所以被控告"谋财害命"罪而成为被告人，关键在于控诉方有一个叫福尔逊的证人的证词。福尔逊作证时称，他在10月18日晚间亲眼看见小阿姆斯特朗用枪杀死了被害人。林肯对10月18日晚案发现场的环境进行分析后发现，证人不可能在如此环境中亲眼看清被告人的脸并将其准确辨认出来，证人一定在说谎。鉴于此，根据法律规定的程序和权限，林肯在交叉询问时，着重从当晚环境入手对证人福尔逊进行了发问：

林肯：你发誓说认清了小阿姆斯特朗？

福尔逊：是的。

林肯：当时你在什么位置？

福尔逊：我在案发现场的一个草堆后面。

林肯：你所处的草堆在"东、西、南、北"哪个方向？

福尔逊：在东边。

林肯：小阿姆斯特朗所站的大树在西边，是吗？

福尔逊：是的。

林肯：草堆距离小阿姆斯特朗所在的大树有多远距离？

福尔逊：大约二三十米远。

林肯：有二三十米远，你确定吗？

福尔逊：确定。

林肯：你在草堆后，小阿姆斯特朗是在大树下，两处相距二三十米远？

福尔逊：是的。

林肯：这样的距离，你确定你能认清吗？

福尔逊：看得很清楚。因为那晚月亮很亮。

林肯：你肯定不是从衣着方面认清的吗？

福尔逊：不是的。我肯定认清了他的脸孔。因为月光正照在他的脸上。

林肯：你肯定是晚上 11 点钟吗？

福尔逊：充分肯定。因为我回到屋里看了时钟，那时正 11 点 15 分。

林肯问到这里，戛然而止，转身向法官及旁听席上的群众严肃地说道：我不能不告诉大家这个证人是一个彻头彻尾的骗子。他一口咬定 10 月 18 日晚上 11 点在月光下认清了被告人的脸。请大家想一想，10 月 18 日晚那天是上弦月，晚上 11 点钟时月亮早已下山，哪里还有月光？退一步说，也许他时间记得不十分精确，时间稍有提前，但那时月光应从西往东照，草堆在东，大树在西，如果被害人的脸面向草堆，脸上是不会有月光的，证人怎么可能从二三十米外的草堆处看清被告人的脸呢？

在这个案件中，很明显地可以看出，无论是在庭审前还是在庭审中，控诉一方没有对己方证人感知案情事实的环境进行"确认式问话"，将最易受攻击的部分"感知外界事实的基础性条件和环境"毫不防备地暴露在对方的面前，引来被告人及其辩护律师的猛烈攻击，致使自己溃不成军。

（二）正面询问

"正面询问"是司法实践中最常用的询问方法，即按照一定的顺序对询问对象所感知的结果——再现出来，如"你当时看见了什么""你当时听见了什么""你当时闻到了什么样的气味""你看清了是谁吗""你把你看到的、听到的、闻到的、感觉到的说一下""你把你们如何得出的鉴定结论说一说"，等等。在法庭上，我们经常能看到公诉人采用"正面询问"的方法对被害人、己方证人和鉴定人进行询问。通过"正面询问"，公诉人能够快速、高效地将询问对象所感知的事实呈现在法庭上，能够让法官、旁听群众和媒体直观地了解案情事实真相，有效地与其他证据形式相互印证。

（三）质疑询问

"质疑询问"常见于交叉询问阶段，是公诉人对对方证人询问的主要方式方法，而对己方证人的询问，常常会忽视这一询问方法。在公诉人看来，对己方证人、鉴定人和被害人的质疑似乎是对方的事情，我方只要通过正面询问，就可以准确无误地把事实真相还原出来。公诉人此时的心理活动轨迹是，"我们已经排除了任何疑点，并对任何质疑做好了充分应答准备，尽管放马过来，叫你有来无回"。有时候，公诉人甚至还会采取漠不关心的态度，"尽管质疑去吧，看看法官最后采信谁的"。殊不知，公诉人的这种心理和态度往往在质证阶段会被对方击个粉碎，如上述林肯对控诉方证人的询问案例。

"排除任何合理性怀疑"是公诉人神圣不可推卸的法律之责，也是公诉人对法庭、被害人、被告人、旁听群众、媒体及社会所肩负的责任，这也是刑事诉讼中设置"法庭调查和法庭质证阶段"的根本原因所在。《刑事诉讼法》规定，未经过法庭调查、质证的证据，一律不能被法庭用来作为定案的事实根据。虽然法律上没有明文规定，公诉人对询问对象如何询问，但是，根据"疑罪从无"的刑事诉讼法的基本原则，"排除任何证据的任何疑点"显然是公诉人的法律职责。如果公诉人所掌握的证据，如证人证言、被害人陈述、鉴定结论，存有疑点，那么"疑罪"必然出现，公诉人对被告人的有罪指控就会落空。这说明控诉方的工作存在很大漏洞，将因此可能会使实质上有罪的被告人逍遥法外，降低法律的威信，有损公诉人良好的司法形象，影响法治社会和文明社会建设的进程。

"质疑询问"能够确保询问对象所陈述的事实客观真实，排除法官、被告、旁听群众心中的疑虑，使他们深信其真实性。"质疑询问"通常采用怀疑的态度询问证人、被害人和鉴定人，探寻他们的身体条件、精神状况、心理状况、感知能力、技术水平，以便排除影响他们对客观事物认知的各种不利因素，以最大限度地确保他们在法庭上所陈述的事实客观、真实、有效。例如，对证人的询问可以使用下列问话进行质疑：

你确定是你亲眼所见吗？

你没有看错？

你知道证人如果作伪证的法律后果吗？

你能保证你所讲的是客观事实吗？

你的听力没有问题吗？

你知道故意夸大或缩小事实不仅要承担法律责任，而且还要受到道德、良心的谴责吗？

对被害人询问可以使用下列问话质疑：

你能确保你的陈述真实有效吗？

你没有夸大事实吧？

你知道如果夸大事实对被告人造成损害需要承担法律责任吗？

你确定案发时你看清楚了被告人吗？

你在遭受侵害时，你的精神不紧张吗？

对鉴定人询问可以使用下列问话质疑：

你能保证你们的鉴定过程是在没有外界干扰的情况下作出的吗？

你这次的鉴定结论不可能出错吗？

你确定你们现有的技术水平能够满足这次鉴定的要求吗？

你知道错误的鉴定结论造成严重后果需要承担相应的法律责任吗？

"质疑询问"不仅能够使公诉人向法庭提供的证人证言、被害人陈述和鉴定结论更加真实有效，增强它们的证明力，而且还能够增强公诉人细致的观察和思考能力，提高公诉人员的司法口才水平，缩小辩论空间，在法庭辩论阶段集中精力打好攻坚战，赢得辩论战役的主动权。公诉人对己方证人、鉴定人和被害人的"质疑询问"还可以为他们打好坚实的心理基础,以便能够沉着、冷静地应对被告人辩护律师在交叉询问阶段"连珠炮"式的发问。"质疑询问"可以在询问开始时使用,也可以穿插在询问过程之中。

（四）细节追踪

在文学作品中,作者经常运用"细节描写"手法将故事中的"人、事、物"真实生动地再现在读者面前,使读者在阅读时有身临其境之感。"细节再现"是一切艺术形式的主要手段和技巧。作为一门艺术,司法口才当然离不开"细节再现"。公诉人在询问证人、被害人和鉴定人过程中,通过有效地运用"细节追踪"这一口才技巧,使得询问对象所陈述的案情事实更加逼真、客观、真实、可信,也能十分有效地揭露对方证人的虚假证词,因为没有亲历过场景的人,是无法对案情的细节性问题进行自然描述的,更无法对所发生的事有深刻的感受和体会。

"细节追踪"好比绘画,起初画的是事物的轮廓,然后逐渐逐渐地增墨、加实、添彩,使事物变得越来越清晰。公诉人在询问时,将这一方法和技巧运用于过程中,通常在一句粗略的问话之后,不断地深入追踪,将主要细节一一展开,精确而逼真地再现案情事实。例如,公诉人对一场交通肇事案目击证人的询问:

公诉人：证人王某某,你亲眼看见了肇事车辆发案的经过吗?

证人：是的,我目睹了案发经过。

公诉人：案件是在什么地方发生的?

证人：案件发生在朝阳路和健民路交叉路口红绿灯地方,靠北面朝阳路口。

公诉人：案发时间你还记得吗?

证人：记得。

公诉人：什么时候?

证人：是2011年6月15日中午,大约在12点20分。

公诉人：你怎么确定是中午12点20分左右?

证人：我家就住在朝阳路方向。我每天中午下班都是乘坐115路公交车在健民路靠近案发地十字路口附近那一站下车,下车时通常都在12点16分左右,再转个拐角到案发地点大约三四分钟时间。我虽然当时没有看时间,但我能肯定是这个时候。

公诉人：你下班应当是往回赶，你是怎么注意到案件的呢？

证人：是的，我每天下班回家都是赶着回家，不过那天中午，我走到案发地点时，因朝阳路方向是红灯，所以汽车都停在十字路口，我先听到有两个人在争吵，我顺着声音看去，看见两个中年男子在两辆小汽车旁大声吵架，我再仔细一看，后面的小车撞上了前面的小车。两个男子好像就撞车的事情正在理论着。

公诉人：你看清了其中的一个男子吗？

证人：当天天气晴朗，十字路口等绿灯的汽车外面就两个人，所处的位置距离他们不远，我看得很清楚。

公诉人：那其中一个人在法庭上吗？

证人：在。

公诉人：请你把他指出来。

证人：（用手指向被告人席上被告人）是他，不错，就是他开车撞了跟他吵架的那个中年男子的。

公诉人：你当时注意到被告人的状态吗？

证人：被告人当时很凶，而且他当时的神态好像有点醉酒的样子。

公诉人：你能听清他们说了什么吗？

证人：我只听清了被害人讲的一句话"你不把事情处理好，就甭想走"。

公诉人：接下来，你看见了什么？

证人：我听到这句话之后，就看见被告人摇摇晃晃地拉开自家车门坐进驾驶室后，关上了车门。被害人在他车前站着，好像不让他开走。突然，被告人启动了自己的汽车，被害人未来得及躲闪，顺势趴上了被告人的车头。但是，被告人还是继续往前开，并且车速慢慢加快，当时，我周围的人看到这一情景都惊呆了。我向汽车行驶的方向追了一段路之后，肇事车辆很快地离开了我的视线，后面的事情，我就不清楚了。

公诉人：好的。审判长，我的话问完了。

此案中，公诉人就很好地运用了"细节追踪"这一询问技巧，不仅向法庭逼真地再现了案发当时的主要情景，而且也向法庭间接地说明了证人证言的真实性、客观性和可信性，能够与视频资料这一证据形式起到相互印证的效果，构建了相对完整的证据链。

（五）构筑矛盾

在交叉询问的过程中，公诉人要想通过法庭上询问揭露对方证人的虚假陈述、推翻对方的证人证言，除了有效运用"细节追踪"询问技巧之外，"构筑矛盾"也是不可缺少的、行之有效的询问方法和技巧。

如果对方证人在作伪证，或者其陈述存在片面性，那么他们陈述的背后必然存在这样或那样的矛盾，公诉人应当通过构筑或寻找其中的矛盾，从而使对方证人的证言不可信，促使法庭不予采纳。

在构筑矛盾的过程中，公诉人应努力寻找对方证人证言与客观事实之间的矛盾、与常理和常识相悖以及其陈述中前后之间存在的矛盾。"常理、常识"是受到公众普遍认可的，是衡量一个人所说的话主客观与否的标准。一个人的"前言"是其"后语"的基调，"后语"是否与其"前言"保持一致性，是衡量一个人是否诚信、是否值得信赖、所说的话是否可信的重要标尺。

公诉人构筑矛盾的方式主要有两种：一是"顺藤摸瓜"，即顺着证人所说的话，一步一步追寻下去，让其中的矛盾逐渐浮出水面；二是"冷处理"，即先不理会对方所说的话，将其搁在一边，另起话题进行询问，从另一个角度将证人陈述中所隐含的矛盾揭露出来。这两种方式在司法实践中经常被公诉人所使用。通过"构筑矛盾"的方法让事物自己说话，比起直接的说理方式，其客观性更强、更具有说服力，其效果也更为显著。例如：

在哈里·韶一案中，被告人哈里的夫人伊夫林作为辩护方证人出庭作证，试图证明其丈夫——被告人哈里是"一位心胸光明磊落、行为正直的好人"，从而为其开脱罪责。检察官对引起这件谋杀的伊夫林进行了交叉询问。

预审开始的这天，纽约初审法院的法庭内座无虚席。在紧张的寂静中，主持该案的法官詹姆斯·菲茨杰拉德宣布审理开始。

伊夫林坐在证人席上，穿着一件宽大的水手服，这是德尔马律师为她设计的形象：看上去娇弱、无辜、需要同情和保护。她试图以此来赢得公众的仁慈心理。

辩护律师德尔马律师穿着一件深黑色的西服，系着笔直的整理得干干净净的领带，看上去矮小精悍，犹如一只好斗的雄鸡。

神色凝重的地方检察官开始宣读起诉书。

"……哈里·韶以极其凶残的手段，枪杀了无辜的建筑师斯坦福·怀特先生，这是对法律和公理最大的蔑视。为此，本检察官恳请法庭和陪审团从事实出发，给哈里·韶定罪！"

随后，法庭开始了交叉式提问。

德尔马律师首先向伊夫林提问：

"哈里太太，作为哈里先生的妻子，他是一个什么样的人？"

伊夫林清了清喉咙，为哈里唱了颂歌："从我和我的丈夫认识的时候起，我就觉得他是一位真正的绅士。他慷慨大方，乐于助人，尤其尊重妇女。他一贯认为，每个家庭都应该保持其完整性和纯洁性。他憎恶那些破坏别人家庭幸福的不道德行为。他是一位心胸光明磊落、行为正直的好人，这一点，我到现在依然这样认为。"

地方检察官接着提出了自己的问题："哈里太太，在同哈里先生结为夫妇之前，你与福·怀特先生有过长期的往来？"

伊夫林垂下了她那长长的睫毛："是的。"

检察官顿了顿："那么，我想请哈里太太谈谈与怀特先生之间的交往经过。"

伊夫林抬起头来，眼睛里已经充满了泪水。她叙述了她和怀特先生的认识经过，讲了她失去贞操那一夜的历史："当我醒来时，发现自己一丝不挂。"伊夫林在法庭上对着那些目瞪口呆的陪审员们这样诉说着，"我坐起来，开始大声地哭泣。怀特先生光着身子爬起来，从椅子上拿起他的晨衣穿好。我拉过一些单子将自己裹住，四面墙上都是镜子，我看到床单上有一丝丝的血迹。我不停地大声嚷嚷，怀特过来抱住我求我安静下来，他安慰道：'亲爱的，一切都过去了，一切都过去了。'"

法庭上响起了一片嘘声。显然，伊夫林详述这些的用意是要把怀特描述成一个恶棍，而她，则是一个纯洁的受害者。

检察官沉住气，继续发问："在那以后，你们仍然保持着来往，是吗？"

伊夫林点了点头，回答："是的。"

检察官穷追不舍："在那以后你们仍然保持着性关系，是吗？"

伊夫林的脸红了，她又点了点头，回答："是的。"

检察官再问："在你们之后发生性关系时，怀特先生并没有强迫你，是吗？"

伊夫林非常难堪地回答："是的。"

检察官又问："怀特先生经常给你钱，或者其他物品，是吗？"

德尔马律师高声喊道："法官大人，我抗议！"

德尔马察觉到了检察官的企图，那是要将伊夫林引向"一个妓女"的结论。如果这样，作为哈里的主要证人，她说的一切就要大打折扣了。虽然德尔马律师抗议得及时，但是伊夫林的证言的效力还是遭到了怀疑。[1]

从辩护方证人的衣着打扮和对辩护律师询问回答的内容来看，证人伊夫林都极力将自己塑造成"娇弱、无辜、纯洁"的受害者形象，需要同情和保护，以便赢得公众的仁慈心理。本案的检察官并不急于对证人的伪装进行正面直接揭露，而是另辟蹊径，从证人与被害人之间的不正当男女关系角度，充分揭示证人的行为与其塑造的形象之间的矛盾和冲突，从而使其证言大打折扣，最终不被法庭所采信。

三、公诉人员司法辩论口才言语表达方法和技巧

公诉人在法庭上的主要职责是指控、证实、揭露被告人的犯罪行为，使其受到法律应有的惩罚，从而宣传法制，教育公民遵纪守法。要完成这一重要职责，公诉人首先要做好举证、质证工作，因为举证、质证是基础，是帮助法庭查明被告人犯罪事实的重要手段。然而，仅仅做好举证、质证工作，是远远不够的，如果公诉人员没有很好的司法辩论口才，法律对被告人的犯罪行为就不能实施有效的打击。同样的犯罪事实，如致人死亡，因被告人主观状态的不同，其法律上定性就存在差异；同样性质的犯罪事实，如强奸、杀人、故意伤害、盗窃、绑架等，由于实施犯罪的动机、手段、情节、主观恶性、后果等主客观因素的不同，被告人所受到的刑罚处罚也千差万别。因此，要想顺利完成公诉人的主要职责，公诉人必须在主要犯罪事实已经查清的基础上，充分利用其司法辩论口才，对被告人的犯罪事实进行正确定性，对被告人的罪责进行深刻的阐明，引导和促使法庭对被告人进行公正审判，以达到"罪责相应""罚当其罪"的庭审目标，使被告人彻底悔悟、认罪服法。对犯罪事实准确定性、肃清被告人罪责以及正确引用相关法律条文，是培养与增强公诉人员司法辩论口才言语表达方法和技巧的重要指针。公诉人

---

　　[1] 何青、晓雷编著：《胜辩为王：哈佛律师辩护之道》，天津人民出版社1997年版，第137～139页。有改动。

员必须围绕这一指针来建立健全其司法辩论口才言语表达方法和技巧。根据司法实践，公诉人员司法辩论口才有以下几种最基本的言语表达方法和技巧：

（一）链接刑法专业知识

在法庭辩论阶段，当公诉人感觉到被告人的辩护律师所发表的观点和看法是对有关刑法条文的误读时，运用刑法专业知识进行辩驳，是最好的辩才，舍弃之，不但不能达到法庭辩论目的，还会严重影响辩论效果，更谈不上辩论技巧的运用。例如：

> 被告人巫××被控放火罪一案。巫××的辩护律师认为被告人的行为不是放火罪，而是毁坏公私财物罪。对此，公诉人运用刑法专业知识仔细分析了《刑法》中"放火罪"和"毁坏公私财物罪"的本质区别，并在此基础上对辩护律师的观点进行了强有力的反驳：放火罪和毁坏公私财物罪是两种性质不同的犯罪，只要我们把这两种犯罪的本质特征做一下比较，就不难看出，这起案件是放火罪，而不是毁坏公私财物罪。根据《刑法》的规定，放火罪的特征是，犯罪者实施的行为是危害公共安全或足以危害公共安全的行为……毁坏公私财物罪，是指某项财物受到全部或部分毁坏，其犯罪目的是将公私财物加以毁坏，其动机往往是出于泄愤、报复等，其手段是多种多样的，其中也有利用放火的手段毁坏公私财物的。但两者的区别在于行为人的行为是否危害公共安全或者足以危害公共安全。
>
> 从作案的地点看，皮革制品厂位于城区，两边有数间居民住宅与该厂仅一墙之隔，住着数以百计的居民，被告人放火的地点都是选择厂内比较容易燃烧的木质油毡结构房基、材料库房根处的苴子垛等处。被告人在12月31日晚放火地点的基料库房盖底下就是该厂的变电所，被告人选择这样的地点放火，必然威胁着公私财产的安全和公民的生命安全。从犯罪的时间看，被告人选择在晚上7点至10点钟这个时间段放火，如果火势蔓延，后果是不堪设想的。被告人所实施的犯罪行为，虽然没有造成人员重伤、死亡或使公私财产遭受重大损失的结果，但是，被告人的行为足以威胁多数人的生命、健康和重大公私财产的安全。没有造成严重危害，是由于被及时发现、扑救得力的结果。[1]

---

〔1〕 刘翔飞：《法庭口才兵法》，农村读物出版社2002年版，第165~166页。有改动。

该案中，如果公诉人不能很好运用"链接刑法专业知识"这一辩论方法和技巧，对《刑法》中"放火罪"和"毁坏公私财物罪"进行准确的辨析，无论如何也收不到辩论成效，也就无所谓司法辩论口才了。

（二）链接法理

在法庭辩论过程中，被告人及其辩护人所提出的辩护理由多种多样、五花八门，当公诉人感觉到被告人及其辩护人的辩护理由与法理不符时，公诉人应当且只能围绕法理对被告人及其辩护人的辩护理由进行有力驳斥。例如：

2004 年 10 月，被害人刘某在中原高速公路改扩建工程中竞得一段工程的土方项目，被告人王某又从刘某手中获得该工程，工程结束后，被告人王某尚欠被害人刘某 10 万元。被告人王某给刘某打了一张 10 万元的欠条，为达到消灭债务的目的，2005 年 9 月 4 日，被告人王某纠集他人将刘某骗出，然后以暴力手段逼迫被害人刘某交出欠款凭证，并在被告人王某起草的收到 10 万元还款收条上签字。

针对此案，辩护人认为：被告人王某的行为还不属于犯罪，王某与刘某之间的纠纷属于民事纠纷，刘某完全可以通过提起民事诉讼的方式向王某追索 10 万元欠款。至于王某纠集他人殴打刘某的行为没有给刘某造成刑法上的伤害，没有构成犯罪，应当按照治安管理条例对其进行行政处罚，而不能追究其刑事责任。对此，公诉人从法理角度对辩护人的观点进行了驳斥：被告人王某的行为不是一般违法行为，而是严重的犯罪行为，其行为构成了《刑法》中的抢劫罪。理由如下：欠条虽然在形式上不是财物，但是，其是以一定文字内容反映出一定数量财产的财产性利益。首先应该肯定的是，欠条代表一定的权利，而且这种权利具有财产的属性；其次，这种财产性的权利不是即时可得的，它必须通过一定的方式或程序才能实现；再次，欠条作为一种物质（纸张）本身没有太大的价值，它的价值是通过一定的文字等内容所反映出来的；最后，拥有了欠条才拥有 10 万元财产利益，没有了欠条，刘某将因此而失去 10 万元财产利益，而王某将因此而获得这项巨额财产利益。从本案的事实来看，被告人王某的犯意是确定的，即想要占有和合法拥有的是刘某 10 万元合法财产所有权，而不是欠条。这一点可以从"被告人王某逼迫刘某在其起草的 10 万元收款收条上签字"事实中看出。被告人王某为了非法占有刘某的财产，当场使用了暴力、胁迫的手段，强行将代表 10 万元财产利益的欠条从被害人身上抢走，并迫使被害人在其事先拟好的收条上签字，从而彻底地将刘某的 10 万元财产据为己有。这一系列行为特征完全符合《刑法》关于"抢劫罪"的构成要件，因此，法庭应当按照抢劫罪追究被告人王某的刑事责任。"民事不破刑事"，被告人王某当然要对刘某承担相应的民事责任，刘某可以通过"刑事附带民事诉讼"向被告人王某追索 10 万元欠款及王某的犯罪行为给其造成的精神损害赔偿金。[1]

显然，在该案中，很难直接对照《刑法》中的有关条文追究被告人的刑事责任，需要借助法理上的分析和解读，才能将抽象的刑事法律条文运用到具体的个案中去。本案中，公诉人在辩论时很好地运用了"链接法理"这一辩论方法和技巧，取得了辩论的成功。

（三）链接常理

"犯罪行为"包含"罪"和"行为"两个方面，其中"罪"着重于行为人的主观意志状态；而"行为"则侧重于行为人所实施的客观方面。作为客观方面的行为是有形的、可见的，如致人伤残、致人死亡、发生性关系、致财物毁损等，能够用直接证据单独加以证明，铁的事实无可辩驳；而作为主观意志状态的"罪"，则是无形的、不可见的，如杀人故意、伤害故意或过失等，很难用直接证据单独加以证明，通常是通过间接证据加以推导后得出的。正是因为行为人的主观意志状态，即犯罪主观方面，具有无形性和不可知性，罪与非罪、此罪与彼罪、罪重与罪轻等彼此之间的辨明和厘清，是刑事诉讼中最难、最重要的工作，也是控辩双方争论的焦点。正是因为被告人主观方面具有这样的特点，因而促使其辩护律师在此问题上大做文章，在客观事实清楚的情况下，极力从被告人的主观意志状态为其开脱罪责。

尽管公诉人可以通过众多间接证据证明被告人的主观犯意，但最终还要依靠常理来为自己的观点进行有力辩护。例如：

在一起强奸案中，由于没有直接证据证明被告人在与被害人发生性关系之前、之中实施了暴力手段，其辩护律师由此辩称：被告人和被害人之间的性关系是在一种平和的状态下发生的，属于男女之间一般的性爱，不属于强

---

〔1〕 张慧丽、万伟岭："公诉人出庭辩论技巧探讨"，载《中国检察官》2011 年第 22 期，第 26~27 页。有改动。

奸，因而被告人没有犯罪。对此，公诉人列举了众多间接证据，如两人素不相识、被告人以推销保险的名义进入被害人家中、被害人生活作风正派、被害人陈述被告人对其进行过言语和行为的胁迫、被害人衣服有被撕扯的痕迹、被害人怕事情败露影响自己的名声、被害人在事发后情绪低落、萎靡不振、被家人发现其不正常之后被劝说报警，等等。列举了众多间接证据之后，公诉人严厉地反驳道："一个陌生人打着推销保险的旗号，用善良伪装自己，敲开了纯洁善良的被害人家门。被告人此行不仅推销了保险，还与生活作风正派的被害人发生了性关系，真所谓'一箭双雕、收获颇丰'。这种所谓的'正常的性爱'正常吗？符合常理吗？任何稍有常识的人都会对此作出正确的判断。种种证据都指向一个结论：强奸。"

再如，一起故意伤害致人死亡的案件：

在这起故意伤害致人死亡案件庭审中，当审理进入法庭辩论阶段时，被告人王××的辩护律师一连串提出三条辩护意见：①被告人伤害唐××是斗殴误伤所致，是过失伤害致人死亡；②被害人唐××是这起纠纷的引起者；③被害人的死亡是他受伤后劳累过度所致。针对辩护人的辩护意见，公诉人答辩如下：

所谓"斗殴"一词的含义应该是相互殴打的表现；所谓"误伤"，是由于不能预见的原因所造成的损害。但是，请法庭注意，被告从114米远的地方，手持带铁钩的扁担，追上这个正在浇菜的唐××，先是揪扭质问，随即用扁担向唐××的头部乱打，唐××用扁担拦挡，边挡边退15米之远，这难道还说得上是互相斗殴吗？被告用扁担的铁钩用力向唐的头部乱打，这难道说得上是误伤吗？被告用扁担上的铁钩向死者头部猛打、乱打，明知自己的行为会造成伤害他人身体的结果，而且希望这种结果发生，显然构成了故意伤害罪。

……被告因为前年偷砍集体所有的松树，被唐××告发而被罚款，因此对唐××怀恨在心，伺机报复，这就是真正的起因。

本案中，公诉人用了两句反问，"这难道还说得上是互相斗殴吗""被告用扁担的铁钩用力向唐的头部乱打难道说得上是误伤吗"，实质上是巧妙地运用了"链接常理"这一辩论方法和技巧，具有较强的说服力。

在英美司法实践中，控辩双方在交叉询问时，极力将对方证人刻画成没有诚信、无赖等负面形象，目的就是在辩论中以常理来说服陪审团：对方证人证言不可信。发生在美国 20 世纪 90 年代著名的橄榄球明星辛普森故意杀人案中，控诉方之所以败诉，原因就在于控方提供的一名警方证人对待黑人粗鲁的态度，陪审团就是根据常理认为该证人证言不可信，于是没有采纳，因此导致控诉方全盘皆输。

（四）链接行业专门知识

在科技高度发达的今天，高科技含量的犯罪成为现代社会犯罪的重要特征。对于此类犯罪，公诉人要想在法庭辩论中取胜，必须涉猎各种领域的知识，否则，既不能圆满完成法庭调查任务，也无法在法庭辩论中赢得先机，更谈不上司法辩论口才。如果公诉人对相关行业专门知识缺乏透彻的理解，那么此类高科技犯罪的被告人就可能因此大做文章，百般狡辩，从而逃脱法律的制裁。公诉人只有了解和掌握相关行业的专门知识，才能在法庭辩论时"游刃有余"。例如：

在造成 72 名员工遇难、直接经济损失达 3735 万元的"渤海 2 号"翻沉事故渎职罪案件庭审中，公诉人的辩论就涉及诸多航海专门知识。就"渤海 2 号"沉船原因，控辩双方展开了激烈争论：

辩护人辩称：××石油勘探局钻井船拖航，历来都没有排压载水，《"渤 2"使用暂行规定》指出："如拖航距离较长或需进出港，应排出沉垫舱里的压载水。""渤 2"此次拖航是短距离拖航，所以没排压载水是不违章的（《"渤 2"使用暂行规定》：渤海湾皆为短距离），"渤 2"翻沉主要原因是通风筒被打断。

对此，公诉人根据相关专门知识作了如下有力反驳：

1. 《"渤 2"使用暂行规定》第二章第 8 条第 3 款规定，如拖航距离较长或需进出港，应排出沉垫压载舱里的压载水，以减少吃水、降低拖航阻力。《"富士号"钻井船使用说明书》第二节 2—2 第 3 款（B）规定：短距离拖航排出沉垫压或舱内的压载水，使自由液面最小。《稳性计算书》也规定：沉垫拖航状态，沉垫压载舱的压载水全部排出；平台拖航状态沉垫舱的压载水排出 2600 余吨。以上规定说明，"渤 2"无论是长距离拖航，还是短距离拖航，都必须排出沉垫舱内的压载水，而没有不排压载水的规定。这次拖航没有排压载水是违章的。

2. 事实证明"渤 2"这次拖航是较长距离的拖航。根据原交通部专家鉴定，长距离拖航、短距离拖航是相对的，短距离拖航一般应是拖航时间短，途中可以控制避免遇到大风浪，正如《"渤 2"使用暂行规定》第 6 条第 1 款规定：凡是航行时间超过 24 小时者，考虑到达中可能受到气象和流速的变化，所配备拖轮，拖航速度不应小于 4 节，以免路遇大风控制不了船位。经计算，此次拖航时间为 43 小时，超过 24 小时，应视为较长距离拖航。

3. 至于辩护人认为"渤 2"翻沉主要原因是通风筒被打断，颠倒了因果关系。通风筒被打断，海水涌入泵舱，这是事实。但通风筒为什么被打断，根本原因是没有排出沉垫舱的压载水，从而加深了吃水，降低了干舷，在风浪袭击下，通风筒被打断后，海水大量涌入泵舱，导致船翻人亡。如果按照规定，干舷在 3.95 米到 6.78 米，通风筒也不会被打断；即使被打断了，也便于采取补救措施。[1]

试想一想，在此案辩论中，如果公诉人不了解"渤海 2 号"航海知识，将无法对辩护人的观点进行驳斥，辩论效果可想而知。

当然，这并不是说，司法口才主体在平常工作之余，要广泛阅读，汲取各种不同专业知识的营养。这种做法是完全不切实际的，而且容易导致"延误正业"。司法口才主体只要注重科学思维方法锻炼即可，海量的知识还是交给别人储存起来。思维和思路都是线状的，是"点"与"点"之间的联结。当沿着科学的思维和思路"走"到某一"点"的时候，而这个"点"的打开需要其他专业领域的专业知识，司法口才主体完全可以查阅相关资料，或向有关专家进行咨询。司法口才主体关键是思路清晰，而不是"上知天文，下知地理"的"知识仓库"。

（五）紧扣法律

刑法对犯罪规定了严格的犯罪构成要件。犯罪构成要件是区分罪与非罪、此罪与彼罪的标准和尺度，是对犯罪嫌疑人或被告人所实施的行为进行刑法上定性的关键所在。因此，公诉人在法庭辩护时，一定要围绕某种罪名的犯罪构成要件来组织自己的言语，否则，即便表现出"思维敏捷、口若悬河"，也体现不出司法辩论才华，甚至会被对方牵着鼻子走，游离在法庭辩论宗旨之外。例如，2006 年，为了提高公诉人司法辩论口才，浙江省举办了首届检

---

〔1〕 高玉成：《司法口才学》，知识出版社 1986 年版，第 158~162 页。有删减。

察官代表团和律师代表团之间的控辩对抗大赛。其控辩对抗过程概括如下：

李文华和项真真（女）相恋并致项怀孕。当李提出分手并要求项流产时，项不同意，两次以死相逼。事发当天，项来到李的宿舍，希望和好如初未果，便到走廊上喝下随身带来的农药，又回屋坐在沙发上。李看她不走，嘴角有鼻涕样的东西，虽怀疑其喝农药，但还是锁门出去。回来时，项已被送往医院抢救，但抢救无效，死时腹中胎儿约3个月。这是在浙江省首届控辩对抗大赛上检察官代表团和律师代表团辩论的一个虚拟案例。

正方（检察官代表团）：李文华构成故意杀人罪。李文华在主观上，具有剥夺他人生命的间接故意，见死不救，触犯《刑法》第232条的规定，构成故意杀人罪。

反方（律师代表团）：李文华不构成犯罪。不作为有法律上的不作为和道德上的不作为，在本案中，李文华的行为是道德上的不作为，不构成犯罪。

正方：李文华先恋爱后分手，让项真真下了死的决心，这一切难道不是李造成的吗？

反方：按照你的观点，恋人之间的分手、争吵会将一方置于危险的状态，那是不是所有的恋人在分手的时候，都应该向对方交一份保证"绝不自杀"的承诺书呢？（掌声）如果不想分手的恋人只要出具一份"如分手必自杀"的书面声明，分手是否成为遥不可及的梦想呢？（掌声、笑声）

正方：在一个女人被男人抛弃的时候，她完全有可能自杀，特别是在怀孕时情绪容易波动，这完全是受到负心汉的刺激啊！

反方：按照你的观点，我们处理事情也就很简单了，要求婚的，最好的表白就是"不嫁给我我就死"；要加薪的，对老板以死相逼；又或者，今天我跟评委说，不给我打满分就死，那评委不给我打满分的行为有没有将我置于危险的状态之下呢？（掌声）

正方：这和本案不一样，评委相信你会自杀吗？但在本案当中，项真真真的自杀了。（掌声）

反方：在先行行为导致救助义务之中，有一个置于危险状态的中间过程，如果今天评委没有给我打满分导致我自杀，那评委伸出援手，是由于内心崇

高的道德准则，而不是因为怕受到法律的制裁。(掌声)[1]

这场控辩双方辩论赛是在检察官和律师两支职业司法团队之间展开的，尽管辩论的是一场虚拟案例，但应当注意到其与一般的辩论赛还是有本质区别的，那就是参赛双方不是一般队伍，而是司法工作人员，因此，他们仍然要将"求真不求胜"的法庭辩论精神体现得淋漓尽致，而不是与一般辩论赛一样去单纯地追寻"求胜"，否则，举办这种赛事的初衷就值得怀疑。

"求真"中的"求"是指"追求"，其中的"真"是指案件事实客观真实，证据确实充分，适用的法律恰当、准确。检察官和律师在辩论赛中，虽然针对的是虚拟案例，但辩论赛是锻炼两者的辩论能力，以便在司法实践中加以运用，因此，辩论赛所追求的仍然是"求真"，而不是"求胜"。如果按照"求真"的标准来看，在此辩论赛中，检察官未能始终保持"紧扣法律"来辩，明显让人感觉到检察官在被律师牵着鼻子走。此案的关键在于，被告人对避免被害人的死亡是否负有法律上的义务，这是刑法对被告人所要求的，也是被告人对被害人的死亡是否承担刑事责任的关键。检察官如果紧紧扣住法律上的要求，无论在辩论赛还是在法庭辩论的司法实践中，都将始终占据主动地位。

(六) 避实就虚

法庭是庄严而神圣的场所，气氛紧张、严肃而静穆。在这种氛围下，认真、细致的公诉人也难免"百密而一疏"，口误、准备工作中疏漏等不利于己方的现象在所难免。在面临被告人及其辩护律师针对公诉人的失误进行"炮轰式"发难时，公诉人不应急于"认错"或"直接辩解"，因为这样一来，会在法庭上放大公诉人的"失误"，吸引法官和旁听群众更多的注意，这是被告人及其辩护律师所期望达到的目的。只要公诉人庭上的"失误"无关案件的事实或定性，公诉人可以采取"避实就虚"的辩论策略，沉着应对。例如：

在一起法庭审理被告人韩某某、尹某某等四人盗窃、抢劫一案中，法庭辩论阶段，被告人尹某某的辩护人当庭指出，被告人尹某某在侦查阶段接受公安机关讯问时，侦查人员对其进行了刑讯逼供，并以此为由，要求法庭否

---

[1]　袁华明："王牌公诉人 PK 优秀辩手"，载《律师与法制》2006 年第 7 期，第 9~10 页。

定公诉机关的指控。关于这一点，检察机关在该案件审查起诉过程中，通过讯问被告人，已经发现公安机关可能涉嫌对被告人尹某某刑讯逼供，并将有关情况移交渎职侵权检察部门进行调查。但由于渎职侵权检察部门对公安机关是否存在刑讯逼供的调查在法庭审理进入辩论阶段时仍未结束，公诉人面对这一情况，并没有就是否存在刑讯逼供问题与辩护律师进行正面交锋，而是用简短的一小段话结束了辩护律师的纠缠："关于这一问题，我们在审查起诉阶段也充分注意到了，现正交有关职权部门调查核实，对一切违法犯罪行为，我们绝不姑息。鉴于刑讯逼供的事实仍在调查之中，本着客观公正的原则，现在起诉被告人尹某某犯抢劫罪的证据体系中，排除其本人的供述。"〔1〕

此案中，"刑讯逼供"是被告人的"实"，是被告人的辩护律师所想要在法庭上极力渲染的，而"其他证据链"是被告人的"虚"，也是被告人的辩护律师想要极力躲避的。如果公诉人以"刑讯逼供"事实尚处在调查之中还未最终查实为由，与辩护律师进行直面交锋和对抗，就会正中对方的"下怀"，将招致对方申请法庭休庭，恢复法庭调查。这样一来，既影响了法庭审理的顺利进行、浪费司法资源，又增强了被告人的侥幸心理，无形中会增加被告人的对抗情绪，从而增加了对被告人施教的难度，同时还会导致公众对公安机关和检察机关的负面印象，进而影响司法工作人员的良好形象。

"重证据，不轻信口供"是我国刑事诉讼的基本原则之一，没有被告人的口供，而其他证据确实、充分，能够形成完整的证据链，并不影响对被告人的定罪量刑。公诉人正是有效地利用了这一点，避开了对方的"实"，抓住了对方的"虚"，给予对方有力还击，使庭审得以顺利地进行下去。一句"对一切违法犯罪行为，我们绝不姑息"，对被告人予以有力地震慑，正义之声回荡在法庭上空，公诉人司法公正的伟大形象给法庭和社会公众烙下深深印迹。

（七）"以子之矛，攻子之盾"

"以子之矛，攻子之盾"就是拿对方的观点、方法或言论来反驳对方。在庭审过程中，有时会出现这样的现象：一方面，辩护律师使用某种证据形式试图来证明自己的观点；但另一方面，在公诉人使用同样的方法来证实自己对被告人罪行进行指控时，辩护律师却提出反对意见。这时，如果公诉人顺

---

〔1〕 李东翁："法庭辩论技巧与应变"，载《法制与社会》2012 年第 31 期，第 102 页。有改动。

着对方辩护律师的思路，将注意力集中在论证己方采取的证据形式或证明方法如何合法、合理和有效问题上，不仅要花费很大力气进行"旁征博引式"的阐述或论证，而且还会引起对方"细枝末节"地纠缠，影响辩论效果。遇到这种情况时，公诉人最好的辩论方法和技巧就是"以子之矛，攻子之盾"，干净利落、立竿见影、掷地有声，迅速而有效地结束有关问题的辩论。例如：

在一起故意伤害案庭审中，被告人的辩护律师向法庭指出，公诉人在法庭调查阶段所列举的证人全部都是被害人的亲戚，与被害人之间有着共同的利害关系，遂申请法庭对公诉人所提交的证人证言不予采纳。公诉人注意到辩护人也在法庭调查阶段向法庭提交了三名被告人亲属的证言作为证据，于是采用"以子之矛，攻子之盾"的辩论手法，对辩护律师进行了严厉的驳斥：请辩护人注意，你向法庭提交的三名证人，都是被告人的亲戚，显然具有利害关系，如果按照辩护人的观点，辩护人向法庭提交的三份证人证言岂不是因存在这种利害关系而无效？既然辩护人深知与当事人有利害关系的证人不能出庭作证，那么为什么你仍然要这样做？是要欺骗法庭吗？我们相信辩护人是不会在法庭上玩这种非法手段的。既然这样，辩护人自然知道法律没有明文剥夺有利害关系的人的证人资格，因此是合法而不是违法地向法庭提供了证人证言，我们这样做又何谈违法？证人证言又何谈无效？

根据《刑事诉讼法》有关规定，凡是知道案件情况的人，都有作证的义务；生理上、精神上有缺陷或者年幼，不能辨别是非、不能正确表达的人，不能作证人。从该条规定的精神来看，凡是知道案情的人，不论是否与案件当事人存有利害关系，只要没有该规定的限制，都可以作为证人，其证人证言经过庭审质证后均可以作为定案根据。本案中被告人的辩护律师也正是基于该法条规定的精神向法庭提交了与被告人有利害关系的证人证言，但是，公诉人并没有从法条的精神中直接指出辩护人的错误，而是巧妙地运用了"以子之矛，攻子之盾"的方法对其错误的观点进行了有力的驳斥。这种辩论技巧更有利于在场的旁听群众理解和接受，辩论气氛和效果都远远超越于法条的辨析和论证。

四、公诉人员司法宣教口才言语表达方法和技巧

"惩罚与教育相结合"是司法实务中最重要的原则。教育违法犯罪之重任

贯穿于刑事侦查、刑事诉讼和服刑监管整个过程和阶段，司法工作人员不能将"教育"的任务和重任寄希望于判决生效之后、刑罚执行期间的服刑人员的劳动改造这一唯一阶段，因此，公诉人在提起公诉的过程中，不能仅仅满足于"指控、证实、揭露"被告人的犯罪行为，还应当当庭对被告人进行法制、价值观、人生观、世界观、为人处世等方面的教育。这些方面的教育，不仅能够唤醒被告人的良知，促使其彻底悔悟，增强其法律意识，而且还能有效地教育公民忠于社会主义祖国，自觉地遵守宪法和法律，积极同违法行为作斗争，从而促进法治文明和社会文明建设，推动和加快实现法治社会宏伟蓝图的进程。

"教育"不是教师的专属品。是教师，但不一定有"教育"；不是教师，但一定要具有"教育"这一功能。"教育"是每一个公民的必需品，如长者对幼者的教育、自己的自我教育，等等。公诉人自然也不例外。面对违法犯罪的被告人，公诉人不仅要揭露，更应当去教育。这时，教育之责在公诉人身上更显重要。教育当然要追求其功效，否则就无法彰显教育之本源，无法实现教育之宗旨。要达到司法宣教的理想效果，公诉人除了时刻牢记司法宣教口才言语表达的基本要求之外，还应当熟练掌握司法宣教口才言语表达方法和技巧。这些方法和技巧在实践中以多种多样的形式呈现在人们面前，但是，"现象是多样的，而本质是统一的"。"万物皆有本源"，公诉人员司法宣教口才言语表达方法和技巧也不例外。根据司法实践，基础性、本质性、规律性的方法和技巧不外乎以下几个方面：①细数犯罪后果；②深究犯罪根源；③追逐犯罪心理；④揭示事物的实质；⑤唤醒被告人的责任感；⑥普适正确的人生观。

（一）细数犯罪后果

犯罪后果不但是衡量被告人犯罪行为社会危害性的重要尺度，也是对被告人定罪量刑的重要标准。对被告人犯罪行为的危害后果进行具体、细致的罗列，不仅能够客观地激发公众对事物的内心情感、有效地提高他们遵纪守法的法律意识、唤醒他们的正义感、激励他们与违法犯罪行为作斗争的决心和勇气，而且能够促使被告人真正地认清自己罪恶的一面，从内心深处深刻感受到自己行为的丑陋，从而认罪服法，为其彻底地改过自新奠定坚实的基础。

有鉴于此，公诉人在宣教过程中，在讲到被告人犯罪行为所带来的危害结果时，务必要对危害事实进行具体和细致的阐述，切勿抽象渲染，宣讲大而空的口号，如"被告人犯罪手段卑劣，社会危害性之大，社会影响之广，无以言表"；"被告人罪大恶极，不对其严惩不足以正法典，不对其严惩不足以平民愤"。无具体事实的阐述，过分渲染，非但不能引起公愤，反而会适得其反。例如：

在法庭审理被告人王某某杀人一案时，为激起民愤、引导法庭作出正确判决，公诉人采用了夸张的手法进行了宣讲：

王某某居然在20××年×月×日暮色降临之时，满脸杀气、咄咄逼人地身藏锋利的匕首，窜到了孤苦无助的亭亭玉立的少女田某某家中，恶狼般凶狠地朝田某某身上连刺九刀，田一下子栽倒在鲜血染红的坚硬的水泥地上昏死过去。苦命的田某某啊，过早地告别欢乐，永远躺在了病榻上，终日与苦痛相伴，整天与寂寞为伍。杀人魔王的手段何其残忍，用心何其毒也！不仅葬送了少女一生的幸福，也严重扰乱了社会治安秩序，不严惩不足以平民愤，不严惩不足以正视听！

显然，公诉人在煽情，试图激起民愤，可结果是：旁听席上的嗤笑之声不绝于耳，连严肃有余的法官们也忍不住相视而笑，连连摇头。最终公诉人虽竭尽全力，也未能达到预想的严惩结果。[1]

引起法庭上众人"嗤笑"，还谈何宣教？如果公诉人从被害人现实中具体遭受的痛苦事实、被害人遭受侵害前后对比落差、被害人亲人的具体伤心状况、被告人的犯罪行为对周围人或社会造成的具体影响等几个方面，来细数被告人犯罪行为所带来的后果和社会危害性，将会把人们带到具体场景中去，身临其境地去感触。这样，即使公诉人不说"手段残忍""罪大恶极""社会危害性极其严重"之类的话语，其想要传递的对被告人行为的憎恨和对被害人同情的情感，也早已在其细数具体危害事实过程中，引起人们的共鸣，其效果可想而知，绝不会出现该案中荒诞的场景。

（二）深究犯罪根源

如同病毒一样，任何犯罪都有其滋生的环境。如果犯罪根源不能彻底地

---

〔1〕 王冷、吕鸿臣编著：《司法口才教程》，中国政法大学出版社2009年版，第219页。

被挖掘出来，即使每一次犯罪都能得到法律的公正审判，新的犯罪将因未净化的社会环境而不断出现，服刑人员刑满释放后，重新犯罪的概率仍然会很大。就像一个病人，其体内的病毒虽然经过药物的治疗，得以消除，但如果医生没有认真分析其得病的根本原因，并就此向其提出注意事项和相应的改进措施，那么旧病卷土重来和新的病毒入侵的风险，将无法彻底避免。公诉人宣教时，不仅仅要让被告人彻底意识到其犯罪行为所带来的危害后果和社会危害程度，更重要的是要让被告人、旁听群众和社会各界充分认识到犯罪的根源所在，以此警示大众、社会和政府如何防止犯罪、降低犯罪概率，将犯罪消灭在萌芽状态。唯有这样，公诉人的宣教才有意义，才有助于法治文明和社会文明的建设。

一个人不是一生下来就注定是个罪犯。他们呱呱坠地时，曾使父母欣喜若狂，被父母无私的爱所包围。他们也曾有过快乐的童年，也曾是"祖国的花朵，国家的未来"。可在成长的过程中，为什么他们却走向了犯罪道路？其中的根源值得每个公民、社会、政府和国家深思。公诉人作为国家代表，自然有责任深入思考这一问题。

"深究犯罪根源"这一司法宣教口才言语表达方法和技巧，以司法讯问、询问为基础，通过对被告人法庭讯问及对被害人询问，向法庭展示被告人实施犯罪的思想、生活、环境和社会根源，在此基础上，被公诉人有效运用于发表公诉词阶段。例如，因家庭暴力而引起的一起故意杀夫案，公诉人就犯罪根源问题对被告人进行了讯问：

公诉人：死者是你什么人？

被告人：是我丈夫。

公诉人：你们是自由恋爱的吗？

被告人：是的。

公诉人：你了解他吗？

被告人：我很了解他。

公诉人：你爱他吗？

被告人：结婚前和结婚后一段时间，我们彼此都很相爱。

公诉人：你的意思是，结婚一段时间后，你就开始不爱他了，是吗？

被告人：是的。结婚一段时间之后，他染上了酗酒、赌博的恶习，为此我们经常吵架。记得有一次，他在外赌博后喝得醉醺醺回来，一进门就对我大声嚷嚷，我回了他一句，他就对我大打出手，拳脚相加，把我打得遍体鳞伤。从此之后，一发不可收拾。他一喝醉酒就打我。在外面赌输了回来找我要钱，不给，又是一顿暴打。打那时起，我开始对他又怕又恨。

公诉人：你没有想到过离婚吗？

被告人：我想到过离婚，可是，我一想到我的孩子，到了嘴边的话又吞了回去，只好自己默默忍受。

公诉人：你没有找相关部门反映你的情况吗？

被告人：我有几次找过居民委员会主任和妇联主任反映情况，可是，他们一次次都被他骂走了。

公诉人：你有向公安机关报案吗？

被告人：报过案。

公诉人：什么时候？

被告人：有一次，我在大街上，正好碰到他，他找我要钱，我没给，他就拼命地打我，说要杀了我，我拼命地跑，他就在后面追，并用一块石头砸了我的头，砸得血流不止。我顾不上疼拼命往派出所方向跑。

公诉人：大白天的，就没有人把他拦住？

被告人：我不敢回头，但是我有听到他在身后对别人叫嚷："这是家务事，你再敢管闲事，我就打死你。"

公诉人：后来，他追上你了吗？

被告人：没有。可能他看到了派出所后，就没敢再追了。

公诉人：你到了派出所报案了吗？

被告人：我报案了。

公诉人：警察立案了吗？

被告人：没有。

公诉人：警察当时对你怎么说的？

被告人：警察说："我们不能立案，要等到你丈夫正在对你施暴时，你报案，我们才能立案。"

公诉人：你当时怎么想？

被告人：我彻底失望了。心灰意冷地往回走，感到非常绝望，大脑一片空白。回到家中，我的头还流着血，可是他还是对我一顿暴打，边打还边骂道："你再敢去派出所，我就杀了你和你的全家。"我呆呆地坐在地上，已经没有力气哭了，也哭不出声音了。过一会，我听见"鼾声"，怒火中烧，冲进厨房，拿起菜刀，朝他的头部猛砍。

…………

进入法庭辩论阶段，公诉人在讯问的基础上，可以发表以下具有深刻教育意义的公诉词：

……被告人犯罪事实清楚，证据确实充分，应当按照故意杀人罪追究其刑事责任。但根据"全面收集包括有罪、无罪、罪重和罪轻的收集证据"原则，我们注意到本案的被害人存在严重过错，请法庭考虑这一"从轻、减轻"的情节。

本案带给我们很多深刻的反思：如果被告人没有染上生活的恶习，将会是一如既往的温馨的三口之家；如果有关部门能够及时地重视这个家庭的状况，对男主人进行必要的开导和帮助，那将又是一个怎样的情景；如果公安机关灵活办案，当时及时处理这起家暴案件，被告人就不可能如此绝望；如果路人齐心协力出手帮助，一场光天化日之下的暴力就可能有效地被制止；如果被告人冷静地寻求合法途径，如提出离婚，也不至于出现今天的悲剧。离婚后，孩子毕竟还有父母一方的照顾，现在却同时失去双亲的呵护，孩子将来的人生会怎样，令人担忧。本案已成过去，但留给人们的教训很沉重，还望社会大众及社会各界增强法律意识，遵纪守法，共建我们美好的家园！

公诉人宣教时的这一番话，不仅树立了其司法公正的良好形象，而且也深深触动了被告人和在场的旁听群众，教育人们如何正确、合理、合法地处理身边的事，警示社会各界应当积极处理社会上的各种"疑难杂症"，避免事态的恶化。

（三）追逐犯罪心理

分析和研究犯罪心理必须把握三个基本要素：行为、主体（有机体）和环境。[1]根据犯罪构成理论，犯罪行为人之所以要对自己的犯罪行为负刑事责任，其主观上必须存有过错，即故意或过失。也就是说，犯罪行为必须是

---

〔1〕 张久祥：《犯罪心理与案例分析》，山东人民出版社 2000 年版，第 5 页。

在行为人主观意志支配之下实施的，而这种主观意志就是在犯罪心理驱使下形成的。犯罪心理是一种极端的病态心理，是主体与客观环境共同作用的结果。当个体与其所处的环境相互作用时，个体的心理将发生有规律的变化，即平衡—不平衡—新的平衡。当一个人的周围环境发生变化时，大多数人通过对自身心理的调节，能够有效地避免犯罪心理的产生或发展，只有少数人不能正确认识这种变化，无法作出及时的控制与调节，这种失衡将始终存在，最后会导致两种极端的病态走向：一是患上心理疾病；二是走向犯罪。

一个人虽然不是天生就注定犯罪，但是，每个人在其成长的道路上走向犯罪的可能性都是存在的，这足见教育的重要性。特别是对于实施了犯罪行为的那群人来说，教育更显重要。然而，如果教育不能有效针对这群人的犯罪心理，就不能算得上真正的教育。因此，公诉人在对被告人宣教的过程中，应当有效地运用"追逐犯罪心理"这一方法和技巧，将其犯罪心理的产生、发展和变化展示在法庭上，并有针对性地对其进行施教，让其彻底认识到自身问题的症结，从而改过自新。离开"追逐犯罪心理"这一司法宣教口才方法和技巧，公诉人的宣教就不能算是真正意义上的口才，宣教效果也就无从谈起。例如，2014年9月20日，中央电视台《社会与法》栏目播出的一档节目《庭审现场》中，介绍的是一桩抢劫案件的审理过程。在这桩抢劫案的审理过程中，公诉人和法官对两位被告人都没有进行宣教。公诉人在发表公诉词时，为了履行法律对其规定的"教育"职责，在公诉词最后一段，转向在场的旁听群众说道：

最后，公诉人提醒在座旁听席上的公民以及庭外的广大公民，在去银行取款或税务机关等单位交接钱款的时候，一定要提高警惕，注意自己人身以及钱款的安全。

整个庭审现场，公诉人没有一次对两位被告人的犯罪心理进行追问和解读并伴有针对性地对两位被告人进行施教。整个庭审过程，两位被告人的表情都是木然。见此状态，其中一位被告人指定的辩护人黄碗萍，在庭审接近尾声时，对其当事人说了一段能够震撼被告人的话：

"被告人，我今天在这里为你辩护，并不是我同情你，也不是我可怜你，相反地，我很憎恨你们的行为，因为今天是在法庭，他（公诉人）是代表国家的，他们给你这个权利，维护你这个合法权益，要我们律师来维护你们合法权益，所以我希望你们要懂得感恩，再也不能做这些违反人性的事情，记得没有？"

黄律师的话音刚落，两位被告人齐声答道："记住了。"

听了黄律师这番话，两位被告人"木然"的表情有所释然，可其效果又能持续多久呢？两位被告人都有犯罪前科，一个是累犯，一个是重犯。经过这样的法庭公正的审判之后，两位被告人也当庭表示"认罪服法"，可是，12年之后，谁又敢保证：公正的司法审判能够防止他们回归社会后不再走向犯罪道路呢？难道我们的司法人员抱着"犯罪是你的事，惩罚是我的事；你敢犯罪，我就对你毫不留情地加以惩罚"的心态，就算尽到了作为一个司法人员所肩负的责任吗？

从上述案例中可以看出，没有"追逐犯罪心理"的司法宣教口才言语表达方法和技巧的运用，公诉人的法庭宣教是空洞的、抽象的，其效果可想而知。

（四）揭示事物的实质

犯罪心理学告诉人们，"个体在内化过程中，主观意识反映客观事件是有选择的，他只把那些被认可的、符合主观愿望的客观事物（信息）选择出来，即个体的内化是一个能动的过程。在反映客观事物的程序上，是先产生一种态度（意向），然后再去选择，其选择的内容与态度的倾向性有直接的关系。犯罪心理形成时，内化的结果是使个体接受客观现实中的消极因素，并使之成为个体心理意识的一部分"。[1]可见，犯罪心理是个体对外界事物和自身状况的片面认识所导致的结果。被告人之所以实施犯罪，其思想根源在于没有准确地把握事物的实质。例如，在一起侵犯商业秘密罪庭审中，公诉人可以通过下列讯问对被告人进行施教：

公诉人：被告人，你是怎么掌握受害公司的商业秘密的？

被告人：我曾经在该公司做过业务经理，负责该公司的主要业务。在我认真、积极、负责任和努力工作之下，该公司的商业网络和商业客户信息才能完全和系统地建立起来。

---

〔1〕 张久祥：《犯罪心理与案例分析》，山东人民出版社 2000 年版，第 78 页。

公诉人：是什么原因促使你跳槽？

被告人：心理不平衡。我在公司出了那么多力，可是付出与所得不成正比。再者，现在的消费水平又高，公司给我那点微薄的薪水，无法解决我在大城市生活的需要。况且，公司的壮大主要是我辛勤打拼出来的，凭什么老板得大头，我只能得一些蝇头小利。

公诉人：你认为公司主要是你打拼出来的，你是公司的发起人吗？

被告人：不是。

公诉人：你是公司的股东吗？

被告人：不是。

公诉人：不错，你是个商业人才，可是，公司有义务对每个商业人才都必须要按照股东对待吗？

被告人：（沉默）

公诉人：公司老板和公司的其他员工对公司没有付出吗？

被告人：有。

公诉人：你作为公司的业务经理，公司的商业网络和商业客户信息的建立和健全与你的辛勤工作确实是分不开的，你的功劳很大，这就是你侵犯商业秘密的理由吗？

被告人：我没有侵犯商业秘密，这些商业网络和商业客户信息是我建立起来的，理应是属于我的，我只不过是在我的公司里使用了我曾经建立起来的商业网络和商业客户信息。

公诉人：公司的商业网络和商业客户信息是要靠商业信誉才能建立起来的，你觉得是靠你的信誉，还是靠公司的信誉？

被告人：当然是我的信誉。

公诉人：凭什么说是你的信誉呢？

被告人：客户都是相信我，才和我打交道的。所有商业过程，老板都没有直接插手去管。

公诉人：你说客户相信你，你又拿什么去践行你对客户的承诺呢？

被告人：承诺是由公司兑现的。

公诉人：还不是？如果你像我这样从事与公司无关的工作，那些客户又凭什么相信你呢？

被告人：……

由于庭审的公开性和临庭性，公诉人宣教时对"揭示事物实质"这一宣教方法和技巧的运用，其教育效果的广度和深度要远远超出侦查机关和监狱管教部门对这一技巧的运用。

（五）唤醒被告人的责任感

"责任感"要求行为人行为时，一定要考虑别人的感受，顾忌别人对其"期待的眼神"和"渴求的目光"。被告人之所以走向犯罪道路，都是因在不同程度上忽略了其身边的人对他的关爱和期待、忽视了自己的责任感或责任感不强而导致的。每个人都有自己所爱的人或爱他的人，即便是孤儿院长大的孩子，也曾有过爱的呵护。所有走向犯罪道路的人，其背后都有着一双双"期待的眼神"和"渴求的目光"，期待他们走正道、做一个对社会及他人有用的人，期待他们做事情要顾及别人的感受；渴求他们生活幸福、快乐。如果我们每个人都时刻注重着我们背后那些关爱我们的眼神和目光，我们对自己行为的选择就会更加理智，我们的心理就会得到适度的调节。这些眼神和目光会使我们的视野更加开阔，内化的外界信息将更加全面、更有深度，犯罪心理产生的概率以及走向犯罪的可能性将变得很小，我们控制自己行为的力度将增强。例如，当一个人实施家庭暴力时，如果注意到他与自己的另一半一起走过的快乐时光，注意到他的子女那一双双渴求家庭幸福的眼神，注意到子女对他充满期待的目光，等等，他还会"狠心"地"一意孤行"吗？

我们通常讲，被告人实施犯罪是由于其失去了理性、人性和良知，那么公诉人在施教的过程中，就应当唤醒被告人的理性、人性和良知。"唤醒被告人的责任感"是达此目的的最佳途径和方法。公诉人在宣教时，唯有使用这一方法和技巧，才能深入被告人的内心深处，才能触及被告人的心灵，才能拓展被告人的视野，才能彻底感化被告人，才能让教育效应溢向旁听群众和社会大众，从而推动社会文明和进步。例如，对一个至死都不认罪的被告人，公诉人可以通过下列讯问对其进行施教：

公诉人：你为什么要杀害他？

被告人：他实在太可恶了。

公诉人：他怎么个可恶法？

被告人：他在平时始终欺压我、嘲笑我，让我总是抬不起头来。

公诉人：你们之前有过美好的光景吗？

被告人： 没有。

公诉人： 童年的时候呢？想一想。

被告人： 童年的时候有过。小时候，我经常到他家玩，他经常把他的玩具给我玩。

公诉人： 那时候，他父母对你好吗？

被告人： 他父母对我很好，那个时候，经常叫我在他们家吃饭。

公诉人： 被害人的父母现在还健在吗？

被告人： 还在。

公诉人： 被害人有兄弟姐妹吗？

被告人： 没有，他是家里的独子。

公诉人： 你听过"养儿防老"这句话吗？

被告人： 听过。

公诉人： 你知道你这样做将两位老人一生的心血和希望都彻底断送了吗？

被告人： （沉默）

公诉人： 你有妻儿老小吗？

被告人： 有。

公诉人： 你爱他们吗？

被告人： 爱。

公诉人： 他们也爱你吗？

被告人： 爱。

公诉人： 他们希望你给他们带来幸福吗？

被告人： 他们希望。

公诉人： 你知道他们现在的状况吗？

被告人： 对不起。

公诉人： 被害人对你再怎样，你也不至于将其置于死地呀！你们彼此之间毕竟有过美好的过去，他的父母对你也关爱有加。你却用杀害对方的行为来回报这一切。现在，他的父母怎么办？他的妻子和孩子怎么办？你的父母、妻子和孩子又该如何面对现在的境遇？你的孩子又将如何健康成长？如果你在平时多想一想这些，多想一想你的家庭对你的期望，多想一想家庭中爱的温暖，你还会做出这种极端的行为吗？让你的家庭成员过得快乐和幸福，是你的责任。他们绝不希望你做出违法犯罪的事，更不希望你去杀人，因为，他们知道，这将断送他们对你的一切期待和希望，也将断送他们的幸福和快乐，可现在呢？

被告人：对不起，我对不起被害人，对不起被害人的家属，对不起我的父母，对不起我的妻子，更对不起我的孩子，我罪大恶极。希望他人能从我身上吸取教训，不要轻易断送他人和自己家庭成员的幸福。

"唤醒被告人的责任感"这一方法和技巧在法庭审判中很少使用，更多是见于监狱管教人员对服刑人的教育，有时在侦查讯问阶段也偶尔见到侦查人员对犯罪嫌疑人讯问时使用。但是，这些场合的使用，其效果，无论在深度还是广度上，都远远不及公诉人在法庭上对其使用。"育人等于育己"，公诉人对这一方法和技巧的不断运用，不仅能够增强宣教效果，而且也会使自己的司法宣教口才得以不断地提升，同时也促使被告人彻底认罪服法。

（六）普适正确的人生观

在众多的刑事犯罪中，犯罪行为人所实施的犯罪，将其人生导向了反人民、反社会的错误方向，其人生观、价值观和世界观，存在着不同程度的缺憾，特别是财产型犯罪和经济型犯罪。在市场经济浪潮冲击下，有很多人不能稳住阵脚，随波逐流，一切向"钱"看，将金钱视为其获取幸福和快乐的重要甚至唯一手段和途径。当他们因自身能力、外界条件、生活态度等多种因素的限制，无法通过正常的渠道满足他们欲望的时候，他们的心理就因此失去了平衡，犯罪心理就会蠢蠢欲动，加上外部的诱因，最终导致其走上了犯罪道路。可见，缺乏正确的人生观、价值观和世界观，是导致他们实施犯罪的思想根源之一。如果这种根源不能被及时地铲除，那么，即使接受了法律公正的审判，由于这种病原体的存在，他们重返犯罪道路的可能性仍然存在，而且重新犯罪的概率还会很高。

鉴于此，公诉人在宣教过程中，应当对被告人错误的人生观进行揭示，并有针对性地辅之以教育，以此来传播正确的人生观、价值观和世界观，促进整个社会精神文明的提高。例如，对犯有贪污罪的被告人，公诉人可以对之进行如下宣教：

公诉人：据我们调查，发现你有很多次利用你手中的权力向他人索要贿赂，是这样吗？

被告人：是这样。

公诉人：钱对你来说，就那么重要吗？

被告人：当然很重要，难道你不爱钱吗？

公诉人：不错，我也很爱钱，但是比钱更重要、更宝贵的东西有很多，如亲情、友情、爱情、公众的良好形象，特别是国家工作人员的神圣职责，如果因为我们这些国家工作人员"爱钱"，并因此走向犯罪道路，给国家、社会和人民造成无法挽回的损失，那么，你还能真正拥有那些更为宝贵的财富吗？

被告人：（支支吾吾）

公诉人：你为什么有这样强烈的想法？

被告人：由于我的工作性质，经常接触到富商和社会上有钱的人。看到他们开豪车、住别墅、年收入上百万或千万，我的心理就逐渐失去了平衡，同样是辛辛苦苦地工作，为什么人与人之间就有这么大的差别？我没日没夜地为党和国家拼命工作，结果只能得那点微薄的工资，何时才能过上那些富人的生活？我觉得这很不公平。

公诉人：你贪污了上亿钱财之后，你过上了那些富人的生活吗？

被告人：没有。

公诉人：为什么呢？你不是有钱了吗？

被告人：哎，有钱也不敢花呀！

公诉人：我们在你家收出约3000万元现金，有成人双人床那般厚，你又不能花这些钱，可你每天都能看见它，你有何感想？

被告人：说实在的，我的心情很复杂。我有钱了，可又不能像那些富人一样去正常地使用这些钱，最后我只能寻求心理的慰藉。我每天回家后，总是要看看这些钱，看到后心里多少还有些舒坦和安慰。

公诉人：这样的状况，你以前有没有想到过？

被告人：没有。

公诉人：从一开始，就注定你不可能有富人般的生活，因为，你们所从事的本来就是两种不同的职业，而不同职业有不同职业的特点，而这一关键点，恰恰被你所忽略。商人开豪车、住别墅，是他们成功的标志，而你作为国家工作人员，如果这样，非但不是成功的标志，反而是你严重腐败的表现。试想一下，国家工作人员开着豪车去办公、住着别墅去会见，还有服务于老百姓的形象吗？商人之所以被称为商人，就是因为他们通过交易，换取更多的资本。"利润最大化"是他们的最终目的。从商业角度上讲，商人所花出去的每分钱，都想要增值。他们开豪车、住别墅，也是商业上信誉的展示，最终是为他们的事业服务的。所以，富人的生活方式是他们职业的延伸，每个人除了日常生活之外，职业生活就是他的主要生活，离开这一个基本点，其心理就会失去平衡，把握不好，就会走向犯罪。你就是一个典型的例证。

针对此案，公诉人向人们传播这样一个正确的人生观：人具有社会性，每个人都有自己的职业，而每个人的职业生活都是不同的，要透过现象看本质，不能盲目地羡慕别人的职业生活。做好自己的本职工作，才有正常人生可言，才有可能使自己的事业走向辉煌。

在当今"物欲横流"的社会，很多人，特别是一些年轻人，把握不住自己的人生方向，盲目地追求物质享受，又不能脚踏实地去实干，眼高手低，拈轻怕重，不切实际地幻想快速地完成金钱积累，不惜铤而走险，实施盗窃、诈骗、走私、贩毒、抢劫、抢夺、组织卖淫、敲诈勒索、绑架、传销等犯罪行为。针对因盲目追求物质享受而导致的犯罪，公诉人可以进行如下宣教：

公诉人：你有正常的工作吗？

被告人：现在没有，以前有过。

公诉人：你以前做过什么工作？

被告人：我以前做过很多工作，做过焊工，当过建筑工人，做过道路维修工，还干过下水道疏通工作。

公诉人：你干的工作还真不少，为什么都不能坚持下去呢？

被告人：太累、太脏，工资又低。你也知道，就靠那么一丁点工资，哪能满足我想要的生活呀！

公诉人：你想要什么样的生活？

被告人：有钱随便花。人生苦短，要及时行乐。

公诉人：凭你的能力，能过上这样的生活吗？

被告人：肯定不能。

公诉人：所以你就去偷、去抢、去骗，是吗？

被告人：大概是吧，这样，钱才能来得快。

公诉人：你每次诈骗得来的钱都用来做什么？

被告人：去住高级宾馆、泡酒吧、买高档商品……

公诉人：别人看了你们这样，羡慕吗？

被告人：很羡慕。

公诉人：如果别人知道你的钱是犯罪得来的，还羡慕吗？

被告人：……

公诉人：你敢把你从事犯罪的事情跟家人和朋友说吗？

被告人：不敢。

公诉人：你知道这是为什么吗？因为，你所干的是伤天害理的事情，是见不了光的，是包括你的家人都痛恨的违法犯罪行为。而你却以犯罪为生，从中获取所谓的"乐"。你知道什么是真正的享乐吗？

被告人：我觉得有很多钱花就是享乐。

公诉人：你父母是干什么的？

被告人：是地地道道的农民。

公诉人：他们有很多钱花吗？

被告人：没有。有就好了，我也不至于走到今天。

公诉人：那照你的意思，你的父母从来就没有享乐过？

被告人：应当没有。

公诉人：你的父母日夜操劳，含辛茹苦地养育你，当你一天天长大、变得越来越懂事的时候，你父母没有感到快乐过？

被告人：这也叫享乐呀？

公诉人：那你认为怎样是享乐？饭来张口、衣来伸手？什么事都不用做就能想吃什么就吃什么，想玩什么就玩什么，那你为何又要去行骗？只有享受通过正常途径的劳作所获取的成果，才是真正的享乐。真正的享乐是在劳动和工作之中，这就是为什么亿万富翁们还每天活跃在他们的工作岗位上的根本原因所在。离开劳动和工作而真正享乐的人，是不存在的，不过"猪"倒可以做到。

公诉人通过对被告人进行"宣教"式讯问，能够让被告人、在场的旁听群众和社会大众接受一次非常深刻的教育，引发人们深入思考。让人们意识到："不劳而获式"享乐是不存在的，"一劳永逸"的享乐是短暂的，真正的享乐是享受劳动和工作所取得的成果，所以，人生唯有通过合法的劳动和工作才能获得真正的快乐。幸福是在实现自己或他人的合理欲望之后，是智慧和爱的结果；快乐是在工作中，是享受工作时"得心应手"的感觉，是工作中的成就感，是享受工作中满满的收获和感悟。幸福和快乐都在合理、正当、对自然和社会有益的行动中，不在想入非非、游手好闲、无所事事之中，更不在违法犯罪行为之中。

思考：

1. 谈谈你对公诉人员司法口才所肩负的责任认识。
2. 良好的公诉人员司法口才必须具备哪些要素？
3. 怎样认识公诉人员司法宣教口才的意义？

讨论：

在各大法院网站上搜索最新案例，讨论和寻找优秀公诉意见书里存有哪些漏洞，并加以分析和评论。也可以到中央电视台《社会与法》栏目网站上查找公诉人法庭辩论案例，并指出其中不足之处。

第五章

审判人员司法口才

在案件庭审过程中，审判人员是居中裁判者，始终处在独立的地位，不偏袒任何一方，这是"司法公正"应有的含义和状态。与公诉人司法口才和律师司法口才相较，审判人员司法口才由于审判人员在庭审过程中的角色不同，少了对抗性，更多的则是居中性、客观性、平衡性、控制性和公正性。在整个庭审过程中，除了宣判之外，审判人员的言语很少，也很简单，有时只有那么一两个字或词，但不能因此而忽视审判人员的司法口才，更不能否定其存在性。从应然角度来看，审判人员司法口才水准应当高于公诉人员司法口才和律师司法口才。否则，审判人员就无法在庭审中辨别和判断双方言语表达水平及言语的质量。审判人员司法口才着重于"质"，而不是"量"。根据诉讼法规定的精神，审判人员的主要职责可以大体分为程序性职责和实体性职责，其中，程序性职责主要包括：启动、管理、控制、维系、调节、教育、推进等几个方面；实体性职责主要包括：查明案件事实、正确适用法律、法庭调解和公正宣判等三个方面。因此，审判人员司法口才，因审判人员所处的法律地位的独特性，有着其自身特有的责任、分类、言语表达要求及方法和技巧。

第一节　审判人员司法口才所肩负的责任

司法救济是保护公民和组织性实体合法权益的最后一道防线，审判人员肩负着来自各方的厚望，责任重大。刑事诉讼案件被告人寄希望于通过法庭审理，对其作出无罪、罪重、罪轻及罚当其罪的公正审判；被害人寄希望于法庭通过对被告人公正审判和惩罚，最大限度地修复正义，还其公道；民商事诉讼案件当事人寄希望于法庭通过公正审理和判决，保护其合法权益；行政诉讼案件原告当事人寄希望于法庭通过公正审理和判决，约束被告人（即行使行政权力的行政机关或其他组织）权力的滥用行为，以保护他们的合法权益；社会公民寄希望于法庭通过各种诉讼案件的公正审理和判决，对违法犯罪行为及时予以制裁，并辅之以深刻的法律教育，以维护其安定的生活、生产和工作环境；国家寄希望于法庭通过对危害国家安全罪的公正审理和判决，以保卫国家的根本制度，维护国家稳定；社会寄希望于法庭通过对各种案件的公正审理和判决，来维护正常的社会秩序；法律寄希望于法庭通过对各种违法犯罪的案件进行公正审理，正确适用法律，普适法律精神，提高社会各界法律意识，以实现法律正义。

在所有的一审程序诉讼案件和二审程序诉讼案件中，由于审判人员主要通过言语表达方式对案件进行审理，所以，践行这些责任的方式和手段主要来源于审判人员的司法口才。可见，审判人员司法口才肩负着对刑事诉讼案件被告人的责任、对被害人的责任、对民商事诉讼案件和行政诉讼案件当事人的责任、对公民的责任、对国家的责任、对社会的责任和对法律的责任。

一、审判人员司法口才对刑事诉讼案件被告人的责任

对于刑事案件的审判，弗兰西斯·培根曾有一句名言："一次不公正的审判，比十次犯罪所造成的危害还要严重，因为犯罪不过弄脏了水流，而不公正的审判则败坏了水的源头。"误判、错判等不公正的审判，是造成冤假错案的罪魁祸首，不仅会给无罪的被告人造成无法弥补的伤害，使真正有罪之人逍遥法外，得不到及时的刑罚惩处，放纵犯罪，给社会留下极大的隐患，而且也不能使有罪的被告人认罪服法、彻底悔过自新，还可能助长他们反社会、反人类的心理。

无罪，被告人将恢复自由；有罪，被告人将因之而失去自由。无论是无罪被告人还是有罪被告人，对于不公正审判，所有刑事案件的被告人都不希望它将落在自己的身上。审判人员拥有生杀予夺的权力，这一刻，被告人的命运被掌握在审判人员的手中。可以想象，被告人是多么希望审判人员对其作出公正的审判。而这些期望，此刻，都集聚在审判人员的司法口才之上。

从口才角度来看，公正审判就意味着审判人员在审判过程中，言辞合法、合理、适当，令人心服口服。

二、审判人员司法口才对刑事诉讼案件被害人的责任

当被害人的人身、财产等合法权益遭受不法行为侵害时，法律赋予被害人自力救济的手段和途径是非常有限的，除了法律上规定的正当防卫和紧急避险之外，被害人只能寻求公力救济来保护自己。当这种侵害达到了刑法所规制的程度，被害人如果不能通过自力救济手段来保护自己的合法权益，那么就只能通过司法诉讼途径寻求法律保护。当刑事案件起诉到人民法院的时候，法庭审理的最终结果取决于审判人员的公正审判，被害人自然期望审判人员对被告人作出公正判决，对被告人施以适当刑罚，以最大限度地弥补被告人的犯罪行为对其造成的伤害。

在庭审过程中，由于审判长拥有法庭审理的控制权，认定哪些犯罪事实、采纳哪些证据材料、鉴别被告人陈述的真伪、充分听取被害人及其委托代理人的意见，等等，都取决于审判人员明智的决断。整个庭审过程，都是审判人员通过言语的形式来完成的，因此，审判人员司法口才直接决定着被害人的期望实现程度。

三、审判人员司法口才对民商事诉讼案件当事人的责任

根据一般法理，民商事法律关系主体在法律上是平等的，因此，民事诉讼和经济诉讼案件的当事人之间的诉讼法律地位也是平等的。首先，在民商事诉讼案件庭审过程中，寄希望于审判人员平等对待当事人各方，是当事人对审判人员司法口才最基本的期待；其次，要求审判人员充分听取己方的意见和看法、确认己方证据、采信己方的主张、舍弃对方的无理要求，是当事人对审判人员最主要的期待；最后，要求审判人员根据事实和法律作出公正的裁决，是当事人对审判人员最终的渴求。不顾民商事案件当事人这些期待和渴求，审判人员的言语表达非但算不上司法口才，还可能透过其言语，让人们感觉到审判人员的傲慢和武断，可能会导致司法不公正的现象发生，将会影响审判人员的良好司法形象。

四、审判人员司法口才对行政诉讼案件当事人的责任

行政诉讼案件当事人通常一方是作为被告的行政机关，另一方是作为原告的行政相对人。其中，行政机关拥有强大的国家公权力，实属强势一方；行政相对人是社会普通民众或组织，有时也会是那些在权力上从属于被告人的行政机关，属于相对弱势的一方。基于行政诉讼案件当事人这一典型特征，行政诉讼过程可能会出现一边倒的局面。基于此，行政诉讼案件原告方，除了存有民商事诉讼案件当事人对审判人员种种期待之外，还特别渴求审判人员不畏权势，排除一切干扰，客观公正地审理行政诉讼案件。舍弃之，很难保障此类案件的司法公正，司法口才也只能成为一种笑谈。

五、审判人员司法口才对公民的责任

就刑事诉讼案件来说，审判人员司法口才对公民所肩负的责任类似于公诉人员司法口才，主要是通过对犯罪行为及时和有效的打击，为公民提供一个文明、自由、安定的生活、生产和工作环境。审判人员对民商事诉讼案件和行政诉讼案件的公正审理，意味着有效保护守法当事人的合法权益、剥夺违法当事人非法所获取的利益，使有关当事人想通过违法手段获取非法利益的想法不能成为现实，甚至要为其行为付出代价，以维持社会的和谐稳定，增强公民社会交往的安全性，维护正常的法律关系。这些，既是公民给予审判人员司法口才的责任，也是审判人员司法口才所追求的最基本的价值目标。

六、审判人员司法口才对国家的责任

法律是一种意志的体现，在实质上是法律主体意志的体现，但在形式上则表现为国家意志，而国家是"拥有主权，统治和管理其领土居民"的政权组织。可见，"统治和管理"是国家的基础性职责，而这一职责的主要成分是维护社会稳定，并在此基础上谋求经济与社会发展。法律不但不能违背这一"意志"，反而要推行这一"意志"。正是这一"意志"成分，法律和国家政策精神紧密相连。

根据《人民法院组织法》有关规定的精神，审判人员通过审理刑事案件，惩办一切犯罪分子，以捍卫人民民主专政制度，保障国家的社会主义革命和社会主义建设事业的顺利进行。检察院和人民法院都是代表国家分别行使检

察权力和审判权力，都必须为国家的长治久安服务。而这一神圣的使命，在刑事案件的庭审中，只能通过公诉人员司法口才和审判人员司法口才的施展来完成。因此，审判人员司法口才和公诉人员司法口才共同肩负着对国家的责任。

七、审判人员司法口才对社会的责任

无论是刑事犯罪，还是民商事和行政案件的纠纷，都在不同程度上对社会秩序、生产秩序、工作秩序、教学科研秩序和人民群众生活秩序造成损害，危及人们日常生活、生产和工作的正常秩序，损及社会长治久安。审判人员在审理各种案件、解决各种纠纷的过程中，借助于司法口才，作出公正的裁决，为维持和保护安定、有序、和谐、自由、平等、公平与公正的社会环境，尽职尽责。

八、审判人员司法口才对法律的责任

立法、执法和司法，是现代法治国家的三大职能，其中司法职能由人民法院来承担，因此，人民法院是法律适用机关。当不法行为人实施违法犯罪行为时，立法机关所制定的法律就受到不同程度的破坏，正常的法律秩序将因此而受损。当案件进入司法诉讼程序之后，法律就把希望寄托在审判人员的身上，期望他们有效利用司法口才，查清案情事实，正确适用法律，对违法犯罪行为作出公正的审判，以教育公民遵纪守法，提高公民的法律意识，维护社会主义法制和良好的法律秩序。

第二节　审判人员司法口才的分类

审判人员是独立的、居中的裁判者，是客观公正的象征，在任何案件庭审过程中，不偏袒任何诉讼主体。因此，与侦查人员司法口才、公诉人员司法口才和律师司法口才相较，审判人员司法口才更具有居中性。根据审判人员的程序性职责和实体性职责，可以将审判人员司法口才分为司法程序性口才和司法实体性口才两大类。

一、审判人员司法程序性口才

从开庭到休庭、到闭庭、再到宣判，整个庭审过程的进程，是由审判人员所掌控的。无论刑事案件、民商事案件，还是行政诉讼案件，宣布开庭、休庭、闭庭、裁决，都属于审判人员法定职责范畴。在整个庭审过程中，审判人员利用其司法程序性口才管理庭审，推进庭审进程，控制诉讼参与人言论，维系庭审秩序，教育当事人和在场的旁听群众遵纪守法。据此，审判人员司法程序性口才可以分为：①审判人员司法维系口才；②审判人员司法推进口才；③审判人员司法控制口才；④审判人员司法宣教口才。

（一）审判人员司法维系口才

法庭是严肃而庄严的场所，良好的法庭庭审秩序，是确保庭审顺利进行的前提和基础，是维护诉讼参与人诉讼权利的基本保障，也是审判人员树立良好司法形象的根本保证。

在开庭前，由书记员宣布法庭纪律，其主要内容和程序如下：

书记员：现在宣读法庭纪律：①未经许可，不得录音、录像和摄影；②不得进入审判区；③不得发言、提问；④不得鼓掌、喧哗、哄闹和实施其他妨碍审判活动的行为；⑤将通讯工具置于无声状态、不得接听；⑥衣着庄重整洁，除特殊情况外，应摘下墨镜、脱帽；⑦审判人员入庭、退庭及宣判时，应当起立；⑧对违反上述规定的人，将视情节轻重，予以警告、训诫、没收有关录制器材、责令退出法庭、罚款或拘留；对于哄闹、冲击法庭、侮辱、诽谤、威胁、殴打审判人员等严重扰乱法庭秩序的人，将予以罚款、拘留直至追究刑事责任。

书记员：请全体起立，请审判长、审判员、人民陪审员入庭。

审判长：请坐。

书记员：双方当事人及委托代理人，经合法传唤，现均已到庭。

审判长：现在开庭。[1]

书记员所宣读的法庭纪律，是审判人员管理庭审秩序的目标，也是庭审

---

[1] "中国法庭——普通程序_法庭审判"，载 http://www.56.com/w32/play_album-aid-2517653_vid-MTQzOTk2MzE.html，访问日期：2021 年 10 月 26 日。

过程中审判人员维系法庭秩序的基准和方向。法庭纪律的宣读，并不意味着法庭秩序自始至终都能保持在良性状态之下。在庭审过程中，可能会出现不利于庭审正常进行的情况，例如，当事人之间出现争吵、相互间言语攻击；当事人未经法庭许可，擅自发言或提问；在刑事案件被告人被提到被告席过程中，被害人家属对其实施冲击、殴打的行为；未经许可，法庭上有人擅自对庭审进行录音、录像或摄影，擅自进入审判区；旁听席上群众，在庭审过程中，实施鼓掌、喧哗、哄闹或其他妨碍审判活动的行为；庭审过程中，发生冲击法庭、侮辱、诽谤、威胁、殴打审判人员等严重扰乱法庭秩序的情况，等等。对于这些扰乱法庭审理秩序的情景，审判人员应当及时地加以制止，以恢复正常的庭审程序。这一过程中所体现的口才，就是审判人员司法维系口才。

（二）审判人员司法推进口才

法庭审判活动首先由书记员宣读法庭纪律。纪律宣读完毕，审判人员进入法庭入座，由审判长宣布开庭，法庭审理正式开始。审判长宣布开庭之后，对于民事案件，首先要核对当事人身份；对于刑事案件，首先要提被告人到庭，核实被告人身份；然后，由审判长宣布案由、法庭组成人员，告知当事人诉讼权利；接下来，审判长宣布法庭调查开始、宣布法庭调查结束、进入法庭辩论阶段、宣布法庭辩论结束、进入当事人最后陈述；最后宣布法庭审理结束、闭庭，当庭宣判或指定宣判时间。显然，整个庭审过程，都是由审判人员司法推进口才加以推动的。

（三）审判人员司法控制口才

审判是由法庭代表国家、以国家力量作后盾、解决各种冲突和纠纷的过程，因此，审判人员所掌控的是强大的国家权力，在法庭上具有绝对的权威。凭着这种权威，审判人员在庭审过程中控制着诉讼参与人会话的内容和进度。在庭审过程中，审判人员通常通过提问、打断、转换话题、言语评论等话语资源方式来控制当事人或其他诉讼参与人的话语权。此外，审判人员还会对不服控制的人进行裸权力话语控制。[1]

审判人员运用司法控制口才，将法庭审理控制在查明案情事实、正确定罪量刑和对当事人及旁听群众进行施教的范围之内，避免庭审过程偏离主题，

---

[1]　吕万英：《法庭话语权力研究》，中国社会科学出版社 2011 年版，第 90~91 页。

节约司法资源，提高庭审效率，合法、及时、有效地审结案件。

（四）审判人员司法宣教口才

根据《人民法院组织法》有关规定，人民法院用它的全部活动教育公民忠于社会主义祖国，自觉地遵守宪法和法律。据该规定的精神，审判人员在审理案件的过程中，不仅要"以事实为依据、以法律为准绳"，客观和公正地审理案件，而且要利用审判活动宣传法律精神、伸展法律正义、教育公民遵守法律、提高公民守法意识。"宣教"既是法律赋予审判人员的法律职责，也是审判人员司法宣教口才所承载的对包括当事人在内的公民所负有的神圣责任和使命。

在"惩罚与教育相结合"的原则中，"惩罚"是手段，"教育"才是最终目的。审判人员通过对诉讼案件的公正审理，教育当事人和在场的旁听群众遵纪守法的重要性，使当事人和旁听群众意识到：只有遵守法律、依据法律行事，才能最大限度地实现自己的正当利益，否则，其非法目的不但不能得到法律支持，反而会因此受到法律的追究和惩罚。违法犯罪行为于人、于己、于社会、于国家都不利，应当遭到彻底地摒弃。

审判人员司法宣教口才对象主要包括：刑事案件被告人、民商事案件和行政诉讼案件的被告人和危害法庭庭审秩序的旁听群众。在刑事案件诉讼庭审中，如果公诉人对被告人宣教存有忽视或不完整或有遗漏或不到位或不彻底，审判人员应当适时地对被告人进行法庭教育；在民商事案件和行政诉讼案件庭审中，审判人员应对被告人的违法行为和错误的思想，不失时机地给予施教，促使他们改正错误的思想，彻底意识到其违法行为的错误性；在庭审过程中，如果发生擅自录音录像、喧哗、哄闹、冲击法庭、侮辱、诽谤、威胁、殴打审判人员等严重扰乱法庭秩序的情况，审判人员在依法给予其警告、训诫、没收有关录制器材、责令退出法庭、罚款或拘留等处罚措施的同时，应当对行为人当庭进行教育，促使其彻底改正错误。

与法庭审理相比，司法宣教的地位和意义也毫不逊色。它是促使被告人彻底悔过自新的重要手段和途径，是防止违法犯罪行为人重返社会后重新实施犯罪的一道重要防线。所以，在司法审判实践中，审判人员的司法宣教口才不可被忽视。

二、审判人员司法实体性口才

查明案件事实、正确适用法律、法庭调解和公正宣判，是审判人员的实体性主要职责。审判人员司法实体性口才的运用，直接影响到对证据的采信、对案件事实的认定、对法律法规的正确适用以及对案件的公正审理和裁决，直接影响到当事人的实体权利和义务，影响到冲突与纠纷的公正解决。根据审判人员的实体性主要职责，可以将审判人员司法实体性口才分为：①审判人员司法讯问口才；②审判人员司法询问口才；③审判人员司法调解口才；④审判人员司法宣判口才。

（一）审判人员司法讯问口才

在传统的审判模式中，我国司法审判主要采取的"职权主义纠问"式。在这种模式下，审判人员实行大包揽，将法庭讯问、询问和审判集于一身。审判人员成了主角，诉讼当事人和其他诉讼参与人却充当配角。后经过一系列司法改革，我国引入了"对抗制"（控辩式）审判模式。在这种审判模式下，审判人员主要负责法庭审理程序事项。对于"讯问被告人"，《刑事诉讼法》采取的态度是"可以"，而不是"必须"，将"讯问"的主要职责赋予公诉人，审判人员的讯问只有在公诉人讯问有遗漏或不充分的情况下进行，不能喧宾夺主。

尽管这样，审判人员的司法讯问口才仍然是必要的，而不是可有可无的。从应然角度来看，公诉人是代表国家行使公诉权，应当站在客观和公正的角度对被告人进行指控；应当不任意夸大或缩小事实；应当对被告人无罪、有罪、罪重、罪轻、从轻、减轻等方面的证据进行全面收集；所指控的罪名应当恰当；所适用的法律应当正确；建议法庭适用的刑罚应当是适当的。但在司法实践中，由于受各种因素的影响，公诉人的讯问会出现这样或那样的偏差。法庭的设立和审判人员职责的设置，就是为了纠正公诉人在诉讼实践中出现的偏差。

司法讯问虽然主要由公诉人负责，但是公诉人总是会根据自己的诉讼目的，对讯问的内容进行有目的的选择，多数情况下，也难做到全面。即使公诉人力争做到具体而全面的讯问，但由于主客观条件等因素的限制，也会出现遗漏。当公诉人讯问被告人还不够具体、全面和清楚时，审判人员有必要对被告人进行进一步讯问，以便全面而清楚地查明案件事实。可见，审判人员司法讯问口才，不仅有诉讼法上的依据，而且有司法诉讼实践的必要，不是可有可无的重复或累赘。审判人员司法讯问口才的介入，有利于全面彻底地查明案件事实。

（二）审判人员司法询问口才

《刑事诉讼法》对审判人员在庭审过程中的询问的规定，也使用了"可以"一词，而不是"必须"。这一点符合我国诉讼法对审判模式的司法改革要求。同审判人员司法讯问一样，"可以"并不等于"可有可无"，也不代表审判人员在询问时始终处在被动地位，更不能指责审判人员的询问是越俎代庖，与"控辩双方对抗"式审判模式相左。无论是刑事案件被害人及其诉讼代理人、民商事案件和行政诉讼案件中的双方当事人及其诉讼代理人，还是各方证人、鉴定人，他们都会因站在自身的利益角度或受到某种利益驱动，其所陈述的内容都有可能与事实出现偏差，甚至严重歪曲事实。退一步来讲，即使他们能够本着客观陈述的态度，但由于受到主客观条件或因素的影响，他们的陈述也可能出现不太具体、全面、清楚等与客观事实有出入的现象。遇到这些情况时，审判人员为了彻底查清案件事实，有必要对被害人及其代理人、民商事案件和行政诉讼案件中的双方当事人及其诉讼代理人、证人和鉴定人进行询问。从这个角度看，审判人员司法询问不是"可以"，而是"必要"。因此，审判人员司法询问口才在法庭审理过程中也是处于"独立"的地位，而不是"从属"的位置。

（三）审判人员司法调解口才

司法调解又称诉讼调解，与行政调解和民间调解相对应。司法调解广泛存在于民商事诉讼案件、刑事诉讼案件中刑事附带民事诉讼及行政诉讼案件中涉及行政赔偿的诉讼案件。在民事诉讼案件中，司法调解贯穿于案件审理程序的整个过程。"和为贵"是中国几千年的传统文化，司法调解能够有效消除争议当事人之间的不和谐因素，既能合理、合法地解决当事人之间的纠纷，又不会伤了当事人之间的和气，有利于社会稳定和谐。"诉讼调解能最大限度地增加和谐因素，最大限度地减少不和谐因素，是司法和谐成为社会和谐的一个重要组成部分，体现出法治的重要特征。司法调解具有化解矛盾彻底、高效率、低成本、人性化等优势，是妥善处理纠纷、维护社会稳定、促进社会和谐最为有效的司法手段，是人民法院构建和谐社会的直接切入点，是和谐司法的重要内容。"[1]

司法调解是在审判人员的主持下，本着双方自愿、合法的基本原则，对双方当事人进行教育、规劝，促使其就民事争议通过自愿协商、达成协议的活动。司法调解是我国民事诉讼法的一项基本原则，在民事案件诉讼中适用得最为广泛。除了以特别程序、督促程序、公示催告程序、执行程序和企业法人破产还债程序审理的案件外，所有民事诉讼案件，在当事人自愿的基础上，在第一审普通程序、简易程序、第二审程序和审判监督程序中，均可适用司法调解。司法调解离不开审判人员司法调解口才的运用。司法调解口才是影响调解是否成功的因素之一，有时还是关键的因素。

（四）审判人员司法宣判口才

审判人员，一方面是代表国家行使审判权，拥有强大的国家权力；另一方面又是各种冲突或纠纷的居中裁判者，是值得当事人信赖的独立的第三方，是司法公正的象征。作为前者，审判人员有强大的国家权力作后盾，因之可能会产生"我行我素"等枉法裁判的倾向；作为后者，国家权力在审判人员作出裁判时，失去了前者表现出的"强悍"，仅在确保审判人员裁判时"自主"和"独立"上显出威力。这时，审判人员真正强大的力量来源于其智慧，来源于其坚守的正义的力量。仅仅依仗国家权力作出裁判，谁都可以充当审判员，而凭借自己的智慧作出公正的裁决，需要高素质的审判员，就不是什么人都可以胜任的。只有拥有高智慧，才能具备高水平司法口才，只有具备高水平司法口才，才能彰显正义。

当事人、公民、国家、社会和法律，都寄希望于审判人员运用其智慧作出公正的裁决，这就需要审判人员拥有司法宣判口才。审判人员通过施展其司法宣判口才，作出令人信服的裁决，才能使当事人、旁听群众和社会各界对之心服口服；才能促使刑事案件被告人彻底悔过自新，使违法行为人对其错误的行为有根本性认识；才能教育公民遵守宪法和法律；才能传递法律精神，增强全社会"法律至上"的信念。

可见，司法宣判不是"我是法官，我有权力作出裁判"那样简单，需要审判人员拥有由"高素养、高品德、高智慧"作支撑的司法宣判口才。唯有

---

[1] 陈永辉："关于发挥诉讼调解在构建社会主义和谐社会中积极作用的若干意见解读"，载 http://www.chinacourt.org/index.shtml，访问日期：2021 年 3 月 7 日。

这样，审判人员良好的司法形象才能最终树立。

第三节 审判人员司法口才言语表达要求

审判人员是诉讼案件的居中裁判者，同时又是诉讼结果的决断者。据此，审判人员的言语时态度、口吻、语气、语调、音量和神态，都将对诉讼当事人和其他诉讼参与人的言论、庭审氛围以及审判人员的司法形象产生这样或那样的影响，最终会影响到审判人员司法口才的形成。要想避免这些消极影响的发生，锻炼和铸就审判人员司法口才，其言语表达必须满足一系列基本要求。这些基本要求是一面镜子，是审判人员不断修正自己的言语、朝着司法口才方向发展的基准和指针，也是衡量审判人员的言语表达是否属于司法口才的标尺。

一、审判人员司法程序性口才言语表达要求

（一）审判人员司法维系口才言语表达要求

司法维系口才的主要目的是维护法庭审理秩序，教育诉讼参与人及旁听群众遵纪守法，保障诉讼案件审理顺利进行，其对象主要是哪些在庭审过程中影响或破坏庭审秩序的行为人，包括诉讼参与人、旁听群众和庭外冲击法庭的人。司法维系口才言语表达，应以及时和有效地制止影响或扰乱法庭审理秩序行为为要意。基于此，审判人员司法维系口才言语表达基本要求主要体现在以下几个方面：①言语严肃庄重；②语调平直；③语速适中；④言语适度有效。

1. 言语严肃庄重

"言语严肃庄重"是司法维系口才言语表达最为基本的要求，这是庭审庄严的氛围所决定的，也是审判人员司法公正形象的外在化表现。法庭是神圣而庄严的地方，是惩恶扬善、弘扬正义的场所。一切影响或扰乱法庭审理秩序的行为，都是藐视法庭、蔑视正义、向权威挑战的丑陋行径，必须严肃地加以制止或给予相应的法律惩处。如果审判人员在遇到影响或扰乱法庭审理秩序的行为时，其维系法庭秩序的言语表达没有满足"严肃而庄重"的要求，其效果将堪忧，其司法维系口才将荡然无存。例如：

在一次因家庭纠纷而导致的父告子不尽赡养义务的案件中，审判人员入场后，旁听席上的群众依然在议论纷纷，审判长见状，这样对旁听席上的群众说道："这是法庭啊，安静，安静，我在宣布开庭了，都听好了呀。"

听了审判长这一席话，旁听席上的群众非但没有就此安静下来，反而更热闹了，又多了些笑声和模仿声。这是意料之中的事情，因为审判长的一席话让人感觉到，他是在乞求旁听群众安静下来，而不是严肃认真地命令他们保持肃静。面对这种情景，审判长应当敲一敲法槌，并用庄严的口吻命令道：

肃静！肃静！这里是法庭！法庭上除经审判长许可发言之外，必须保持安静！不听劝阻者，将责令其退出法庭！

言语严肃庄重，意味着审判人员对影响或扰乱法庭审理秩序的丑陋行为的否定，对正当行为的维系和宣扬，是对"恶"的憎恨，对"善"的崇敬。"言语严肃庄重"要求审判人员维系法庭秩序时要做到：表情平静，姿态端庄，声音洪亮，语音有力。这样才能营造法庭庄严肃穆的氛围，彰正义之气概，显法律之神圣。

2. 语调平直

语调，又称句调，是一句话中一种音高变化的形态。这种音高变化所引起的起伏，能够表达说话者对事物的态度或情感。语调是说话者试图把句中内在的思想情绪表现得更加鲜明。根据语调高低升降的变化趋势，可将语调大致分为升调、降调、平直调、曲折调等四种。法庭是庄严而神圣的，是伸展正义、惩恶扬善、弘扬法律精神、彰显法律正义情感的威严场所。审判人员对影响或扰乱法庭审理秩序行为的制止，目的是维护庭审秩序，维护法庭的庄严，不是借此来宣泄个人情绪。因此，审判人员司法维系口才的言语表达时应当采用平直语调，以显现审判人员独立、客观，对事不对人，避免给当事人和其他诉讼参与人造成心理上的负担，误认为审判人员有所偏袒，最终损及其司法公正形象。

3. 语速适中

语速，即说话者说话时的语音速度，是传递说话者思想情感的重要途径。例如，当说话者情绪悲伤、低沉或漠不关心时，语速通常较慢；当说话者情绪激动时，语速通常较快；当说话者比较平静、客观地叙述某一事物时，语速通常不快不慢，比较适中。针对法官的实质，孟德斯鸠曾经有句经典的名言对之阐释十分透彻："一个民族的法官，只不过是宣布法律之词语的喉舌，是无生命的人，他们既不能变动法律的效率也不能修正其严格性。"[1]从语言的第一大基本功能来看，孟德斯鸠这段话有点不切实际（法官是有生命的人，即便"无生命"是一种借喻手法，但无生命也有"感知—反应"的物理线路，因此，问题不是法官有无"生命"，问题的关键是法官如何控制对其感知世界作出"反应"），法律是一种意志的体现，单有法律的规定，不构成事物实然状态的全部，更没有"效率"和"严格性"可言，法律的意志和具体人的行为的某种形式的结合，才能体现法律效率和法律的严格性，而这种结合在庭审过程中只有法官才能实现。尽管孟德斯鸠的言语存在形式上的漏洞，但不可否认孟德斯鸠的良苦用心。他要求法官的言语不能随着个人的情绪波动，而要以实现法律的效率和维护法律的严格性为第一要务。可见，审判人员在维系法庭审理秩序时，是在宣布法庭的要求，而不是发泄个人情感，其语速应当保持适中，以彰显审判人员处理问题的客观公正性。

4. 言语适度有效

案件审理是法庭的主旋律，服务于法庭审理的审判人员司法维系口才，不能超越这一主旋律而喧宾夺主。"警告、训诫、责令退出法庭、罚款或拘留直至追究刑事责任"是对影响或扰乱法庭审理秩序的行为人所采取的递进式制裁措施，在前一制裁措施没有明显效果的情况下，使用后一制裁措施，直至有效制止这类行为的发生。诉讼法规定的这种"递进式制裁措施"的本身，就是要求审判人员司法维系口才言语表达要"适度"，不能过急或过缓，应当视情况，以能够有效制止影响或扰乱法庭审理秩序的行为为准则，不能因之而过度影响案件审理的法庭主旋律。

（二）审判人员司法推进口才言语表达要求

审判人员司法推进口才直接影响到法庭审理进程；影响到法庭调查的全面性、法庭辩论的充分性；影响到诉讼当事人和其他诉讼参与人诉讼权利的充分行使；影响到庭审效率；甚至还会影响到案件能否得到公正的审判。鉴于审判人员司法推进口才在法庭审理过程中的地位和意义，其言语表达必须满足"充分、及时、衔接自然、相对完整"等基本要求。

---

〔1〕 ［美］本杰明·卡多佐：《司法过程的性质》，苏力译，商务印书馆1998年版，第110页。

1. 充分

审判人员在推动法庭审理进程时，不能一味地追求时间性，还要兼顾内容的清晰性和充分性。审判人员除了按照诉讼法的要求完成既定的法定程序之外，还要根据个案情况，在每一个阶段，都最大限度地做到充分展开，使诉讼参与人和旁听群众明白清楚，确保诉讼当事人和其他诉讼参与人的诉讼权利得到充分有效的保护。

在核对当事人身份时，要做到全面、准确，一般包括：当事人姓名、曾用名、性别、出生年月日、籍贯、职业、住所地（如果当事人是诉讼代表人，应核对诉讼代表人姓名、曾用名、职业和住所地；如果是法定代表人，应核对法定代表人的姓名、曾用名、职业和单位住所）；在核对辩护人或委托代理人身份时，应当核对其所属的律师事务所、受谁委托、指派、指定，以及辩护人权限或委托代理人权限；在核对辩护人权限或委托代理人权限时，要进一步清楚确定其具体的权限范围，如"一般权限""特别权限""全权代理"的具体范围是什么。

在法庭调查阶段，充分的标准是证据是否提交完毕、有无新的证据需要向法庭提供、证据的证明力是否得以彻底展示、双方质证的效果是否达到排除合理性怀疑的程度、案件事实是否查清等；在法庭辩论阶段，充分的标准是双方辩论意见是否发表完毕、有无遗漏、有无新的证据需要向法庭提供等；在被告人最后陈述阶段，充分的标准是被告人陈述是否完整、是否有遗漏、辩护人有无补充、被告人对其辩护人意见有无意见或补充等。审判人员一定要确保当事人和其他诉讼参与人充分发表意见的权利。每一个阶段临近结束时，审判人员应当向诉讼当事人和其他诉讼参与人探问：

你还有什么证据要向法庭提出的吗？
对以上证据的真实性，你还有什么异议吗？
你还有什么意见需要发表吗？
被告人，你还有什么要陈述的吗？

只有等待这些问题得到否定回答之后，审判人员才能宣布进入下一个庭审阶段，以充分保护当事人和其他诉讼参与人的诉讼权利。

2. 及时

当某一诉讼阶段充分展开后，无论是否实现各阶段的预期目的（如法庭调查阶段，事实是否已经查清、证据是否确实充分[1]；法庭辩论阶段，辩论双方辩论意见是否已经清晰表达；当事人最后陈述是否充分)，审判人员均应当及时宣布进入下一个诉讼阶段。因为，每一个诉讼阶段的预期目的是否能够实现，是由案件本身情况和当事人诉讼能力决定的，审判人员或合议庭只能根据庭审情况，作出相应的裁决，而不能越俎代庖，过分滞留在某一诉讼阶段。

审判人员司法推进口才的言语表达，应当严格符合"及时"的基本要求，否则，非但不能形成司法推进口才，反而有违反诉讼法关于庭审程序规定之嫌。例如，在一起电视台负责人贪污案审理过程中，审判长在宣布法庭辩论结束后，没有及时宣布进入被告人最后陈述阶段，而是发表自己对案件的看法，引起了被告人辩护律师的强烈抗议：

审判长：现在法庭辩论结束，我以审判长的身份对本案综合发表几点意见……

辩护人：（打断）请审判长注意，现在发表意见不是很恰当。

审判长：（瞟了律师一眼，不予理睬，继续说道）当前全国正在狠狠打击经济犯罪，今天我们法庭上出现了有人对那些贪污犯，不但不予揭露，相反为他们歌功颂德。

辩护人：我再次提请审判长注意，不仅现在发言不符合程序，而且发言的内容也是错误的。

这时，审判长激动起来，继续不理睬辩护人的提醒。于是，辩护人站起来说道：现在我以人民律师的身份，被迫当庭宣读我国《刑事诉讼法》的有关规定……读完法律规定之后，辩护人继续说道：还没有合议，怎么能认定被告就是贪污犯，就是犯罪呢？至此，审判长不得不宣布休庭，进入合议庭合议阶段。[2]

---

〔1〕 这里的"充分"与上述审判人员言语表达要求中的"充分"不同，证据充分描述的是"所有证据足以展现案件事实的实然状态"，而言语表达要求中的"充分"则是指庭审过程中各阶段的行为已经完成，再纠缠下去，可能会导致反复或导入与案件无关的东西，不推进进入下一阶段，会浪费庭审的宝贵时间。言语表达要求中的"充分"不以是否完成各庭审阶段的预期目的为转移。——笔者注

〔2〕 廖美珍：《法庭语言技巧》（第3版），法律出版社2009年版，第141页。

从上述案例可以看出，审判长关于庭审阶段推进的言语因不符合"及时"这一言语表达基本要求，所以不能将其言语表达称之为司法推进口才。

3. 衔接自然

"衔接自然"是审判人员司法推进口才的又一基本要求。根据这一基本要求，审判人员不但要做好庭审各阶段之间的衔接或变动工作，而且在每一个庭审阶段过程中，还要恰当处理好诉讼当事人和其他诉讼参与人之间发言的顺序、环节和发言的连续性。

对于发言的顺序，诉讼法都有明确的规定，审判人员通常都能按照法律依次进行，至于发言的环节和发言的连续性，诉讼法对其没有明确规定，完全依靠审判人员在司法实践中"自由"掌控。显然，这种"自由"不是审判人员的"任意"，存在一个评判标准，那就是审判人员司法推进口才。因此，审判人员的"自由"必须符合司法推进口才言语表达要求。譬如，在法庭调查阶段，一方当事人对另一方当事人提出的证据持有异议，想发表己方的看法，而审判人员却以"这是法庭举证环节，而不是法庭辩论阶段发表辩论意见环节"为由，加以阻止，"衔接"将因此而被阻断。等到法庭辩论阶段，再重新提起那个有争议的证据时，可能还得提起法庭调查阶段该证据被提出的经过。出现这种情形，审判人员可不是像小说的作家那样，让人"回味"，而是让人"断肠"。

"衔接自然"体现在当事人发言过程方面，主要表现为：审判人员应确保当事人发言的连续性，不应时常打断。否则，不但令人感到不自然，而且会影响庭审效果。例如，在一起民事案件庭审中，审判长的言语就违反了"衔接自然"这一基本要求。

审判长：原告，对证人申某某有要询问的吗？

原告律师：有！申某某，问你几个问题。呃，一个呢，就是……

审判长：（打断）原告方，你要向申某某问的问题先向法庭报告后再问。

原告律师：好。呃，审判长，原告方想向证人申某某先生询问四个方面的问题：一个是有关转股协议签署之后没有到工商变更的问题；第二个是某某入资之后，从时间段上来看，那一段没有出现矛盾，没有出现被告方所说的公章遗失的前提下，我想问清有没有出现过持续一个月的时间，没有其他任何原因被各方没有变更登记这个问题；第三个问题是关于公章，公章到底是遗失，还是说他持有，没有交公的问题；第四个是他是否是合法持有公章。

审判长：谁是合法持有人，是吗？

原告律师：对。

审判长：申某某是否合法，是吗？

原告律师：（停顿8秒之后）对、对。

审判长：公章的问题呢，原被告双方呢都没有什么异议，申某某可以不回答，但对原告方提供的前两个问题申某某回答一下。

原告律师：嗯，审判长！

审判长：嗯。

原告律师：我第三个问题可以放弃，第四个问题是否合法持有的问题，如果交还，交还应当合法地交还给谁的问题，我认为与本案有直接关系。请审判长允许我就此问题发问。

审判长：可以。

原告律师：好的。

审判长：申某某回答一下。

原告证人：请重复一下第一个问题，好吗？

审判长：第一个问题是未到工商变更股权转让协议，未到工商……

原告证人：呃。

原告律师：呃，审判长，请允许让我直接发问，好吗？

审判长：可以。[1]

原本庭审能够按照审判长一句发问"原告，对证人申某某有要询问的吗"顺利进行下去，何曾想，审判长并没有就此打住，而是越俎代庖地将原告律师的发问过程打个"七零八乱"。这哪是什么原告律师对证人的发问环节，完全是原告律师与审判长不对称、不恰当的一次对话，更称不上是审判人员司法推进口才。

4. 相对完整

对于案情比较简单的诉讼案件，法庭经过一次开庭审理，就可以终结庭审程序，而对于案情比较复杂的诉讼案件，法庭可能要经过两次、三次甚至

---

〔1〕 廖美珍：《法庭语言技巧》（第3版），法律出版社2009年版，第108~109页。有删减。

更多次开庭审理，才能审理终结。在这种情况下，审判人员可能在整个案件审理过程中，要数次宣布"休庭"，以中止法庭庭审程序。这种做法既合乎情理，也符合诉讼法的规定。问题在于，审判人员在推进庭审进程时，应照顾到每一阶段的庭审情况和当事人各方的要求，以便确保每一个阶段的庭审相对完整性。例如，在法庭调查阶段，因涉及众多证据、证人、被告人等情况，需要进行多次开庭才能完成法庭调查。这时，审判人员应当确保对每次开庭所调查的证据种类完成举证和质证程序，否则会影响庭审效果。如下列案例：

在上午的一次开庭中，临近中午时间，被告人的辩护律师向法庭提出，要对公诉人向法庭提交的一组证人证言进行质证。审判长考虑到辩护人所用的时间可能较长，于是对辩护律师说道："上午的时间已经不多了，你有什么意见，下午开庭再说，好吗？"辩护人只好作罢。紧接着，审判长宣布："现在休庭！"

显然，审判长是在靠权力说话，而不是靠口才说话。因为审判长的权力，使得上午的开庭留下一个长长的尾巴。

(三) 审判人员司法控制口才言语表达要求

庭审过程中，诉讼参与人的发言是受审判人员控制的，如未经审判长许可，当事人和其他诉讼参与人不可以擅自发表言论或者向对方当事人或证人发问。审判人员对庭审中诉讼参与人的话语内容也存有相当大的控制权，目的是避免诉讼参与人的话语偏离庭审主题，将其话语的内容严格控制在与案件有关的范围之内，以便节约司法资源、提高庭审效率、及时和有效地审结案件。但是，不恰当的控制，不仅不利于审判人员司法控制口才的培养，而且也可能侵害到当事人及其他诉讼参与人的诉讼权利，影响审判人员良好的司法形象。审判人员对诉讼参与人话语权的控制通常有两种途径：一是来自诉讼双方当事人的抗议请求；二是审判人员主动控制。根据审判人员司法控制口才的目的，其言语表达应当符合"对等、适时、明确"等基本要求。

1. 对等

"对等"要求审判人员：一方面要赋予各方当事人和其他诉讼参与人平等的发言和陈述等话语机会，如审判人员应将"对此，你有什么看法""你还有什么补充意见"等问话给予各方诉讼参与人；另一方面应当平等考量各方诉讼参与人的合理要求。例如：

在一起民事案件审理中，当原告向法庭提出一组书证之后，被告代理律师向法庭提出申请：

"审判长，我对原告提出的书证持有不同看法，需向法庭提出，请允许。"

审判长随之回答："可以，请说。"

当被告向法庭提出一组证人证言时，原告代理律师随即向法庭申请道：

"审判长，被告的证人证言有问题，我需要就此进行发问，请允许。"

审判长回答："等被告把证据向法庭提交完之后，你再发言，行吗？"

该案中，审判长对原被告双方代理人话语权的控制显然是不对等的。这种不符合"对等"要求的审判人员司法控制言语，不仅不利于其司法控制口才的培养，而且还会给当事人带来心理优势或心理劣势，影响审判人员的司法公正形象。

2. 适时

"适时"就是指，审判人员在发现诉讼参与人话语的内容有不恰当之处时，要及时地将其中不恰当之处指出来，便于其及时纠正，以便提高庭审质量和效率。例如：

审判长：后来怎么走的，后来怎么离开工地的？

原告：后来他把我的东西、我的被子、我的床铺都拆了，他丢到外面。我打电话问，他把床铺丢到外面。一早我叫个车子来搬家，来搬家咧，他无中生有，他发起两个。我在搬跳板，我有块跳板，他说是他们的，他把这个跳板踩到，我说，"你为么事踩我的跳板咧？"他后来……

审判长：（打断原告的话语）不要说得太具体，你是什么情况下离开的？是什么时候离开的？

原告：我是 10 月——10 月 11 号！[1]

该案中，姑且不说审判长对原告的询问所存在的问题，对于原告没有准确回答其提出的问题，审判长的阻止也不符合"适时"这一基本要求。所以，

---

[1] 吕万英：《法庭话语权力研究》，中国社会科学出版社 2011 年版，第 109 页。

该审判长的司法控制口才是值得怀疑的。

3. 明确

审判人员在行使控制权时，不是任意地，更不是武断地，而应当是清楚、准确和正当地。否则，将会导致越控越乱的局面发生，甚至会侵犯到诉讼参与人的诉讼权利，不利于案件的公正审理。

当一方当事人对另一方当事人的言论向法庭提出"反对"或"抗议"时，审判人员应当在听取反对方或被反对方的简要说明之后，作出相应的控制，并对其作出适当的提醒。当审判人员主动对诉讼参与人的话语权实施控制时，应当给予适当的说明和引导，以便实现控制效果。例如：

审判长：行，听清楚了。法庭调查终结。依据《中华人民共和国民事诉讼法》第127条的规定，下面进行法庭辩论，法庭辩论呢，应紧紧围绕本案争议的事实进行辩论，不得进行与本案无关的发言，不准使用侮辱、诽谤、人身攻击的语言，否则将被法官制止辩论发言。现在由原告发表第一轮辩论意见。

原告律师：审判长、审判员，我们是北京某某律师事务所的律师，受某某市某某某实业发展有限公司的委托出庭担任诉讼代理，在开庭前我们进行了必要的调查，收集了有关证据，在法庭上又听取了，呃，庭审调查，我们认为北京某某某通信技术有限公司的法定代表人薛某某向海淀工商局提交虚假证明文件，非法骗取工商登记，同时以欺诈的手段骗取原告签订股权转让协议，以股东名义出资，之后又不履行法定义务，不给原告办理股东变更登记手续，致使原告至今无法取得合法的股东身份，并给原告造成巨大的经济损失，请求合议庭撤销股权转让协议，责令该公司及薛某某退还股权转让款，赔偿原告的经济损失。具体意见如下：

…………

第、第三个呢，是字体和字号都不一样，可见呢，我们说这个发票上的印章，我们认为啊印章是伪造的……

审判长：（打断）提醒一下原告方，这个事实呢，你在证据的时候已经说明了。

原告律师：行。

审判长：针对你的法律意见进行辩论。

原告律师： 好的，行……但是呢我们原告以及刚才举证的那些公司原来的股东……

法官2：（插话）原告代理人，这个…事实部分已经在……

原告律师：（未等法官2说完，插话道）好的，我从来没有看见过这些电脑。

……原告至今未取得合法的股东身份，鉴于被告的……

审判长：（打断）我提醒一下原告，辩论意见要简洁、扼要，啊。

原告代理人（女）：完了，结束了。鉴于被告的上述欺诈行为使原告违反了真实意愿签订协议，该协议可为撤销合同。鉴于被告的上述行为根本动摇了双方信任和合作基础，给原告造成巨大的经济损失，请求法院撤销该协议，并判令被告，返还股权款，赔偿原告的经济损失。[1]

此案中，审判人员对辩论内容和范围的控制，从一开始就不很明确。审判长在宣布进入法庭辩论阶段时，将辩论的范围限制在"本案争议的事实"，似乎将"法律适用"排除在法庭辩论范围之外。虽然后来审判长在打断原告律师发言时，对其作了提示："针对你的法律意见进行辩论"，试图将开始时的控制意思补充完整，但仍然不具体，以至于原告律师还是停留在案件的事实部分，导致审判长对其进行第二次打断。可是，第二次控制仍未见成效，以至于再次对原告律师的发言进行控制："我提醒一下原告，辩论意见要简洁、扼要。"不难看出，如果审判人员对诉讼参与人的言语控制意图不明确，控制目的将很难实现，审判人员司法控制口才自然就难以形成。

（四）审判人员司法宣教口才言语表达要求

公诉人员司法宣教口才言语表达要求同样适用于审判人员，此处不再赘述。

二、审判人员司法实体性口才言语表达要求

（一）审判人员司法讯问口才言语表达要求

公诉人员司法讯问口才和审判人员司法讯问口才的对象都是庭审中的被告人，两者既存在相同之处，也存有差别。其中，相同之处在于，公诉人员

---

〔1〕 廖美珍：《法庭语言技巧》（第3版），法律出版社2009年版，第144~145页。有删减。

司法讯问口才和审判人员司法讯问口才的目的都是查明案件事实；不同之处在于两者的着眼点不同，公诉人员司法讯问口才因公诉人所处的公诉地位，决定了公诉人对被告人的讯问侧重于对被告人实施的犯罪行为的案件事实；而审判人员，由于处在独立和居中的位置，对被告人的讯问不局限于其所实施的犯罪行为的事实，而是要对被告人无罪、有罪、罪重、罪轻、从轻、减轻等方面的事实进行全面追踪，以便对被告人作出公正的判决。鉴于两者的共同之处和不同之处同时存在，因此，审判人员司法讯问口才言语表达，既要遵循公诉人员司法讯问口才言语表达要求，更要强调与自身特点相符合的要求：符合控辩对抗式审判模式、客观全面、有宣教成分。

1. 符合控辩对抗式模式

从传统"职权主义纠问"式审判模式到"控辩对抗"式审判模式的转变，是司法改革的一项重要成果。适应这一新的审判模式的需要，审判人员不再是讯问的主角，而是对公诉人的讯问和辩护人的发问进行缺漏补正，以便对案情事实的全面把握，对被告人作出公正的裁判。

"控辩对抗"式审判模式要求对被告人的讯问和发问应当以公诉人和辩护人为主，等到公诉人讯问完毕和辩护人发问完毕，审判人员如果感觉公诉人的讯问和辩护人的发问有遗漏或不清楚的地方，可以对被告人进行讯问。所以，刑事诉讼法用"可以"一词来限定审判人员的讯问。据此，审判人员的讯问必须待公诉人讯问和辩护人发问完成之后，方可根据讯问和发问的具体情况决定是否进行，不能穿插到公诉人讯问和辩护人发问之中，否则，就有越俎代庖之嫌，危及"控辩对抗式"审判模式的建立，影响审判人员司法讯问口才的形成。

2. 客观全面

虽然我国《刑事诉讼法》要求公诉人对被告人无罪、有罪、罪重、罪轻、从轻、减轻等方面的证据全面进行收集，但是由于公诉人的主要职责是指控、证实和揭露犯罪，因此其提起公诉的角度主要还是侧重于有罪指控，对被告人的讯问往往围绕有罪方面进行展开，而对被告人有关从轻或减轻的情节方面常常不去讯问，顶多在发表公诉词时，简单提及被告人的从轻情节，更不用说对被告人犯罪动机形成的根本原因进行挖掘了。面对这种情况，被告人的辩护律师发问时又没有做进一步补充，审判人员应当作出更加全面的补充讯问，以便在法庭上展现被告人的全貌，让人深刻思考犯罪根源，以警示被告人和旁听群众，为司法宣教做好铺垫。

由于审判人员的庭审地位具有居中性和独立性，主要任务是通过庭审查明案件事实、正确适用法律。因此，审判人员对被告的讯问既不是站在公诉人角度，也不是站在被告人及其辩护律师角度，否则，审判人员的讯问就是越俎代庖，《刑事诉讼法》关于"审判人员可以讯问"的规定就失去了法律上的意义，也就没有独立的审判人员司法讯问口才可言。

3. 有宣教成分

同样是盗窃、抢劫或杀人，刑法却对之却规定了相应的量刑幅度，基于个案施以不同刑罚。这说明，每个具体案件看似相同，但由于被告人的主观罪过和犯罪行为的社会危害千差万别，同样的犯罪背后隐藏着迥然不同的犯罪根源。如果都是千篇一律地按照公诉人所局限的有罪指控思路进行讯问，法庭审判也只不过是停留在"你犯罪，我审判"层面上，则很难体现"惩罚与教育相结合"的法治精神。所以，审判人员对被告人的讯问应当具有宣教成分。唯有从宣教角度入手，审判人员司法讯问口才才能有所建树。

（二）审判人员司法询问口才言语表达要求

同司法讯问一样，诉讼法对审判人员司法询问的规定也是"可以"，而不是"必须"。这一点也是同"对抗制"审判模式相一致的。在庭审过程中，对被害人询问、对证人的询问及对鉴定人的询问，依然以诉讼参与人为主，审判人员只是为了推动庭审进程，或者在诉讼参与人询问有遗漏和不清时，方可进行询问。审判人员的询问目的和诉讼参与人的询问目的基本上是一致的，都是为了查清案情事实。因此，审判人员司法询问口才言语表达遵循公诉人员司法询问口才言语表达要求，只不过要注意询问时间和询问内容。审判人员的询问应当起到推动庭审进程和对诉讼参与人询问进行补充的作用，不可喧宾夺主。如下列审判人员对被告方证人的询问就是喧宾夺主：

审判员：好，蔡某某，你把当时的情况实事求是地进行一下陈述。

证人蔡：当时就是我们一班工人下班了，下班了我们就在清理东西，清理东西咧，当时原告的自行车下得蛮快，陡然一下子车子达倒（方言，摔倒）了，头也摔破了，当时我打电话到我们公司里，公司里请我们把他送到医院去了，这就是经过。

审判员：你说原告从一个坡子上下来达倒了？

证人蔡：速度相当快然后达倒了，头达破了。

审判员：那我先问你咧，你跟这个原告你们是亲戚关系啊还是么关系啊？

证人蔡：素不相识。

审判员：素不相识？素不相识，那你说你建议你们老总，你说你跟原告素不相识是不是啊，你发现他受伤了，你告诉你们单位做么事呢？

证人蔡：我们是招呼现场，我们不能做主撒！

审判员：做么事不能做主呀，他自己达倒了，你说他自己达倒，你跟你们单位汇报，你做么事不能做主呀?！

证人蔡：当时他头达破了以后，我跟我们公司打了电话。

审判员：头达破了，是他从坡子上自己滑下来达下来达破的，你跟你单位打什么电话呢？为么事打电话呢？是自己达破的，与你相么事干？〔1〕

一开始，审判人员要求证人蔡某某叙述其亲眼看到的事实发生的经过，在诉讼参加人没有询问或询问不清的情况下，为了查明案件事实和推动庭审进程，这样做是恰当的。证人蔡某某叙述完事情发生的经过之后，审判人员应当转向原告询问其有没有问题要向证人发问，从而开启质证过程，而不是自己代替原告去完成质证，从而喧宾夺主，与审判人员的法定职责不符。

（三）审判人员司法调解口才言语表达要求

由于受我国传统文化的影响，"畏讼"心理在中国老百姓心中挥之不去。"我要上法院告你""咱们法庭上见""你竟然到法院去告我"等言词，在中国老百姓心目中预示着一种仇视和绝交。在中国人看来，求得法院一纸判决，是不得已而为之，是矛盾激化的结果。因此，为了彻底化解矛盾，使当事人重归于好，包括司法调解在内的解决纠纷的调解形式，在中国大地上非常盛行。民事诉讼法对此作出了回应，规定：在法庭宣判前任何一个阶段，在双方当事人自愿和合法的基础上，审判人员对当事人之间的纠纷都可以实行司法调解，以调解的方式结案。调解的目的远远超越某个具体纠纷的解决，而是面向于当事人未来的和谐交往。可见，审判人员司法调解口才意义十分重大，其深度也不是一般调解口才所能媲美的。

审判人员司法调解口才言语表达要求表现形式多样，总结司法实践，这

---

〔1〕　吕万英：《法庭话语权力研究》，中国社会科学出版社2011年版，第104页。

些多种多样的形式都离不开以下一些基本要求：①适宜的言语环境；②言语的通俗性；③具有亲和力；④寓情于理。

1. 适宜的言语环境

调解的环境对调解的成功具有直接影响。环境状况，既会影响当事人的心境和思想，也影响到审判人员作为调解人的话语和态度。调解环境选择不适当，将会使调解流于形式。通过观看中央电视台《社会与法》栏目中众多的《庭审现场》节目，不难发现，在民事案件的庭审中，审判人员对当事人之间的民事争议使用调解方式进行解决时，不外乎下列形式：

审判长：根据《中华人民共和国民事诉讼法》的规定，现在对双方当事人的争议进行调解。原告，就本案，你是否愿意调解？

原告：愿意。

审判长：被告，你是否愿意调解？

被告：愿意。

审判长：好，既然双方当事人都愿意进行调解，本着自愿、合法的原则，由本庭主持调解，下面进行调解。原告，你说说你的调解意见。

原告：我还是坚持对方赔偿×××元损失。

审判长：原告，你的意思是还是坚持原来的诉讼请求，是吗？

原告：是的。

审判长：好，那么被告你的意见呢？

被告：我也是坚持我在诉讼过程中的看法。

审判长：你们都坚持原来的主张，是吗？

原、被告：（齐声）是的。

审判长：没有协商的余地？原告？

原告：没有。

审判长：被告？

被告：没有。

审判长：鉴于双方意见存在分歧，不能达成调解一致意见，现在宣布休庭，等合议庭合议后宣判（或择日宣判）。

这样的调解显然是流于形式。当庭调解，由于调解环境的限制，双方当事人还没有从庭审中走出来，仍然处在对立的状态，其心境和思想受到庭审环境极大的限制，要想打破这种限制，应当将各方当事人分别带离法庭，进行面对面交流，方可打开当事人的思绪和心结，才有望促进调解成功。在这一点上，巡回法庭的法官做得比较成功，应当加以推广。

2. 通俗的语言

审判人员与各方当事人分别面对面交流，是司法调解最佳、最有效果的方式。这种方式决定了审判人员在调解过程中所使用的语言必须是通俗易懂的，并且能够让对方听起来感到非常亲切，而不宜使用法言法语和专业性词汇。通俗易懂的语言是通向彼此沟通的桥梁和纽带，是化解当事人心结、拓展其思维的重要途径和手段。试设想一下，如果审判人员将庭审的姿态带入调解过程，摆出严肃高深的姿态，用语晦涩难懂，通篇法律法规条文，非但不能拉近审判人员与当事人之间、当事人与当事人之间的距离，反而会将当事人牢牢地圈进庭审氛围之中无法自拔。在这种氛围中，调解很难成功。有这样一个案例，很能说明问题。

一位老太太因其再婚的丈夫去世而产生的遗产继承问题，与其继子发生了纠纷，起诉到人民法院。人民法院在审理此案的过程中，指派了一位年轻的法官对此纠纷进行了调解。在调解中，这位年轻的法官苦口婆心、反反复复地规劝这位老太太，不断地给她讲解《继承法》的有关规定，可是，老太太很"犟"，就是不同意这位年轻法官的调解方案。

调解与审判最大的不同之处就在于，调解的言语是取法律法规条文中的精神，而不是条文本身，最好是忘掉法律法规条文，将其中的精髓用当事人听起来倍感亲切的通俗语言传递出来，以此来感化当事人，实现调解的目的。比如，将权利转换为"想要"，将责任转换成"期待的眼神"，进行"眼神"教育和疏导。这样，将专业性很强的法律语言转化成老百姓听起来十分亲切的话语，直入百姓心肺，易为百姓接受。法律的意志取之于百姓的想法，百姓的想法是法律意志的源泉或本源。从数学集合概念来看，法律意志是百姓想法的"真子集"。既然如此，就应当将法律的意志内容用通俗的语言（即老百姓能听得懂、能够深受感触的语言）转化成老百姓的想法，这样才能取得如期效果。本案中那位"年轻的法官"（注意，不要注重年龄，要注重司法口才水平，注重智商和智慧高低。智商和智慧停滞不前的人，年龄再老，也很幼稚。相反，在科学思维指引下，通过时刻不停地钻研和思考，年龄再年轻，也"少年老成"）失败的根源正是不懂得这一点。

3. 言语的亲和力

中国老百姓来到法院打官司，多半是双方之间的矛盾已经激化到不能通过其他途径来解决的程度。这时双方当事人的情绪都很紧张激动，处在敌对状态，相互之间失去信任，缺乏亲和度。作为居中调解人，审判人员首先要解决的重要问题是，缓解和消除当事人紧张激动的情绪。要顺利完成这一重要任务，审判人员调解时的言语一定要有亲和力。亲和的言语，不仅能让当事人感受到审判人员的可亲、可信，而且还能让当事人紧张激动的情绪得以慢慢缓解、放松心境、转变敌对态度，促使他们扩展思维、更加冷静地思考、对纠纷的缘由进行认真和细致的全面考量。

亲和的言语具有巨大的能量，因为审判人员已经走进了当事人内心深处，将自己置身于当事人的境地，设身处地为当事人着想，深深取得当事人的信任，让当事人深刻感受到，审判人员所做的一切都是为了他们，为了他们未来更好地和睦相处，而不是急于完成工作任务。亲和的言语所营造的氛围，将使调解一步一步走向成功。

4. 寓情于理

审判人员在进行司法调解时，要摆脱审判模式，不能一味地追求争议的事实是怎样怎样、法律条文的规定是如何如何，更不能使用诸如"我们经过了法庭调查，事实已经很清楚，如果你不接受调解方案，那我们就要依法判决，你考虑考虑"之类的话语，要寓情感于道理之中，动之以情，晓之以理。即使要涉及有关法律条文，也应当用日常生活中的道理将其中的法律精神传递出来。这样才能打开当事人的心结，使其反省自己在整个纠纷过程中的行为和态度，纠正自己狭隘的心理，多为对方想一想，消除当事人彼此间的隔阂，使之重归于好。上述遗产纠纷案件中，一位年长的经验丰富的法官就成功地运用了"寓情于理"的言语化解了这起家庭纠纷：

法官：老太太，您说继子对您不好，是吧？

老太太：是的，我和他父亲再婚八年，他连一声妈都没有叫过我。

法官：您的继子对您老伴怎样？

老太太：说实话，他对我老伴很好，很孝敬。

法官：怎么个孝敬法，您能跟我们讲讲吗？

老太太：他孝敬他爸的事情还真不少，我印象很深的是，他爸住院期间，由于我腿脚不方便，一直是他陪在我老伴身边伺候着，长时间照顾他吃喝拉撒。

法官：民间有句俗语，"久病床前无孝子"，这样的儿子也是少见吧。

老太太：是的，我老伴这个儿子确实难得。

法官：您现在和您老伴这样孝敬的儿子因为遗产而起矛盾、不和，您看，您老伴愿意你们这样相处吗？您看，您和您的继子都是您老伴最爱的人，而现在他老人家两个最爱的人却因为他的遗产闹到水火不相容的地步，如果他老人家在天有灵，他愿意看到这种场景吗？

老太太：（至此，老太太已经落泪了）法官，听您的。

情感的魅力是无穷的。审判人员在司法调解过程中，运用责任中的"眼神"教育，挖掘当事人间的情感，不仅能够彻底解决纠纷，还能促使当事人重归于好。最重要的是，给当事人上了一堂深刻的教育课。

（四）审判人员司法宣判口才言语表达要求

司法宣判口才言语表达，除了要符合语音洪亮、语调平稳、语速适中、节奏分明和语气庄严等要求之外，还应当符合思路清晰和理由充分等两项重要要求。

1. 思路清晰

司法宣判是独任审判员或合议庭经过法庭调查和法庭辩论，对案件的事实、证据和适用的法律意见作出的具有法律效力的结论性判断。其思路走向是：诉讼当事人和其他诉讼参与人向法庭提交的案件事实、证据和陈述的法律意见，法庭经过审理所认定的案件事实和证据，判决理由。诉讼当事人向法庭提交的事实、证据及所主张的诉讼请求，只能代表己方对案件的看法，存在一定的片面性；法庭经过法庭调查和法庭辩论，对双方当事人所提交的事实、证据、主张进行认定及认定的依据，具有客观性和公正性；独任审判员或合议庭根据法庭查明的事实，依据相应的法律作出判决，并阐明如此判决的理由，这是判决具有公信力的强有力保障。其中的思路应当清晰地与庭审过程所呈现的事物发展脉络保持一致，不能随意跳跃，以确保司法裁决客观、公正、令人信服。例如，李某成犯合同诈骗罪刑事判决书（摘要）：

金昌市金川区人民检察院以金区检诉字［2003］52号起诉书指控被告人李某成犯合同诈骗罪，于2003年9月26日向本院提起公诉。本院受理后，依法组成合议庭，公开开庭审理了本案。金川区人民检察院代理检察员张健出庭支持公诉，被告人李某成到庭参加诉讼。本案经合议庭评议，现已审理终结。

金川区人民检察院指控，2000年3月29日，被告人李某成伙同无业人员黄某文、蒋某友（取保后均在逃）以宁夏回族自治区银川市星光物资经贸分公司的名义与金昌市金川公司电器控制设备总厂保温防水材料厂（简称"电控材料厂"）签订购销国标350号GB306—89低脂沥青油毡纸10 000卷的合同一份，合同约定每卷油毡纸51元，提货时付50%，其余货款分期支付，于2000年6月底支付15.5万元，2000年10月底全部付清。被告人李某成在无任何固定资产及资金的情况下，以高利贷的形式筹措资金7万元以及黄某文1万元，共计8万元现金，于2000年4月21日至5月11日由被告人李某成本人及黄某文、蒋某友、辛某先后6次从电控材料厂提取油毡纸5900卷，付款150 450元，尚欠电控材料厂150 450元的货款。为了达到非法占有的目的，被告人李某成以每卷40元、38元不等低于厂家的价格，将5900卷油毡纸分别销售给武威市个体户王某涛、金昌市永胜物资贸易有限公司何某胜和金昌市东正公司杨某东，得款161 164元，被告人李某成将所得款除归还高利贷外，分别分给黄某文4000元、蒋某友7000元、辛某1000元，其余挥霍后逃匿。案发后，追回油毡纸877卷价值44 727元，现金32 333元，各类物品计64 800元，均已退还电控材料厂。

指控上述事实的证据有电控材料厂的报案材料、证人证言、购销合同及提货凭证、扣押清单、被告人供述等在案证实。

公诉机关认为，被告人李某成无实际履约能力，以先履行部分合同的方法，骗取对方当事人的财物，数额较大，侵犯了国家对经济合同的管理制度和公共财产所有权，行为触犯了《中华人民共和国刑法》第224条之规定，构成合同诈骗罪，应依法惩处。

庭审中，被告人李某成对起诉书中指控的犯罪事实供认不讳，但其辩解与金川电控材料厂系经济纠纷关系，行为不构成合同诈骗罪。

经审理查明，被告人李某成于1994年间曾在宁夏回族自治区银川市注册"宁夏回族自治区银川市星光物资经贸分公司"。但此后连年亏损，至2000年该公司已无任何资产。2000年3月29日，被告人李某成伙同无业人员黄某文、蒋某友（均非该公司员工，取保后在逃）以"宁夏回族自治区银川市星光物资经贸分公司"的名义与金昌市金川电控材料厂签订购销国标 350 号 GB306－89 低脂沥青油毡纸 10 000 卷的合同一份，合同约定每卷油毡纸 51 元，提货时付 50% 的货款，其余货款分期支付，于 2000 年 6 月底支付 15.5 万元，2000 年 10 月底全部付清。被告人李某成因无任何固定资产及资金，即以高利贷形式筹措资金 7 万元并借黄某文 1 万元，共计 8 万元现金，于 2000 年 4 月 21 日至 5 月 11 日由被告人李某成本人及黄某文、蒋某友、辛某先后 6 次从电控材料厂提取油毡纸 5900 卷，只付款 150 450 元，尚欠电控材料厂 150 450 元。提货后被告人李某成以每卷 40 元、38 元不等低于出厂价的价格将 5900 卷油毡纸分别销售给武威市个体户王某涛、金昌市水胜物资贸易有限公司何某胜和金昌市东正公司杨某东。为掩盖其非法占有之目的，其还与金昌市永胜物资贸易有限公司何某胜签订购销油毡纸单价为每卷 53 元的合同一份。之后被告人李某成将低价销售油毡纸所得款除归还高利贷外，分别分给黄某文 4000 元、蒋某友 7000 元、辛某 1000 元，其余挥霍后逃匿。案发后追回油毡纸 877 卷价值 44 727 元，现金 32 333 元，各类物品计 64 800 元，均已退还电控材料厂。

上述事实由公诉机关当庭出示并经法庭质证、认证的下列证据证明：

……（此处省略）

上列证据被告人李某成均无异议，本院依法予以确认。

本院认为，金川区人民检察院指控被告人李某成犯合同诈骗罪的事实清楚，证据充分，应予支持。被告人李某成无视国法，以非法占有为目的，以先履行部分合同而签订购销合同的方法，骗取国有财产，数额巨大，严重侵犯了国家对经济合同的管理秩序和国有财产所有权。行为构成合同诈骗罪，应予惩处。被告人李某成本无实际履约能力，在骗取财物后即低价销售套取资金挥霍后逃匿，主观方面具有诈骗的故意，客观方面实施了以签订、履行合同为幌子而骗取对方当事人财物的行为，且数额巨大。其关于与电控材料厂系经济纠纷而非诈骗行为的辩解无据证实，本院不予采信。故依据《中华人民共和国刑法》第 224 条之规定，判决如下：[1]

……（此处省略）

---

〔1〕　甘肃省高级人民法院编：《甘肃法院优秀裁判文书选》（二○○三年卷），甘肃人民出版社 2004 年版，第 5~9 页。

这是一篇优秀的裁判文书。在文书的正文部分，首先介绍了公诉人所指控的被告人犯罪事实、证据和法律意见，以及被告人的辩解，其次介绍了经法庭查明的事实及认定的根据，最后阐述了认定公诉人的指控和对被告人辩解不予采信的理由，并在此基础上作出判决。正文中的三大部分思路清晰，如实反映了庭审过程中的每一个关键性环节，是"庭审事实"的客观再现。在此基础上所得出的判决结果自然客观、公正、合法，令人信服。

2. 理由充分

2013 年经修订后的《中华人民共和国民事诉讼法》对判决书的规定有了重大的修改。其第 152 条第 1 款明确规定，"判决书应当写明判决结果和作出该判决的理由"；第 3 款规定，"判决认定的事实和理由[1]、适用的法律和理由"。依据法律规定的精神，审判人员司法宣判口才言语表达一定要符合"理由充分"这一最基本的条件。为什么这样判决，而不那样判决？为什么认定这部分事实、适用这样的法律，而不是认定那样的事实、适用那样的法律？给个说法，不然难以服众。"理由充分"便是"给个说法"使然。作为语词，"理由充分"描述的是这样一种状态：能够足以说明所认定的事实是真实的、客观的、与案件有实质性联系、具有法律意义，排除了相对状态的可能性；能够足以说明所适用的法律对被告实施的法律制裁是最公正、最正义的，体现了"罚当其罪"的原则。要以理服人，不能以权势压人。唯有前者才有司法口才可言，而后者是无需任何口才的，只要一句话"我是法官，我有权力这样判，你想怎样"就足矣。在庭审过程中，无论是法庭调查阶段，还是法庭辩论阶段，诉讼当事人及其他诉讼参与人之所以向法庭举证、质证、发表辩论意见，其目的均是说服审判人员，以便审判人员采信己方主张，而审判人员也是在期待当事人及其他诉讼参与人对自己的说服，其最终采纳谁的主张，依据的就是"理由充分"。同样，诉讼当事人及其他诉讼参与人和旁听群众，也在期待审判人员为什么采信这样的事实和观点，而舍弃那样的事实和

---

[1] 从语言的第一大功能来看，"理由"也必须是对氨基事实的描述，不能瞎编乱造。"事实"部分主要介绍法庭调查阶段查明的事实，具有单个性、独立性、破碎性，看不出它们之间的内在关联性。"理由"部分除了阐明法庭对法庭调查阶段当事人各方及公诉人所例举的事实和证据的认定或不认定的根据之外，还需要将法庭认定的事实用事物的发展规律串联起来，并说明其违法、不违法、合法、罪重、罪轻、无罪等法律性。能够清晰地说明，便为"理由充分"，反之，理由不充分。据此，辩论可以分为：事实之辩、证据之辩、法律适用之辩及理由之辩等四大类。——笔者注

观点；为什么作出这样的判决，而不是作出那样的判决。从这个角度来讲，"理由充分"是审判人员对诉讼当事人及其他诉讼参与人、旁听群众乃至社会公众所肩负的责任，也是司法公正的体现。

就刑事案件来说，刑法对每一宗罪都规定了较大的量刑幅度，也就是说，犯有同种罪的被告人，如同是杀人犯，其受到的刑罚处罚可能迥然有别。为什么同种罪名，不同被告人所获刑罚存在差别？其理由是什么？审判人员如果疏忽或给不出充分的理由，很难令被告人彻底认罪服法，更难以达到教育的目的。就民商事和行政诉讼案件来说，审判人员"理由充分"的判决，不仅能够使当事人心服口服，以确保案件判决结果得到履行，而且能够有效地避免错判、误判和判决不适当的现象发生，有利于审判人员树立司法公正的形象。

根据刑法规定的精神，可以将理由分为事实理由、法律理由和情节理由等三种。其中，事实理由是指被告人犯罪事实存在的理由，是区分和判断被告人的行为"罪"与"非罪"的基础；法律理由是指刑事法律中对各种罪名所规定的犯罪构成要件及刑法学里有关犯罪构成的理论，是区分和判断被告人的行为"罪"与"非罪""此罪"与"彼罪"的准绳；情节理由是指对被告人犯罪行为从重、从轻、减轻和免除刑罚处罚的理由，是具体确定对被告人的犯罪行为适用具体刑罚的依据。

司法实践中，审判人员进行宣判时，其言语表达的内容多种多样，繁简不一。但是，这并不意味着，审判人员司法宣判口才呈现多样化趋势。衡量审判人员司法宣判口才的标准只有一种，那就是：对刑事案件中的被害人和被告人负责；对民商事案件和行政诉讼案件中的各方当事人负责；对所有诉讼案件中的旁听群众负责；对法律负责；对社会负责；对法治国家负责；对人类社会文明负责。

第四节　审判人员司法口才言语表达方法和技巧

一、审判人员司法程序性口才言语表达方法和技巧

（一）审判人员司法维系口才言语表达方法和技巧

"警告、训诫、责令退出法庭、罚款或拘留直至追究刑事责任"是审判人员维系法庭庭审秩序所使用的保障性手段，但不是唯一手段，更不是主要手

段。如果审判人员凭借自己手中掌握的国家权力，仅仅依靠这些法律手段来维系庭审秩序，那么问题就显得非常简单，没有受过法律专业培训的人都能够胜任。维系庭审秩序的过程涉及诸多方面，如审判人员良好的素质和修养、庭审的主要氛围、诉讼当事人的话语权等，需要审判人员言语表达时讲究策略和方法。审判人员在维持法庭秩序时，其言语表达，除了要以司法维系口才的目的为指针和满足其一系列言语表达要求之外，还要讲究一些基本方法和技巧。

1. 释义性重申

庭审前，书记员已经认真和细致地将法庭纪律和相应的应对措施在法庭上作了庄严的宣布，明确地告诉大家在庭审过程中不应当做什么及违反的后果。从应然角度来看，作为成年人，在被告知法庭纪律及相应的制裁措施之后，应当能够意识到违反法庭纪律所带来的不利后果，并因此能够认真和严格地遵守法庭秩序，但实践中仍然会有人有意或无意地做出这样或那样的行为，对法庭秩序造成不同程度的影响。对于影响不大的情形，如旁听席里的群众有交头接耳、窃窃私语、私底下对案件纷纷议论等，审判人员不宜对之直接适用诉讼法所规定的制裁措施，而应当简要地重申一下法庭纪律。例如：

审判长：请安静！这里是法庭！书记员在开庭前已经向大家宣布了法庭纪律，我在这里再次重申一下："法庭是庄严而神圣的场所。庭审过程中要听从法庭指挥，保持良好的法庭秩序。旁听群众着重在于'听'，请你们在庭审过程中保持安静，不要窃窃私语，也不要做与'听'无关的事，要尊重法庭的庭审氛围。如果发现不听劝阻者，将视具体情节，给予相应的警告、训诫、没收有关录制器材、责令退出法庭、罚款或拘留等制裁措施！直至追究刑事责任！"

书记员所宣读的法庭纪律，不可能面面俱到、具体细致，有些旁听群众就可能借此钻空子，搞点小动作，自以为没有违反法庭纪律，而实质上是对庄严的法庭的一种藐视，如交头接耳、窃窃私语、私底下对案件纷纷议论、打盹、进进出出、随意走动、擅自进入审判区，等等。法庭是人们伸张正义的神圣之殿，如果允许这些看似细小的现象存在，将有损法庭的尊严、法律的至高无上，不利于树立公众的法律意识以及对法律的信仰。"释义性重申"

既是审判人员司法维系口才的言语表达方法和技巧，同时也是对法庭尊严和法律至高无上的宣扬。

2. 适时提醒

根据法庭规则和法庭审判秩序管理的有关规定，对于违反法庭规则的人，审判长或者独任审判员可以口头警告、训诫，也可以没收录音、录像和摄影器材，责令退出法庭或者经院长批准予以罚款、拘留；对于诉讼参与人、其他人以哄闹、冲击等方式扰乱法庭秩序，违反法庭规则的，人民法院可以采取警告、训诫、责令具结悔过、责令退出法庭、强行带出法庭、罚款、拘留等多种措施，情节严重、构成犯罪的，依法追究刑事责任。可见，诉讼法将"警告"作为审判人员对于违反法庭程序情节较轻的行为首先采取的措施。

对于"警告"措施的使用，审判人员在施展其司法维系口才时，应当运用"适时提醒"这一言语表达方法。要把握时机，一般在诉讼当事人及其他诉讼参与人在法庭上正在作陈述时，审判人员不宜打断这些陈述，以便保证庭审的连续性。

"适时"时机的把握，审判人员应从两个方面着手：一是应选择在审判人员推进庭审程序的间隙（如一方当事人或其他诉讼参与人发言完毕之后，等待审判人员指令时），审判人员可以借此机会，对违反法庭秩序的行为作出适当提醒，这样既可以保证诉讼当事人或其他诉讼参与人发言的连续性，又能体现法庭注意到了影响庭审秩序的现象；二是应选择旁听群众对违反法庭秩序行为反应较强烈之时，审判人员此时作出提醒，可以增加对行为人的心理压力，迫使其纠正自己的不当行为。"提醒"的方式，审判人员也应当把握两点：一是一般性提醒。例如：

庭审程序进行到此，法庭注意到旁听席上的群众有个别人的行为与法庭秩序不相容，希望你们及时纠正自己的行为，严格遵守法庭纪律，认真履行旁听者义务，维护法庭尊严，保障庭审顺利进行！

二是个别提醒。当一般提醒效果不明显时，审判人员有必要对具体违法法庭纪律的行为人作出个别提醒，警告其不得重犯，否则将依法采取相应的强制措施。个别提醒在一般提醒之后使用，既能体现审判人员公正的形象和博大的胸怀，又能唤起民众的力量，孤立违反法庭秩序行为人，迫使其改正

自己的行为，更加有效地维护法庭秩序。

3. 适当施教

根据最高人民法院《关于适用〈中华人民共和国刑事诉讼法〉的解释》的规定，违反法庭秩序行为人所承担的责任有两种形式：一般责任形式和刑事责任形式。在一般责任形式中，又分为情节较轻和情节较重等两种情形，并有各自不同的强制措施与之对应。对于一般性违反法庭秩序的行为人，审判人员在适用相应的强制措施之前，应当庭对其进行适当的教育，不宜直接适用。如果教育没有明显效果，才对之适用相应的强制措施，这样既能教育旁听席上的其他群众，也能更为有效地维护法庭审理秩序。

对于一般明显违反法庭秩序的行为，如窃窃私语、私下议论、喧哗、鼓掌、哄闹、随意走动等，审判人员予以施教能够得到旁听席上其他群众的理解、支持和拥护，而对于新闻媒体个别记者的行为，因其隐蔽性较强，一般民众很难对其合理性加以鉴别，审判人员有必要对之加以适当施教，以纠正错误的认识，避免对法庭审理和审判人员良好的司法形象带来不必要的影响。例如：

无论在公开审理的案件还是在不公开审理的案件的庭审中，都曾发生过媒体记者偷偷录音、录像、记录、拍照等未经法庭允许的行为，有的记者把考试作弊的手段都用上了，如携带微型摄像机和录音机、为换磁带不断上厕所，等等。一旦这些行为被法庭发现之后，记者们还振振有词，诸如什么"法庭审理是公开的，我不是暗中录音"；"记录又不像摄像、录音那样会搞出声响，默默无闻地记录需要许可吗？"针对这些错误的认识，审判人员有必要对之进行如下施教：

最高人民法院《关于严格执行公开审判制度的若干规定》第11条规定："依法公开审理的案件，经人民法院许可，新闻记者可以记录、录音、录像、摄影、转播庭审实况。"也就是说，新闻记者未经人民法院许可，不得在庭审中从事记录、录音、录像、摄影、转播等行为。如同新闻记者工作一样，法庭审理是一项专业化活动。记者的行为之所以要获得人民法院的许可，一则是为了维护审判人员的独立性，不受任何外界的干涉；二则是两个专业化活动之间的沟通和协调。法庭既是案件审理的庄严和神圣之殿，更是教育公民遵守法律、增强法律意识的严肃的课堂，旁听群众着重于"听"，一切未经许可的与"听"无关的行为理应受到禁止，避免影响主讲人的"讲"，从而影响庭审效果和你周围其他人"听"的效率。法律如此规定的道理就在此，希望你们认真遵守，共同维护庭审秩序。

对一般性违反法庭秩序的行为人给予适当施教，既能有效地维系法庭审理秩序，又能对行为人及其他旁听群众给予深刻教育，能够得到大多数人的支持，有效地避免类似行为重犯。

4. 宣布强制措施适用

审判人员在维系法庭秩序过程中，对于那些不听劝阻、无视提醒、一犯再犯以及严重扰乱法庭秩序的行为人，可以宣布相应的强制措施适用，如警告、训诫、没收录制器材、指令法警强行带出法庭、罚款、拘留、追究刑事责任。"宣布适用强制措施"是审判人员司法维系口才重要的组成部分，是司法维系口才的升华。

综上所述，审判人员维系庭审秩序因"国家权力"单独使用而变得简单，因司法维系口才的介入而变得复杂、有力、深邃。从"释义性重申"到"适时提醒"，再到"适当施教"，直至"宣布强制措施适用"，除了各个环节本身可归属于司法维系口才方法和技巧之外，这种递进式发展程式也是最为重要的司法维系口才的方法和技巧。审判人员唯有在司法实践中熟练掌握这些方法和技巧，才能最终铸就其司法维系口才，建立起良好的庭审秩序，确保案件审理顺利进行。

（二）审判人员司法推进口才言语表达方法和技巧

诉讼法规定，未经法庭许可，不得发言。可见，法庭审理各阶段的进程是由审判人员司法推进口才加以推动的。审判人员主要靠发出指令和提出问题来延缓或推进法庭审理进程。因此，"指令"和"提问"是审判人员司法推进口才的主要手段和工具，有一定的方法和技巧可言，否则，将影响到庭审质量、效率和当事人的诉讼权利。

1. 指令

在法庭审理过程中，审判人员通常用发出"指令"的方式推动或延缓庭审进程。根据接受指令对象的特点，可以将审判人员发出的指令分为"发出宣布性指令"和"发出对象性指令"等两大类型。

（1）发出宣布性指令。宣布性指令接受者是法庭上所有在场的人，对象具有不特定性，因此，审判人员在宣布这些指令时，应带有庄严的口吻，不可随意。例如：

现在开庭！

现在进行法庭调查！

肃静！肃静！

法庭调查结束！现在进行法庭辩论！

由于当事人有新的证据需要法庭调查，现在中止法庭辩论！恢复法庭调查！

现在休庭！由合议庭对案件进行评议后宣布判决！

现在继续开庭！

现在宣判！全体起立！

现在闭庭！

宣布性指令，既是推进法庭审理的进程，确保庭审各阶段之间连接顺畅，又是法庭庄严氛围的维系、调节和延续。审判人员在发出这种指令时，要找到自己的感觉，将庭审中所有在场的人员注意力都集中在庭审过程中，确保庭审的庄重性、严肃性以及法律的神圣性。

（2）发出对象性指令。对象性指令是针对某一具体对象，如刑事案件被告人、辩护人或代理人、证人、鉴定人等，具有特定性。因涉及的是具体的人，审判人员在发出这种指令时，应根据不同情况，使用不同的语气和语词，说得得体，做到适合语境、尊重指令对象及正视指令对象行为。

一是用谦逊的语气发出指令。法庭上，诉讼当事人及其他诉讼参与人的话语必须清晰、具体、明确，不仅要让审判人员能够理解，而且要让对方当事人及其辩护人或诉讼代理人以及在场的旁听席上人员能够清楚地理解。对于概念不清晰或模糊性话语，审判人员应发出指令，要求发言人进行必要解释。例如：

审判长：请原告代理人介绍一下你的姓名、身份及代理权限。

原告代理人：第一委托代理人朱某某，某某律师事务所律师，代理权限是一般代理。

审判长：请你具体讲一下"一般代理"的具体内容。

原告代理人：代理起诉、出庭、质证、辩论。

审判长：有没有和解的权利？

原告代理人：可以和解，有和解的权利。

审判长：请被告代理人介绍一下你的姓名、身份及代理权限。

被告代理人：我是李某某代理律师施某某，某某律师事务所律师，代理权限是特别授权。

审判长：请你具体讲一下"特别授权"的具体内容。

被告代理人：代理承认、放弃、变更诉讼请求，进行和解。

"谦逊"非但与审判人员严肃的形象不矛盾，反而是严肃的审判人员优良的品质之一，体现了审判人员对诉讼当事人及其他诉讼参与人人格的尊重，激励他们积极配合审判人员庭审工作，使他们全身心地投入到法庭调查和法庭辩论工作中。

二是用得体的词语发出指令。在指称同一事物时，可以使用不同的词语，如指称配偶时，可以用妻子、爱人、老婆、夫人、太太、老伴等不同称谓，而不同的称谓适用的语境是不同的。"用得体的词语发出指令"是指，审判人员向对特定对象发出指令时，应当从自身特定的身份出发，根据话语对象的特点和不同的情景选择恰当的词语，既能使受话者清楚明白，又能使受话者和法庭上所有的人听起来自然和舒适。如果选择词语不得体，将有损庭审气氛。例如：

法庭在审理某一盗窃案时，被告人拒不说出作案时间，只好休庭重新调查。在庭外调查时，办案人员从被告的妻子口中得知被告盗窃当天凌晨1点到3点不在家。法庭再取证之后，又继续开庭审理。被告人仍不说出作案时间，审判长一气之下，高声叫道："把他老婆带上来"。顿时，法庭一片哗然。[1]

"把他老婆带上来"这一指令有两处用词不得体，"老婆"一词是生活用语，不适合用在正式的法庭之上。法庭是解决法律纠纷的场所，审判人员在当事人和旁听群众都能理解的前提下，最好使用比较正式的语言，如"妻子"

---

〔1〕 廖美珍：《法庭语言技巧》（第3版），法律出版社2009年版，第126页。

"配偶"等。在该案中，被告人的妻子是作为证人身份出庭的，人身自由未受到法律限制，因此，审判人员使用动词"带"，与实际情景有出入，有不尊重证人人格之嫌。

司法实践中，审判人员在指令将刑事案件被告人带到法庭时，人们经常会听到"提被告人某某某"，其中"提"字让人感到别扭。"提水壶、提马桶"等提物品时，通常用"提"字。根据刑事法律的规定，任何人未经人民法院审判，都是无罪之人，可见，被告人不是有罪之人，为什么把他们看成是"物品"呢？退一步来讲，即使被告人是罪犯、是有罪之人，但他们还是人，而不是物品，所以也不能用提东西的"提"。事实情况是，刑事案件被告人的人身自由受到了法律限制，由法警将他们进行了控制，他们自己不能自由进出法庭，必须由法警带入或带出法庭，因此，用"带被告人某某某到庭"比较恰当，符合实际情景。在需要证人出庭作证、鉴定人员出庭宣读鉴定结论时，应当使用"传证人出庭作证""传鉴定人出庭宣读鉴定结论"等指令比较得体。这里的"传"有向证人或鉴定人员传达法庭意向之意。

"用得体的词语发出指令"既能体现审判人员的高素质、高修养，也能表现出审判人员对受指令对象人格的尊重，而且与法庭的庭审氛围相协调，能够充分展示出审判人员较高的司法言语表达才华。

三是用庄严的口吻发出指令。根据《刑事诉讼法》有关规定，公诉人在法庭上宣读起诉书后，被告人、被害人可以就起诉书指控的犯罪进行陈述，公诉人可以讯问被告人；被害人、附带民事诉讼的原告人及其辩护人、诉讼代理人，经审判长许可，可以向被告人发问。2013年最高人民法院《关于适用〈中华人民共和国刑事诉讼法〉的解释》第229条规定："法庭辩论应当在审判长的主持下，按照下列顺序进行：（一）公诉人发言；（二）被害人及其诉讼代理人发言；（三）被告人自行辩护；（四）辩护人辩护；（五）控辩双方进行辩论。"根据《刑事诉讼法》有关规定，法庭调查按照下列顺序进行：①当事人陈述；②告知证人的权利义务，证人作证，宣读未到庭的证人证言；③出示书证、物证、视听资料和电子数据；④宣读鉴定意见；⑤宣读勘验笔录。法庭辩论按照下列顺序进行：①原告及其诉讼代理人发言；②被告及其诉讼代理人答辩；③第三人及其诉讼代理人发言或者答辩；④互相辩论；法庭辩论终结，由审判长按照原告、被告、第三人的先后顺序征询各方最后意见。诉讼法对当事人及其他诉讼参与人的发言顺序作了明确的规定，而"未经审判长许可，不得发言"是一条法庭纪律。因此，当事人及其他诉讼参与人的发言顺序和时间，是在审判人员庄严地发出指令之后开启的。根据《刑事诉讼法》和《民事诉讼法》的相关规定，审判人员通常在庭审过程中发出下列指令：

刑事诉讼案件：

现在开始法庭调查！首先请公诉人宣读起诉书！

下面请公诉人向法庭出示证据！请说明每项证据各自证明什么样的事实！

法庭调查结束！下面进行法庭辩论！首先请公诉人发表公诉意见！

下面请被告人发表辩护意见！

法庭辩论结束！下面请被告人做最后陈述！

民事诉讼案件：

现在开始法庭调查！首先请原告（或上诉人）向法庭陈述诉讼请求以及所依据的事实和理由！

下面请被告（或被上诉人）对原告（或上诉人）的起诉（或上诉）进行答辩！

下面请第三人（或原审原告、原审被告、原审第三人）进行陈述（或答辩）！或者：请第三人（有独立请求权的）陈述诉讼请求和理由！

下面请原告（或上诉人）对自己的主张向法庭提交证据！出示或宣读证据时，请向法庭陈述证据的名称、证据的来源及证据的基本内容，并说明提供该份或该组证据的目的，以及要证明的是什么事实！

下面请被告（或被上诉人）进行质证！

下面请被告（或被上诉人）向法庭提交反驳原告（或上诉人）诉讼请求的证据！出示或宣读证据时，请向法庭陈述证据的名称、证据的来源及证据的基本内容，并说明提供该份或该组证据的目的，以及要证明的是什么事实！

下面请原告（或上诉人）进行质证！

下面请第三人（或原审原告、原审被告、原审第三人）向法庭提交证据！出示或宣读证据时，请向法庭陈述证据的名称、证据的来源及证据的基本内容，并说明提供该份或该组证据的目的，以及要证明的是什么事实！

法庭调查结束！现在进行法庭辩论！辩论时，请双方当事人注意：应当围绕法庭调查的事实和证据、双方当事人争议的问题以及法律适用问题，提出各自的辩护意见！如果有一方向法庭提交新的证据，必须向法庭说明！在辩论中，双方当事人应当实事求是，举出事实或法律依据，要有理有据，不得进行人身攻击！首先请原告及其诉讼代理人发言！

下面请被告及其诉讼代理人进行答辩！

下面请第三人及其诉讼代理人发言（或答辩）！

下面请双方相互辩论！

现在宣布第二轮辩论开始！第二轮辩论中，请各方当事人注意不要重复上一轮辩论意见，且每次发言不得超过××分钟！首先请原告及其诉讼代理人发表辩论意见！

…………

法庭辩论结束！下面请当事人各方陈述最后意见！首先请原告（或上诉人）陈述最后意见！

下面请被告（或被上诉人）陈述最后意见！

下面请第三人（或原审原告、原审被告、原审第三人）陈述最后意见！

无论是刑事诉讼案件，还是民事诉讼案件，当事人及其他诉讼参与人的交替发言都是由审判人员通过"发出指令"这一言语表达方法来加以引导和推进的。不管刑事诉讼案件中公诉人宣读起诉书、向法庭提交证据、发表公诉词、被告人提出辩护意见，还是民事诉讼案件中原告方陈述诉讼请求及所依据的事实和理由、被告方提出答辩意见、原被告双方发表辩论意见，他们的行为都是诉讼法律行为，是庄重和严肃的。针对这种严肃的事情，审判人员当然需要用庄严的口吻发出相应的指令，以示审判人员严肃认真地对待诉讼案件审理工作。而一个"请"字，体现了审判人员对诉讼各方当事人及其他诉讼参与人的人格的尊重。即使对刑事诉讼案件中的被告人也应当这样。

综上所述，"用谦逊的语气发出指令""用得体的词语发出指令"及"用庄严的口吻发出指令"是审判人员"发出对象性指令"三种有效的手段和方法。这三大指令能够确保庭审每个阶段及时、充分和有效地展开，保障了庭审的顺利进行，是审判人员司法推进口才言语表达方法和技巧重要的组成部分。

2. 提问

"提问"是审判人员司法推进口才言语表达中不可或缺的又一方法和技

巧。如果说"指令"是确保诉讼当事人及其他诉讼参与人有序地实现其话语权及保障各诉讼阶段有效的衔接，那么，审判人员司法推进口才中的"提问"则是确保各诉讼当事人及其他诉讼参与人充分发表意见和实现话语权的重要途径和方法。由于受到庭审程序、法庭纪律和庭审环境等因素的影响，诉讼当事人及其他诉讼参与人的话语权需要借助于审判人员的各种提问加以开启和推动。根据诉讼法的规定和司法实践，审判人员司法推进口才中的提问有以下几种主要方法：告知式提问、衔接式提问、探寻式提问和提醒式提问。

（1）告知式提问。根据《刑事诉讼法》有关规定，开庭的时候，审判长查明当事人是否到庭，宣布案由；宣布合议庭的组成人员、书记员、公诉人、辩护人、诉讼代理人、鉴定人和翻译人员的名单；告知当事人有权对合议庭组成人员、书记员、公诉人、鉴定人和翻译人员申请回避；告知被告人享有辩护权利。据此规定，审判长在宣读完合议庭的组成人员、书记员、公诉人、鉴定人和翻译人员的名单、告知被告人诉讼权利和义务之后，应当询问被告人是否清楚？是否申请回避？有多名被告人的，应当逐一询问。例如：

审判长：根据《中华人民共和国刑事诉讼法》第 183 条规定，本法庭今天依法公开审理由某某区人民检察院提起公诉的被告人李某某、张某某、郭某某敲诈勒索一案。现在宣布法庭组成人员：本法庭由审判员陈某某、王某某和人民陪审员江某某组成合议庭，由审判员陈某某担任审判长，由书记员李某某担任法庭记录。受某某区人民检察院的指派，由检察员徐某某、周某某出庭支持公诉。受被告人李某某委托，某某市某某律师事务所律师刘某某担任被告人李某某辩护人；受被告人张某某委托，某某市某某律师事务所律师竹某某担任被告人张某某辩护人；受郭某某委托，某某市律师事务所律师郑某某担任郭某某辩护人。根据《中华人民共和国刑事诉讼法》第 28 条和第 31 条规定，被告人对合议庭组成人员、书记员、公诉人、鉴定人和翻译人员有申请回避的权利。

审判长：被告人李某某，你听清楚了吗？

被告人李某某：听清楚了。

审判长：你对合议庭人员、书记员、公诉人是否申请回避？

被告人李某某：不申请。

审判长：被告人张某某，你听清楚了吗？

被告人张某某：听清楚了？

审判长：你对合议庭人员、书记员、公诉人是否申请回避？

被告人张某某：不申请。

审判长：被告人郭某某，你听清楚了吗？

被告人郭某某：听清楚了。

审判长：你对合议庭人员、书记员、公诉人是否申请回避？

被告人郭某某：不申请。

审判长：根据《中华人民共和国刑事诉讼法》第192条和第193条规定，当事人和辩护人、诉讼代理人有权申请通知新的证人到庭，调取新的物证，申请重新鉴定或者勘验；公诉人、当事人和辩护人、诉讼代理人可以申请法庭通知有专门知识的人出庭，就鉴定人作出的鉴定意见提出意见；经审判长许可，公诉人、当事人和辩护人、诉讼代理人可以对证据和案件情况发表意见并且可以互相辩论；审判长在宣布辩论终结后，被告人有最后陈述的权利。

审判长：被告人李某某，你听清楚了吗？

被告人李某某：听清楚了。

审判长：被告人张某某，你听清楚了吗？

被告人张某某：听清楚了？

审判长：被告人郭某某，你听清楚了吗？

被告人郭某某：听清楚了。

根据《民事诉讼法》有关规定，开庭审理时，由审判长核对当事人，宣布案由，宣布审判人员、书记员名单，告知当事人有关的诉讼权利义务，询问当事人是否提出回避申请。审判长在核对当事人之后，应当宣布案由和合议庭组成人员，告知当事人有关诉讼权利和义务，并询问其是否清楚，是否申请回避。如果有多名原告或多名被告，应当分别进行询问。例如：

审判长：根据《中华人民共和国民事诉讼法》第44条、第49条、第50条和第51条规定，当事人提出回避申请，可以在案件开始审理时提出，如果回避事由是在案件开始审理后知道的，也可以在法庭辩论终结前提出；当事人在法庭上有举证、质证、请求调解、自行和解、进行辩论和最后陈述的权利，原告有权放弃或者变更诉讼请求，被告有权承认或者反驳诉讼请求、有权提起反诉。同时，根据《最高人民法院关于民事诉讼证据的若干规定》规定，当事人在庭审当中，当事人变更或者增加诉讼请求，应当在举证期限届满之前提出，反诉也是如此。同时当事人对提出请求或者反驳时，应当提供证据。上述诉讼权利和义务，在应诉通知和庭前证据交换阶段，已经书面告知了当事人。

审判长：原告王某某，是否清楚？

原告王某某：清楚。

审判长：被告薛某某，是否清楚？

被告薛某某：清楚。

审判长：被告戴某某，是否清楚？

被告戴某某：清楚。

审判长：根据《中华人民共和国民事诉讼法》第134条规定，本法庭公开审理原告王某某诉被告薛某某、被告戴某某房屋产权纠纷一案，由审判员池某某、梁某某和人民陪审员章某某组成合议庭，由审判员池某某担任审判长，由书记员刘某某担任法庭记录。根据《中华人民共和国民事诉讼法》第44条和第49条规定，当事人有权对合议庭组成人员、书记员、翻译人员、鉴定人、勘验人提出回避申请。

审判长：原告王某某，你听清楚了吗？

原告王某某：听清楚了。

审判长：对本合议庭组成人员、书记员是否申请回避？

原告王某某：不申请。

审判长：被告薛某某，你听清楚了吗？

被告薛某某：听清楚了。

审判长：对本合议庭组成人员、书记员是否申请回避？

被告薛某某：不申请。

审判长：被告戴某某，你听清楚了吗？

被告戴某某：听清楚了。

审判长：对本合议庭组成人员、书记员是否申请回避？

被告戴某某：不申请。

"告知式提问"这一审判人员司法推进口才言语表达方法和技巧的运用，

是诉讼法对审判人员的程序法律要求；是审判人员在诉讼法上所承担的法律职责；是开启法庭调查阶段及后续庭审阶段的必经程序；是当事人实现诉讼权利的重要保障；是确保程序公正的基本手段和途径。

（2）衔接式提问。为了促使各庭审阶段中诉讼当事人及其他诉讼参与人之间发言衔接自然、流畅，使整个庭审过程中的各方当事人及其他诉讼参与人的话语相互连接而形成一个整体，不至于出现较长的停顿甚至冷场，审判人员常常运用司法推进口才中的"衔接式提问"方法和技巧，将各方当事人及其他诉讼参与人的发言有机地连接起来，保证庭审各个阶段及整个过程顺利进行。例如：

刑事诉讼案件

审判长：下面由公诉人宣读起诉书。

公诉人：……（宣读起诉书）

审判长：被告人某某某，你对公诉人起诉书中对你所指控的犯罪事实有什么要说的吗？

被告人：没有。

审判长：被告人的辩护人对公诉人起诉书所指控的犯罪事实有要陈述的吗？

辩护人：没有。

审判长：被害人（或者被害人亲属），你对公诉人起诉书中对被告人所指控的犯罪事实有什么要说的吗？

被害人（或者被害人亲属）：没有。

审判长：下面由公诉人对被告人进行讯问。

民事诉讼案件

审判长：合议庭听取了诉辩双方的意见，争议的焦点主要在于原告拥有什么样的权利？那么就这部分事实，关于支持这部分事实证据，现在进行举证、质证。首先由原告来举证。

原告：我们现在将整个证据分为三组。第一组证据主要是意在证明原告对王音编曲的《常来常往》的伴奏这个伴奏作品享有著作权，这是第一组证据及所要证明的问题；第二组证据所要证明的是，三被告是在明知原告享有

《常来常往》编曲伴奏带著作权的情况下，实施了侵权行为；第三组证据呢，意在证明通过原告享有著作权的编曲与陈某、蔡某庆使用的编曲进行比较，证明三被告实施的侵权行为……

（在原告举出第一组证据具体内容之后，审判长向被告作了衔接式提问）

审判长：被告对原告的第一组证据有质证意见吗？

被告（代理律师）：我想说第一个……（此处省略）[1]

"衔接式提问"几乎贯穿于法庭审理整个过程。审判人员通过运用"衔接式提问"这一司法推进口才言语表达方法和技巧，充分发挥了其在庭审过程中的主导地位和作用，将形式上各方当事人及其他诉讼参与人独立的话语有机地衔接起来，并加以渐进式推进，最终实现了完整的法庭审理。有了"衔接式提问"这一司法推进口才言语表达方法和技巧，使得整个庭审过程显得自然和流畅。

（3）探寻式提问。整个法庭审理过程是由合议庭中的审判长完全掌控的。为了管理、控制和维系法庭审理秩序，"未经审判长许可，不得擅自发言"是庭审中一条铁的纪律，必须严格遵守。这样一来，诉讼中各方当事人及其他诉讼参与人话语的开启和展开，是依靠审判长发出的指令或提出的问题来加以推动的。在法庭调查和法庭辩论阶段，当一方当事人或其他诉讼参与人的发言暂时告一段落之后，另一方当事人对之可能有异议或不同的看法，也就是说，双方当事人可能存在言语交锋时，另一方当事人可以通过两种途径获取发言权：一是向法庭提出请求，申请法庭许可其发表不同意见；二是通过审判长向其试探性提问获取发言权。与前一路径相比，审判长的试探性询问更有利于对法庭审理节奏和秩序的把控。因此，审判人员司法推进口才中"探寻方式提问"这一言语表达方法和技巧，对维护法庭审理秩序、控制庭审节奏具有重要的意义和作用。司法实践中，"探寻式提问"通常贯穿于法庭审理各个环节和阶段。例如（以刑事诉讼案件为例）：

核对当事人环节

审判长：现在开庭，下面核对当事人。被告人，你叫什么名字？

---

〔1〕 "中国法庭——普通程序_法庭审判"，载 http://www.56.com/w32/play_album-aid-2517653_vid-MTQzOTk2MzE.html，访问日期：2021年6月26日。

被告人：我叫张延生。

审判长：哪个 zhang？是立早章？还是弯弓张？

被告人：是弯弓张。

审判长：是哪个 yan？哪个 sheng？

被告人：是"延长"的"延"，"生长"的"生"。

审判长：你还有别名吗？也就是说，你还叫过别的名字吗？

被告人：没有。

法庭调查阶段

审判长：下面由公诉人宣读起诉书。

公诉人：……（宣读）

公诉人宣读起诉书之后，审判长依照《中华人民共和国刑事诉讼法》第186条的规定，依次询问被告人、被害人就起诉书中所指控的犯罪是否需要陈述，如果没有，则指令公诉人对被告人进行讯问。在公诉人对被告人的讯问暂时告一段落时，审判长应当探寻被害人、附带民事诉讼的原告人、诉讼代理人及辩护人是否需要向被告人发问（当然，他们可以依法申请向被告人发问）。

审判长：被害人（或附带民事诉讼的原告人），你有问题要向被告人发问吗？

被害人（或附带民事诉讼的原告人）：没有。

审判长：诉讼代理人，你有问题需要向被告人发问吗？

诉讼代理人：暂时没有。

审判长：辩护人，你有问题要向被告人发问吗？

辩护人：暂时没有。

审判长：下面由公诉人向法庭提交证据。

公诉人：……（向法庭举证）

审判长：被告人，你对公诉人所提交的证据有无异议？

被告人：没有。

审判长：辩护人，你对公诉人所提交的证据有无异议？

辩护人：有。

审判长：请你具体阐述对哪种证据有异议，有什么样意见？

辩护人：好的……（针对有异议的证据分别发表意见）

审判长：公诉人，你对辩护人的看法需要发言吗？

公诉人：有。

审判长：请具体阐明。

公诉人：好的……（针对辩护人的不同看法发表意见或对有关证据进一步加以说明）

法庭辩论阶段

审判长：法庭调查结束，下面进行法庭辩论。法庭辩论时，控辩双方应紧紧围绕定罪、量刑及法律适用部分进行，不得进行与本案无关的发言，不得使用侮辱、诽谤、人身攻击的语言，否则将被法官制止辩论发言。首先由公诉人发表公诉词。

公诉人：……（发表公诉意见）

审判长：被害人，你需要发言吗？

被害人：需要。

审判长：发言时，要围绕公诉书中定罪和量刑的意见发表看法，清楚吗？

被害人：清楚……（针对公诉书中有关定罪和量刑部分发表意见）

审判长：被告人，你现在可以自行辩护，也就是说，你可以为自己辩护，针对公诉书中对你指控的罪名和量刑发表你自己的看法，有话要讲吗？

被告人：没有，我认罪。

审判长：辩护人，你需要发表辩论意见吗？

辩护人：需要。

审判长：请你围绕公诉书对被告人定罪、量刑及法律适用部分发表辩论意见。

辩护人：尊敬的审判长、审判员和人民陪审员，上午（或下午）好！……（发表辩论意见）

审判长：下面由控辩双方进行相互辩论。

…………

审判长：双方还有补充意见吗？公诉人？

公诉人：没有。

审判长：被告人，你有补充意见吗？

被告人：没有。

审判长：辩护人，你还有补充意见吗?

辩护人：没有。

最后陈述环节

审判长：法庭辩论结束，下面由被告人作最后陈述。被告人，根据《中华人民共和国刑事诉讼法》的规定，为了充分保障你的诉讼权利，你现在有权作最后陈述。你有什么要说的吗?

被告人：没有。

审判长：你对你的行为难道没有一点想法和认识吗?

被告人：我错了，我认罪，我对不起受害人和他（她）的家人，我也对不起我的孩子、我的妻子、我的父母和我的亲人，对不起! ……

（4）提醒式提问。审判人员是诉讼案件庭审过程中的管理者、控制者、主导者和审判者。为了公正和公平地审理案件，以便作出合理、合法及客观公正的判决，审判人员不宜因自己是居中独立的管理者、控制者和审判者而将自己置身事外，一味被动地听取双方当事人及其他诉讼参与人的陈述，而应当积极主动地将自己融入案件的整个过程之中，应不时地将自己置于双方当事人的角色之中，分别体会当事人双方各自的处境。"想他人之所想、急他人之所急"是中华民族的传统美德，也是"责任感"和"责任心"应有的要求。审判人员审判诉讼案件，从大的方面讲，是代表国家适用法律，惩罚违法犯罪行为，维护法律的尊严，提高公民的法律意识，确保法律的实施；从小的方面来讲，审判人员通过对诉讼案件的公正审理，保护当事人程序法上和实体法上的合法权益，最大限度地为当事人修复正义，为当事人提供法律救济，忠实地服务于当事人。

服务于当事人，是审判人员的另一个重要角色。司法救济是保护当事人合法权益的最后一道屏障。当事人将法律上的冲突或纠纷诉诸人民法院，就是要寻求法庭的帮助，到能够为民着想的地方寻求保护，寻一个公道。要想让当事人对法庭的判决心服口服，审判人员必须具备一颗服务的心，站在事实和法律角度的同时，从当事人角度思考问题、分析问题和解决问题。

三大诉讼法均规定，审判人员"可以"对当事人进行询问（讯问）。为了避免审判人员在庭审过程中越俎代庖、喧宾夺主，影响"对抗制"（或控辩式）审判模式的建立和发展，审判人员在倾听当事人及其他诉讼参与人发言之后，如果感觉到存在某些模糊不清的地方，应当首先提醒当事人是否就这些模糊的地方进行发问，如果有，就应当让当事人自己去发问，如果没有，审判人员此时发问方为适当。可见，"提醒方式提问"是将当事人发问转向审判人员发问的手段和途径，是实现新的审判模式下审判人员发问重要的方法和技巧。

（三）审判人员司法控制口才言语表达方法和技巧

"对抗制"（控辩式）审判模式是以诉讼当事人及其诉讼代理人（辩护人）发言或者言语交锋为主旋律、以审判人员言语控制为辅佐的现代审判模式。审判人员就如同一个乐队的指挥，控制着主旋律的基调、节奏、主题和繁简，为社会演奏一曲庄严的法庭"乐章"。每一次法庭审理，都是审判人员的一幅创作作品。该作品的优劣离不开审判人员司法控制口才的培养与发挥。

1. 话语基调的控制

诉讼当事人及其他诉讼参与人的话语基调，应当与"以事实为依据、以法律为准绳"的庭审精神相一致，与庄严的庭审氛围相协调。诉讼当事人及其他诉讼参与人在发言过程中，应当围绕事实、证据、法律、法理和普适的道理进行展开，不能捕风捉影、天马行空、捏造事实、虚构法律法规，更不能使用侮辱、诽谤、人身攻击性的语言。例如：

审判长：下面由公诉人（或者民事诉讼案件和行政诉讼案件的原告人）向法庭举证。举证时，一定要围绕本案的事实部分进行。对每一种证据，应当说明证据的名称、来源和拟证明的事实。

这是审判人员对"当事人举证"的基调和范围的控制，以便规范当事人的举证行为，节约司法资源，提高法庭调查的效率。

审判长：下面由公诉人（或民事诉讼案件和行政诉讼案件的原告或被告或刑事诉讼案件的辩护人或诉讼代理人）向证人（或被告人或被害人或附带民事诉讼当事人或鉴定人或有专门知识的人）发问。发问时，内容应当与本案事实有关；不得以诱导的方式发问；不得威胁证人（或被告人或被害人或附带民事诉讼当事人或鉴定人或有专门知识的人）；不得损害证人（或被告人或被害人或附带民事诉讼当事人或鉴定人或有专门知识的人）的人格尊严。

这是审判人员对庭审过程中"发问"的基调控制，旨在确保庭审的良好氛围，保证诉讼当事人及其他诉讼参与人陈述的客观性，保障他们的人格尊严不受侵犯。

审判长：法庭调查结束，下面进行法庭辩论。法庭辩论时，控辩双方应紧紧围绕定罪、量刑及法律适用部分进行，不得进行与本案无关的发言，不得使用侮辱、诽谤、人身攻击的语言，否则将被法官制止辩论发言。首先由公诉人发表公诉词。

这是审判人员对"法庭辩论"基调的控制，以便法庭辩论始终处在良好的口语交锋的氛围当中，确保"以事实说话、以理服人"当事人辩论口才的充分发挥。

2. 话语节奏的控制

"话语节奏"在庭审过程中主要是指，诉讼双方当事人及其他诉讼参与人发言的先后顺序、内容的阶段性及完整性，而不是指当事人及其他诉讼参与人发言的语调、语速和强弱的变化。我国三大诉讼法对庭审过程中的当事人及其他诉讼参与人话语的节奏有明确的规定，司法实践中主要由审判人员加以执行和控制。

（1）话语顺序的控制。三大诉讼法及相关的司法解释对庭审各个阶段的当事人及其他诉讼参与人的发言顺序都有明确的规定，在大多数情况下，审判人员只要严格地按照诉讼法律中的规定，通过依次发出指令就可以实现。然而，有些时候，审判人员要根据庭审的个案实际情况来决定当事人及其他诉讼参与人的话语顺序。例如：

在法庭调查阶段，举证和质证必须在这个阶段完成。是将所有证据举证完毕之后再质证，还是将质证穿插于举证过程之中，这就涉及话语顺序控制问题。审判人员应根据庭审的实际情况作出恰当安排和控制。如果当事人是对每一种证据或每组证据中某个证据的合法性、客观性及其与待证事实间的关联性提出异议，审判人员应当允许当事人在对方举出该种证据或该组证据之后发表质证意见，或者主动询问当事人有无质证意见，以便突出关于证据和事实争议的焦点，及时抓住法庭调查的中心；如果当事人对证据与证据之间的关联性提出异议，那么审判人员应当将质证意见控制在对方当事人将所有证据向法庭提交完毕之后发表，避免当事人故意拖延庭审时间，扰乱庭审秩序。

又如，2013 年 1 月 1 日施行的《最高人民法院关于适用〈中华人民共和国刑事诉讼法〉的解释》第 195 条规定："审判长宣布法庭调查开始后，应当先由公诉人宣读起诉书；有附带民事诉讼的，再由附带民事诉讼原告人或者其法定代理人、诉讼代理人宣读附带民事起诉状。"如果严格地按照此司法解释的规定去做，即公诉人宣读起诉书之后，紧接着由附带民事诉讼原告人或者其法定代理人、诉讼代理人宣读附带民事起诉状，可能有损"刑事诉讼"和"刑事附带民事诉讼"等两个相对独立的诉讼阶段的完整性，况且，在法庭审理前，刑事案件的被告人罪责的有无及责任的范围和大小都处在不明晰的情况下，刑事附带民事诉讼就没有牢靠的前提和基础，而且"刑事诉讼"和"刑事附带民事诉讼"不可能同时穿插进行。因此，司法实践中，审判人员应当按照先"刑事诉讼"、后"刑事附带民事诉讼"的程序的先后顺序，指挥和控制诉讼当事人及其他诉讼参与人的发言顺序。

"话语顺序控制"是审判人员司法控制口才重要的言语表达方法和技巧之一，关系到法庭审理的秩序性和流畅性。

（2）话语阶段性内容的控制。法庭审理的各个阶段中，当事人及其他诉讼参与人所发言的内容有质的不同，譬如，开庭审理前核对当事人阶段，当事人及其他诉讼参与人的言语只能涉及姓名、年龄、职业、所在单位名称、住址、辩护人或代理人的辩护权或代理权的来源及代理权限等内容，而不涉及案件争议的有关事实和证据的内容以及辩论意见；在法庭调查阶段，当事人及其他诉讼参与人的言语只能涉及与案件有关的事实、证据和质证意见等内容，而不能涉及与案件的定性、法律适用意见等有关的内容；在法庭辩论阶段，当事人及其他诉讼参与人的言语只能涉及与案件定性、法律适用意见、当事人法律责任等有关的内容，而不能涉及与案件的事实争议或证据争议等有关的内容。如果在庭审的各个阶段，当事人及其他诉讼参与人的言语出现与相应的庭审阶段不协调，偏离主题的话语内容，审判人员应当及时加以制止和控制。例如：

审判长：行，听清楚了。法庭调查终结。依据《中华人民共和国民事诉讼法》第141条的规定，下面进行法庭辩论，法庭辩论呢应紧紧围绕本案争议的事实进行辩论，不得进行与本案无关的发言，不得使用侮辱、诽谤、人身攻击的语言，否则将被法官制止辩论发言。现在由原告发表第一轮辩论意见。

原告律师：审判长，审判员，我们是北京某某律师事务所的律师，受某某市某某某实业发展有限公司的委托出庭担任诉讼代理，在开庭前我们进行了必要的调查，收集了有关证据，在法庭上又听取了，呃，庭审调查，我们认为北京某某某通信技术有限公司的法定代表人薛某某向海淀工商局提交虚假证明文件，非法骗取工商登记，同时以欺诈的手段骗取原告签订股权转让协议，以股东名义出资，之后又不履行法定义务，不给原告办理股东变更登记手续，致使原告至今无法取得合法的股东身份，并给原告造成巨大的经济损失，请求合议庭撤销股权转让协议，责令该公司及薛某某退还股权转让款，赔偿原告的经济损失。具体意见如下：

…………

第、第三个呢，是字体字号都不一样，可见呢，我们说这个发票上的印章是伪造的……

审判长：（打断）提醒一下原告方，这个事实呢你在证据的时候已经说明了。

原告律师：行。

审判长：针对你的法律意见进行辩论。

原告律师：好的，行。……但是呢我们原告以及刚才我举证的那些公司原来的股东……

法官2：原告代理人，这个……事实部分已经在……

原告律师：（没等审判员说完就继续说）好的，我们从来没有见到过这些电脑。[1]

这是诉讼参与人在法庭辩论阶段的话语涉及事实争议的内容被审判长和审判员加以制止和控制的典型案例。下面一个典型的案例体现的是审判人员

---

〔1〕 廖美珍：《法庭语言技巧》（第3版），法律出版社2009年版，第144~145页。有删减。

在法庭调查阶段对诉讼参与人话语所涉及的法庭辩论内容的控制。

审判长：原告方还有补充意见吗？

原告律师：好。呃，是不是一个"诉"我们要看它的法律内涵而不是看一个诉讼请求量的变化。这是第一。第二，这个被告既然不理解我再进一步说明一下。根据《合同法》……

法官2：（插话）这个原告代理人，原告代理人……

原告律师：呃？呃。

法官2：有关这方面的意见，在法庭辩论阶段再陈述。

原告律师：现在正好审判长问到这个问题，我想……

审判长：（插话）这样啊

原告律师：（插话）可不可以直接把这个简单地说完？

审判长：这样，原、原被告双方呢，对原告的诉讼请求的变更呢是诉讼请求的变更还是诉的变更有法律上不同的理解，这个问题呢，呃，在辩论阶段呢，让双方展开充分的辩论，听取双方的辩论意见之后呢，合议庭评议一下，是诉的变更呢，还是诉讼请求的变更，本案是不是要，呃，针对有关的事实进行审理，因为刚才原告方已经说明了，他基于的事实基础和证据没有变更。所以呢，合议庭充分听取双方的辩论意见之后呢作出评议。这个问题呢，双方就回答到这儿。原告再明确地回答一个问题。你当时签订协议的时间呢，用200万元买了5%的股份。刚才呢申某某呢对这个问题呢，呃，已经做了回答。对此呢，呃，你有什么意见？是否同意申某某的回答？[1]

法庭调查阶段的主要任务是查明案件事实，当事人及其他诉讼参与人应当围绕案件事实和证据进行发言，至于案件的性质、诉讼请求成立与否以及有关法律适用意见，不宜在法庭调查阶段发表，而应当等到法庭辩论阶段再进行充分的口语交锋。本案中，虽然原告提出了新的诉讼请求，但是没有就此向法庭提交新的事实和证据，其基于的事实基础和证据没有变。审判长一句问话——"原告方还有补充意见吗"，意思是指原告方对本案的事实和证据部分还有什么要补充说明的，而原告律师却错误地理解了这句问话的含义。

---

〔1〕 廖美珍：《法庭语言技巧》（第3版），法律出版社2009年版，第146页。有删减。

法官2在这里对原告律师的发言加以制止和控制是适当的。审判长接下来的说明，其实就是对其那句问话意思的补充解释。

（3）话语完整性的控制。司法实践中，一方当事人或其诉讼代理人或审判人员正在发言时，另一方当事人或其诉讼代理人，没等他们发言结束就抢着发言。这种现象时有发生。打断别人说话，既是一种很不文明、很不礼貌的行为，也是违反法庭纪律的行为，审判人员对此应当及时地予以制止。例如：

审判长：好，那么这个领条所说的内容是领取了这个维修费，那么刚才原告对这个内容表示了异议，就是说这个维修费这个内容是否发生，这个事实他有异议……

被告代理律师：（打断）我，我刚才……

审判长：（打断）稍等一下，等我说完了你再说，知道吧？好，那么这是第一点异议，第二点异议就是关于这个，这个三样什么散水，这个在合同没有规定他的施工队做，扣除他的劳务费没有道理，好！那么这个维修……

原告：（打断）他还有这个，呃，这个他还有这个……

审判长：（打断）不要用手指着别人，知道吧，现在说话，还有什么？[1]

此案中，审判长的话语两次被被告律师和原告打断，审判长的发言因之而显得支离破碎。不过，审判长还是利用了其司法控制口才对打断话语者及时地加以制止，确保了其话语内容的完整性。

3. 话语主题的控制

"话语主题的控制"是指，审判人员在庭审过程中将诉讼当事人及其他诉讼参与人的发言内容限制在与案件的事实、证据和法律适用意见有关的范围之内，制止与案件事实、证据和法律适用意见无关的发言，以集中司法资源查明案件事实与正确适用法律，公平和公正地审理案件。

司法实践中，诉讼当事人及其他诉讼参与人在庭审过程中的发言内容偏离主题的现象，通常发生在讯问、发问、辩论和当事人最后陈述的环节。《最高人民法院关于适用〈中华人民共和国刑事诉讼法〉的解释》第213条规定，

---

〔1〕 吕万英：《法庭话语权力研究》，中国社会科学出版社2011年版，第113页。

向证人、被告人、被害人、附带民事诉讼当事人、鉴定人、有专门知识的人的讯问或发问的内容应当与案件的事实有关；第214条规定，"控辩双方的讯问、发问方式不当或者内容与本案无关的，对方可以提出异议，申请审判长制止，审判长应当判明情况予以支持或者驳回；对方未提出异议的，审判长也可以根据情况予以制止"；第233条规定，"法庭辩论过程中，审判长应当充分听取控辩双方的意见，对控辩双方与案件无关、重复或者指责对方的发言应当提醒、制止"；第235条规定，"审判长宣布法庭辩论终结后，合议庭应当保证被告人充分行使最后陈述的权利。被告人在最后陈述中多次重复自己的意见的，审判长可以制止。陈述内容蔑视法庭、公诉人，损害他人及社会公共利益，或者与本案无关的，应当制止"。

在庭审过程中，对于公诉人、一方当事人或其辩护人或诉讼代理人，在讯问、询问或辩论时，其发言的内容如果偏离案件审理的主题，那么另一方当事人或其辩护人或诉讼代理人可以申请审判长予以制止。在另一方当事人或其辩护人或诉讼代理人没有提出异议的情况下，审判长应当根据情况及时地加以制止，以促使当事人及其他诉讼参与人的发言回到正常轨道上。

4. 话语繁简的控制

诉讼当事人及其他诉讼参与人的话语，应当清晰地向他人表达其所要表达的意思，应紧紧围绕说话的主旨或者对方所问问题的要义进行展开，既不能过于繁琐，亦不能过于简单，以将问题说清楚、说明白为要旨。审判人员在控制诉讼当事人及其他诉讼参与人话语的繁简时，需要敏锐的洞察能力，以便节约司法资源。例如：

审判长：后来怎么走的，后来怎么离开工地的？

原告：后来他把我的东西、我的被子、我的床铺都拆了，他丢到外面。我打电话问，他把床铺丢到外面。一早我叫个车子来搬家，来搬家咧，他无中生有，他夫妻两个。我在搬跳板，我有块跳板，他说是他们的，他把这个跳板踩到，我说，"你们为么事踩我的跳板咧？"他后来……

审判长：（打断）不要说得太具体，你什么情况下离开的？是什么时间离开的？

原告：我是 10 月——10 月 11 号！[1]

本案中，审判长是想问原告，是在完成合同约定的义务后离开工地的，还是在未能完成合同的约定义务提前就离开了。原告对审判长的问话没有直接回答，而是在描述他与被告之间产生合同纠纷的细节，意思是想借此告诉审判长：不是我违约在先，而是对方违约在先。针对审判长问话的意思，原告的回答过于繁琐，不得要领。如果要等到原告把审判长的问题回答出来，可能要绕很大一圈，不利于节约司法资源、提高庭审效率。于是，审判长打断了原告的发言，试着用更加明确的问话促使原告对问题的简洁回答。然而，原告对审判长的第二次问话采取了过于简洁的方式，"10 月 11 号"这种回答，并没有直接说明原告是"在完成合同约定的义务后离开工地的，还是在未能完成合同的约定义务提前就离开了"这样的问题。此时，审判长应当更加明确地直接对原告进行询问，这样才能达到"话语繁简"的控制效果，才能充分展示审判人员司法控制口才。

（四）审判人员司法宣教口才言语表达方法和技巧

公诉人员司法宣教口才的言语表达方法和技巧同样适用于审判人员司法宣教口才，限于篇幅，本书在此不再赘述。

不过，要提请审判人员注意的是，法官审理案件的模式脱胎于原始社会德高望重的氏族长老解决其族员间矛盾、冲突和纠纷的形式，形同于流传至今的民间无利害关系的有威望长者处理民间纠纷。无论氏族长老还是民间有威望的长者，他们的任务并不是仅仅限于解决当事人之间的矛盾、冲突和纠纷。为了避免重犯，他们从来都没有忘记对有责任的一方当事人进行教育，促使他们彻底改过自新、与人友善。

"制裁"是手段，"教育"才是最终目的。审理诉讼案件的审判人员应当肩负起对当事人的教育责任。特别是法庭审理不仅仅面对案件当事人，而且还面对旁听群众、媒体和社会大众，教育的广度和深度都远远超过了案件审理的本身，对人们法律意识的提高、社会文明的建设和法治宏伟蓝图的实现，都具有重大意义和深远影响。然而，司法实践中，审判人员主要把自己的精力都集中在"以事实为依据、以法律为准绳"的案件审判工作上，很少对涉

---

[1] 吕万英：《法庭话语权力研究》，中国社会科学出版社 2011 年版，第 109 页。

案当事人进行当庭宣教，致使有些刑事案件的被告人最后也没有丝毫悔改之意，有的被告人甚至自始至终都认为自己的行为是正当的，这不能不说是审判工作的遗憾。

审判人员对刑事案件被告人、民商事案件和行政诉讼案件当事人的宣教，主要是通过对当事人的讯问或询问的途径实现的。与针对案件事实、证据进行讯问或者询问不同的是，审判人员宣教时讯问或者询问，主要是针对被告人违法犯罪行为产生的根本原因进行的，从而挖掘违法犯罪根源，纠正被告人错误的思想认识，警示社会各界，启迪广大的社会民众，提高他们的预防意识，推动社会文明建设的进程。

二、审判人员司法实体性口才言语表达方法和技巧

(一) 审判人员司法讯问口才言语表达方法和技巧

在"控辩式"审判模式下，证明被告人犯罪事实存在的责任是由公诉人来承担的，公诉人对被告人的指控必须建立在"事实清楚、证据确实充分"的基础之上，否则，法庭要么责令检察机关重新调查，要么以"事实不清、证据不足"为由宣告被告人无罪。是故，公诉人对被告人的讯问侧重于被告人的犯罪事实和犯罪动机方面，试图通过对被告人讯问，向法庭揭示其犯罪过程，说服法庭相信犯罪事实的存在，促使法庭对被告人定罪量刑。审判人员是居中、独立的裁判者，应从其自身庭审地位出发，不宜站在诉讼参加人任何一方的立场上对被告人进行讯问，否则，既不符合"控辩式"审判模式对审判人员的要求，有越俎代庖之嫌，也有损审判人员司法公正的形象。对被告人来说，"公正"就是"罪责相应"，既不能对被告人的"罪责"加以夸大，也不能对其加以缩小，对被告人应当客观公正地对待。这正是审判人员司法讯问口才的关键所在。

1. 基于庭审中的事实和证据进行讯问

案件事实和证据已经在法庭调查阶段由公诉人向法庭做了充分的展开，审判人员没有提起新的事实和证据的责任，而且也不宜这样做。然而，公诉人眼中的"事实清楚"可能仅仅指向事实的"外在"部分或行为的"外显活动"，而忽略了事实或行为的"意志"部分。这种情况下，被告人不一定当庭认罪。如果公诉人对被告人的讯问仅限于案件事实的"外在"部分及对"外在"部分加以证明的证据部分，而对事实中的"意志"部分未能通过讯问的

方式加以追寻，这时，审判人员可以就此对被告人进行讯问，追寻其行为的"意志"部分，使其清晰化，以驳斥被告人的狡辩，促使被告人彻底认罪。例如：

2014年8月30日，中央电视台《社会与法》栏目播出的一档《庭审现场》节目中，介绍了一宗庭审案例《窨井里的女人》。在该案件里，公诉人以故意杀人罪对被告人郭某虹提起公诉，法庭公开审理了此案。在法庭调查阶段，公诉人向法庭陈述了被告人犯故意杀人罪的主要事实，并向法庭提交了诸多证据加以证明。经过法庭调查，被告人郭某虹犯罪事实清楚，证据确实充分，足以认定其犯有故意杀人罪。然而，在铁的事实和证据面前，被告人郭某虹矢口否认其有杀人故意，认为自己的行为只不过是一场恶作剧，是对被害人郭女士背叛自己情感的一种惩罚。面对这种情景，审判人员应当对其进行讯问，可遗憾的是，审判人员没有就此对被告人郭某虹进行讯问，致使被告人直到宣判前也没有承认自己有杀人故意。不论是从说明"认定被告人有杀人故意"理由的角度，还是从"惩罚与教育相结合"的刑法原则来看，审判人员都应当对被告人进行讯问，以便将其丑陋的一面暴露在大庭广众之下，让其谎言无所遁形。

基于法庭调查中的事实和证据，审判人员对被告人作了如下讯问：

审判长（或审判员）：被告人郭某虹，被害人掉进窨井里时，你为什么要使劲把郭女士往下按？

被告人：我就是想对她实施一下惩罚。

审判长："一下惩罚"？

被告人：嗯。

审判长：窨井盖本身就很重，你又为何在上面加上一块厚厚的门板？

被告人：我怕她很快会跑出来。

审判长：会跑出来？

被告人：嗯。

审判长：你知道那个窨井有多深吗？

被告人：大约两米多深。

审判长：两米多深的窨井，你觉得被害人掉下去之后，能一时半会地跑出来吗？

被告人：里面有很深的水，她可以浮在水面上，把井盖顶起。

审判长：你是怎么知道窨井里有很深的水？

被告人：我事先看过。

审判长：你知道被害人不会游泳吗？

被告人：不知道。

审判长：既然你不知道被害人是否会游泳，你怎么判断她能够把井盖顶起呢？

被告人：不知道，我当时就是怕她把井盖顶起，很快跑出来。

审判长：你这也叫给被害人"惩罚"一下？如果你只是想给被害人惩罚"一下"，那么你就应当考虑到被害人的生命安全，在你不知道她是否会游泳的情况下，应当考虑到"不会游泳会被淹死"的可能性。可你不但不考虑她的死活，反而把井盖弄得严严实实的。你再看看，你把被害人按下窨井里之后，你去了哪里？

被告人：回湖南长沙了。

审判长：回湖南长沙了？

被告人：是的。

审判长：你不觉得你这样的行为很可恶吗？

被告人：她现在不是活得好好的吗？

审判长：她活得好好的，是你救的吗？

被告人：不是。

审判长：如果被害人有生命危险，你觉得你在湖南能对身处海南且处在危险境地的被害人施救吗？

被告人：不能。

审判长：你的一系列行为很明显是置被害人生命安全于不顾，你不是想将她置于死地又是什么？有你这样搞"恶作剧"的吗？如果别人这样对你的女儿，然后跟你说，"这只不过是个恶作剧"，你信吗？你的行为导致被害人在窨井里苦苦挣扎了60多个小时，如果不是被害人的强烈的求生意志，在充满污水的如此深的窨井里，郭女士将必死无疑。在此期间，你有很多机会去救她，可你却跑到了湖南，置被害人的生命于不顾，这是你说的给被害人"惩罚"一下的行为吗？在常理上说得通吗？

审判人员通过这样的讯问，将被告人的行为中违背常识和常理的部分揭露出来，让在场的旁听群众认清被告人的嘴脸，唤醒人们的正义感。即使被告人还不认罪，经过这样的讯问之后，其底气也会受到重创，因为一双双充满正义的愤怒的眼神向被告人逼来，其抱着侥幸心理的狡辩失去了唤起人们同情的基础。审判人员在此背景下基于事实、证据和法律对被告人重判，必将赢得社会大众的支持和尊重。

审判人员在庭审过程中对被告人的讯问是建立在法庭调查和公诉人讯问基础之上的，因此，公诉人司法讯问口才言语表达方法和技巧，如"于常理显端倪""于常识显真相""于细节见庐山""于自身现原形"等，也同样适用于审判人员司法讯问口才。

2. 细化实施犯罪行为时的主观犯意

刑事法律对犯罪嫌疑人或被告人的主观状态规定了两种形式，即故意和过失。主观状态是被告人构成犯罪、承担刑事责任的重要条件之一。因此，法庭在审理过程中必须查明被告人实施犯罪行为时的主观状态。然而，即使存在相同的主观状态，每个具体案件中被告人的主观犯意的细节部分也可能有很大的不同。譬如，同样是"以危险方法危害公共安全"的犯罪行为，虽然被告人的主观状态都是"故意"，但不同案件被告人的具体犯意内容可能截然不同，有的不顾受害人死活，有的就是想要置人于死地，而有的却不想致被害人死亡。主观犯意的具体内容的不同，被告人的主观恶性、危险程度及危害结果就会存在差异，其罪过的程度就不能因同样具有"故意"而一概而论。庭审过程中，公诉人如果没有就这方面的内容对被告人进行讯问，本着"客观、公正、公平"的原则，审判人员应就此对被告人进行讯问，以促使其彻底认罪服法。例如：

2014 年 8 月 2 日，中央电视台《社会与法》栏目播出的《庭审现场》节目中，介绍了《疯狂的公交车》一案的庭审过程。简要案情如下：

2013 年 8 月 21 日早晨 6 点左右，本案被告人李某高擅自驾驶其所在公交公司的一辆公交车从北滘镇交通中心后面的停车场驶出，向街道上驶去。被告人并没有按照固定的公交路线行驶，而是在街道上乱窜，故意撞倒路边的行人。在撞倒行人后，被告人并没有停下来，而是继续在马路上肆虐。短短10 分钟就有七八人被撞，其中一名 18 岁的女孩被撞后不治身亡。接到群众举报之后，公安民警在公路上设卡堵截，但是被告人李某高仍然继续冲撞。在随后的20分钟时间里，又将10多名无辜的路人撞倒。早晨七点半左右，经过警方的围追堵截，被告人所驾驶的疯狂的公交车被警方逼停。经侦查人员勘查，发现撞人现场总共有22处，总共撞伤31人，其中，有1人死亡，有3人重伤，其他受害人均有不同程度的受伤。

2014年4月29日，广东省佛山市中级人民法院在顺德区人民法院审判庭，公开开庭审理了此案。在法庭调查阶段，公诉人就本案的事实部分对被告人李某高进行了讯问，但未涉及被告人主观犯意的具体细节。对此，审判长对被告人作了如下讯问：

审判长：被告人，现在，法庭需要向你核实几个问题，希望你如实回答。

被告人：好的。

审判长：你在驾车碰撞别人的时候，你有没有想过会有什么后果？

被告人：想过，想过。

审判长：想过，是吧？

被告人：嗯。

审判长：你认为你的行为会不会造成，会造成什么样后果？

被告人：我开始策划的后果是非常严重的。我已经想过后果，但是，后来，我也想过后果。

审判长：嗯。你认为会发生什么样后果呢？

被告人：会造成伤亡嘛。这个，这个，我就是也是尽量避免伤亡，但是，我还是控制不住，还是把人弄死了。

审判长：就说你在撞人的时候，你也想到了。

被告人：想到了。

审判长：即使尽量避免后果，也可能会发生伤亡的后果，是吗？

被告人：嗯。

审判长：你也想到了，是吧？

被告人：尽量避免，我就尽量避免了。[1]

---

〔1〕 中央电视台《庭审现场》栏目："疯狂的公交车"，载 http://tv.cntv.cn/video/C10489/1981f5c634144dcfb2ccbc0e4ff04733，访问日期：2021年6月26日。

以危险方法危害公共安全罪，是以"故意"或"过失"为主观构成要件的。其中"故意"的具体成分对不同犯罪行为人来说，具有不同的内容。从本案的事实来看，本案中被告人李某高的主观犯意具有"尽量避免导致死亡"的成分，相对于"一心将不特定多数的被害人置于死地"的主观犯意来讲，其主观恶性要小一些。虽然被告人没有法定从轻的情节，但是，就本案的情况来看，其有酌定从轻的情节，审判人员通过讯问了解之后，应当予以适当考虑，以便作出最为公正的判决。

3. 挖掘犯罪动机产生的根源

犯罪动机产生的根源是指，导致犯罪行为人实施犯罪的想法是怎样产生的，是哪些因素促使其走向犯罪道路的。虽然犯罪动机产生的根源不影响对被告人的定罪，也不属于法定从轻情节，但有些情况下可以成为对被告人量刑的酌定从轻的情节，如被害人有过错或对矛盾的激化有责任。一个人不是天生就注定是个罪犯，曾经的"祖国花朵"为何成长成与他人、社会和国家为敌的罪犯？其成长的道路和环境到底是什么样子？究竟是什么原因促使其走向了犯罪道路？其成长的家庭环境、学校环境和社会环境到底怎样？这些"病根性"问题不弄清楚，就不可能彻底消除犯罪的温床、净化一个人人生长在其中的各种环境，类似的犯罪将不可能得到彻底的根治。可见，"挖掘犯罪动机产生的根源"讯问方法和技巧，对根治导致犯罪的温床、启迪社会大众、警示社会各界、建设和谐文明的社会及实现法治的宏伟蓝图来说，其意义重大而且深远。

在司法实践中，公诉人由于受"指控、证实、揭露"等法律职责的影响，对被告人的讯问通常局限在犯罪事实和犯罪动机上，几乎不去涉及犯罪动机产生的根源。作为居中、独立的审判者，审判人员既是公正无私的裁判者，也是根治百病的高明医生。"正确地定罪和给予适当的刑罚"只能算是审判人员给被告人开的一道"治标处方"，而"挖掘犯罪动机产生的根源"所引起的启迪和警示，则是审判人员向被告人、民众和社会各界开出的"治本良药"。

大学生犯罪不可被忽视。天之骄子走向犯罪道路，不能不引起人们对教育的反思。2004年发生在云南大学杀害四位室友的校园惨案，直到现在，也依然让人们心有余悸。杀人凶手马加爵虽然被正法，但是其在庭审最后说的那一句"其实我们家才是最大的受害者"不得不令人深思。庭审中，法院为被告人指定的辩护人曾经讲道："仅仅是因为打牌，就令平时连鸡都不敢杀的被告人产生了杀害与其同寝室的四位室友的念头，这样的犯罪动机不能令人信服。"而在整个庭审过程中，无论是公诉人还是审判人员，都没有就这一问题对被告人进行讯问。本着"惩罚与教育"相结合的原则，审判人员应当就此对被告人作如下讯问，以便寻找问题的根结。

　　审判长（或审判员）：被告人马加爵，你简要地谈谈你进大学之后的生活和学习情况。

　　被告人：我家里很穷，我上大学之后，为了节约用钱，我经常一天只吃一餐饭。为了减轻家里的负担，经常逃课去打零工。这样下来，很多课程的进度都跟不上，成绩自然很不理想。

　　审判长：你逃课的情况，你的老师知道吗？

　　被告人：知道。

　　审判长：你老师知道后，找过你谈话吗？

　　被告人：找过。

　　审判长：都跟你谈过什么话，简要地说一下。

　　被告人：老师就叫我以后要注意，不要老是逃课，要认真学习。

　　审判长：你是怎么回答老师的？

　　被告人：我说："好。"

　　审判长：可是你还是继续逃课，是吗？

　　被告人：是的，我这也是没办法。

　　审判长：你和你的同学关系怎样？

　　被告人：不好，他们老是歧视我，看不起我。

　　审判长：他们为什么看不起你？

　　被告人：因为我穷，又不会电脑。

　　审判长：你是这样想的，是吗？

　　被告人：是的。

　　审判长：那你又是怎么做的呢？

　　被告人：我进大学之后，发现大学里的学生怎么都不学习，都在找女的、打游戏、玩牌。我就想，如果我也这样的话，他们可能会对我好一点。于是，我就用打工挣的钱买了一台便宜的二手电脑，在电脑上打游戏，也经常和他们一起打牌，也去追女人。

审判长：你这样做之后，你的同学对你好点了吗？

被告人：还是和以前差不多。

审判长：你和同学的矛盾，你有向老师反映过吗？

被告人：没有。

审判长：为什么不去反映？不把你心中受到的委屈同老师讲一讲？

被告人：怕老师批评。

审判长：你在中学时代和你的同学相处怎样？

被告人：一般吧。

审判长：你有觉得受到过同学的歧视吗？

被告人：没有。

审判长：为什么没有？

被告人：因为大家都忙于学习，而且我的学习成绩在班上是属于前列的。

审判长：你的中学老师对你怎样。

被告人：对我很好。

审判长：怎么好法？能简单地说一说吗？

被告人：我每次提出的要求，老师一般都会答应。

审判长：你提过什么要求？

被告人：班主任每天都很早叫我们起床做早操，我有点不太情愿，就跟老师提出："我不想做早操，我想多睡一会，我要留更好的精神去学习。"

审判长：老师答应了？

被告人：是的，老师立马就答应了。我成了我们班唯一一个不用起早做早操的学生。

审判长：比较中学的情况，你觉得你的落差很大，是吗？

被告人：是的。

审判长：于是，你就觉得同学不搭理你，就是歧视你，就是看不起你，是吗？

被告人：是的。

审判长：你杀害的四位同学当中，有一位是你的老乡，他家里也很穷，你知道吗？

被告人：知道。

审判长：你知道一个学生应当以什么为主吗？

被告人：应当以学习为主。

审判长：你平时想过这个问题吗？

被告人：平时没有仔细想过。

审判长：如果你的一位中学同学家里很穷，但是他的学习成绩在班上数一数二，你会因为他家贫穷而不尊敬他吗？

被告人：不会。

审判长：作为一名大学生，你的主业是学习，你只有把学业搞上去了，你才能真正赢得同学和老师的尊重。每个人都是这样，科学家的主业搞不好，就会给国家造成无法挽回的损失；建筑工人的本职工作做不好，楼房就会倒塌。这样一来，他们无论再怎么有钱，都不可能赢得人们的尊重。这些道理，你懂吗？

被告人：懂。

审判长：如果你把主要精力放在学习这一主业上，再加上用业余的时间打工，你哪里有时间去考虑和在意别人对你的看法。再说，如果你能够及时和老师沟通，说说自己心里的想法，你也不会走到今天的地步，犯下这种滔天罪行，给死去的同学家庭和你的家庭造成无尽的痛苦。

被告人的罪行虽然避免不了死刑的判决，无法有重新改过的机会，但是，审判人员运用"挖掘犯罪动机产生的根源"讯问方法对被告人的讯问所引出的问题，不得不引起社会各界（特别是教育界）的深思。如何教育学生、如何关心学生、如何关注弱势群体、如何树立正确的人生观和价值观以及如何处理好人与人之间的关系等问题，都是法治社会所面临的重要课题。

犯罪动机的产生源于众多因素，如当事人心理、性格、认知能力、价值观念、家庭环境、受教育环境以及社会环境等。这些带有某种缺陷的因素是滋生犯罪动机的本源和土壤。在庭审过程中，审判人员运用"挖掘犯罪动机产生的根源"这一司法讯问口才言语表达方法和技巧对被告人进行讯问时，主要目的是追寻被告人思想变质的过程，以此来警示当事人和社会各界。审判人员在进行如此讯问时，除了当庭对被告人进行思想教育之外，以客观再现过程为宜，不宜对有缺陷的被告人自身之外的因素直接进行评价，可以留在司法建议中直接予以说明。这是审判人员在运用"挖掘犯罪动机产生的根源"这一司法讯问口才言语表达方法和技巧时，所要注意掌握的度。

（二）审判人员司法询问口才言语表达方法和技巧

公诉人司法询问口才言语表达方法和技巧，同样适用于审判人员司法询问口才。限于篇幅，本书在此不再赘述。不过，要着重强调的一点是，审判人员要处理好与公诉人、原被告各方及其诉讼代理人或辩护人的询问之间的关系，不能偏离"对抗制"（控辩式）审判模式，更不能越俎代庖，偏离自身的庭审地位和角色。

（三）审判人员司法调解口才言语表达方法和技巧

调解的过程实质上是一种说服的过程，说服当事人互谅互让、相互理解，排除当事人双方狭隘的心理，拓展他们的视野，以更为宽广的胸怀对待彼此间的矛盾和纠纷，在解决矛盾和纠纷的同时，卸掉他们的心理负担，以更加轻松的心情面对日后彼此间的相处，促进社会和谐。审判人员司法调解口才言语表达方法和技巧，正是建立在调解的性质和目的基础之上，并为之服务的。根据司法实践、社会实践和调解的目的，审判人员司法调解口才言语表达方法和技巧主要有以下几个基础性方面：

1. 再现过去的美好时光

"再现过去的美好时光"这一调解口才言语表达方法和技巧是指，审判人员在调解当事人纠纷时，有意暂时避开案件的争议焦点，将当事人引导到过去在一起相聚时快乐的时光，引起他们的美好回忆，促使他们在这种背景下重新认识他们现在所面临的问题，各自做出让步，彻底解决彼此间的纠纷。这一调解口才言语表达方法和技巧，通常适用于兄弟姐妹等家庭成员之间的遗产纠纷案件。例如：

一起三个女儿因家庭遗产继承而发生的遗产纠纷案中，大女儿一直和父母生活在一起，将二老养老送终。二位老人死后，留下了一栋房屋、若干存款和金银首饰。两个妹妹不同意大姐的分配方案，僵持不下，于是就将大姐告上了法庭。主审法官在开庭审理前，对这个家庭三个女儿过去在一起的生活状况进行了走访调查，初步掌握了一些基本情况。庭审前，主审法官询问了双方当事人是否愿意调解。在征得双方当事人同意之后，为了缓解双方的紧张气氛，审判员将她们领入了另一个办公室，开始和她们进行了交谈。

审判员：你们是亲姊妹，是吧？

大姐：是的，亲姊妹。

审判员：你是大姐？（望着大姐问）

大姐：是的，我是大姐。

审判员：那你们就是大姐的两个亲妹妹啰？（望着另外两个妹妹问）

两个妹妹：（异口同声）是的。

审判员：你是二妹？（望着二妹说）

二妹：是的，我是二妹。

审判员：那你就是三妹了。（望着三妹说）

三妹：是的，我是三妹。

审判员：你们仨当中，谁跟父母一起过？是大姐呢？还是二妹呢？还是三妹呢？（眼光落在三妹身上，因为三妹此前的情绪最激动）

三妹：（望了望审判员低声说）是大姐。

审判员：据我们了解，你们小的时候，家里很穷，是吧？（望着两个妹妹问）

两个妹妹：（齐声低语应道）是的。

审判员：你们小的时候，你们的关系怎样？你们的大姐对你们好吗？三妹，你能给我们讲一讲吗？

三妹：小的时候，我们家的确很穷，经常喝稀粥，糖果对我们来说，简直就是奢侈品。说实话，那时候，大姐和二姐对我都很疼爱、关心和照顾。有什么好吃的东西，两个姐姐总是让给我吃。记得有一次，邻居给了大姐一个糖果，大姐没有舍得吃，等我们放学回来，她叫我们过去，把这颗糖递给了我二姐，叫我二姐和我分着吃。二姐又把这颗糖递给了我，叫我一个人吃……

说到这里，小妹声音有点哽咽，说不下去了。审判员看了看大姐和二姐，她们的眼里也噙着泪花。审判员借此机会抒发了一番情怀。

审判员：多好的大姐呀，多好的三姐妹呀。你们家当时虽然很穷，但是你们之间的相互关爱是那么的美好。我想，这是你们一辈子都难以忘怀的事情。

大姐：（眼含泪水）二妹、小妹，爸妈的财产我不要了。

两个妹妹：（此时已哭成了泪人，齐声说）不，大姐，你照顾父母最多，你最辛苦，爸妈的财产都归你，我们不要了。

审判员：（对三个姐妹说）这样多好，这才是一家人。要不两个妹妹撤诉，回去你们自己处理。可好？（望着两个妹妹说）

两个妹妹点头表示同意。

兄妹之间有关遗产继承的纠纷，往往是因为兄妹一时只顾及眼前的财产利益，而忽略了他们之间一起成长过程中的亲情。审判人员通过运用"再现过去的美好时光"这一调解口才言语表达方法和技巧，把他们带回到亲情的回忆中，感受过去在一起的美好时光，深深地触动他们，彻底地解决纠纷。

2. 重新认识彼此

"重新认识彼此"这一司法调解口才言语表达方法和技巧，通常适用于家庭、婚姻、邻里、赡养和抚养等关系比较密切的当事人之间的纠纷。纠纷当事人在发生矛盾之前有过一段关系比较亲近的生活或交往历程。当事人双方对彼此间的性格、品质、能力和人格都非常熟悉、了解和肯定。这种关系较为密切的当事人之间之所以会产生矛盾和纠纷，往往是因为他们在共同生活或交往过程中，因生活中的琐事发生分歧，而彼此都将这种分歧逐步放大，以至于他们看不到对方的好处，一味夸大对方的缺点，导致彼此的矛盾愈来愈激烈，最后闹上法庭。这一类案件通过调解结案的可能性非常大，因为当事人之间有着良好的关系基础，只要他们冷静下来，重新"打量"对方和自己，他们的注意力将会转移，狭隘的心境将因此得以拓展，重归于好的概率极大。例如：

一起离婚诉讼案件，法官通过调查了解到本案的一些基本情况。这对年轻的夫妇，男方是一位职业作曲家，女方是一位英语翻译。恋爱阶段和结婚后一段时间，女方一直都很佩服男方，男方也一直疼爱着女方。结婚两年后，妻子在家产生了一种压抑感，总感觉自己比丈夫矮一截，似乎在逐渐失去自我。而在工作中，又觉得口译人员只是一种工具，像个活机器，且身份卑微。于是就经常出入社交团体，并演唱通俗歌曲。由于她嗓音很甜，身材也很美，逐渐赢得了一大批崇拜者。但是，她的丈夫很不满意她的"下海"。妻子在家练唱时，丈夫经常泼冷水，说什么"直着喉咙干吼，这也叫音乐""真正有演唱实力的人是不靠搔首弄姿来掩盖缺陷的"等讽刺性话语。妻子原来对丈夫言听计从、百依百顺，可如今，听了这些话之后，令她非常反感。尽管她从不和丈夫争吵，情感却与丈夫日渐疏远。她不愿意看丈夫那副冷脸，甚至整日整夜不回家。丈夫于是大发脾气，说自己"当初瞎了眼，遇上这么个庸俗浅薄的女人""毁了自己的一生"。夫妻二人关系从此日渐恶化，最终去了法院起诉离婚。受理该案的法官在了解了他们的情况之后，认为他们的夫妻感情并未破裂，而且是令人羡慕的一对，于是对他们进行了庭审前调解。

法官：（对女方说）你在家中受到委屈，而在外面风光，有一种找回失去自我的感觉，谁都能理解。我很赞赏你这种重新发现自我、塑造自我的精神，并为你获得的成功表示祝贺。你既能翻译，又能唱歌，是桩好事。下次若有你的节目，请别忘了送张票给我，我真想听听你的歌声，看看你在舞台上的风采。

听了审判员这一席话之后，女方嫣然一笑，男方睁大了眼睛。

法官：不过，你也有点美中不足，愿意让我讲出来吗？

女方：欢迎指教。

法官：你抓了冬瓜，丢了西瓜。

女方：我不太懂。

法官：西瓜就是这一位，你的丈夫。据说他是一位造诣很深的作曲家和钢琴演奏家，是这样吗？

女方：我没说他不是。

法官：对呀，哪位女士嫁给这样一个人，特别是爱唱歌的嫁给这样一位音乐家，真是再理想不过了。请别忙，听我讲完，不仅可把他当丈夫还能把他当师傅。既是爱侣，又是良友，这该多好！别人打着灯笼找不到，你找到了却要把它甩掉，这就太不精明了。凭着他的专业知识，帮你提高专业水平，一分钱不用花，也不必进音乐学院，这样的机遇不是每个人都有的。你难道没想过，得到的东西一旦失去才会觉得其珍贵？失而复得有多难呀！你故意和他疏远，连家都不回，就不怕别人把他偷走？还亏你想得出要跟他离婚，未免太慷慨大方了吧。离婚容易办理，今天我就能为你办。只是你得好好想想，离了婚不会后悔吗？也许现在口头上你会说"绝不会"，但有理智的人不该被气话的一时冲动所左右，我指的是内心真实，是未来的真实。一旦离了婚，后悔就晚了，虽然还可以复婚，但你是个爱面子的人，对不对？

女方不语，低头沉思。法官转向男方与之交谈。

法官：而你呢，客观地说，也并不全错。你对通俗歌曲演唱时一些现象的评价，可以理解，因为你是这方面的专家，境界和标准更高，当然不会随波逐流。就以我们这些外行来讲，在闲谈时也有些不以为然。唱歌的人干嘛要在台上恶狠狠地用手指着观众？这不是吵架时的举动吗？有时也正像你说的"拳打脚踢"，确实令人倒胃口。难怪行家们讲那是一种"水货"和"花架子"，"以此掩盖演唱技巧的不足"。唱歌嘛，当然是要靠声音取胜，而不是靠身体讨好。

男方听了之后，异常兴奋，频频点头。

法官：但是，你想改变这种低品位恐怕是心有余而力不足。你连自己身边的人，朝夕相处的爱人都改变不了，这也不能不令人遗憾。你如果真有本事，就该以正确的途径和科学的方法引导你的妻子步入音乐更高的殿堂。你没有这样做，甚至没有尝试这样做，只是一味地冷嘲热讽，恐怕与你的身份和修养不太协调吧？真正的音乐大师会是一种什么气概呢？反过来设想，假如你真正关心音乐的发展，真正关怀妻子的提高，你就会参加她的演唱会。然后回家赞美她的优点，指正她的缺点，对不对？人人都渴望赞美，何况女人？更何况是爱你的妻子？你这样咎酋你的言辞，就这一点而论，也很难称得上是一位具有现代风范的大丈夫。假如你能用自己的关怀和热情帮助你妻子提高演唱水平，你们这对夫妻不是又迈上了一个家庭生活新的台阶，增添了彼此间新的魅力吗？干嘛要使天作之合的佳偶落个不幸离异的结局？好多人一生都在追求幸福而不可得，你有这么温顺美丽又志趣相投的伴侣却不知珍惜，是不是该说身在福中不知福呢？

话说到此，法官停住了，用期待和鼓舞的眼神望着两位当事人。女方突然起身趋前，热泪盈眶，紧紧握住法官的手；男方走到她的身边，拥抱着妻子向法官点头致意，并由衷向法官表示感谢。[1]

该案的主审法官在调解时运用的调解技巧非常高明，表现出很高的教育水准。为了让他们重新认识彼此，先对他们各自的优点加以肯定，不仅舒缓了他们的情绪，而且放松了他们各自的心情，做好接受批评的心理准备。在这样的前提之下，法官再让他们重新审视自己的缺点和对方的优点，夫妻双方不但能听得进去，而且最终能够醒悟、自省和更多地考量对方的优点，重

---

〔1〕 林华章主编：《应用口才教程》（第2版），法律出版社2005年版，第166~168页。

归于好。

3. 展望未来

有些家庭纠纷、大妻财产分割及孩子抚养纠纷、赡养纠纷、抚养纠纷以及经济合同往来纠纷，当事人常常过分注重眼前的利益，而忽视对未来的展望，心结往往不能因此而打开。狭隘地放大眼前的"芝麻"，却忽略了未来的"西瓜"，这是导致此类案件发生最为根本性的原因。审判人员在受理此类案件时，只要打开他们的心结、开拓他们的视野、放眼他们的未来，以调解方式结案的可能性是很大的。例如：

在一起离婚诉讼案件中，法院以"夫妻双方感情确实破裂"为由，同意夫妻双方离婚，而且夫妻双方的儿子由男方抚养，女方没有异议，但是，就现有房屋的分割上，男女双方争执不下。争议的焦点是：夫妻双方居住的房屋是男方用按揭的方式购买的。首期付款是男方向其姐姐家借的钱，现仍然没有还清银行的房贷，女方对房屋的按揭未支付过一分钱，女方坚持要按夫妻共有财产分给其一半，男方坚决不同意。法官在了解到这些情况之后，对双方进行了调解。

法官：（先叫来女方）你们婚前有没有关于婚前和婚后财产协议？

女方：没有。

法官：你有没有工作？

女方：我在一家建筑材料市场做销售员。

法官：这么说，你有收入来源啰？

女方：是的。

法官：你现在所居住的房屋还在还贷，是吗？

女方：是的。

法官：都是谁在支付这个贷款？

女方：是他支付的。

法官：也就是说，这个房屋的贷款，你没有从你的工资里拿出钱来支付，是这样吗？

女方：是这样，可是平时家庭开支，我也有支出呀。

法官：这个，我知道。你丈夫除了这个房屋之外，还有其他房产吗？

女方：没有。

法官：你丈夫收入高吗？

女方：不高，一般吧。

法官：如果换成是你，你丈夫未从他的工资中拿出一分钱来支付还贷，现在要求分割一半的房产，你会怎么想？

女方：（沉默，在思考）

法官：（为防止女方狡辩，趁其还未开口回答之前，接着问）你们的孩子多大了？

女方：7岁了，在上幼儿园。

法官：你同意把孩子交给男方抚养，对吧。

女方：是的。

法官：7岁的孩子，现在已经懂事了。你作为他的母亲，你应当为他的前途着想，不是吗？

女方：应该的。

法官：可你为了这点房产，始终去男方那里闹腾，还不时地带着一帮亲戚去闹，你不觉得对你的孩子造成的负面影响很大吗？是的，你可以再婚，还可以去生养孩子，现在用不着这个儿子为你养老。可是，你有没有想过，孩子毕竟会长大，你这样闹腾下去，不是拱手把你们的孩子全部（最重要的是情感）让给对方吗？你现在的行为在孩子的心里种植的是"恨"，而不是"爱"。是的，从法律上讲，你把他抚养到18岁就尽了作为母亲的一份法律上的责任，你可以不管他的未来，甚至在他成年之后，与他断绝往来，但是，血缘关系自始至终都是存在的，他始终是你的儿子，这是无法改变的事实。即使你现在想，你儿子的未来无论怎样都不关你的事，然而，你这样对待你亲生儿子的态度，你将来再婚后的子女会怎么看？他们会认为你是个好母亲吗？你应当多多考虑你孩子的未来，不要为了自己的私利而蒙蔽双眼。

听了法官这一席话之后，女方表示愿意听从法官的安排。法官又找来了男方，与他进行了单独的交谈。

法官：你和女方结婚多少年了？

男方：有近八年了。

法官：你们是自由恋爱的吗？

男方：是的，是自由恋爱的。

法官：你们以前的感情怎样？

男方：恋爱阶段和结婚后一段时间，感情还很好。就是后来生活摩擦多了，再加上性格出入很大，感情越来越差，最后到了现在这个地步。

法官：也就是说，你们曾经相爱过，你也曾经爱过对方，是吗？

男方：说实话，有爱过。

法官：你有几个兄弟姐妹？

男方：我有两个姐姐，就我一个男孩。

法官：就是说，你是家里的独子。

男方：是的。

法官：你现在也有一个儿子，是吧？

男方：对的。

法官：关于你们的房产分割问题，你是怎么看的？

男方：这个房子是我出钱买的，首期付款还是我向我姐借来的，她一分钱都没有出，我不可能答应她"要分一半"的无理要求。

法官：你说房子的首付是你姐借给你的钱，你有证据吗？

男方：过了这么多年了，我那些字据现在都找不到了。

法官：也就是说，你无法向法庭提交此类证据，是这样吗？

男方：也算是吧。

法官：你要知道，法律是讲证据的，不能听你一面之词。根据现有的证据来看，房子是你们的夫妻共有财产，因为你们夫妻间没有婚前或婚后财产协议。虽然女方没有从工资卡上支付一分钱用来还贷，但是家庭生活和孩子的抚养，她还是有支出的。你们虽然各自管理自己的工资收入，但是按照法律规定，夫妻间没有约定的财产，除法律明文规定之外，属于夫妻共有财产，分割财产时按夫妻平分处理。因此，女方提出要房屋的一半在法律上是行得通的。我刚才也和女方谈过，"不看僧面看佛面"，看在你们儿子的分上，你们是不是要更加平和地解决这个问题。你想一想，女方毕竟是儿子的母亲，你们这样僵持着，天天吵闹，对你们的孩子影响多大？是房产重要，还是你儿子的未来重要？不错，你可以让你的儿子恨他的母亲，可是，一个心中充满恨的孩子，对他的未来将造成多大的影响，你知道吗？我想，你爱你的孩子，你真心想让你的孩子心中充满爱，而不是恨。退一步讲，财产给的是孩子的母亲，而且又是你曾经爱的人。孩子的母亲日后对孩子好，多一些付出，这点财产不就在里面了吗？你的财产还不是为了孩子的将来？总之，大人间处理事情要多为孩子着想，千万不要忽视他们的未来。这是你们做父母的责任。

听了法官这一席话之后，男方也表示可以作出让步。最后，主审法官根据案件的实际情况，结合相关的法律规定，拟定了一份双方均能接受的调解方案。

"展望未来"这一司法调解口才言语表达方法和技巧的运用，可以让当事人的眼光看得更远，让他们真正意识到孰重孰轻，以便作出最明智的选择。这一方法和技巧也同样适用于经济实体间的合同纠纷案件，可以抓住经济实体最在意的声誉、竞争力、对市场份额占有的影响以及双方合作的未来等关键点，运用此方法对此类经济合同纠纷案件进行调解。

4. 晓之利害得失

在民事或经济交往中，"尽量使收益最大化，使成本最小化"是当事人普遍的心理。在这种心理驱使下，当事人一旦在民事或经济交往中发生纠纷，被告通常表现出的心理是：不赔或尽量少赔；原告的心理是：尽量让对方多赔，最低限度是赔偿其实际受到的损失。如果当事人之间无法通过协商来协调彼此间的矛盾心理，诉诸司法救济将是他们最后的选择。审判人员在接受这类案件时，通过"晓之利害得失"这一司法调解口才言语表达方法和技巧的运用，拓展当事人的思路，指明其想法和行为不可能实现"收益最大化"的目的，促使各方作出让步，使纠纷顺利得到解决。例如：

"原告游某耘诉被告北京现代阳光科贸有限公司特许经营合同纠纷"一案。原告游某耘与被告北京现代阳光科贸有限公司于 2003 年 5 月 12 日签订《阳光贝贝特许加盟经营合同书》，被告特许原告在其所在开设"阳光贝贝"婴幼儿用品特许专营店，并对经营方式、双方的权利义务、加盟合作方式、承诺及保证、违约责任等条款作了明确的约定。原告于 2003 年 5 月 24 日向被告缴纳了 8000 元的保证金，并为此租赁了店铺进行装修。然而在经营过程中，原告发现被告有违约行为，致其无法正常经营，遂引起纠纷。原告于 2004 年 8 月 11 日向法院起诉。其诉称被告具有以下违约行为：①欺诈行为。被告在招商资讯和加盟资讯中声称拥有"阳光贝贝"注册商标，且产品品种多达 9000 多种，但其在经营过程中发现该商标并未注册，且品种不齐全，造成所需货源供应不足。②未按约及时发货。被告在收到原告的货款后不能及时发货。③产品设计和质量不符合要求。被告提供的产品均未标有"阳光贝贝"品牌的字样，且有些产品没有中文标识。④未履行退货承诺。出于质量及滞销原因，原告将货退还给被告但被告未按约定退还货款。总之，被告的行为违反了合同法律的诚信原则，损害了原告的利益。为此，原告请求法院依法解除合同，判令被告退还保证金8000元，并支付违约金8000元以及赔偿损失、返还货款等。被告北京现代阳光科贸有限公司未作答辩。

法院受理了此案之后，先由原、被告双方通过电话进行了多次协商，但没有结果，且双方矛盾越来越大。被告的态度很强硬，声称其不仅不会到庭参加诉讼，而且也不怕法院怎样判。主审法官从被告的言论中分析出被告的心理活动情况，即原、被告之间距离遥远，原告即使胜诉，也存在执行难的问题，且诉讼标的不大，执行成本高、风险大。因此，被告对法庭的诉讼活动极不配合。同时在开庭前几天，主审法官对原告提供的证据进行分析，认为原告的诉讼请求也很难得到全部支持。因此，征求原告意见，使其有条件地放弃部分诉讼请求与被告进行调解，原告表示同意。然而在第二次与被告通话后被告仍表示不同意调解，但同时告知了其已委托律师代理。于是，主审法官便与被告的律师进行了第一次通话，阐明了本案的法律事实和利害关系，要求其实事求是地对待这场纠纷。另外，主审法官还向其表明原告已同意放弃部分诉讼请求，只要求返还保证金8000元和货款，若被告坚持不调解，法院只能依法判决。如果被告败诉，不仅要承担更多责任，而且还要负担法院依法强制执行中的有关执行费用。

经过法官的一番有理有据的分析，使被告意识到其中的利害得失，最终经过主审法官的电话调解，双方达成协议，并履行完毕。[1]

处在矛盾和纠纷中的当事人，他们的情绪往往很紧张，彼此处在对立状态，思想狭隘，谁都不愿意轻易为对方作出让步。从眼前的利益来看，当事人认为，"让步"可能会给己方造成部分损失。殊不知，如果不让步，会给他们自己造成更大的损失，如本案中，被告要额外承担异地高昂的执行费用，

---

〔1〕 何鸣主编：《民事诉讼调解技巧与实例评析——根据最高人民法院诉讼调解司法解释撰写》，人民法院出版社2005年版，第18~20页。有改动。

原告要承担执行难的风险及赔偿金不能及时到位所带来的损失。本案法官调解的成功之处就是对"晓之利害得失"这一司法调解口才言语表达方法和技巧的运用。

在运用"晓之利害得失"这一方法和技巧时，审判人员还要根据个案的基本情况，适时超越物质利益，将当事人的信誉、名誉、声誉、行为的社会影响等无形的财富考虑进去，开阔当事人视野，促使他们作出正确的选择。

5. 明之以事理

"事理"，即事物发展的内在客观规律，也就是人们通常所说的"道理"。"事理"在现实生活中有多种表现形式，如法律、政策以及各种规范性文件。如果忽视这些规范性文件或对其理解出现偏差，就可能侵犯到其他法律主体的合法权益，法律纠纷和冲突将因此而产生。有些民事纠纷往往因一方当事人过分考虑自身的利益或眼前的利益，而忽视了法律、政策和常理对其行为的合理要求，片面地认为法律和政策的规定是抽象的，与实际情况有出入，不能很好地理解法律和政策规定的精神。一方当事人认为，自己的付出就应当得到回报，而法律和政策所给予的回报与其辛勤的付出不对等，于是将应当分配给另一方当事人的合法利益部分地克扣下来，非法地据为己有，从而引起另一方当事人的不满，因此而引起纠纷，将其告上法庭。对于此类案件，审判人员只要对被告讲明法律和政策中所含的道理及精神，对其进行说服和教育，打开其心结，就能顺利通过调解方式解决纠纷。例如：

"黄某银、赵某水等50位村民与被告林某章返还征地补偿款纠纷"一案中，被告林某章为霞浦县东关村后墩自然村村组长，以村干部的身份前去县政府，代表包括原告在内的50位村民，将霞浦县政府发放给原告的征地补偿款签字领回。被告林某章将补偿款领回以后，想要从中扣除各项开支，然后把剩下的发放给原告，原告认为不合理，于是双方发生矛盾和纠纷，被告也因此迟迟未将补偿款发给原告。原告无奈将被告林某章告上了法庭。

霞浦县人民法院组织了合议庭开庭审理此案。开庭前，审判员通过走访调查了解到，原告黄某银等人对整个征地过程乃至征地补偿款的发放工作意见均很大，一方面，他们认为政府为造福本地经济，引进项目而征用土地，本无可厚非，但县政府却对农民的征地补偿工作重视不够，补偿款一直未能分到农户手中，与现阶段国家为保护农民合法权益而一直强调的农民减负工作的精神有悖；另一方面，他们认为等到好不容易理清了政府关系，补偿款分到村民小组手中又被截留，原告们对此抱怨很大。审判员感觉到，这类纠纷处理不好，势必会造成村民与村干部之间关系紧张，会影响到村民们生产和生活的安定及村民与村干部之间的和谐关系。于是，合议庭决定尽最大努力用调解方式结案。开庭审理时，合议庭考虑到原告人数众多，为避免意见不一，人多嘴杂，遂指令原告推选出1人至2人为诉讼代表人。法庭调查阶段，审判长指令原告陈述诉讼请求、事实和理由，指令被告针对原告的诉讼请求作了答辩。在举证、质证前，审判长在征得双方当事人同意之后，着手对双方当事人进行调解。合议庭首先找去被告林某章单独谈话：

审判员：林某章，你是村组长，是吧？

被告：是的。

审判员：你这个村组长是怎么当上的？

被告：是村民选出来的。

审判员：既然是村民们选你当的村组长，说明他们信任你，而你现在截留村民们的征地补偿款，你叫村民们日后怎么信任你，你还怎么开展工作？

被告：我不是要有意不给他们。为了领取该笔补偿款，我费了很大劲，而且开支了一些费用，应当从中扣除，可是说什么他们都不答应，这样，我才把钱扣了下来。

审判员：可是，你这样做是违反法律和国家有关政策的，你知道吗？

被告：我懂得这些法律和政策的有关内容，但是，我在这个过程中费用的支出需要他们补偿，也是合法的呀，而且也合理呀。

审判员：你代表这些村民去县城领回征地补偿款，是谁的意思？

被告：县政府的意思。县政府说，各村要派个代表去，不要每个村民去跑，人多影响政府的正常工作。于是我们村小组就由我出面把钱领回来了。

审判员：从村小组组长身份来讲，你是村民选出来的，你应当为村民服务，这是毋庸置疑的；从这次的代表身份来看，你是县政府指定的，你应当按照县政府的意思去办。县政府无疑是在执行国家政策，把征地补偿款按时如数发放到村民手中，你这样做显然违背了县政府的意思，给县政府带来了不好的影响。现阶段国家对涉农案件极为重视，强调各级政府要积极落实中央"三农"政策，增加农民收入，保护农民利益，而你作为村干部扣留了该笔征地补偿款显然与中央的政策相违背。再说，该笔土地征用补偿款是村民们的血汗钱，在法律上，你没有这个权力进行截留。你在领回这些补偿款时，是需要一些费用支出，但必须是合理的，如住宿、伙食补足、办理过程中需要向政府缴纳的费用，而这个过程中你要求的工资就属于不合理的部分，因为这属于村干部工作的一部分。至于请客送礼的费用，更不能属于合理开支，是属于违反国家法律和政策的不正之风，严重时还要受到处分。国家法律和政策的规定与老百姓的生活道理是相通的，如果不合理，怎么叫人去遵纪守法。你作为村干部，理应更清楚这一点。

审判员说服了被告林某章之后，又找来原告代表，与他们进行了交谈。交谈中主要向原告说明了两点：一是属于你们的补偿款应当给你们，你们是有理的但应当通过正当的途径解决，不能采取过激行为，使好事变为坏事；二是被告为了领取该笔征地补偿款，确实付出了不少劳动，应当承认其是有功劳的。

经过审判员耐心细致的思想工作，原、被告双方对案件有了进一步的共同认识，最终达成了调解协议：被告林某章自愿于2003年6月12日前一次性支付给原告黄某银、赵某水等50人征地补偿款人民币9000元，案件受理费410元，由被告负担。[1]

法律和政策中所蕴含的道理与老百姓现实生活中的常理，是相一致的。从这个角度来讲，"法律和政策是广大劳动人民意志的体现"是科学的、不可动摇的。忽视事理，就可能做出违背常理、违反法律和政策的事情，法律争端和纠纷就不可避免。"明之以事理"对于审判人员调解某些民事争端是必要的，特别是对那些对事物中的道理认识不足的当事人来说，这种方法和技巧尤为重要。

（四）审判人员司法宣判口才言语表达方法和技巧

"司法宣判"不能被简单地理解为"一纸判决"，更不能将其理解为司法机关行使国家权力的结果。司法宣判当然离不开国家权力，但是"拥有国家审判权力"只不过是一种"审判资格"的门槛，不能决定或左右司法判决内容的公正性，更不能决定司法判决的效果。司法判决的内容公正性和效果，

---

〔1〕 何鸣主编：《民事诉讼调解技巧与实例评析——根据最高人民法院诉讼调解司法解释撰写》，人民法院出版社2005年版，第3~5页。有改动。

取决于审判人员的审判智慧，取决于审判人员的司法审判口才。要想使当事人以及社会大众对审判人员的司法判决心服口服，审判人员必须注意培养其司法宣判口才，熟练掌握和运用司法宣判口才的言语表达方法和技巧。

1. 先叙述后评议

法院判决书是庭审过程的反映和缩影，但又不是庭审过程简单的复述，而是凝聚了审判人员的智慧。对庭审过程中当事人各方在法庭调查和法庭辩论阶段的观点和辩论意见进行叙述性介绍，既能体现法庭审理的程序性公正，又能体现审判人员认真对待庭审工作的工作态度和作风，为后面评议部分打下了坚实的基础，做好了充分的铺垫。

由案情叙述，到理由阐发，再到处理结论，连同首部的有关当事人的身份等基本情况的说明介绍，实际上是当事人提起诉讼最普遍和最常见的一种思路，这就是"起"（介绍情况）、"承"（叙述事实）、"转"（阐述理由）、"合"（处理结论）。[1]这种思路是符合认识事物客观规律的，具有缜密的逻辑性，审判人员宣判时亦应当符合这种逻辑思路，例如：

刑事诉讼案件的宣判书内容

公诉机关××××人民检察院

被告人……（姓名、性别、出生年月日、民族、籍贯、职业或工作单位和职务、住址和因本案所受强制措施情况等，现在何处）

辩护人……（姓名、性别、工作单位和职务）

××××人民检察院于××××年××月××日以被告人×××犯××罪，向本院提起公诉。本院受理后，依法组成合议庭（或依法由审判员×××独任审判），公开（或不公开）开庭审理了本案。××××人民检察院检察长（或员）×××出庭支持公诉，被告人×××及其辩护人×××、证人×××等到庭参加诉讼。本案现已审理终结。

公诉人指控，……（被告人的犯罪事实及相关证据的叙述）

公诉人认为，……（公诉人对本案观点的叙述）

被告人的供述、辩解……

辩护人的辩护意见……

---

〔1〕　卓朝君、王素芬主编：《新编法律文书学》，中国人民公安大学出版社2002年版，第55页。

本院经审理查明，……（合议庭认定的事实、情节和证据。如果控、辩双方对事实、情节、证据有异议，应予分析否定。在这里，不仅要列举证据，而且要通过对主要证据的分析论证，来说明本判决认定的事实是正确无误的。必须坚决改变用空洞的"证据确凿"几个字来代替认定犯罪事实的具体证据的公式化的写法）

本院认为，……［根据查证属实的事实、情节和法律规定，论证被告人是否犯罪，犯什么罪（一案多人的还应分清各被告人的地位、作用和刑事责任），应否从宽或从严处理。对于控辩双方关于适用法律方面的意见和理由，应当有分析地表示采纳或予以批驳。］依照……（写明判决所依据的法律条款项）的规定，判决如下：……〔1〕

民事诉讼案件的宣判书内容

诉讼当事人及其代理人的姓名（或名称）等基本情况

……一案，本院于××××年××月××日立案受理，依法组成合议庭（或依法由审判员×××独任审判），公开（或不公开）开庭进行了审理……（当事人及其诉讼代理人等）到庭参加诉讼。本案现已审理终结。

原告×××诉称……（原告提出的具体诉讼请求和所根据的事实与理由）

被告×××辩称：……（被告答辩的主要内容）

第三人×××述称：……（第三人的主要意见）

本院经审理查明：……（法院认定的事实、证据和理由）

本院认为：……（根据认定的事实阐述法律意见及适用的相关法律和理由）。依照……（写明判决所依据的法律条款项）的规定，判决如下：……〔2〕

行政诉讼案件的宣判书内容

诉讼当事人及其代理人的姓名（或名称）等基本情况

原告×××不服××××（行政机关名称）××××年××月××日（××××）××字第××号处罚决定（或复议决定、其他具体行政行为），向本院提起诉讼。

本院受理后，依法组成合议庭，公开（或不公开）开庭审理了此案……（当事人、代理人等）到庭参加诉讼。本案现已审理终结。

---

〔1〕 潘庆云主编：《法律文书范例评析》，复旦大学出版社2005年版，第53页。有改动。

〔2〕 潘庆云主编：《法律文书范例评析》，复旦大学出版社2005年版，第109页。有改动。

原告诉称……（叙述原告对被告所作的具体行政行为的主要内容及其事实与根据不服的主要意见、理由和请求等）

被告辩称……（叙述原告对被告所作的具体行政行为的主要内容及其事实与根据不服的主要意见、理由和请求等）

本院经审理查明：……（法院认定的事实、证据和理由）

本院认为：……（根据认定的事实阐述法律意见及适用的相关法律和理由）依照……（写明判决所依据的法律条款项）的规定，判决如下：……[1]

"兼听则明，偏听则暗"是众所周知的普适道理。诉讼当事人各方都各自站在自身的立场上发表对诉讼案件的观点和看法，审判人员在作出宣判时，不能无视这些观点和看法，另辟蹊径，主观臆断。"先叙述"就是将当事人各方对案件的观点和看法做简要介绍，显现出双方一致和争议之处，为评议提供了基础性材料和范围。"后评议"就是在"先叙述"的基础上，站在客观和公正的角度，对双方当事人的观点和看法进行分析和评判，以便作出公正的判决，体现了审判人员对案件审理的智慧。"先叙述后评议"是审判人员司法宣判口才中最基本的言语表达方法和技巧。

2. 阐明认定的事实及理由

叙述部分将法庭的调查情况和双方当事人各自的观点和看法展现在法庭上，人们自然期待法庭对双方各自的观点如何看待，法庭的意见是什么？当事人双方中谁的主张应当得到支持？理由是什么？这就是接下来审判人员在宣判时要回答的问题。

庭审过程实质上是当事人双方和审判人员等三方智慧的较量。在"对抗制"（控辩式）审判模式下，整个法庭审理过程基本上是当事人双方在发表各自的见解和主张，而审判人员在合议庭评议之前，是不能直接表明自己的态度和主张的，即认定什么，或不认定什么。合议庭评议之后，法庭宣判时，发表意见和主张的舞台就全部移转给审判人员（由审判长作代表），这个时候是审判人员充分展示自己智慧的时间，人们非常期待审判人员对案件的具体看法。因此，"阐明认定的事实及理由"是将审判人员的观点和看法从幕后拉到前台的重要方法和途径，表明审判人员对诉讼案件的态度，展示审判人员

---

〔1〕　潘庆云主编：《法律文书范例评析》，复旦大学出版社 2005 年版，第 173～174 页。有改动。

对案件事实的主张，人们可以借此机会一睹审判人员智慧的光芒。例如：

张××、刘××盗窃一案。××市××区人民检察院起诉书指控，1997年7月16日晚9时许，被告人张××伙同被告人刘××窜至××工地盗窃电缆线，被当场抓获，赃物价值计人民币1600元。此外，被告人张××还于1997年1月至3月期间，单独在××工地和××镇三间宿舍内多次盗窃自行车、钢管、暖气片等物，共计人民币860元。被告人张××、刘××对起诉书指控的事实没有提出异议。张××的辩护人辩称，张××主动交代了自己的罪行，属于自首情节，应当对其减轻处罚。刘××的辩护人辩称，刘××是在张××的带领下参与犯罪的，是从犯，又是初犯，而且犯罪结果不甚严重，建议法庭对刘××从轻处罚。

法庭经审理后作出了相关的认定，并阐明了理由：

经审理查明，被告人张××、刘××于1997年7月16日晚9时许，携带菜刀等作案工具，骑自行车窜至××工地盗窃16毫米电缆线150米，价值人民币1600元，当二被告人携带赃物逃离作案现场时，被该工地保安人员发现，当场人赃俱获。本项事实有当场缴获的电缆线、作案工具菜刀、自行车，证人李××、刘××等人的证言及现场照片等证据证实，被告人张××、刘××亦供认不讳。

被告人张××还于1997年1月至3月期间，在××工地和××镇三间宿舍内行窃，盗窃暖气片19片，铁管40米，暖气配件10件，凤凰牌自行车一辆，所盗窃赃物共计人民币860元。已全部缴获。本案事实系被告人在羁押期间坦白交代的，并有缴获的全部赃物和××基建处关于被盗的报案材料等证据佐证，足以认定。[1]

"以事实为依据、以法律为准绳"是审判人员审理诉讼案件的基本原则。审判人员在庭审中认定的案件事实是定案的基础和依据，是故，"阐明认定的事实及理由"是司法宣判的关键。至于证据方面，由于庭审过程做了充分的展示和质证，审判人员在宣判时，为节约司法资源，突出重点，对那些无争议的证据，可以用附件的方式列出，只需在阐述认证理由时作简要说明，无需在宣判时加以一一列举和说明；对于那些有争议的证据，审判人员只需对质证意见进行法律评析，以便阐明加以取舍的事实理由和法律理由。此案中，

---

〔1〕 沈春林、覃祥桂编著：《新编法律文书写作》，气象出版社2001年版，第173~175页。

审判人员在作出事实认定时做得比较好，是审判人员司法宣判口才的典范。

3. 阐明对案件处理的法律意见及理由

案件事实确定下来之后，事实和法律之间还有一段距离。两者之间的内在联系具有不可直观性，需要借助于审判人员的逻辑思维才能准确地将其挖掘出来，这就是对案件处理的法律意见及理由。理由是判决的灵魂，是将案件事实和判决结果有机联系在一起的纽带。对于刑事诉讼案件来说，审判人员在宣布刑事判决时，如果缺乏充足理由的论证或者论证得不够充分，就不能使被告人心服口服、认罪服法；对于民商事诉讼案件和行政诉讼案件来说，如果审判人员作出判决时，没有进行充分的理由说明，当事人不自觉履行判决内容的概率就会增大，因不服判决提起上诉的概率就会上升。这些都会不同程度地影响到司法的公信力以及审判人员良好的司法形象。

"阐明对案件处理的法律意见及理由" 通常以 "本院认为" 为开头语，根据法庭审理查证属实的事实、证据和法律规定，就民商事诉讼案件和行政诉讼案件来说，审判人员需要论证被告人是否有原告起诉书中指控的违法行为，是否存在过错以及过错责任大小，原被告双方关于适用法律的意见是否可以被采纳及采纳的理由；就刑事诉讼案件来说，审判人员需要论证公诉机关（或自诉人）指控的犯罪是否成立，被告人的行为是否构成犯罪，犯什么罪，应否从轻、减轻、免除处罚或者从重处罚，对于控辩双方关于适用法律方面的意见，有分析地表示是否予以采纳，并阐明理由。例如，上述盗窃案件中，审判人员在对该起盗窃案件进行宣判时就很好地运用了 "阐明对案件处理的法律意见及理由" 这一言语表达方法和技巧，其司法宣判口才体现得淋漓尽致。

本院认为，被告人张××单独和伙同被告人刘××盗窃公私财物，数额较大，依法均已构成盗窃罪，应予惩罚；被告人张××在羁押期间坦白交代了他单独盗窃的犯罪事实，虽非主动投案，不属于自首行为，但能坦白交代自己的罪行，认罪态度好，依法可以从轻处罚；被告人刘××与张××结伙进行盗窃活动，并非从犯，但其犯罪情节较轻，又能认罪悔罪，依法可以从轻处罚，二被告人的辩护人的意见部分成立，本院予以采纳。本院为严肃国法，惩治刑事犯罪，保护公私财产不受侵犯，对被告人张××依照《中华人民共和国刑法》第264条、第25条第1款、第64条的规定，对被告人刘××依照《中华人民共和国刑法》第 264 条、第 25 条第 1 款、第 72 条第 1 款、第 60 条的规定，判决如下：……[1]

"阐明对案件处理的法律意见及理由"这一司法宣判口才言语表达方法和技巧，本质上看，就是审判人员针对具体案件事实适用法律和解释法律的过程。就刑事诉讼案件来说，审判人员必须运用犯罪构成理论，即犯罪主体、主观方面、客体和客观方面等四大犯罪构成要件理论，针对案件事实、性质和情节，对被告人的行为作法律上的评断，即被告人的行为是否构成犯罪，犯的是什么罪，是一罪还是数罪；就民商事诉讼案件来说，审判人员应当运用法律责任构成要素理论，即行为是否违法、是否存在过错、是否造成损害结果以及行为与损害结果之间有无因果关系，针对具体案件事实进行法律上有责任、无责任及责任大小的评判。理由的论述要有针对性，要根据事实和法律的规定讲明道理，使理由源于事实、源于法律、源于生活中的常理。要以理服人，不能以势压人。前者才是审判人员司法宣判口才的体现，后者与司法口才无缘，甚至是野蛮、不文明的表现，有损审判人员良好的司法形象。

思考：

1. 谈谈审判人员司法口才的必要性。

2. 比较公诉人员与审判人员关于司法讯问（询问）口才的异同。

3. 如何认识审判人员司法口才对审判工作的意义？

讨论：

在各大法院网站上搜索最新案例，讨论和寻找优秀审判文书里存有哪些漏洞和不足，并加以分析和评论。也可以到中央电视台《社会与法》栏目网站上查找庭审过程视频，并指出审判人员司法口才不足之处。

---

[1] 沈春林、覃祥桂编著：《新编法律文书写作》，气象出版社 2001 年版，第 173~175 页。

对于中国来说，律师制度是舶来品。清末民初，随着经济发展，社会进步，门户开放，律师制度也随之逐步被引入我国。[1]1912 年 9 月 16 日，《暂行律师章程》的颁布标志着律师制度在中国正式建立。[2]中华人民共和国成立后，律师身份经历了一个变迁过程。1979 年一系列重头法律出台。《刑事诉讼法》第一次以国家法律的形式确立了律师的法律地位，从此，律师以国家公职身份活跃在中国法律舞台上。但是，随着改革开放的深入，特别是 1993 年 12 月国务院批转了《司法部关于深化律师工作改革的方案》之后，律师的身份出现了拐点，国家不再以生产资料所有制的性质和行政级别的属性界定律师及律师事务所的性质。1996 年《律师法》的出台意味着，律师由具有公职身份的国家法律工作者转变为民间维度的社会法律工作者，律师角色的民间色彩开始凸显出来。1997 年 10 月，中共十五大报告将律师事务所定位为"社会中介组织"。自 2000 年起所有自收自支的国资所开始实行与市场接轨的脱钩改制。中国律师角色的定位逐渐实现了从公职性向民间性的回归。[3]

律师的国家公职身份被剥离而回归到民间性，这一转变也给一些法官、检察官和律师带来了某些观念上的细微变化。在某些法官和检察官看来，失去了公权力的律师只不过是有着"律师身份"的普通老百姓，与拥有国家公

---

〔1〕 杨林生："中国近代律师身份定位刍论"，载《辽宁师范大学学报》2003 年第 4 期，第 109 页。

〔2〕 陈同："律师制度的建立与近代中国社会变迁"，载《社会科学》2014 年第 7 期，第 161 页。

〔3〕 北柳："中国律师身份符号的变迁"，载《中国新闻周刊》2008 年第 35 期，第 51 页。

权力的政府公务员怎能抗衡？于是，在司法诉讼实践中，屡屡出现法官无理地制止律师的发言、傲慢地打断律师的话语、非法将律师驱逐法庭甚至当庭对律师非法使用手铐等侵犯律师合法权益的行为。这些非法现象的出现，让律师不知不觉地将自己划归到"弱势群体"行列。于是，为争取案源、在庭审中赢得胜诉，有些律师不择手段地与案件审理法官搞关系，为争取拥有国家审判权的法官对自己的支持，他们不惜用自己的人格做交易，走"人格寻租"之路，根本无心进行自我专业素养的修炼，更谈不上对律师司法口才的注重和培养。

"打官司就是打关系"是中国老百姓乃至部分律师等法律专业人士的典型心理。在这种心理的驱使下，人们在忙碌着幕后的"钱权"交易，而幕前的庭审气氛显得十分单调，雄辩的场面成了稀世珍品。是的，笼络法官的心肯定能够取得法官的支持，取胜的概率自然会大大提高。殊不知，走这条路的律师实质上在寻求一种力量支撑（杠杆原理），其前提条件是，个案中没有比法官权力力量更强更大的力量出现，如果个案的影响力超过了法官的控制力，这种支撑将变得摇摇欲坠。更何况，这种非正常渠道取得的力量支撑，能够走多远？恐怕当事人自己也很难说得清楚。同样，律师的司法口才之所以重要，也是因为它可以唤醒一种力量，一种法律上、道理上的力量，一种能够唤醒广大民众意识、赢得广大民众共鸣的强大的力量，能够唤醒正义的力量，而正义的力量是任何其他力量无法与之抗衡的。追求正义和唤醒正义的力量应当成为广大律师司法口才孜孜不倦追求的目标，在正义面前，任何所谓强大的力量，都显得弱不禁风，因为，邪恶势力公开渲染的不是"邪恶"，而是"正义"。律师司法口才不是可有可无的，它承载着当事人、法律和社会所给予的重托，肩负着对当事人、对法律以及对社会的使命和神圣责任，而这种责任在任何时候都不允许律师采取忽视或放弃的态度。

第一节　律师司法口才所肩负的责任

根据《律师法》有关规定，律师应当维护当事人的合法权益，维护法律的正确实施，维护社会公平正义。律师作为社会法律工作者，主要通过在各种诉讼和非诉讼业务中为当事人提供法律服务、切实维护当事人的合法权益的途径和手段，弘扬法律精神，阐释法律含义，揭露违法行为，维护法律在社会实践中的正确实施，以伸展社会公平正义，促进社会文明和法治建设的发展。可见，律师的责任和使命是重大的，不可小觑。律师既是社会法律工作者，也是为社会提供法律服务的服务提供者。与社会上其他服务提供者不同的是，律师主要依靠言语表达为当事人提供法律服务。因此，律师所肩负的各种责任都集中承载于律师的司法口才之中。良好的司法口才是律师践行其肩上责任的唯一正当途径。

一、律师司法口才对当事人的责任

根据律师职业道德和执业纪律规范的有关规定，律师应当诚实守信，勤勉尽责，尽职尽责地维护委托人的合法利益。这既是律师的职业道德和执业纪律，也是当事人的心声及其对律师的寄托。当事人在社会生活和社会交往过程中遇到法律问题，需要拿起法律的武器来保护其合法权益时，想借助于具有法律专业素养的律师为其提供法律服务，希望律师尽全力合法、合理地提供帮助。这就是律师司法口才对当事人所要承担的责任。

当事人之所以求助于律师为其提供法律服务，主要因为律师具有法律专业素养，对法律领域里的问题更具感知能力和敏感性，有较强的法律言语表达能力，而当事人则是相关法律领域的"门外汉"，对法律领域里的问题缺乏感知，束手无策。无论是有违法犯罪行为的当事人，还是在特定的法律纠纷和冲突中遵纪守法、没有过错的当事人，他们对法院的审判结果要么不能预知，要么只能具有模糊性认识。他们对律师期待的共同之处是：期望律师能够最大限度地维护自己的合法权益。"胜诉"只不过是这种期待的一面，绝不是全部。可见，无论刑事诉讼案件，还是民商事诉讼案件，抑或行政诉讼案件，律师司法口才对当事人的责任绝不仅限于"胜诉"。胜诉应当建立在"案件事实清楚、法律适用正确"的基础之上，而这一情况不一定有利于己方当事人。当事人对律师的"期待"应当建立在事实真相基础之上，具有合理性、科学性。因此，"追寻事实真相"既是律师司法口才坚定不移的目标，也是律师对当事人责任的根基，任何时候都不能背离或舍之。

二、律师司法口才对法律的责任

法律是一种意志，以国家意志呈现出来，其实质是法律主体的意志。法律的实施实质上就是法律主体意志在社会生活实践和交往实践中的实现。违法犯罪行为的发生，阻碍了法律主体意志的实现。当事人寻求律师的法律帮助，就是要求律师协助排除这种障碍，促进其意志的实现。从"意志"这一角度来看，这既是当事人对律师的期待，也是法律对律师的期望。这种期望就是律师司法口才对法律所承担的责任和使命。

"立法、执法和司法"是法治社会建设的三驾马车，其中，"司法"是司法机关通过适用法律解决法律纠纷和冲突，来确保法律在社会实践中实施。在法律实施方面，法律当然寄予了司法机关厚望，但是，仅仅依靠国家司法机关，还不能完全确保法律在社会实践中实现，律师制度由此产生。从"司法"角度来看，律师司法口才对法律责任的实现主要体现在三个方面：

（1）监督法律实施。律师通过介入司法程序，监督公安机关、检察机关和人民法院正确适用法律。通过行使辩护权或代理权，有助于法院全面了解案情，促使审判人员兼听则明，明辨是非，正确适用法律，公正地作出裁决，为法律主体意志的实现清除障碍。

（2）促进司法队伍建设。"辩论"是法庭审理诉讼案件一个不可缺少的重要环节。在辩论中，律师通过施展其司法辩论口才，促进公诉人员、审判人员和律师自身的政治、业务素质不断提高，不断增强公诉人员的办案能力、审判人员的审判能力和律师的辩护能力，而这些能力的建设是确保法律实施的重要手段；通过面对面的口语交锋，公诉人员、审判人员和律师都会在思想水平和业务素质上得到不同程度的训练，有效地促进了司法队伍的建设和司法人才的成长。

（3）增强公民的法律意识。在诉讼法律服务中，律师在向当事人提供法律服务的同时，也在向当事人解释法律，宣传法律精神，使当事人接受法律方面的教育。而这样的法律教育的结果，无形中提高了当事人的法律意识，使得他们在今后的社会实践中，"吃一堑长一智"，能够用法律思维来思考问题，拿起法律的武器来保护自己，不再给违法犯罪行为留下可乘之机，促使法律实施的道路畅通。在法庭庭审过程中，律师通过运用其司法口才，促使司法正义的实现，为公民提供了一堂生动具体的法律思想宣传的实践课，是增强公民法律意识的有效手段和途径。

总而言之，上述三个方面是法律赋予律师司法口才责任和使命的具体体现。唯有这三个方面的责任得到切实的履行，律师对法律在社会实践中有效实施的促进作用才能得以实现，这正是国家设立律师制度的初衷。

三、律师司法口才对社会的责任

在具体的社会实践中，律师对法律的正确实施、法治社会建设和人类社会的文明进步有着不可推卸的责任。社会在寄予"立法、执法、司法"及"公、检、法"等国家权力机关期望的同时，也寄予了律师以厚望。律师是一群具有较高法律专业素养、熟悉实体法和程序法的法律专业人士，是社会专业化分工的产物。律师是脑力劳动者，主要通过言语表达向社会提供法律服务。向社会宣传法律知识、弘扬法律精神、阐明法律内容、普及法律意识，是律师提供法律服务的重要组成部分。律师通过提供诉讼业务，利用其司法口才，维护法律的正确实施，实现社会公平正义，促进法治社会建设，推动人类社会文明进步。这就是社会寄予律师司法口才的厚望，也是律师司法口才对社会所肩负的责任和使命。

第二节 律师司法口才的分类

律师司法口才种类繁多，可根据不同的标准对其进行不同的分类。例如，根据诉讼标准，可以将律师司法口才分为律师司法诉讼口才和律师司法非诉讼口才；根据律师司法口才的表现形式，可以将律师司法口才分为律师司法咨询口才、律师司法调解口才、律师司法谈判口才、律师司法建议口才、律师司法发问口才、律师司法说服口才；根据口语交锋的形式，可以将律师司法口才分为律师司法询问口才和律师司法辩论口才。限于本书篇幅，本章仅讨论律师司法说服口才、律师司法询问口才和律师司法辩论口才等三种主要类别。把握了这三种律师司法口才的内在规律，律师其他司法口才的问题将迎刃而解。

一、律师司法说服口才

（一）律师司法说服口才的含义

从字面理解，"说服"就是"说"而使"服"之。也就是说，说服者通过对某种问题的讲解，摆事实、讲道理，阐明自己的主张和观点，试图让说服对象信服和接受。在律师司法口才中，说服与辩论不同，"使对方接受自己的观点和主张"是说服的主要任务，而辩论的主要任务是为了揭示或驳斥对方观点和主张的虚假性，或者树立己方的观点，以揭示事实真相为第一要义。据此，律师司法说服口才主要是指，律师在与说服对象交谈过程中，通过对某种问题的讲解，摆事实、讲道理，阐明自己的主张和观点，为让说服对象信服和接受而使用的言语表达技巧和艺术。

（二）律师司法说服口才的对象及主要任务

1. 律师司法说服口才的对象

律师司法说服口才的主要对象是当事人和主审法官。在一个具体诉讼案件中，从获取当事人委托授权到向当事人了解案情，再到建议当事人采取何种诉讼角度及诉讼过程中采取的诉讼方式和方法，最后到当事人对判决结果的态度，都可能涉及律师司法说服口才的有效运用。

除当事人之外，主审法官也是律师司法说服口才的对象。从应然角度来看，律师司法口才完成对案件事实的揭示，主审法官应当被说服，但律师在揭示案件事实的过程中，会遭遇来自主审法官的不当控制和干预，这种情况下就会涉及说服主审法官的任务。进入司法程序中，代理或辩护律师有时要面临着说服主审法官接受自己的主张和观点的情况，这是司法实践中律师经常会遇到的有关"说服"的问题。根据司法实践，代理或辩护律师运用司法说服口才说服主审法官的情形主要体现在三个阶段：人民法院审查受理阶段、人民法院审查起诉阶段和法庭审理阶段。

此外，在司法实践中，介入司法程序的律师可能还会遇到需要说服侦查机关作出撤销案件的侦查或不移送起诉的决定，需要说服检察机关作出退回公安机关补充侦查或免予起诉的决定等情况。但这些情况比较少见，况且，律师完全可以用人民法院审查受理阶段、人民法院审查起诉阶段和法庭审理阶段的司法说服口才有效地应对此类情况。鉴于本书的篇幅限制，本书将不去讨论此种情况下的律师司法说服口才。

2. 律师司法说服口才的主要任务

律师司法说服口才的主要任务在面对不同的说服对象和不同的阶段时，将呈现不同内容。律师在运用其司法说服口才时，必须明确这一点。

（1）律师司法说服口才面向当事人时的主要任务。当事人选择律师事务所中律师，或者律师亲自登门寻求当事人时，律师和当事人都想试图在他们之间就某件具体诉讼案件建立委托代理关系。在这一过程中，当事人的心理是很复杂的，同时也是模糊的，其最简单的表现形式就是"求胜心切"。律师要想说服当事人与自己建立委托代理关系，不能简单地迎合当事人的这种心理，而是要对当事人进行疏导，分析其中的问题，厘清其思路，清除其心理中不合理的成分。唯有这样，才能真正说服当事人而赢得其授权，才能取得当事人的信任，为以后的代理或辩护工作打下良好的基础。在律师与当事人建立委托代理关系之后，律师在向当事人了解案件事实情况过程中，可能会遇到当事人对案件事实片面陈述的情况，这就需要律师耐心劝说，促使其作全面而客观的陈述。诉讼请求选择和诉讼过程中所采取的策略，关系到诉讼案件的成败及其他效果，这也需要律师施展说服口才，对当事人进行分析和引导。至于诉讼案件的审判结果，当事人对其接受程度直接关涉其对代理律师的满意程度，也关涉代理律师的声誉和影响。

（2）律师司法说服口才面对主审法官时的主要任务。代理或辩护律师运用司法说服口才说服主审法官在人民法院审查受理、人民法院审查起诉和法庭审理等不同的阶段，其主要任务有不同侧重。在人民法院审查受理和审查起诉阶段，代理或辩护律师应当根据相关法律规定，依据案件事实说服主审法官作出不予受理或驳回起诉的裁定，以避免不当诉讼，节约司法资源。在法庭审理阶段，代理或辩护律师在庭审发言过程中，可能会遇到对方当事人或公诉人或审判人员以"与本案无关"为由阻止己方的发言，这时，代理或辩护律师就需要向法庭作出适当解释和说明，以说服审判长，使其允许将有关话题继续下去。庭审过程中律师司法说服口才的运用，可以有效地维护己方当事人充分的陈述权利，以便法庭客观和全面地了解整个案情。

二、律师司法询问口才

（一）律师司法询问口才的主要任务

根据相关法律规定，律师执业必须以事实为依据，以法律为准绳；律师应当忠于宪法和法律，坚持以事实为根据，以法律为准绳，严格依法执业。从这些法律对律师执业提出的要求中可以看出，律师司法口才必须建立在法律和事实基础之上，必须围绕案件事实发表法律意见。案件事实是律师司法口才的本源和根基。要掌握案件事实，律师必然要借助于其司法询问口才。可见，律师司法询问口才的主要任务是查明案件事实。

（二）律师司法询问口才的对象

律师司法询问口才的对象主要包括当事人、证人、鉴定人、案发现场周围的群众及其他知情人。其中，当事人既包括己方当事人，也包括对方当事人；证人既包括己方证人，也包括对方证人；鉴定人既包括出庭宣读鉴定结论的鉴定人，也包括没有出庭的鉴定人；案发现场周围的群众既包括那些不愿意出庭作证但对案件事实有部分感知的人，也包括那些虽不了解案件事实但对被告人本人状况有所了解的人；其他知情人是指虽然不是案件直接感知者，但与案件当事人关系比较密切，或者通过其他渠道间接感知案件有关事实的人，包括当事人家人、亲属、朋友及通过传闻得知部分案情的人。

当事人是整个案件的亲身经历者，对案件发生的整个过程感触最深。律师通过对当事人的询问，可以掌握案件发生的基本事实和主要状况，有助于律师把握案情的基本情况。然而，当事人同时又是案件的直接关系人，案件的处理结果直接关系他们的切身利益，因此，当事人可能从自身利益考虑对案情作片面陈述，甚至虚假陈述。询问证人、案发现场周围的群众及其他知情人，可以弥补当事人陈述的缺陷，有助于律师全面掌握案情的整体情况。对鉴定人进行询问，有助于律师充分了解鉴定人的资质、权限以及鉴定过程，对鉴定结论的真实性进行客观判断。

律师司法询问口才贯穿于对案件事实调查的整个过程，在法庭调查阶段得以充分展示，是律师司法辩论口才的前提和基础。律师司法询问口才运用的好坏，直接关系到法庭对案件事实的了解和掌握程度；关系到律师司法辩论口才的发挥；关系到法庭对案件的审理结果；最终会直接影响到法律对当事人合法权益的保护程度。

三、律师司法辩论口才

（一）律师司法辩论口才的含义

哪里有事实之争、法律适用之争，哪里就有辩论，这就是事实之辩和法律适用之辩。法庭调查和法庭辩论阶段，只不过是对诉讼阶段的人为划分，不能抹杀"辩论"的实然状态。两个阶段的实质所指应当是，法庭调查是事实之辩阶段；法庭辩论是法律适用之辩阶段。事物的内在规律不能因人为因素而变得"面目全非"。准确来说，只要涉及有争议的地方，就需要引入辩论。法庭调查阶段是事实查明阶段。注意是"查明"，而不是单一的证据列举。举证和质证不应当截然分开，成为两种不同的阶段，而应当是每列举一项证据之后，都伴有质证，以确保证据的客观性、合法性、关联性以及证据的证明力大小。法庭辩论阶段不应当涉及事实之辩，如果此阶段遇有事实不清的情况，应当恢复法庭调查。由此可见，法庭调查阶段也必然涉及律师司法辩论口才。律师司法辩论口才可以说涉及律师在处理法律纠纷、解决法律冲突过程中的各个阶段。

根据语言的第一大基本功能，律师司法辩论口才所描述的实然状态是，在处理法律纠纷、解决法律冲突的过程中，为了追寻事实真相、正确适用法律，律师与对方进行言语交锋时所运用的言语表达技巧和方法。

（二）律师司法辩论口才的主要任务

与一般论辩本质上不同的是，一般论辩追求的是"求胜"，而律师司法辩论口才所追求的是"求真"。通过辩论，辩论双方围绕事实和法律，力图驳斥对方的主观片面性，揭示案情的事实真相，确保适用正确的法律处理法律纠纷和法律争端。"还原案件事实真相"与"正确适用法律"始终是律师司法辩论口才的主要任务，并贯穿于整个辩论过程。如果离开这一任务，律师的辩论不但不能被称为司法辩论口才，反而有诡辩或狡辩之嫌，为律师司法口才所唾弃。

律师司法辩论口才不以说服对方为要旨，对方是否接受己方的主张和观点，取决于众多因素，但只要律师司法辩论口才在"追寻事实真相、正确适用法律"方面发挥了重要作用，就丝毫不会影响到律师司法辩论口才的完美及魅力。只要律师的辩论言语建立在客观、合理、合法和思路清晰的基础之上，律师的司法辩论口才就会有效地得以施展。律师司法辩论口才的主要任务也不同于律师司法询问口才，后者以查明案件事实为第一要义，而前者是在后者所查明的案件事实基础上，将不同案件事实、不同证据、事实与证据、事实与常理以及事实与法律有机地联系起来，以反驳对方主观、不合理、不合法的主张和观点，证成己方的主张和观点的客观性、合理性和合法性。

（三）律师司法辩论口才的意义

律师司法辩论口才的施展，不仅会让人们领略到口语交锋的强大魅力，从中增长知识，提高法治观念，而且还有助于庭审法官明察秋毫、洞察是非。对于公诉人来说，律师司法辩论口才的运用，还有助于公诉人司法辩论口才的培养和提高；对于当事人来说，律师司法辩论口才的运用，有利于法庭查明案件事实、正确适用法律，最大限度地保护其合法权益；对于代理或辩护律师本人来说，其司法辩论口才的施展，更有助于其自身对辩论技巧的掌握和不断完善。

在庭审阶段，律师借助于司法辩论窗口，向社会宣传我国社会主义法治精神。在庭审过程中，律师通过激烈的口语交锋，使案件事实得以澄清，将案件事实相互之间及案件事实与法律之间的关联性呈现在法庭之上。这不仅能够促使被告人认真地检讨自己的违法或犯罪行为，心甘情愿地接受法庭的裁决，而且也可以使得旁听群众充分了解案情，弄清违法或犯罪的界限以及被告人应负的法律责任，从而受到法治教育，提高法治观念。

就审判人员来说，律师司法辩论口才的运用有利于法庭全面了解案情，正确适用法律，作出客观公正的裁决。在法庭辩论阶段，律师不仅要根据法庭调查事实进行辩论，而且还要从法理、常理和逻辑上就相关法律的适用同对方当事人展开论辩，促使审判人员兼听则明，明辨是非，确保司法裁决具有客观性和公正性，最大限度地减少冤、假、错案发生的概率，维护审判人员良好的司法形象。

就当事人来说，当事人作为非法律专业人士，对诉讼案件的庭审过程缺乏足够的驾驭能力，其自行辩护很难确保其程序性权利和实体性权利得到全面而有效的维护。律师介入庭审程序，参与法庭辩论，通过有效地运用其司法辩论口才，依据事实和法律，运用法理、常理和严密的分析，对案件事实、证据和相关法律进行分析和论证，向法庭呈现案情真相，协助审判人员作出客观、公正的裁决，从而最大限度地保护当事人的合法权益。

就公诉人或律师自身来讲，公诉人或律师既是相应的司法辩论口才的主体，同时又是司法辩论口才的对象，即维护己方的主张和观点与驳斥对方的主张和观点的现象同时存在同一个言语交锋过程之中。在双方辩论过程中，公诉人或律师都会从中收获感悟，汲取对方之长补己方之短，在不断地与对方进行言语交锋中，促使自身的司法辩论口才得到提高。

第三节　律师司法口才言语表达要求

律师在从事法律工作过程中，会遇到各种各样的人，他们的性格、秉性、修养、受教育程度、文化素质、认识能力、价值观念、生活背景、身份和地位等方面迥然有别。由于这些因素的影响，他们对事物的态度和认知存在不同程度的差异。律师在与这些不同的对象打交道时，他们虽然充当的是法律工作者的角色，但更多的是教育工作者，从事实、法律、法理、常理和思维等方面，帮助其工作对象提高认识能力。这是律师司法口才的总体目标和方向。

从口才学角度来看，"见什么人说什么话""到什么山唱什么歌"是一个人言语表达才能的重要体现，要求说话者根据不同的人、不同的时间和不同场合，说出不同的话语，以便听者听起来感到恰当、舒适，乃至愉悦，乐意接受说话者的话语。一般口才的实质是"说话中听"，律师司法口才虽然以追寻事实真相、追求法律正确适用为第一要务，但在其言语表达过程中，也要根据对方的接受程度，徐徐展开，而不是一意孤行。"忠言顺耳"才能达到预期效果。

律师司法口才的言语表达不能被司法口才对象的表面要求所左右。从语言的两大基本功能来看，律师司法口才对象想要听律师说什么话的想法有"实然"和"应然"两种情形。"实然"是指话语对象此时、此刻、此景，实际上想要听律师对其所说的话语，如当事人聘请律师时，想要律师告诉他"我有能力帮你打赢这场官司""你聘请我，你就放一百个心吧"等之类的话语；而"应然"则是指话语对象此时、此刻、此景，应当想要听律师对其所说的话语，如律师告诉话语对象"你想打赢官司，心情我们很理解，但是，结果取决于过程，我们共同朝着这个方向去努力，这才是实实在在的事情"。如果律师从"实然"角度去迎合话语对象，"你放心，我一定帮你打赢这场诉讼"，这些话语显然不是律师司法口才，而从"应然"角度来开导和教育话语对象，才是律师司法口才的真正体现，更是一项智慧性工作。

律师司法口才是一门学问，不是简简单单地迎合司法口才对象就能够拥有的。要想真正掌握和拥有律师司法口才，"常思+科学思维方法"是基本出路。此外，还需时刻牢记不同种类的律师司法口才对其言语表达提出的一系列要求。

一、律师司法说服口才言语表达要求

"让话语对象从内心深处接受自己的观点和主张"是律师司法说服口才的主要目的或指针。在这种目的指引下，律师首先要尊重话语对象。俗话常说，"敬人者，人恒敬之"，要想别人采纳和接受律师的意见，律师就得首先尊重别人，否则，交流将无法进行下去，更别说要求话语对象心悦诚服地接受律师的观点和主张。无论面对的是普通的当事人，还是面对拥有国家权力的法官，律师说话的语气要谦逊，态度要诚恳，要时刻考虑对象的心理承受能力，不能自以为是、傲慢无礼，更不能得理不饶人。其次，律师应当用其真诚和魅力与话语对象之间建立起信任感，因为"信任感"是话语对象赞成律师的观点和主张的基石。最后，律师要站在话语对象的角度看问题，要感同身受，在此基础上晓之以理、动之以情，利用事物发展内在的客观规律以及情感的力量促使对方信服，使其纠正错误的认识，接受自己的观点和主张。以上这些方面都是律师在施展其司法说服口才过程中应有的态度和做法。这些态度和做法对律师司法说服口才的言语表达提出了一系列最为基本的要求：①语气谦和；②言语富有情感；③言之有据；④言之有理。

（一）语气谦和

说服的目的是律师试图使话语对象最终接受自己正确的观点和主张，其前提是律师和话语对象之间存在意见分歧，或者话语对象对某一问题存有模糊性认识，甚至存在某种错误性认识。要想将话语对象的思想统一到律师对某一问题正确认识的轨道上来，律师在整个说服过程中所使用的语气必须谦逊和气，像春天中的细雨一样，做到"随风潜入夜、润物细无声"，不随对方的情绪变化而改变。

事无巨细，法律上的问题对律师来说，都不是小问题。律师在说服过程中所使用的语气，不能随案件标的额大小而有所不同。谦和的语气既能反映律师的诚恳态度，更能反映律师的素质、修养、智慧及处事不惊的大将风范。作为服务行业工作者，律师应当时时处处为话语对象着想，为其提供优质的法律服务，尽全力为话语对象排忧解难，即使说服没有取得预期效果，也别忘了对其说一声"对不起，我暂时很难满足您的要求"或"谢谢您"。"生意不成情意在"，为话语对象留下深刻印象也不失为一种收获。

"语气谦和"是律师司法说服口才言语表达最基本的要求之一。用命令式口吻、威胁式口吻或处在优势地位的强势口吻进行所谓的说服，虽然也会令话语对象接受律师的观点和主张，但那是一种无奈的接受，与律师司法说服口才压根儿沾不上边。律师在强行推行自己观点和主张的同时，将失去很多宝贵的财富，如秉性、声誉、素质、修养、谦逊的态度、耐心、和气、理智、崇善等优良的品质。而这些品质是律师司法说服口才所必须具备的最基本的元素。谦逊的语气是建立和增强话语对象对律师信任的桥梁和纽带，是走进话语对象内心深处的法宝，是律师说服的言语中人情味及情感的最有效的载体。律师要想具备司法说服口才，就必须时刻牢记这一言语表达要求。

（二）言语富有情感

要想说服话语对象从心底接受律师的观点和主张，律师的话语不能仅仅只是迎合或附和话语对象的言语，也不能作出简单的肯定或否定。正确的态度应当是"感同身受"，从话语对象角度出发，将自己置身于话语对象所面临的问题之中，细心体味其情感变化，并带着这种情感与话语对象共同追寻事物的发生、发展和变化的整个过程。富有情感的言语能够让话语对象感受到律师真正是在为自己着想，是信得过的人，自然就很乐意接受律师对某些问题的看法。"以情动人"比"以势服人"要好过千倍、万倍，前者才是律师司法说服口才的重要体现，而后者无需任何口才，只要占据优势地位，一句"你看着办"或"随你的便"之类的话语就能够轻松搞定。

言语中富有情感，并不是说"你激动，我就跟着激动；你愤怒，我就随之愤怒；你伤感，我也伤感"这种附和式的情感表面化，而是指律师的言语要将事物内含的情感成分传递出来，激起话语对象对事物的真情实感。要达到这一点，律师必须将自己融入事物发生、发展的过程之中，认真感受事物中所含的情感成分，否则，律师的表情变化将空洞无物，让人感觉到是在逢场作戏、是虚伪的。试比较下列两种不同的说服：

一位男士因其妻子经常在自己的面前絮叨，平日里又常常为一些琐事吵个不停，不堪忍受而要求与妻子离婚。妻子不同意，于是这位男士向法院提起了离婚诉讼，并找到了律师张某，探问其是否能够帮助自己打赢这场官司。

对话 1：

律师：请问有什么需要帮助的吗？

男士：我现在向法院起诉我的妻子，要求法院判决我们离婚，你能够帮我打赢这场官司吗？如果你能帮我打赢这场官司，我就请你做我的代理律师。

律师：我得先了解一下情况，你能告诉我你们之间发生了什么事吗？

男士：（情绪激动）这个女人太可恨了，整天为了小事跟我吵个不停，有时候无端发脾气。平日里还经常在我面前絮叨过不停，我实在是无法忍受了。

律师：你有证据吗？

男士：我有，街坊邻居都可以为我作证。

律师：你们之间现在还有感情吗？

男士：我们现在只有仇恨，没有感情，我一天也不想和她过下去了。

律师：你决定了要和她离婚？

男士：要离，坚决要离，不离不行。

律师：既然这样，我一定会帮助你打赢这场官司。这样的女人也实在太烦人了，和这种女人生活在一起实在是憋屈，难受都来不及，更何谈什么感情。"感情破裂"的婚姻是得不到婚姻法律支持的。把案件交给我，你就放心吧。凭我从事律师行业多年的经验，帮人家代理过很多离婚诉讼，我肯定不会辜负你对我的期望，这场官司我一定会帮你打赢。

对话 2：

律师：您好！请问有什么需要帮助的吗？

男士：我现在向法院起诉我的妻子，要求法院判决我们离婚，你能够帮我打赢这场官司吗？如果你能帮我打赢这场官司，我就请你做我的代理律师。

律师：我得先了解一下你们之间的情况，你究竟为什么要和你的妻子闹离婚呢？你们之间具体发生了哪些事情？你能给我详细讲一讲吗？

男士：（情绪激动）这个女人太可恨了，整天为了小事跟我吵个不停，有时候无端发脾气。平日里还经常在我面前絮叨过不停，我实在是无法忍受了。

律师：你先缓一缓你的情绪，慢慢讲，不要急，好吗？

男士：就刚刚我出门的时候，我们还大吵了一架，我能不激动吗？我每天在外面辛辛苦苦地工作，回到家还受她这种窝囊气，我一刻也忍受不下去了。

律师：我很同情你的境遇。一个男人为了这个家在外辛苦工作，回到家里应当受到关心和照顾。你这种情况着实让人感到很不幸。

男士：就是嘛。这婚我离定了，你能帮我打赢这场官司，我就请你，代理费好说。

律师：你们是自由恋爱吗？

男士：是的。

律师：既然你们是自由恋爱，你曾经爱过她，是吧？

男士：那是以前的事，我现在心中只有恨，没有爱。

律师：你们刚结婚的时候就是这样吵来吵去的吗？

男士：那倒不是。

律师：那是什么时候开始的呢？

男士：自从她生孩子之后不久就慢慢开始了。

律师：刚开始你发现她这样的时候，你有问明情况吗？

男士：没有，我觉得我在外面辛苦，她在家里不应当冲我发脾气。

律师：你有没有觉得过你妻子在家一边带孩子一边操持家务也不容易呢？

男士：待在家里哪有我在外面四处奔波辛苦。

律师：夫妻之间是需要相互体谅、相互关爱的。一个正常的人如果在生活中没有遇到困难或麻烦，是不会牢骚满腹的。相反，你的妻子整天絮叨、发牢骚，正好说明她在家的辛苦。而你作为一个男人，不去为你心爱的女人着想，从生活上关心她、爱护她，反而认为自己有天大的委屈，不分青红皂白地和她对着干，你想过你妻子的心情吗？你想过你孩子的感受吗？一个人活着仅顾及自己，不为家庭和孩子着想，行吗？看一个人，要看她的本质性东西，要看她对家庭的付出、对家庭的责任心、对孩子的爱，不能只顾自己一时的感受。像你这种情况，我不但不能向你保证"打赢这场官司"，还不能接受你的委托授权。作为一名律师，我不能因为案源或代理费而丢弃维护社会正义的天职。你还是回去好好问一问你左邻右舍平日里对你妻子的印象吧。我可以不做你的诉讼代理律师，但我会考虑做你们之间的居中调解人。

"对话1"中的律师在说服当事人的过程中，一味地想获得委托代理权，整个过程都在迎合当事人。尽管该律师使用了"烦人""憋屈"等情感词汇，但是让人听起来是在"逢场作戏"，因为律师在没有了解和掌握案情的情况下，流露的情感是空泛的、不真实的，也是不切实际的，无法让当事人感受到其真情的存在。"对话2"中的律师没有极力迎合当事人的要求，反而把注意力集中到对案情的初步了解上，根据案情的实际情况选择其说服目的。该律师在整个说服过程中，虽然没有用到"厌恶""可恨""可怜"等情感词汇，但是，从律师的字里行间，人们感受到了一个妻子的"委屈"一个丈夫的"自私""可悲""可恨"。值得该男士深思。

富有情感的言语，不需要华丽词藻来点缀，只要在字里行间透露出丰富的情感，能够唤起人们心中的激情，从而引起情感共鸣，其影响力是巨大的，其说服的效果是显而易见的。"言语富有情感"是律师司法说服口才巨大的魅力所在。

（三）言之有据

"言之有据"是指，律师在说服话语对象的过程中，其言语要有事实和法律上的依据，要能够得到事实和法律的支持。不能在没有了解和掌握案件的有关事实的情况下，为了让话语对象接受自己的观点和主张，不惜大夸海口，开空头支票，任意许诺，为达目的而无所不用其极。"许诺"是要兑现的，而无根据的许诺是不现实的，要么无法说服话语对象，要么暂时说服了话语对象接受自己的观点和主张，而为日后留下隐患。司法实践中，当事人与其委托代理律师在案件审结之后所发生争端的原因，多半缘于此。

律师在对话语对象做说服工作时，不但自己的观点和主张要有事实和法律上的依据，而且还要将这些事实和法律上的依据向话语对象阐明。唯有充分的事实上和法律上依据，才能使话语对象彻底信服。例如：

某一宗盗窃案，律师通过阅卷和调查，又经过会见被告人后，确认起诉书中所指控的事实不清，证据不足，被告人有减轻情节和立功表现等材料，而公安、检察机关并没有移送，因此，在开庭前，辩护律师找到承办该案的审判人员，根据案情事实、侦查机关对案件的侦查情况、检察机关向法院移送的案件材料的情况以及《刑事诉讼法》的相关规定，向该审判人员提出建议，能否将该案退回检察机关。审判人员在听取辩护律师建议之后，对案件材料进行了认真审查，认为辩护律师的意见有充分的事实上的和法律上的依据，于是接受了辩护律师的观点，将该案退回了检察机关，要求其补充案件的相关材料。[1]

该案中，承办审查受理工作的主审法官之所以接受辩护律师"将案件退回检察机关"的建议，是因为辩护律师的建议有着充分的事实上的和法律上的依据。"言之有据"是律师司法说服口才的基石性要求。

（四）言之有理

律师司法说服口才言语表达，不但要求律师在说服过程中的言语要"言之有据"，即要有事实上和法律上依据，不能弄虚作假、虚构事实、凭空捏造

---

〔1〕 郑志林、袁之余主编：《司法口才学》，安徽人民出版社1991年版，第174页。

或主观臆断，而且还要求其言语要"言之有理"，即要有充足的理由，不能胡搅蛮缠或独断专行，要以理服人，不要以势压人。所谓"理"，即"纹理"，是事物发展的内在之"理"，是"点"与"点"之间的必然联结，有此事物必然推出彼事物，与事物的发展脉络一脉相承。人们在说理时，通常用两种表达方式，即肯定式和否定式，如"所有的女人都是人"是有道理的，"所有的人不一定是女人"同样也有道理。律师在运用其司法说服口才时，也不可避免地运用这两种形式表达事物与事物间的必然联系，如"根据案件事实、证据和法律，被告应当承担法律责任，这是肯定的，但是法院不一定判决被告赔偿你的精神损失"。

律师说服话语对象通常有两种途径：一是将自己正确的观点和主张有效地传递给话语对象，使其能够接受，如"我觉得你应当以侵权而不能以违约为由提起诉讼，因为……"；二是分析对方观点或想法不适当之处，使其放弃原来的想法，如"你想胜诉的心情，我们很是理解，但是在未全面掌握案情的情况下，我不能向你保证百分之百胜诉，因为……"无论律师是在传递自己的观点，还是分析话语对象的想法，都离不开"说理"这一过程。

"说理"的关键之处在于对事实与事实之间联系必然性的把握。现实中，事实是以孤立的形式呈现在我们面前的，它们之间内在的必然联系需要人们用智慧去挖掘和把握。如果说话者没能将相关事实充分地联系起来，或者把不相关的事实联系起来造成不当联系，那么由此所形成的观点或想法将含有不合理的成分，如"所有带'狗'字的词都是指代'狗'这种动物的"是一种不合理的看法，因为说话者没有将"热狗"这个事实包括进去，因联系不全面而导致判断错误。再如，一桩"联系不当"的案例：

这是一起大学四年级学生因不满学校对其作出"退学"的处分决定，将学校告上法庭的案例。关于提起何种诉讼问题，原告当事人要求提起民事诉讼，诉请法院判决撤销学校的处分决定，并双倍返还原告四年的学费。而其代理律师认为不妥，并通过说理的方式对其当事人进行了如下说服：

律师：你是想提起民事诉讼，是吧？

当事人：是的。

律师：你能说说其中的理由吗？

当事人：大学是一种服务性单位，我交学费是来消费的，而他们没有提供应有的服务，经常派一些没有教学资质的老师给我们上课，以次充好，损害了消费者的合法权益，违反了《消费者权益保护法》，应当双倍返还我四年来所支付的服务费。

律师： 你知道大学是事业单位这一事实吗？

当事人： 知道。

律师： 大学受谁统一管理？

当事人： 当然是教育部。

律师： 教育部是什么性质的单位？

当事人： 教育部是行政单位。

律师： 你认为服务提供者与服务接受者之间的纠纷都可以适用《消费者权益保护法》吗？

当事人： 我认为是这样。

律师： 你知道有"行政服务中心"这样的部门吗？

当事人： 知道。

律师： 如果行政服务中心与接受服务的当事人之间发生纠纷，是否属于民事纠纷呢？能够适用《消费者权益保护法》吗？学生向大学缴纳学费，大学为学生提供教学、住宿、管理等各方面的费用，这些都是事实，但是，提供服务的当事人不一定是民事主体。大学为学生提供服务是事实，但是，大学接受行政管理也是事实，而且是决定大学基本性质的主要事实，就像行政服务中心提供服务这一事实不能改变其行政管理属性一样。大学虽然不是行政单位，但是它是接受教育部的委托授权来管理大学的。向大学生提供教育服务是大学管理的组成部分，而不是独立的对外业务往来。据此，你所提起的民事诉讼是缺乏事实根据的，建议你提起行政诉讼。

该案中，当事人之所以提出不当的诉讼主张，是因为他将"服务提供者"与"民事法律关系"构建成单一的联系，从而造成"联系不当"的错误。其代理律师在说服过程中，引入了"行政服务中心""教育部""行政管理""教育部对大学委托授权"等事实，向当事人展示了其不当联系之处。这既是律师说理过程，也是其成功说服当事人的关键所在。

"言之有理"是"以理服人"使然，是律师司法说服口才言语表达的实质性要求。老百姓经常挂在嘴边的一句话"讲话要讲道理，不能乱讲"。如果律师在说服话语对象时天马行空、自以为是，利用对方不懂法律的弱势，乱说一通，即使话语对象被律师天花乱坠的言语说服了，那也只是暂时的，其实质就是欺骗，与律师司法说服口才没有丝毫联系。总而言之，"言之有理"是律师司法说服口才的灵魂，律师必须时刻牢记这一言语表达的基本要求。

二、律师司法询问口才言语表达要求

"全面了解和掌握案件事实"是律师司法询问口才的主要目的。为实现这一主要目的，律师要充分做好庭审前的准备工作，在庭审前通过询问当事人、证人、鉴定人、案发现场周围的群众及其他知情人，了解和掌握案情的全貌，以便为庭审中的法庭调查和法庭辩论打下坚实的基础。律师不是国家法律工作者，不像侦查人员那样拥有现场勘查权力，也不像公诉人员那样拥有国家公诉权力，律师的调查取证工作主要通过询问这种途径和方法，因此，询问是律师了解和掌握案件的全部事实的主要手段。由于律师询问的目的与侦查人员询问及公诉人员询问目的基本相同，都是为了寻求案件的事实真相，因此，侦查人员司法询问口才及公诉人员司法询问口才的言语表达要求也同样适用于律师司法询问口才。但是，由于律师是社会法律工作者，不具有国家权力，而且与侦查人员和公诉人员所站的角度不同，因此，律师司法询问口才言语表达要求有其不同的侧重点。

（一）全面具体

"全面具体"是指，案件发生前的状况、案件是如何发生的、案件发生和发展的状况、案件发生后对当事人和社会的具体影响等整个案情的来龙去脉及其走向。对案件发生前状况和案件起因的了解和掌握，有助于律师厘清当事人责任有无及责任大小；对案件发展过程的了解和掌握，有助于律师把握当事人对待事态发展的心理态度和责任大小的变化；对案件发生后给当事人和社会造成的具体影响的了解和把握，有助于律师了解和把握违法犯罪行为所造成的危害后果。全面而具体地把握案情的脉络，为律师在法庭辩论阶段中的辩论提供了生动而丰富的素材，使律师能够充分赢得法庭辩论的主动权。

根据"全面具体"的要求，律师在询问时，不仅要了解和掌握对己方有利的情况，而且要了解和掌握对己方不利的情况，做到"知己知彼，百战不殆"；不仅要了解和掌握案件发生整个过程中的每一个具体细节，而且还要了解案发前当事人的状况以及案发后造成的社会关系状态。唯有通过询问全面而具体地了解和掌握包括案发前、案发经过及案发后等整个过程和细节，律师才能将自己融入案情之中，感受案情中每一个"细胞"的变化，才能倾注情感并将这种情感有效地传递出来，才能积极引导法官作出公正的判决。"全面具体"这一律师司法询问口才言语表达要求既是律师询问时的出发点，也是律师询问的归宿。唯有这样，律师才能如同当事人亲身经历一般，感同身受，其言语才能体察当事人的情感，才能具有较强的说服力。

(二) 根源追踪

任何违法犯罪行为背后都有其深刻的根源。这种根源能够准确地反映出违法犯罪行为人主观恶性的大小。就刑事诉讼案件来说，即使是犯罪动机相同，如同样是报复杀人，但因产生犯罪动机的根源不同，其主观恶性程度就存有差别。例如：

马加爵故意杀人一案，马加爵杀人动机显然是为了报复同学对他的歧视，而这种动机产生的根本原因不是马加爵粗暴的性格和对社会的敌视心理，而是其成长道路上心理教育和思想教育的缺失而导致的性格的扭曲和错误的人生观与价值观的形成。马加爵从小家里很穷，但是他并没有把这种贫穷当成激励自己奋进的动力，反而因此而产生严重的自卑心理，并伴有要求他人对其尊重的强烈欲望。在这种心理和欲望的驱使下，他在生活中极力迎合别人以获取所谓的尊重。于是，进入大学之后，马加爵并不是把主要的精力放在学习上，而是千方百计地学着别人的生活方式去适应别人的生活。当这种付出仍未得到他人尊重时，长期积压在心中的怒火终于爆发出来，导致残忍杀害其同窗室友的惨案发生。对马加爵故意杀人行为根源的追踪，可以清楚地判断其主观恶性程度。正如马加爵本人在其遗书中写的那样："人们说我是杀人恶魔，其实不是这样的，我不是见什么人都杀的。"这句话恰好道出了他的苦衷。

对犯罪行为作根源性追踪，是把握同样的犯罪行为的不同犯罪行为人的主观恶性大小的重要手段和途径，是正确处理刑事案件的标尺。国际社会号召废除死刑或减少死刑的适用，是一种大的趋势，这也正是对犯罪根源的追寻和研究所带来的巨大功效。

就民事诉讼案件来说，对产生违法行为根源的追踪，也能暴露出违法行为人的主观恶性的大小。虽然我国目前在民事立法和司法实践中没有实现像一些国家那样的惩罚性赔偿，但是律师在询问中通过对违法行为背后的根源进行追踪，可以将其滥用司法资源、追求不正当利益的丑陋行径昭示于天下，使其遭受强大的舆论压力和道义的谴责。例如，早些年，我国出现了明星为了出名故意去法院打官司的事件。还有一些保险公司故意违约，鼓动被保险人去法院提起诉讼，以此换取广告效应。这种行为显然具有不正当竞争的违法故意，如果不加以揭露，势必是对违法行为的一种鼓励或纵容，这与律师司法口才的责任和使命是背道而驰的。律师的询问如果不能彻底践行律师司法口才的责任和使命，就不能算是真正的律师司法询问口才。

（三）注重法律意义上的细节

法律责任的承担必须具备主观和客观等两个方面的要件。主观要件是指，法律责任主体必须是适格的，并对其行为后果具有主观过错；客观要件是指，违法犯罪行为是在法律责任主体自己意志控制之下作出的，并违反了其法定或约定义务。当事人要承担法律责任必须同时具备主观和客观等两个方面要件，否则无需承担法律责任。就刑事案件来说，当事人的刑事责任确定之后，还要考量量刑情节，以便确定其刑事责任的大小。这就涉及刑事案件当事人的主观恶性、犯罪行为、犯罪动机、手段、目的、情节、危害结果以及犯罪后的悔罪表现等方面。这些细节之所以具有法律意义，是因为它们关涉刑事案件被告人所负的刑事责任的轻重及量刑情节。就民商事诉讼案件和行政诉讼案件来说，应当围绕当事人法律责任构成要素来确定法律意义上的细节，即当事人是否存在过错、违法行为是否是当事人所为、是否存在损害及损害的大小以及违法行为和损害结果之间是否存在因果关系。凡是影响当事人法律责任的确定及责任大小的细节都具有法律上的意义，律师在询问时务必要多加注意。例如：

在一起丈夫以妻子有婚外情为由向法院提起离婚案件中，丈夫一次偶然的机会碰到其妻子在一个僻静的小巷与她的同事抱在一起，于是以为此前的传言得到了印证。等妻子回到家中，丈夫对其进行了质问，但妻子矢口否认。两人为此大吵了起来，丈夫执意要离婚，而妻子不同意离婚，于是丈夫向法院提起了离婚诉讼。丈夫的代理律师在走访调查过程中找到一位目击证人。为了证明当时被告与其同事抱在一起的亲密动作，原告代理律师请求法庭传唤证人出庭作证。法庭调查阶段，原告代理律师对证人进行了如下询问：

原告代理律师首先向证人询问了表面上看与证人证明能力有关的一系列问题，以便为后面短暂的询问作掩护，然后切入正题向证人发问道：

原告代理律师： 你在某年某月某日下午，有没有看到这两个人抱在一起？

证人： 我是看到，不过……

原告代理律师： 有还是没有？

证人： 有，不过……

律师： 当时在场的还有别人吗？

证人： 没有。

原告代理律师： 审判长，我对证人的发问暂时到此。

被告代理律师见原告代理律师阻止证人把话说完，感觉里面有文章，原告代理律师一定有不想让法庭知道的一些关键性细节，于是请求法庭允许其向证人发问。

被告代理律师： 你认识抱在一起的两个人吗？

证人： 那个女的我认识，她经常从我们这个巷子经过。那个男的我不太熟悉。

被告代理律师： 你看到当时事情发生的整个过程吗？

证人： 是的。

被告代理律师： 请你向法庭叙述一下事情发生的整个过程，好吗？

证人： 好的。当时这个女的在我前面走，我俩相隔大约10来米距离。走着走着，我发现这个女的迎面走来了一个男的。不知怎么的，这个女的一个跟跄差点摔倒，这个男的见状就冲了过来一把把她抱住，不过很快就松开了。

被告代理律师： 好的，审判长，我的话问完了。

在这个案件中，原告代理律师试图断章取义，只要求证人回答有没有看到"抱"这一动作，以此来影响审判人员的判断。其想法是幼稚的，因为还有对方当事人的存在。即便"抱在一起"的情况属实，也只是事实的"外在"部分，不是事实的全部。被告代理律师注意到了原告代理律师询问的欠缺之处，于是通过交叉询问将事实真相完整地揭示出来。其实，原告代理律师完全不必将其注意力集中在"抱在一起"的状态上，应当将注意力集中在该案的诸多关键点上，如为什么有"跟跄"？为什么遇见的偏偏是这个男人？

该案中女被告同案件中的男人平时关系是一种什么样的状态？尽管这些疑问的解答，也不足以说明"被告出轨该男"是一种绝对的、必然的、确定的状态，但终属原告代理律师司法询问口才的施展。

当事人主观上的过错及对其违法犯罪行为主观上的态度和想法是无形的，需要在"应然标准"指引下，借助于事实的"外在"或行为的"外显活动"加以推导和判断。某些虽然看起来不那么显眼的细节，但是它的出现可能会对当事人主观状态的定性起到至关重要的作用。因此，律师司法询问口才离不开"注重法律意义上的细节"这一言语表达要求。

三、律师司法辩论口才言语表达要求

无论在刑事诉讼案件中，还是在民商事诉讼案件中，抑或在行政诉讼案件中，只要有律师参与诉讼，都会涉及律师司法辩论口才。在刑事诉讼案件中，辩护律师要与公诉人进行法庭辩论；在其他诉讼案件中，代理律师之间要进行法庭辩论。法庭辩论阶段如同法庭调查阶段，都是诉讼案件庭审过程中的必经阶段。"真理越辩越明"，唯有通过充分辩论，才能充分展示法理和事理；才能让当事人和旁听群众从中接受法治教育、增强法律意识；才能确保案件的判决走向公正，判决结果才能令人信服。律师要想在法庭辩论中取得成效，必须具备司法辩论口才；要想培养和提供其司法辩论口才，必须牢牢掌握司法辩论口才言语表达要求。只有掌握了司法辩论口才言语表达要求，才有望把握司法辩论口才言语表达方法和技巧。根据律师参与诉讼的司法实践，律师司法辩论口才言语表达在"以事实为依据、以法律为准绳"的前提下，最为关键的要符合以下四个方面的基本要求：①概念准确；②思路清晰；③合乎法律责任发生发展的脉络；④着重于犯罪构成及量刑情节。

（一）概念准确

概念是对事物基本形态的描述。从形式上看，事物之所以是其自身而不是他事物，是由事物的概念决定的，因为概念是事物范围的规定性。从数学中的集合元素来看，凡是一个组建事物的全部元素归属于或重合于另一事物，那么该事物就属于另一事物的范畴，如"女人"这一集合中的所有元素归属于"人"这一概念，因此"女人"是"人"；再如《刑法》上"金融诈骗罪"的所有元素归属于"诈骗罪"这一概念，所有"金融诈骗罪"都属于"诈骗罪"的一种。概念是认识事实的出发点和归属，是对特定语境下事物基

本形态的描述。厘清事物的概念是律师司法辩论口才的基石，也是律师展开法庭辩论的前提。例如，一宗关于"过失杀人"与"意外事件"概念的辩护案：

　　某年12月20日晚，被告人胥×和冉×、向×三人各带一支枪，由向×引路，去龙山苞谷地打熊除害。到达预定地点后，由向×布"点"，三人各守一处，并约定三个点上的守点人不要乱动，注意安全，收"点"以口哨为令。向×在进"点"途中，听到熊从苞谷地向树木跑去的声响。冉×说："畜生已跑了，没搞头了。"提出收点。向×说："再等一会，熊还会回来的，我到那边等一会。"随后向×往胥×蹲"点"的方向爬动，冉劝阻，向不听。胥×在"点"上突然发现折断苞谷杆的声响处有一黑坨，断定是熊，便开枪射击，正击中迎面爬来的向×。向×约一小时后死亡。

　　县检察院以胥×犯过失杀人罪提起公诉。起诉书认定："在当晚夜深，是人是熊，被告人是有条件、有可能辨认的。由于被告人没有辨认清楚，误认为是熊，而且开枪射击，致死人命，属于疏忽大意的过失，构成过失杀人罪。"

　　对此，辩护人认为，公诉人所用的"过失杀人罪"这一概念的内涵，没有包含被告的行为，因此，被告人不构成过失杀人罪。辩护人就从论证"过失杀人罪"和"意外事件"这两个概念的不同内涵入手，来进行反驳。

　　疏忽大意过失是指行为人应当预见自己行为可能发生危害社会的结果，因疏忽大意而没有预见；意外事件是行为人在客观上虽然造成了危害结果，但是，不是出于故意或过失，而是由于不能抗拒或者不能预见的原因引起的。辩护人明确指出：本案中的三个守点人，进点后各守一处，指出不要乱动，注意安全，收"点"以口哨为令等约定，是由向×提出并布置的，而他自己却没有遵守事先约定，又不听冉×的劝阻，自行向前爬动；且现场除他们三个外再无别人；在天色较暗，看不清是人是熊的情况下，被告人以为是熊而开枪击中，这完全是被告人主观上不能预见的意外事件。[1]

　　在该案中，公诉人混淆了"过失杀人"和"意外事件"这两个不同概念

---

　　〔1〕　贝思德教育机构编著：《律师口才训练教程》，西北大学出版社2002年版，第108~109页。有改动。

的基本形态。辩护律师就此入手，详细阐述了"过失杀人"和"意外事件"这两种概念不同的基本形态，接着指出被告人的行为是意外事件而不是过失杀人，从而避免了一起冤案的发生。

（二）思路清晰

案件事实是客观的，不能自主说话，无法通过案件事实自身来展示其客观内在的规律性和彼此间的必然联系，这就需要借助于人的主观能动性将深藏在事物背后的必然联系揭示出来。这就是辩论的实质所在。律师在辩论过程中，如果言语表达没有反映案件事实之间的内在的必然联系，即使其所说的都是事实，都是客观存在，也不能将其称之为司法辩论口才，甚至还可能闹出笑话，为他人所不齿，更谈不上使人心服口服。例如，在一起刑事诉讼案件中，辩护律师的辩护词可谓是十分离谱。

"本律师认为，纵然被告人动手打人，但系事出有因。因为被告人发现被害人在争吵时也虎着脸庞，气势汹汹，大有企图打人的预兆，故为了防止出现被挨打的局面，被告人果断地先发制人，以迅雷不及掩耳之势，抢先突然袭击，掌握住这场殴斗的主动权，这完全是一种临危不惧、攻其不备的针锋相对的举动，虽然不能算作法律上的'正当防卫'，但鉴于情有可原，姑且称作'准正当防卫'也未尝不可。同时任何问题都要一分为二来看，被害人脸部挨打固然疼痛不已，然而被告人迅猛出击的拳头也是血肉之躯，有道是'十指连心痛'嘛，在被害人脸部肌肉与骨骼的强大反作用力的碰撞下，被告人手上所承受的创伤也丝毫不逊色。这个道理很简单，即物理学上力与反作用力完全相等。实际上双方都是受害者，而不能单指本案被害人。至于用粪便泼浇一事，就更不必大惊小怪了。众所周知，粪便乃农家之宝，种植庄稼全靠它。我们日常吃的从粮食到蔬菜，哪样能离开它。"[1]

该案中，"被害人虎着脸庞""被告打人""被告人的拳头是血肉之躯""反作用力""粪便泼浇""粪便是农家之宝""粪便被用来种植庄稼"以及"粮食或蔬菜都离不开它"等，都是客观存在的事实，然而，这些事实从辩护律师嘴里说出来，由于偏离了客观事物之间内在的必然联系，其言语就变成

---

〔1〕　李建南主编：《辩论口才兵法》，农村读物出版社 2000 年版，第 48~49 页。有改动。

了令人厌恶甚至痛恨的诡辩。该案事实间的真实联系是：①被害人虎着脸庞不是被告人出手伤人的理由；②被告人主动出手伤人，其主观状态存在伤害故意；③即使被告人的拳头因反作用力而受到伤害，但这不是被害人所为，是被告自残的结果，应当由被告人自己负责；④根据物理学"反作用力"原理，被告人伤人所用的拳头受到伤害的程度越大，说明被害人遭受被告人侵害的程度就越大，说明被告人的主观恶意就越深；⑤人们吃的粮食和蔬菜虽然是用"粪便"浇灌的，但是人们吃的是粮食和蔬菜，而不是吃"粪便"的；⑥粪便用来浇灌农作物时，是农家之宝，但是用来泼浇他人时，就成了罪恶的犯罪工具，这一点正好说明被告人故意伤害被害人的情节极其恶劣，给社会造成了极坏的影响，应当依法惩治。

（三）合乎法律责任发生、发展的脉络

法律责任中的"期待的眼神和渴求的目光"不仅来自案件中的被害人或受害人，而且也来自社会大众。这正是各种诉讼案件社会影响的本源，是社会各界要求法律制裁违法犯罪行为的真实写照。"你因法定或约定而向我承担了法律上的义务，并同时因我对你的期待而产生了你对我履行义务的责任；一旦你的违法犯罪行为给我造成了损害，我和社会大众因之而期待法律予以公平救济，你的法律责任因此而产生"，这就是"法律责任"产生的脉络，即从实体法或程序法中产生的期待到诉讼法中所产生法律救济期待的转变过程。

被害人或受害人在实体法和程序法上有无合法的期待，直接影响到其诉讼法上的法律救济期待是否有效成立，决定着被告人法律责任的状态。就民商事诉讼案件和行政诉讼案件来说，由于我国法律没有实行"惩罚性"救济，因此，社会大众的这种期待不具有法律意义，至多只能形成道义上的力量和舆论压力；就刑事诉讼案件来说，社会大众对惩罚犯罪行为的期待不仅具有道义上的力量，而且也具有法律上的意义，直接影响到刑事案件被告人的量刑幅度和量刑情节。律师在辩论过程中，一定要按照"法律责任发生、发展的脉络"进行辩论，否则，除被对方牵着鼻子走之外，律师自身还可能乱了方寸和阵脚，将严重影响律师司法辩论口才的发挥。例如，中央电视台《社会与法》频道《普法栏目剧》于2014年4月12日播出的一档节目《律政佳人之好婆的遗嘱》中，原被告代理律师的法庭辩论如下：

原告代理律师1：在这里，本代理人必须强调的是，杨家好婆将此遗产贴在自己的身上，而招来朱某仙给她擦洗身子的这一情节，是一种将此遗产遗赠给朱某仙的明确的表示。

被告代理律师：原告代理人所谓的暗示的这种提法，只是生者对死者的一种主观的猜测而已。我们大家可以想一想，杨家好婆在临终前对原告，也就是朱某仙看了最后的一眼，这意味着什么呢？原告（朱某仙）可以说是老人对她的最后的依恋，但是，被告（杨某东）可以说是老人对朱某仙的警惕，甚至可以猜想，老人想对原告（朱某仙）说："哦，朱某仙，你别动坏脑筋，想跟我儿子挣遗产。"

（被告代理律师这句话引起了旁听席上的群众哄堂大笑）

原告代理律师2：被告（杨某东）代理人所列举的这种主观推断，的确是很可笑的。因为她忽略了一个根本的事实前提。众所周知，按照民俗习惯，为老人送终擦洗身子，这是一种约定俗成的，由亲生子女或者直系亲属所担任的尽孝的行为。可是杨家好婆呢，却舍近求远，舍弃自己的儿子儿媳，而来求原告（朱某仙）。这证明了什么呢？这无疑证明了，原告（朱某仙）是她唯一的为之尽孝的最可亲近的人。因此，老人联系了她，并将财物紧贴在自己的身上。这一行为是要赠送原告（朱某仙）遗产的真实愿望。这一点是不言而喻的。

被告代理律师：不言而喻？我觉得是你自己在运用对民间风俗的理解，而对死者的愿望作出的一个判断而已。其实，我们大家都知道，死者已去，不能说话了。

原告代理律师2：那么关键是这样的判断是否准确，是不是？

被告代理律师：对。

原告代理律师2：好。那我们不妨从另外一个角度去考察一下这个老人的真实愿望。那就是被告杨某东，在使用暴力夺走这些财产之后，竟然弃下自己生母的遗体，全然不顾，扬长而去，回到隔壁家中继续与配偶饮酒作乐，并且庆祝这意外之财。试问一下，如果让这样的一个不肖子孙去继承这笔财产，能是这个正直善良的老人的真实愿望吗？在此对比之下，原告（朱某仙）在遭受殴打之后，忍着伤痛，继续为老人更衣、梳理头发，并且通知殡葬公司进行善后处理。因此，这些事实表明，由原告（朱某仙）去继承这笔财产，才是周围的邻居和一些有良知的人的众望所归，也是这个老人生前最真实最诚挚的愿望。我的话说完了。

原告代理律师1：鉴于上述事实，本代理人恳请合议庭，按照事实，结合被告（杨某东）对老人的不赡养的行为，作出对原告（朱某仙）有利的判决，让死者在九泉之下得以瞑目。我的话说完了。[1]

本案中，被告代理律师显然没有按照"合乎法律责任发生、发展的脉络"这一律师司法辩论口才言语表达要求进行辩论，其结果是被原告代理律师牵着鼻子走而全然不知。在辩论中，被告代理律师不得要领，从而漏洞百出，竟然讲出一些不合乎事实和常理的话语，进而引起旁听席上的群众哄堂大笑。而原告代理律师紧紧抓住对方的漏洞，当庭就事实和常理侃侃而谈，不仅征服了这场的旁听群众，也在一定程度上征服了审判人员，这一点可以从审判员主持双方调解时所说的一番话语中看出。该案在审判员主持调解下圆满结案，被告人杨某东作出了全部让步，而原告人也作出了很大让步。

从法律上来讲，如果被继承人在生前没有留下遗嘱、遗赠或者遗赠扶养协议的情况下，遗产将按照法定继承进行分配。本案中，杨家好婆在生前没有留下一字半语，那么按照法律规定，遗产的合法继承人是杨家好婆的儿子和儿媳，而在法律上已经与杨家好婆的儿子解除婚姻关系的前儿媳朱某仙不属于法定继承人，无法律上的继承权。虽然被继承人生前的种种行为都"暗示"要将遗产留给其前儿媳，但其前儿媳不能因此而产生合法的"期待"，也就是在继承人身上，没有因之而产生将遗产交还给原告的法律义务，其从原告身上抢走遗产的行为也就无从产生法律上返还给原告的法律责任。该案中，被告杨某东作出的让步与其说是法律作用的结果，不如说是道义力量的使然。原告代理律师正是巧妙地利用这一点赢得了诉讼的胜利。如果按照本书介绍的两大基本思维方法指引，严格意义上说，原告代理律师司法口才水平也并非高超，因为其言语中所涉及的"点"与"点"的联结有点牵强附会，给人同样有"走不出"的感觉。

（四）着重于犯罪构成及量刑情节

所谓犯罪构成，是指依照我国《刑法》总则和分则的规定，决定某一具体行为的社会危害性及其程度，而为该行为构成犯罪所必需的一切主观要件

---

[1] 中央电视台《普法栏目剧》："律政佳人之好婆的遗嘱"，载 http://search.cctv.com/play Video. php? detailsid=cf34a8f0041f4b0cac40bfed36ee080b，访问日期：2021年6月26日。

和客观要件的有机统一。按照我国刑法理论，犯罪构成包括犯罪客体、犯罪客观方面、犯罪主体、犯罪主观方面四个要件。每个具体犯罪的犯罪构成是由刑法分则规定的要件和刑法总则规定的犯罪要件组成的。犯罪构成为区分罪与非罪、此罪与彼罪提供了明确而具体的法律标准。在司法实践中，行为符合法定的犯罪构成是司法机关认定犯罪的唯一依据，也是刑事辩护的重要依据。[1]

犯罪构成，无论是"四要件说"，还是"二要件说"，其实质就是人的"意志"和"行为"两个部分。在司法实务中，司法口才主体只要围绕"犯意"和"犯意的实施"两个方面就行。搞清楚"犯意的内容和个数"及"谁实施谁的犯意"这两个关键性问题，刑事案件个案就能水落石出。

所谓量刑情节，是指定罪事实以外的，反映犯罪行为社会危害性确定的量和犯罪人的人身危险性程度，并影响人民法院刑罚裁量的各种主客观标准。[2]根据刑事法律理论，量刑情节一般分为法定量刑情节和酌定量刑情节。法定量刑情节是刑法明文规定在量刑时应当予以考虑的情节，如自首、立功、犯罪未遂、累犯，等等；酌定量刑情节是刑法未明文规定，根据立法精神与刑事政策，由人民法院从审判经验中总结出来的，在量刑时酌情考虑的情节，如初犯、偶犯、积极退赃、主动赔偿经济损失、被害人存有过错、再犯、犯罪目的或动机恶劣、认罪态度较差或不好，等等。

犯罪构成要件与量刑情节是审判人员认定刑事案件被告人刑事法律责任有无及罪责大小的法律依据。辩护律师在法庭辩论过程中是否注重犯罪构成要件及量刑情节，不仅涉及律师司法辩论口才的运用和发挥，更关涉刑事案件被告人合法权益的维护，关涉冤假错案的发生，影响司法公正和律师的良好形象。例如，一宗强奸案庭审中，辩护律师依据犯罪构成理论成功地为被告人作了无罪辩护：

被告人李某某系某公司经理。被害人张某某系该公司出纳员。一个星期六的上午，被害人张某某约被告人李某某晚上8点来财务科对账，被告人如约前来。对了一会儿账后，被告人李某某对被害人张某某进行调戏，张某某

---

〔1〕　张军等：《走近刑事辩护》，吉林人民出版社2005年版，第59页。

〔2〕　陈炜：《量刑情节论——量刑情节疑难问题探析》，法律出版社2009年版，第17页。

遂躲进屋内，李某某跟着进入屋内将其推倒在床上，于是两人发生了性关系。此案的关键是"是否违背被害人张某某的意志"，因为"违背妇女意志，使用暴力、胁迫或其他手段"是构成"强奸罪"的基础性条件，律师在法庭调查的基础上，紧紧围绕这一点为被告人李某某进行了无罪辩护：

被告人李某某与被害人张某某系同一公司的上下级关系。据有关材料反映，被告人与被害人素来有暧昧关系。在半年之内曾多次在办公室和其他场所拥抱、亲吻。对此，被害人在这么长的时间内没有采取任何防范措施，反而多次和被告人做出如此亲密的举动。案发当天上午，被害人主动约被告人去财务室对账，而且时间是在晚上。对于一个有家室且平时对被害人频繁做出不轨举动、令被害人恐惧和讨厌的人发出这样的主动邀约，其在明知被告人将再次对其做出不轨行为情况下却主动约请，实在令人费解，也与常理相悖。案发当天晚上，当被害人遭到被告人"调戏"时，她不仅没有往外跑，反倒往屋内跑去。在被告人将其推倒在床上并到走廊里去巡视时，被害人有足够的时间从屋内逃出去，可是她不但没有这样做，反而还躺在床上等候。在两人发生性关系时，被害人声称其一直在极力地反抗。但是，通过法庭调查发现，被害人在遭受被告人"强奸"时，却不时地听到被告人李某某"咚咚咚"的心跳声。按常识，一个人在对另一个人极力反抗时是不可能听到对方的心跳声的。况且，案发当晚，隔壁房间还有人在开会，而被害人并没有呼救。据被害人本人陈述，两人在发生性关系过程中，被告人丝毫没有利用其领导的身份对被害人进行过任何形式的要挟和威胁。根据《刑法》第236条的规定，"以暴力、胁迫或者其他手段强奸妇女"是构成强奸罪的本质性特征。鉴于我的当事人李某某的行为不符合《刑法》第236条关于强奸罪的构成要件，因此其行为不构成犯罪，请合议庭基于本案的事实和法律对被告人作出公正判决。

这是一起被告人的辩护律师为其当事人作无罪辩护的成功案例。其成功的关键在于，辩护律师紧紧围绕犯罪构成要件为被告人进行有力辩护，其司法辩论口才不能不令人为之感到震撼。

第四节 律师司法口才言语表达方法和技巧

一、律师司法说服口才言语表达方法和技巧

要想让话语对象接受自己的观点和主张，律师不能依靠其某种相对来说较为优势的地位，用"势力"来迫使对方对自己服从，更不能以欺骗的手段诱骗对方"信服"，只能依靠自己的司法说服口才让对方自始至终从内心深处加以认可。话语对象之所以需要律师对其进行说服，是因为在某些问题上，话语对象的认识存有疑惑、不解、朦胧抑或错误，甚至与律师的观点相冲突。律师说服话语对象的过程，实质上是将自己对事物的正确认识传递给话语对象，使其能够满意地接受。这就涉及律师司法说服口才言语表达方法和技巧。

（一）使用体现"平和心境"的言语

常言道："笑一笑，十年少。"这句话与其说是让人们始终保持一张笑脸，不如说是要告诉人们务必时刻保持着"平和心境"，平心静气地对待人生的喜、怒、哀、乐。古希腊哲学家苏格拉底曾经说过，"在这个世界上，除了阳光、空气、水和笑容，我们还需要什么呢?"可见，"平和心境"是一个人最宝贵的财富之一。

陷入司法诉讼的当事人，其心情多半是五味杂陈，很不好受，离"平和心境"越来越远。当事人求助于律师，就原告来说，既带有"要求律师为其提供法律帮助以保护自己的合法权益"的目的，同时也带有"出口恶气"的心情。"我要上法庭告你""咱们法庭上见"等用语，不正是原告当事人对被告人违法行为的愤怒心情的真实写照吗? 就被告来说，其心情也很不好受，从"告就告、谁怕谁呀""还指不定谁赢、谁输呢"等用语中可见一斑。原被告当事人双方正在遭受一场损失，那就是"平和心境"正在丢失，如果律师的心情和当事人形成"交响乐"的话，即使当事人被律师说服了，很乐意接受律师的观点和主张，其中的价值又有多少值得称道的呢?

情绪是可以传播和感染的。律师在说服话语对象的过程中始终使用体现"平和心境"的用语，有利于话语对象拓展思路、打开胸襟、心平气和地考量律师的每一句话语，增强对问题的全面认识。这样一来，"说服"只不过是这一过程中一种完美的结局罢了。

（二）使用"有血有肉"的言语

"可怜之人必有可恨之处"，其中"处"，指的就是可怜之人的具体行为或想法。对待可恨之人，人们通常采用两种方法来表达心中的怨恨，一种方法是运用诸如"令人恶心""令人可笑""可憎可恶""无比羞耻"等带有感情色彩的词语直接表达自己的心情；另一种方法是将其具体的可恨行为和想法客观地描述出来，让人们去感受行为人的可恨，而不直接使用带有感情色彩的词语。后一种方法比前一种更具震撼效果。"有血有肉"的言语就是对所涉问题的具体行为或想法进行展开性描述所使用的话语。例如：

律师：夫妻之间是需要相互体谅、相互关爱的。一个正常的人如果在生活中没有遇到困难或麻烦，是不会牢骚满腹的。相反，你的妻子整天絮叨、发牢骚，正好说明她在家的辛苦。而你作为一个男人，不去为你心爱的女人着想，从生活上关心她、爱护她，反而认为自己有天大的委屈，不分青红皂白地和她对着干，你想过你妻子的心情吗？你想过你孩子的感受吗？一个人活着仅顾及自己，不为家庭和孩子着想，行吗？看一个人，要看她的本质性东西，要看她对家庭的付出、对家庭的责任心、对孩子的爱，不能只顾自己一时的感受。像你这种情况，我不但不能向你保证"打赢这场官司"，还不能接受你的委托授权。作为一名律师，我不能因为案源或代理费而丢弃维护社会正义的天职。你还是回去好好问一问你左邻右舍平日里对你妻子的印象吧。我可以不做你的诉讼代理律师，但我会考虑做你们之间的居中调解人。

此案中，律师在说服原告当事人纠正其错误的观点时，并没有直接使用诸如"你的想法很可笑""你不觉得你的行为很可耻吗"等具有感情色彩的言语，而是引导原告当事人去思考其妻子、孩子及邻居的状况，字里行间充满了感情色彩，不得不令原告当事人对其向律师提出"能不能为我打赢这场官司"的问题加以深思。

美国著名心理学家阿尔特·蒙荷拉比在描述口语表达效果时用了一个有名的公式：一句话的影响力=15%的声音+20%的文采+25%的姿态+40%的感情。从这个公式中不难看出，律师对话语对象的说服效果在很大程度上取决于其言语中的情感成分。然而，律师在为当事人提供法律服务的同时，又是社会法律工作者的角色，更多地应当站在客观公正的角度思考问题，但同时又要同当事人一起"感同身受";既要帮助当事人解决其所面临的法律问题,又不能让当事人心中仇恨的种子生根、发芽,同时还要尽力解开当事人心中的结,恢复其正常心理。使用"有血有肉"的言语去说服话语对象,既不失律师的社会法律工作者的身份,也能够使其言语充满情感,达到最佳的说服效果。

(三) 将说服的目的隐含在说理过程之中

人的认识是有过程的。律师要提高话语对象的认识,不能一蹴而就,需要让对方一点一点地接受,由近及远,先将容易接受的事实摆出来,再从这一事实出发,推导出另一个事实,如此走下去,让话语对象自己得出律师想要的结论。例如:

一起遗产继承案,老人 (被继承人) 有四个子女,一个儿子 (排行老二),三个女儿,都已成家立业,另立门户。老人的妻子早几年去世,去世时没有进行遗产分割,留下一处房产由老人生前单独居住。老人的老伴去世后,曾让其小女儿一家与其共同居住。后因双方之间的矛盾,老人将其小女儿一家赶出家门。由于老人的儿子比较孝顺,跟老人住得比较近,照顾老人生活起居的重任就由儿子一家承担起来,而老人的其他三个女儿平时很少来看望他。老人生前曾经在他兄弟面前好几次提及:要在其死后将这处房产留给其儿子。老人死后,未留下遗嘱,其三个女儿要求与其儿子共同继承该房产。儿子就不同意了,三个女儿平日里不照顾老人,现在却来和自己争房产,而且老人生前留过话,说要将该处房产留给自己,可由叔叔为此作证。双方为此争执不下,于是,老人的三个女儿将儿子 (以下称继承人2) 告上了法庭。继承人2聘请了某律师事务所章律师为其诉讼代理人。在法庭开庭审理前准备阶段,继承人2向其代理律师说明了事实经过,律师也做了充分的调查,了解和掌握了案情的基本情况。因平日里三个姐妹对老人不关心、不孝敬,现在老人去世了都跑出来要分财产,况且,老人生前说过要把这处房产留给自己,因此,继承人2坚持要求其代理律师为其打赢这场官司。作为法律专业人士,律师深知这个案件因老人生前没有留下遗嘱、遗赠或遗赠扶养协议,该继承应当按照法定继承来办理。依据我国当时的《继承法》规定,法定继承首先由被继承人的第一顺序继承人平均继承,所以老人的四个子女都是法定第一顺序继承人,且依法应当平均分割这处房产。继承人2的代理律师认为，该案唯有通过法庭调解结案，才能为其当事人争取到最好的效果。但是，律师在与其当事人谈话过程中，并没有将这一想法告诉他，而是通过谈话，一步一步地让他自己得出结论。

继承人2：章律师，我希望你能够帮我打赢这场官司。太不像话了，天下哪有这种道理，不赡养老人，反而要老人的财产，我想法律也不会赞成这种没有人性的做法。

代理律师：你先冷静一下，我们谈谈，好吗？

继承人2：好吧。你说我讲得有没有道理？

代理律师：道理肯定有，不过我们还是要看法官的想法，这个案件最终还是由法官来判决，你说对吧？

继承人2：那法官会怎么判呢？

代理律师：你说法官要不要依法办事？

继承人2：那是肯定的啰。

代理律师：既然法官要依法办事，就要按照法律认可的事实断案，不能主观想象，想用什么法律就用什么法律，想怎么判就怎么判，你说对不对？

继承人2：当然对。不过，我想问一下，什么是法律认可的事实呢？

代理律师：你们平常夫妻吵架，法律管不管？

继承人2：法律肯定不管。

代理律师：别人把你打伤了，你因此而住进了医院，法律管不管？

继承人2：法律当然要管，我可以告打伤我的人。

代理律师：夫妻平常吵架，是生活上的问题，有时是道德上的问题，法律是不管的，而打伤你的行为是一种故意伤害，性质和后果都比较严重，所以法律不但要管，而且必须管。现在我们来按照《继承法》的要求看看你的案子，好吗？

继承人2：好的。

代理律师：你说你的叔叔可以证明，老人生前在他面前提起过，要把他住的房子留给你，是吧？

继承人2：是的。

代理律师：但是，《继承法》不认可这一行为属于老人的遗嘱。《继承法》要求被继承人的口头遗嘱必须在危急的情况下，且需要两个以上无利害关系的见证人见证。至于你的三个姐妹是不愿意赡养，还是老人不让她们赡养，你需要有足够证据证明"她们不愿意赡养"。可是，据我调查了解，你的三个姐妹不是不愿意赡养，而是老人不让她们赡养，这个事实对你很不利。

继承人2：你是说，我叔叔的证明法律是不承认的，而我那三个姐妹不赡养老人，我还必须拿出证据来证明她们是不愿意赡养。这些情况对我都很不利，是吧？

代理律师：也不是完全不利。如果我们能够争取到通过法庭调解结案，我们可以运用这些事实对原告施压，因为她们毕竟要顾及自己的名声，她们的行为在道义上说不过去，会受到舆论的谴责。

继承人2：我懂了，那就麻烦您尽量为我争取调解结案吧。

律师在说服当事人的过程中，没有直接向其当事人提及"调解结案"的意思或观点，而是先肯定当事人的想法，然后用其能够接受的事实，一步步地将其引向律师想要表达的观点，从而使得当事人在肯定律师的一系列问题之后，最终修正了自己的看法，而非常乐意地接受代理律师的主张。

二、律师司法询问口才言语表达方法和技巧

律师司法询问口才言语表达方法和技巧具有丰富性和多样性，在庭审前和庭审中，针对不同的询问对象，具有不同的侧重点。在庭审前，律师对当事人、被害人、证人、鉴定人、案发现场周围的群众及其他知情人的询问，应当做到全面而细致，以便了解和掌握案情的每一个细节或可疑之处。在庭审中，由于庭审程序的时间限制，律师的询问不可能详细而全面展开，这时，就需要律师有所侧重。对于己方当事人、被害人、证人、鉴定人的询问，要侧重于对己方有利的主观想法和客观事实中的细节，不要暴露己方的劣势；对于对方当事人、证人、鉴定人的询问，要侧重于揭露其矛盾之处，促使其不能自圆其说。根据律师司法询问口才言语表达要求及国内外司法实践，本书对众多的律师司法询问口才言语表达方法和技巧进行概括和总结，得出以下五种基本方法和技巧：①构建完整的故事；②追寻刑事案件被告人作案过程中的主观心理；③询问犯罪时的主观状态；④询问与量刑有关的情节；⑤构筑矛盾。

（一）构建完整的故事

"以事实为依据、以法律为准绳"中的"事实"是指刑事案件中犯罪构

成要件及民商事法律责任构成要件中的事实，而这些事实不是整个案情事实，既不包括受害方在违法犯罪事件中所经历的感受，也不包括被告人所有的主观状态。从法律规定违法犯罪构成要件来看，适格的当事人只要存在违法犯罪的主观过错、违法犯罪行为的实施以及对受法律保护的社会关系因之遭受了侵害，就足以认定被告人违法犯罪行为的存在，并因此而承担相应的法律责任。至于受害人在违法犯罪过程中所经历的感受，不能根本性影响法律对被告人的定罪处罚。从这一点上看，法律是无情的，是"铁面无私"的。然而，惩罚不是目的，教育才是司法人员办案的宗旨，才是公民法律意识提高的有效手段，才是文明社会建设的根本途径。而要教育被告人及社会大众，仅仅让他们了解违法犯罪事实是远远不够的，必须让他们去感受案件中当事人的经历，深刻体会违法犯罪行为所造成危害后果的严重性。"构建完整的故事"这一律师司法询问口才言语表达方法和技巧就能很好地实现这一点。美国著名的辩护律师格里·思朋斯在其名著《胜诉：法庭辩论技巧》中非常强调"挖掘故事"的重要性，"介绍如何挖掘故事"几乎占整个书的一半篇幅。他在该书中介绍了一个案例，非常典型并值得参考。

丹尼·帕特森夫妇向律师简要叙述了他们遭受警察侵害的经过："嗯，一伙警察来到我们家——两个大个子，都是魁梧的家伙。他们搜查了房间，把所有东西都打包，逮捕了我和我妻子朱迪，还用铐子铐着我们，把我们关起来。他们指控我们持有非法物品大麻，还指控我们抗拒逮捕、在办公室用致命武器攻击警官。规定我们要交付10万美元现金的保释金，但我们没有能力筹集。我们等待预审时，地区检察官撤销案子，因为他们从我家拿走的不是大麻，而是一些紫花苜蓿。放在信封里准备喂养几内亚豚鼠。我们想告警察和镇政府他们无理逮捕我们。"

很明显，这并不是整个故事情节。大多数人并不能理解他们所经历过的恐惧，而且大多数接待人员也不能倾听、感受那种经历是什么样子。丹尼给我们讲述他的经历时，就让我们变成丹尼。现在我们去感受一下他和他的妻子所感受和经历过的东西：

律师：丹尼，我们回到那天早上警察逮捕你时的情景。现在，我们就真正地身处那个场景。当时你在做什么？

丹尼：呃，我刚把狗放出去。

律师：不对，当时你正在放狗。

丹尼：对。（他记起了我们要在现场这个想法。）此时很冷，地上有积雪，狗开始狂躁不安，对着房子一边的什么东西吼叫。我看见雪地上有脚印。我走出门廊，跟着脚印，就看到他们——两个粗鲁的家伙正通过窗户朝我们卧室里看。

律师：所以，你一定很困惑，突然感到害怕。那么，你在说什么？

（注意：现在时态把事情放在眼下，而不是回忆。）

丹尼：我对他们喊道，"你们究竟在这儿干什么？"接着，他们就过来攻击我，大个子在前面。他是一个面相卑劣的家伙，穿得乱七八糟的，身高有六英尺二。另一个家伙，有些矮，有点胖，穿着制服，系着领带，紧紧跟在后面。如果他们不穿制服，看起来就像两个流浪汉。

律师：如果我是你的话，我就跑回来，进屋关门上锁。（我们置身于丹尼的经历，试图去想象和感受一下他在那天早上经历过的事情。）

丹尼：我就是这样做的。

律师：接着发生了什么事？

丹尼：我打电话叫警察。

律师：你对他们怎么说？

丹尼：我说，"我是梅洛斯巷24号的丹尼·帕特森，有两个歹徒试图闯入我家"。我还没有得到回答，歹徒就在敲大门。

律师：那你做什么呢？

丹尼：我非常害怕，放下电话。我不想去开门。我跑进储藏室，取来猎枪。我装进一粒子弹，吼道："警察就要来了。你们给我滚出去。"接着这个家伙吼道："我们就是警察。"

律师：（我觉得事情必须是这样的：我手握一支枪。子弹上膛。两个恶棍敲我的大门。他们自称是警察。警察在这里没有公干。我也没有做过什么坏事。如果我让他们进来，他们可能抢劫我，把我给杀了。）那你对这两个家伙怎么说来着，丹尼？

丹尼：我说，"你们有搜查令吗？"警察说，"乖乖地让我们进来，这对你有好处"。

律师：你肯定吓得一直发抖，或许枪都拿不稳。你一定在想，我一辈子也没有开枪打过人。

丹尼：就是。

律师：接下来呢？

丹尼：我决定让他们进来。就在那时，我妻子朱迪从卧室出来了。她有些感冒，一直睡在床上。她还有哮喘。她一边咳嗽一边问我发生了什么事情。看到我手握猎枪站在门口，她吓得要死，对我大叫，"丹尼，你在干嘛？"

律师：你一定在想，我还能做什么呢？或许他们就是警察。如果他们不是，他们可能会伤害朱迪或我，那么我就会打死一个？打死两个？你一定非常害怕。

（歹徒证实了他们是警察，并出示徽章。接着他们问是否可以搜查房间。丹尼问为什么，他们说，"就为他妈的我们要找的东西"。）

律师：现在你怎么办呢，丹尼？

丹尼：我只是站在那儿，什么也没有说。我也没有准许他们进来。他们直接把门撞开。我吓坏了。他们把壁橱里的什么东西都弄出来，满地堆积着我们的衣服。他们从鞋架上取下鞋子，随地乱扔。他们还搞弄锅碗瓢盆，打烂了两个盘子和一个我最喜欢的杯子——那是我爷爷给我的。他们翻箱倒柜，把糖、面粉和谷物扔得满厨房都是。他们还腾空放在地板中央面粉袋上面的废物箱。朱迪和我吓得目瞪口呆，什么也不敢说，害怕他们殴打我们或把我们给杀了。一个胖子警察早已夺走了我的枪，说，"这就是证据"。

律师：警察对你说过什么吗？

丹尼：高个子警察说，"你窝藏冰毒，你这个吸毒鬼"。我试图告诉他，我并不知道那是什么东西，但他们不停地威胁说，如果我不告诉他们东西在哪儿的话，就要拆了我的房子。

律师：丹尼，想一想，如果我盯着高个儿看，能看见什么？

丹尼：他站起来，靠近我，点了一支烟，把火柴头扔在地板上。我们不让他在房间里抽烟，他对准我的脸大叫。

律师：那么，这个警察穿上制服看起来怎样，丹尼？

丹尼：他的门牙很难看，又没有刮脸。

律师：你还注意到这家伙什么没有？

丹尼：他呼吸的时候，我闻到他身上的烟味，而且他说话时嘴往下瘪，就像迈克·迪什的高音嗓门。一个大个子男人有这种腔调怪怪的。还有，他说话时双臂来回摆动，仿佛松松地挂在肩膀上。

律师：这家伙现在怎么说？

丹尼：他说："或许我们该把他妈的地板拆了。它们可能藏在这儿。你们最好老实点，否则就拆烂这破房子。"朱迪一边哭一边咳嗽。我说："求你了，警官，我没有沾什么毒品。我是一个童子军负责人。"

接着另一个警察说："嘿，戴夫，这个吸毒鬼还是一个童子军头目呢。"他们俩都笑，抱着齐胸的抽屉去查看。所有孩子们的照片都掉在地板上，两个钱柜的玻璃碎了。

律师：接下来呢？

丹尼：那个叫戴夫的警察大叫，"好家伙！"他从一个抽屉取出一个塑料袋子，里面装着一些绿色叶子。他把袋子放在自己口袋里，接着猛地用铐子把我铐住，叫胖警察铐住朱迪。他们把我们拉去关起来。朱迪还穿着睡衣和外袍。他们叫她取上拖鞋。

（我们继续谈论丹尼的故事，但总用现在时态。如果丹尼用过去时态，我们就让他回到现在时态。我们想让他再次体验他的经历，而且想让他一直都有这种体验。）

丹尼：我们到了监狱后，他们把我们关在酗酒拘留所。我们不饮酒。这里很冷。朱迪又生病，咳个不停，我担心她会死去或发生别的事情。我脱下夹克衫给她披上。她可能死在这儿。接着狱卒从旁经过，往里面看了看。我向他要一张毯子，但他说："我们从不给醉汉毯子，把你们冻清醒了最好。"我试图告诉他，我们没有醉。但他说，那些家伙都这么说来着。

律师：那里看起来怎样？你看到什么？闻到什么？（没有什么比鼻之所闻、眼之所看、耳之所听更能够讲述一个比较生动的故事了。）

丹尼：那个地方臭气熏天。

律师：什么臭味？

…………〔1〕

丹尼的故事栩栩如生，令人难以忘怀，因为律师将自身置于丹尼的位置，感受丹尼的经历，让丹尼用现在时态讲述的方式鼓励他去体验那种经历。人们从丹尼的故事中深刻体会到违法者行为的可恶，从而唤起人们要求对违法犯罪行为给予法律惩处的呼声，唤醒人们的正义之感。而诉讼代理律师只有

---

〔1〕 ［美］格里·思朋斯：《胜诉：法庭辩论技巧》，牟文富、刘强译，上海人民出版社 2008 年版，第 64~67 页。

在丹尼的故事中感同身受，才能说出真情实感的语言。案发过程中当事人的情感是案件事实的重要组成部分，这是"事实＝意志＋外在"的反映。所以，构建包括当事人意志状态的完整故事，才是尊重事实的完整体现。

美国是这样，中国也是这样，世界各国的律师都应当这样；刑事案件是这样，民商事案件和行政诉讼案件也是这样，因为，唯有对案情故事的挖掘，才能让人们感同身受，才能引起社会共鸣，才能传播社会正义，让违法犯罪行为无处遁形；唯有这样，人们的心灵才会一次又一次地受到猛烈的冲击，人们的良知才会一次又一次地被唤醒，正义的呼声才能连成一片，形成强大的正能量，将一切污泥浊水消灭在萌芽状态；唯有这样，才能称得上尊重事实的全部。

（二）追寻刑事案件被告人作案过程中的主观心理

公诉人对被告人的询问通常集中在符合犯罪构成要件的事实，而对构成犯罪影响不大的事实往往不去询问，除犯罪动机之外，公诉人对被告人作案过程中的其他主观心理常常不感兴趣。而作为刑事案件被告人的辩护律师则不能这样，应当在询问中将被告人的主观心理活动再现在法庭之上，以便显示个案的个性特征。例如，一起故意伤害案庭审中，公诉人的讯问与辩护律师询问的角度就有天壤之别。

公诉人：被告人李某，我问你几个问题，你要如实地向法庭交代。案发时间是在 2006 年 3 月 1 日中午 13 时左右吗？

被告人：是的。

公诉人：地点是否如起诉书所说的？

被告人：是的。

公诉人：你当时使用的作案工具是什么？

被告人：一瓶硫酸溶液。

公诉人：你为什么去被害人家？

被告人：找郭某看看他的伤好没好。

公诉人：当郭某离开他家之后，你为什么一直待着？

被告人：我想等郭某回去。

公诉人：是你先泼的王某吗？

被告人：是她先泼的我，我才泼的她。

公诉人：她为什么泼你？

被告人：她骂我，我生气地推了她一下。她从茶几上拿了一个瓶子把硫酸泼在了我腿上。

公诉人：你怎么知道那是硫酸？

被告人：我感觉腿上火辣辣的。

公诉人：然后呢？她的脸怎么被烧伤的？

被告人：我夺过瓶子泼在了她的脸上。

公诉人：硫酸是你带来的吗？

被告人：不是。

公诉人：你知道被害人有孩子吗？

被告人：知道。

公诉人：被害人是从哪儿拿的硫酸？

被告人：茶几上。

公诉人：审判长，我的讯问完毕。

接下来，被告人的辩护律师在审判长的许可下，对被告人进行了下列询问：

辩护律师：被告人，案发前，你与郭某的关系怎样？

被告人：今年（2006 年）年初之前都特别好，后来听郭某说，王某找过他很多次，想让郭某为了孩子多考虑考虑，王某劝说郭某离开我，重新回到她的身边。这之后郭某对我的态度逐渐冷淡起来，我非常痛苦。

辩护律师：被告人，你在被害人家时王某对你说了什么？

被告人：她说："你还来干什么？郭某都不要你了，你还这么贱，是不是没人要了。"

辩护律师：你在侦查阶段曾向公安局交代，在去被害人家之前你吃了 30 片安定片是不是事实？

被告人：是事实。

辩护律师：审判长，我的话问完了。[1]

---

〔1〕 樊学勇主编：《模拟法庭审判讲义及案例脚本》（刑事卷），中国人民公安大学出版社 2007 年版，第 134~136 页。有删减。

从本案中可以看出，被告人作案过程中的主观心理，从公诉人讯问中无法得以体现，辩护律师通过询问将其展现在法庭之上，使得被告人故意伤害案呈现出自身的特点，被告人的主观恶性也因此与其他个案区别开来。

（三）询问犯罪时的主观状态

被告人实施犯罪行为时的主观状态直接影响到对被告人主观恶性的鉴别和认定，如本书前面所介绍的"公交车司机危害公共安全案"中，辩护律师对被告人犯罪时的主观状态的询问，让旁听群众了解到被告人的良心并没有完全泯灭。在司法实践中，被告人实施犯罪时的主观状态往往被公诉人所忽视，有时甚至加以歪曲，例如，一起故意杀人案：

公诉人指控："被告人莫某某早在某年某月就购买了一把木柄单刃尖刀，准备用于杀害被害人……"

辩护律师就此询问被告人："莫某某，你用于杀死被害人的木柄单刃尖刀，在你购买它时，到底是用来准备杀害被害人的，还是用来做别的用呢？"

被告人：我买这把刀是卖马蹄（水果）时，用来削给别人吃的。[1]

此案中，公诉人虽然通过对证人的询问，证实被告人的尖刀刀刃带锈，但并不能因此说明：被告人所买的单刃尖刀不是用来削马蹄用的，而一定是准备用来杀害被害人的。因为，被告人是做马蹄买卖的，随身携带刀具用于削马蹄是很正常的，至于人家吃不吃带锈的刀具削的马蹄，那是另一回事，这是商业道德问题，并不能因此说明被告人是蓄意把该刀用作杀死被害人的工具。况且，为什么被告人要等到刀生锈的时候才动手杀害被害人呢？难道这么长的时间都没有杀害被害人的机会？非要等到刀生锈后才去实现其早有预谋要杀害被害人的目的，并以此而后快？辩护律师对被告人实施犯罪时主观状态的询问，引出一系列疑问，有助于审判人员公正地审理案件。

（四）询问与量刑有关的情节

量刑情节一般分为法定量刑情节和酌定量刑情节。法定量刑情节是刑法明文规定在量刑时应当予以考虑的情节；酌定量刑情节是刑法未明文规定，根据立法精神与刑事政策，由人民法院从审判经验中总结出来的，在量刑时

---

〔1〕王洁：《法律语言研究》，广东教育出版社 1999 年版，第 320 页。

酌情考虑的情节。律师在询问过程中，应当要特别注意询问关涉的被告人从轻、减轻或免除的法定和酌定量刑情节，以防止公诉人疏忽这方面的讯问而影响法庭对被告人作出公正的判决。例如：

辩护人：事发后，你为什么要跑？
被告人：当时我心里特别害怕，以为这事太大了，我哥死了，所以心里害怕就跑了。
辩护人：你被抓以后，对公安机关是这么如实陈述的吗？
被告人：是。
辩护人：在公安和检察院调查阶段，你们家对这车赔钱了吗？
被告人：我曾多次找过管教，让他打电话找您，让家里协商，尽快赔偿被害人的损失。
辩护人：你怎么看待这件事？
被告人：我自己犯了罪，法院该怎么处理就怎么处理。

辩护律师通过对被告人的与量刑有关情节的询问，向法庭展示了被告人犯罪后的主观态度，而"犯罪后的态度"是衡量被告人主观恶性大小的重要标准，是审判人员对被告人量刑的酌定量刑情节之一。"询问与量刑有关的情节"这一律师司法询问口才言语表达方法和技巧，有助于审判人员对案情全面了解，对被告人作出公正的审判。

（五）构筑矛盾
询问对象如果对案情作虚假陈述，那么他们的陈述前后必然存在矛盾和无法自圆其说的地方。找到这种矛盾之处，是律师施展其司法询问口才的关键所在。例如，"邓廷桢为死囚雪冤案"。

邓廷桢精通政务，善于治理地方，素有"神明"的美誉。他在西安当知府的时候，在汉中兵营里有一个叫郑魁的士卒，因为被审出在馒头里下砒霜毒死他人而被定成死罪。有卖砒霜的人、卖馒头的人以及死者邻居家的妇女为案子佐证，郑魁的罪行就这样被定了下来。

邓廷桢仔细审阅了卷宗，对案子产生了怀疑。他悄悄地把卖馒头的人传唤到跟前，问道："你一天能卖多少个馒头？"这人回答："二三百个。"又问："平均每个人能买你几个馒头？"回答："三四个吧。"邓说："这就是说你每天要与百十个顾客打交道?"这人说:"是这样的。"再问:"这每天都有百十个人，天长日久该有多少人，你都能记住他们的相貌、名字以及什么时候到你这来买过馒头么?"答:"不能。"这时，邓廷桢突然问道:"那你为什么偏偏知道郑魁在什么时间到你这来买过馒头?"这人听了惊恐地抬起头，不知所措。经再三追问，这人终于说出了事情的原委:"我确实不清楚这事。那天，县衙里有官差来对我说:'官府正在审问一个杀人犯，这人已认罪服法，只是缺少一个卖馒头的人作证，你为何不出来办这件事?'所以，就出现了这样的情况。"

接下来邓廷桢又讯问了死者邻居家的妇女，该女也称是受官差指使作的证。只有卖砒霜的人说的是真的。

原来，死者生前与郑魁吵过架，闹过矛盾，而这人真正的死因是得了狂犬病，临死的时候嘴还是青色的，与中毒的症状完全不同。其实郑魁买砒霜仅仅是为了毒老鼠。

就这样，一起冤案得到了昭雪。[1]

"构筑矛盾"是律师在实践中最常用的司法询问口才言语表达方法和技巧，是追寻案件真相最有效的手段和途径。律师在询问过程中应当注意询问对象言语前后间的矛盾、言语与客观事实间的矛盾、言语与常理间的矛盾以及言语与常识间的矛盾，如年轻时做律师的林肯对作伪证的证人的询问就很好运用了"证人的言语与常识间矛盾"这一询问技巧，为当事人洗清了一桩冤案。美国著名的电影《律政俏佳人》中年轻的女律师对证人的成功询问就是巧妙地运用了"构筑矛盾"这一询问方法和技巧。"从应然到实然"，可以很快找到实际状态与言语者所称的状态的矛盾之处，"说谎"这一事实基本敲定。如上述案例中，从证人每天日常的买卖情况来看，证人不应当会记住买馒头人的相貌、名字及具体买馒头的时间，这就与证人所称的"记得"相矛盾，显然，证人口中所称的状态是不存在的。

三、律师司法辩论口才言语表达方法和技巧

《现代汉语词典》解释"辩论"的意思是:"彼此用一定的理由来说明自

---

[1] "邓廷桢为死囚雪冤"，载 http://old.chinacourt.org/html/article/200406/28/121196.shtml，访问日期: 2021 年 10 月 26 日。

己对事物或问题的见解，揭露对方的矛盾，以便最后得到正确的认识或共同的意见。"这就是说，辩论是对立双方围绕同一问题，力求证明自己的观点正确、说服对方或者战胜对方而相互论争的过程；同时，这一过程也是批驳谬误、探求真理的过程。[1]

法庭辩论与一般辩论不同的是，法庭辩论追求的是"真"，是在"求真"的基础上赢得诉讼的胜利。"以事实为依据、以法律为准绳"是人民法院审理诉讼案件的依据和标准。律师在法庭辩论过程中必须围绕法庭调查的事实和应当适用的法律进行辩论，不能天马行空，更不能将未经证实的事实作为法庭辩论依据，这就是律师法庭辩论与一般论辩赛中辩论的本质区别所在。

法庭辩论是诉讼双方在法庭上就有争议的问题分别提出自己的主张和看法，相互进行辩、诘、驳难的一种辩论形式。法庭辩论是法庭审理案件的一个重要环节。它可以帮助法官全面、客观地了解案情，从而正确地作出判决，维护公民合法权益。无论刑事诉讼案件，还是民事诉讼案件和行政诉讼案件，在其审理过程中，都要进行法庭辩论，其目的是辨别是非曲直，以便法庭作出公正的判决。[2]"事实真相"客观地存在于社会现实之中，需要人们在科学的思维指引下一一展现出来。为此，律师司法辩论口才言语表达方法和技巧应当围绕科学的思维和清晰的思路进行构建。鉴于此，事实认识之辩、证据认识之辩、主观过错认识之辩、思路之辩以及情感因素之辩是律师司法辩论口才言语表达最为基本的方法和技巧。

（一）事实认识之辩

事实是人们认识事物的基础，基于客观存在的事实得出的认识通常是正确的，如当事人飞车抢夺行人财物这一客观事实的存在，人们可以得出"当事人有抢夺行为"的正确认识；而基于主观臆想的、没有得到证实的等虚假的事实所得出的认识，往往是错误的，甚至是荒谬的，如基于当事人行为诡异，就认定其偷盗了公私财物，显然是主观臆想的结果，其认识明显是不正确的。对事实的正确认识，不仅取决于单个事实的客观存在，而且还要联系其他相关事实以及法律规定进行整体性认识，否则，片面或孤立地认识事物只能得出错误的结论。

---

〔1〕 李建南主编：《辩论口才兵法》，农村读物出版社 2000 年版，第 7 页。
〔2〕 吴秀红、郑颖编著：《论辩口才艺术》，时代文艺出版社 2001 年版，第 53 页。

1. 单个事实的认识之辩

案件事实是由诸多单个事实有机联系起来的整体，单个事实是整个案件事实构成的独立的元素，如果单个事实不真实，将直接影响到当事人行为的法律定性或当事人法律责任的大小。譬如，强奸行为包括性行为、使用暴力或其他手段的行为、环境因素、被害人状况等一系列事实，如果仅有性行为存在，而其他事实不存在，则不能构成刑法上的"强奸罪"。在司法实践中，有些单个的事实比较直观，凭直觉就可以认识到其存在，但是有的单个事实不能通过直觉感知其存在与否，必须通过科学思维才能得出正确认识。例如，1999 年重庆市第一中级人民法院公开开庭审理的、中央电视台进行了空前规模的庭审直播的震惊中外的綦江虹桥垮塌案——张某科受贿、玩忽职守一案中，被告人张某科的辩护律师对"被告人张某科违规拍板修建虹桥，是否应当对虹桥垮塌负主要责任"这一关键性事实进行了如下辩护：

无可讳言，1994 年 7 月 22 日，綦江县（今綦江区，下同）的确召开了一次綦江县县城 1995 年至 1997 年城市重点建设工程现场办公会。但召开现场办公会的主体单位是县委、县政府，参加人员有县委书记、副书记、正副县长、政协副主席及各职能部门负责人。会议内容是对綦江县 1995 年至 1997 年城市重点建设工程进行规划。应该说，张某科并非对该会议的各项议程有最终决定权，在该会议上形成的各种决议、纪要都不应由张一人负责，而应是集体决策，不能以谁主持召开的会议就由谁负责这样简单的结论作为认定玩忽职守罪承担者责任的依据。[1]

张某科作为当时的綦江县的县长，主持召开了綦江县县城 1995 年~1997 年城市重点建设工程现场办公会议，这是事实，但并不能因此而认定被告人张某科对綦江虹桥垮塌事件负主要责任，因为修建虹桥是集体决策的结果，而不是由被告人一人能够拍板决定的，更不能因此认定由其一人负责。从该案中可以看出，对单个事实的认识是否正确，还取决于对相关事实的综合考量。

---

[1] 鲁磊主编：《合纵之辩——重庆合纵律师事务所经典案例选编》，重庆出版社 2001 年版，第 7~8 页。

2. 事实的关联性认识之辩

"事实的关联性"是指所涉争辩的事实与案情的关联性、与案件其他事实间的关联性以及与有效的规范性文件的关联性。有些事实虽然是客观存在的，但是与所涉案情没有实质性联系，如"继承人常年在国外而不在被继承人身边"这一客观事实与法定继承案件没有实质性联系。有些事实，如果孤立地去看，似乎是违法犯罪行为，但是，如果联系到其他事实，其性质就有质的不同，譬如，伤害他人行为，孤立地看，这一事实属于刑法规制的故意伤害范畴，但结合对方先行侵害行为来看，行为人的行为可能是合法的"正当防卫"行为，而不是违法犯罪行为。有些事实单个地看，具有违法性的表面特征，但如果结合有效的规范性文件，这些事实可能具有合法性，如不履行交货义务的行为，表面上看具有违法性特征，但是结合"对方具有先行付款义务"的有效合同的规定，则该行为就不属于违反合同行为。

"事实的关联性认识之辩"是律师司法辩论口才常用的言语表达方法和技巧。该技巧的有效运用，有助于法庭查明事实真相，正确认识案情。例如，一起故意伤害致人死亡案：

公诉人指控：被告人刘××于 1999 年 1 月 19 日在××派出所请假半天回到老家，13 时许，刘××准时到宋××家走家串户，当路过×场××坝时，碰到同学胥××等人，闲谈时，宋××拉着欲到宋×华处吃酒的刘×德路过刘××处，被告人递烟给刘×德，刘×德将烟打落，并用脚踢了刘××的大腿一下，刘××也用穿皮鞋的脚连踢刘×德腹部两脚，然后抓住刘×德的衣领向前推了一段距离、刘×德于当日 14 时许因腹痛呻吟，并于 1 月 21 日 14 时许死亡。经鉴定：刘×德系肠破裂败血病死亡。上述事实有证人证言、被告人供述和辩解、鉴定结论等证据为证。请依照《中华人民共和国刑法》第 234 条的规定，以故意伤害罪，予以判处。

针对公诉人的指控，被告人及辩护人发表了以下辩护意见：

被告人刘××辩称：我没有踢刘×德的腹部，由于刘×德踢我一脚后，我还踢了两脚，踢在他后面的小腿上。刘×德的死亡与我踢的两脚无关，请求宣告无罪。

辩护人的辩护意见：刘××没有对刘×德进行人身伤害的主观动机和目的，没有证据证明刘××两脚踢在刘×德的腹部上。而现场目睹证人均证实刘××的两脚踢在刘×德背后约大腿以下部位，法医对刘×德进行尸检过程中，严重违反尸检操作规程，导致其结论违反医学常识，刘×德的死因可疑，尸检结论不能成立；检察机关指控刘××故意伤害罪不能成立，请求宣告刘××无罪。[1]

本案中，辩护律师将"被告人踢受害人"的事实与现场的证人证言联系起来，说明公诉人对被告人对踢人的事实认识错误；将"法医鉴定"的事实与"尸检操作规程"联系起来，说明法医对被害人死亡原因认识错误。该案的辩护律师通过"事实的关联性认识之辩"这一律师司法辩论口才言语表达方法和技巧的有效运用，让人们对被害人的真正死因提出了质疑，从而对法庭的处理结果产生了很大的影响。

3. 事实的法律定性认识之辩

违法行为，简单地说，就是指违反了法律规定的行为，其实质就是违反了行为人应当承担的法定或约定义务的行为。行为人违反其应承担义务的社会危害程度是区分该行为违法与不违法、一般违法与刑事违法的重要界线，如偷盗行为，如果其次数或数额没有达到刑法规定的标准，那么偷盗行为就不构成刑法上的"盗窃罪"，只能属于一般违法行为。事实的法律上定性，关系到当事人所承担的法律责任有无，或者法律责任的类别。对其认识的准确性直接影响到对当事人合法权益的保护。例如：

被告刘某生，男，38岁，某县客车站修理厂工人。1982年10月，被告出差去上海，在轮船上结识周某毅（男，31岁，个体商贩），往来密切。1983年3月间，在刘的女友韩某娟家吃饭时，刘、韩谈起自己没有固定住所，想找房子住。韩便向刘、周二人提议在刘某生父亲家的地基上合建楼房，周当场表示同意并愿意多出建房资金，而要求刘多干些具体建房的劳务。嗣后，他们一起查看了屋基。同年4月，周便交人民币1000元给刘。刘收到钱后，先后委托邻居洪某康、孙某鸣等代为购买砖瓦，又与韩一起买水泥。后因刘的父母反对与周合建私房，因此建房之事被搁下。但刘未取得周的同意，擅用其款偿还了自己的债务250元，又用此款跑了一趟生意，亏本300元，加之购置结婚用具，便将1000元花光了。同年8月起，周追收此款。被告于10

---

[1] 卓朝君、王素芬主编：《新编法律文书学》，中国人民公安大学出版社2002年版，第136页。有改动。

月还款 200 元，其余 800 元出具借据，计划 1984 年 6 月底前还清。但此后一拖再拖，没有归还。于是，周向法院起诉。

县人民检察院认为：被告刘某生以合建私房为名，诈得周某毅人民币一千元，已触犯《刑法》第 151 条之规定构成诈骗罪，特提起公诉。

县人民法院判决认定被告刘某生构成诈骗罪，依据《刑法》第 151 条之规定，判处有期徒刑 2 年。

被告不服向地区中级人民法院提出上诉。

在二审中，刘某生的代理律师提出以下辩护意见：

被告刘某生与周某毅合伙建房形成的债务关系，纯系私人债务纠纷，不构成诈骗犯罪。具体的理由是：

（1）刘某生的行为并无虚构事实和隐瞒真相的欺骗特征。刘与周合伙建房，开始虽然是韩提的建议，但他们二人确实都有建造房屋的客观需要和主观愿望。刘家中有可供建房的地基，二人也一道查看过地基。对于刘的父母有可能不同意与外人合伙建房的问题，刘在协商建房过程中已向周说明。他们都同意采取先斩后奏的办法，让生米做成熟饭后迫使父母同意。正是在这种情况下，周才主动将 1000 元钱交给刘。刘在这中间没有采取任何诈骗手段骗取周的财物。同时，刘得到周交的建房款后，也找了邻居帮买砖瓦，自己找门路买水泥等，只因为父母从旁得知其子与外人合伙建房真相后坚决反对，才使建房之事告吹。这一事实也说明刘没有诈骗的故意，而确实是想建造新房。

（2）刘某生主观上没有非法占有他人财物的故意。刘在建房之事告吹后，未得到周的同意，便将此款部分用于还债和购置家具，部分用于做生意，也是意图赚一笔钱后还给周。谁知生意亏本，把钱花光了。但是刘始终承认对周的债务，除归还 200 元之外，所余欠款写了借条，并注明了分期归还的日期。虽然刘未如期归还债款是错误的，应当负责一定的经济损失（如合理利息），但与犯诈骗罪是本质不同的两回事。

因此，刘某生不构成诈骗罪，建议法庭以债务纠纷处理为宜，这样既有利于保护周某毅的合法利益，又有利于对刘某生的教育。[1]

被告人刘某生从周某毅处获得 1000 元，这一事实是存在的，但并不是检

---

[1] 赵长青、谭向北编著：《疑难刑事案件辩护百例评析》，重庆出版社 1986 年版，第 17~18 页。

察机关所认为的那样属于被告人刘某生的诈骗所得，因为周某毅基于与被告人刘某生"合建楼房"的合意，自愿将1000元交给被告人用于建房资金，而整个过程中，被告人并没有虚构事实和隐瞒真相的行为。至于被告人刘某生此后一系列行为是自主行为，与周某毅无关。被告人唯一所承担的义务是向周某毅还1000元欠款及合理利息。因此，对"被告人刘某生从周某毅处获得1000元"事实的正确认识是，因合同而引起的一般民事债权债务纠纷，而不是刑法上的诈骗。此案中被告人的代理律师正是运用了"事实的法律定性之辩"这一司法辩论口才言语表达方法和技巧，在二审中赢得了胜诉。

（二）证据认识之辩

根据证据学一般理论，证据必须具有三性，即客观性、合法性和关联性。证据的这三性必须同时具备，否则将不能作为有效证据，不能作为认定案件事实的根据，我国三大诉讼法对此也作了明文规定。律师在辩论或发表辩护意见时，涉及诉讼证据时，务必围绕证据的特性进行辩论，即证据的客观性之辩、证据的合法性之辩、证据的关联性之辩以及证据的证明标准之辩。

1. 证据的客观性之辩

证据的客观性是指，证据是案件事实的真实反映，其存在是不以人的意志为转移的，证据中没有人的主观臆想或猜测成分或者含有人为因素。能够证明案件真实情况的证据，必须是客观存在的事实。从时间上看，证据必须在案件发生时与案件事实同时存在，因此，对于传闻证据、复印件、传真件以及利害关系人出具的证据等案发后的证据形式，律师都应当对其客观性和真实性产生怀疑。例如：

一起借款纠纷案，借款人拿着记载借款事项的被撕扯过的半张信纸，到法院起诉要求借款人还款。而欠款人称以前在借条的下方打过两张收条，现在只有两千没有还，现借条下方的收条已被撕掉。借款人并不否认借条被其撕过的事实，但称是为了保存方便才将其撕掉的。欠款人又找来两位证人，证明其已经还过部分钱款的事实。就此，被告（欠款人）的代理律师在法庭上提出了如下意见：

借条是原告证明借贷关系的唯一证据，但该借条的下半张被撕掉，致使借条不能真实完全地反映其所记载的内容，经裁剪的借条因经过变造，形式上已不具有完整性，失去了作为有效证据使用的资格。而根据欠款人提供的证据，应当只认定欠款人实际上只欠借款人的 2000 元。因为原告的唯一证据借条存在瑕疵，而这个证据已经无法真实完整地反映内容的全貌，这就不符合关于证据完整性客观性的要求。被告人代理律师认为，半张借条不符合诉讼证据客观性的要求，即诉讼证据所反映的内容必须是客观的、真实的。这样，原告的证据有瑕疵，而被告又有证人证言证明其所称事实，所以法庭应当支持被告所主张的事实。最终法院采纳了被告人代理律师的辩护意见。

借条在借款时就已经存在，或者纠纷发生前就应当存在，其完整性随借条的产生而产生。此后，破损的借条显然是人为造成的，其失去的部分所反映的内容必须有其他证据加以佐证，否则，失去部分所记载的内容不能得到法庭的认可。

2. 证据的合法性之辩

证据的合法性是指，证据必须符合法律对其规定的所有要件，包括证人资格合法性、证据取得的程序和方式的合法性以及证据的形式合法性。只要其中有一项不符合法律规定的要求，该证据将失去其有效性而得不到法庭的认可。

（1）证人资格合法性之辩。证人资格是指，出庭作证的人或不出庭而提供书面证人证言的人必须符合诉讼法对其规定的条件和要求。我国三大诉讼法对证人的资格都作了明确的规定。根据诉讼法的规定，以下两种情况的人不具有证人主体资格，不能作为证人提供证人证言：一是生理上、精神上有缺陷或者年幼等不能辨别是非或不能正确表达的人；二是法人、非法人团体等企事业单位。证人只能是能够辨别是非或能够正确表达的自然人，单位不能作为证人，不能提供证人证言，只能作为提供书面证据材料等其他证据形式的主体。

对证人的主体资格的认识，有时很容易，如一个与案件无利害关系的正常的成年人提供的证人证言，其主体资格很容易辨认，但有些时候，证人的主体资格需要通过理性认识才能辨别清晰，例如：

一起借款纠纷的案件中，唯一证人是原告年仅 8 岁的孩子，他目睹了原告在家中将一叠钱从包里拿出来给被告。被告的代理律师认为，孩子年幼，不能作为本案的证人，况且，孩子是原告的儿子，与原告有利害关系，其证人证言不可信，不能予以采纳。对此，原告的代理律师作了如下辩护：

孩子年幼是事实，《民事诉讼法》对年幼的孩子作为证人的资格有严格的限制。但是，我想提醒大家注意的是，"生理上、精神上有缺陷或者年幼等不能辨别是非或不能正确表达的人"的立法本意不是意在生理上、精神上的缺陷或是年幼，而是"能否辨别是非或能否正确表达"。"凡是生理上、精神上有缺陷的人都不能作为证人"显然不是立法本意，其本意明显是"因生理上、精神上的缺陷或者年幼而不能辨别是非或不能正确表达的人，不能作为证人"，也就是说，如果生理上或精神上的缺陷或年幼没有影响其对案情是非的辨别或者是正确表达，这样的人也同样可以作为证人，如大脑正常但身体瘫痪的人、视力不好但对近距离较大物体的可视性，等等。本案中，孩子虽然仅有8岁，但这个年龄的孩子对其所看到的事情经过能够作出较为完整的复述。至于被告代理律师提出"孩子是原告的儿子，与原告有利害关系，因此不能作为本案的证人"的观点，更是错误的。诉讼法虽然规定"与案件有利害关系、可能影响案件公正处理的人不能作为证人"，然而，本案的证人——孩子，显然不符合这一限制性条件。

（2）证据取得的程序和方式的合法性之辩。就行政诉讼案件来说，被告作出具体行政行为之前，必须先取证，然后依据证据作出裁决，否则其作出的具体行政行为将因证据取得的程序性违法而无效。就证据取得的方式来看，合法性证据取得必须符合法律规定的要求，不得以违反法律禁止性规定或侵害法律主体合法权益的方式或手段取得证据，否则无效，如通过刑讯逼供的方式得到的犯罪嫌疑人的供述；通过引供、诱供、指供等方式获取的犯罪嫌疑人的口供。例如：

知名律师田文昌在一起贪污受贿案庭审中，就证据取得方式的合法性问题进行了一场精彩辩护：

检察机关的办案人员在侦查过程中采取了一系列违法手段，这些违法行为严重地影响、干扰了本案的正确审理。

（1）搜查不合法。在搜查装饰公司被告办公室时，没有提供搜查记录，致使在搜查物品中涉及的一些重要书证，至今下落不明，严重妨碍了案件的审理和取证。

（2）大量证据没有入卷，形成了卷中证据材料几乎一面倒的不正常现象，使法庭和辩护人无法对于证言进行全面质证，致使现有证言缺乏可靠性。

（3）有的证人竟被反复询问十几次之多，在询问时经常以逮捕、送看守所、抓小辫子等相威胁，使证人产生了严重的心理压力，甚至使有些人不敢出庭作证或者不敢纠正违心作出的伪证，这种做法严重地影响了证据的客观性。

（4）更为严重的是，在侦查过程中，对被询问人反复、连续地采用逼供、诱供、指供的非法手段，甚至使用电警棍进行残酷刑讯。不仅给被询问人造成肉体上、精神上的极大痛苦，而且影响了口供和证据的真实性。这些证据不具有合法性，不能作为定案的依据。

（5）更使人不能容忍的是，在法庭审理过程中，检察院的办案人员还继续公然威胁被告人，不让被告人当庭揭露其刑讯逼供的行为；并对证人实行暗中威胁，致使有些本来愿意出庭作证的证人临阵退缩，妨碍了法庭的质证调查。

辩护人不得不严肃地指出，检察机关办案人员在侦查过程中的违法行为已经引起了严重后果，妨碍、破坏了法庭审理。并因这种人为的因素，造成了各种证人、证言的变化不定和相互矛盾，使本案变成了一起无头案。

对于这些严重违法行为，请有关部门予以高度重视，查明情况，严肃处理。

最后，希望法庭在合议时充分考虑到上述情况，注意到证据的合法性和真实性问题，在分析认定事实时持高度慎重的态度，依法秉公作出判决。

（3）证据的形式合法性之辩。证据的形式是证据的有形载体，是人们通过感官可以感知的、能够证明待证事实存在的外在表现方式。证据的形式具有法定性。修订后的《民事诉讼法》规定了当事人的陈述、书证、物证、视听资料、电子数据、证人证言、鉴定意见、勘验笔录等八种证据形式；修订后的《刑事诉讼法》规定了物证、书证、证人证言、被害人陈述、犯罪嫌疑人或被告人供述和辩解、鉴定意见、勘验或检查或辨认或侦查实验等笔录、视听资料、电子数据等八种证据形式；修订后的《行政诉讼法》规定了书证、物证、视听资料、电子数据、证人证言、当事人陈述、鉴定意见、勘验或现场笔录等八种证据形式。三大诉讼法及其司法解释对证据的形式及审查和认定都作了严格的规定，律师在司法实践中，应当严格按照诉讼法的要求，对证据形式的合法性发表辩护意见。

3. 证据的关联性之辩

证据的关联性表现在两个方面：一方面是指，证据必须与案件事实有关，与案件存在客观联系；另一方面是指，证据与证据之间不能有矛盾现象存在，证据与证据之间要能形成完整的证据链。

就第一方面来说，证据所证明的内容必须与案件有关，否则不会被采纳。司法实践中很多当事人提交的证据，虽然在客观上与案件存在联系，但单一的证据很难被认定存在客观联系。例如，合同纠纷中主张损失时，为将损失扩大化，当事人提交一些食宿发票、火车票等，这些损失即便发生，在法律上也难认定与违法行为存在因果关系。为此，直观上不存在联系的证据，可以以与案件不存在联系性为由不予认可。

就第二方面来说，证据与证据之间不能相互矛盾。例如，犯罪嫌疑人前后供述之间的矛盾；证人证言与被害人陈述之间的矛盾；证人证言与证人证言之间的矛盾；利于行为人证据与不利于行为人证据之间的矛盾，等等。这些矛盾的存在，都是律师辩护的重中之重。但是，律师应当辩证地去看待证据间的矛盾，有些证据间的矛盾是表象性的，实质上不存在矛盾，甚至矛盾存在的本身就是案件事实的真实反映，例如：

有这样一起民事诉讼案件，原告同时遭到四个人的殴打。原告的代理律师在法庭审理之前就已经了解到：他所要分别提出的两个目击者的证言与原告本人对自己被打情形的陈述都不完全一致。既然三个人所提供的证据不相同，就有可能被对方寻隙反击。因此，原告的代理律师在开庭陈述时，就先把这个情况和盘托出，并对其中的原因作了合乎情理的解释，以防患于未然，为下一步提出证据铺平垫实。

这些证人不可能对所发生的事件给予完全一致的阐述，这是十分正常的，因为人类的眼睛所能看到的毕竟有限。他们三个人，由于所处的位置不同，所看到的情形理所当然地也就不完全相同。他们从各自位置上看到的这四个被告人的胳膊和身体其他部位的角度也不尽相同。假如这些证人的口径都完全一致，分毫不差的话，诸位反而有理由对他们的证词产生极大的怀疑。[1]

---

〔1〕〔英〕理查德·杜·坎恩：《律师的辩护艺术》，陈泉生、陈先汀编译，群众出版社 1989 年版，第 99~100 页。

这是一起反映证据间矛盾客观存在的典型案例，应当引起我国律师在法庭辩论时足够重视。

4. 证据的证明标准之辩

证据的证明标准是证据法中的基本问题，又称证明要求、证明任务、证明程度，是指证明主体为了实现其证明目的，在证据的质和量上应达到的程度，是对证明对象的范围和证明所达到程度的界定。证据的证明标准在不同的诉讼案件中有不同的要求。在民事诉讼案件中，适用"优势证据原则"，而在刑事诉讼案件中，适用"排除合理怀疑原则"。

（1）"优势证据原则"之辩。《最高人民法院关于民事诉讼证据的若干规定》第 73 条第 1 款规定："双方当事人对同一事实分别举出相反的证据，但都没有足够的依据否定对方证据的，人民法院应当结合案件情况，判决一方提供证据的证明力，是否明显大于另一方提供证据的证明力，并对证据力较大的证据予以确认。"第 2 款规定："因证据的证明力无法判断导致争议事实难以认定的，人民法院应当依据举证责任分配的规则作出裁判。"这条法律规定为民事审判中解决因双方对同一事实分别举证、但证明事实相反、造成案件事实难以认定的情况提供了法律依据，但是，由于没有明确的标准可参照，因此，律师在遇到此类案件时，应注重"优势证据原则"适用方面的辩护。例如：

一起买卖合同纠纷案。原告赵某于 2006 年做钢材生意时，出售了一批钢材给被告东阳某建筑公司在安吉分公司的建筑工地，2006 年 12 月，该工地包工头郭某向赵某出具《还款协议书》一份，协议书载明"郭某承包安吉某工程（总承包人为被告）期间共拖欠赵某钢材款 100 000 元，该款项由东阳某建筑公司支付给赵某"，但该还款协议没有东阳某建筑公司的盖章确认。2007 年 4 月后，东阳某建筑公司在安吉登记的分公司向赵某出具便条如下："此钢筋款在本工程结束，预决算审计完成，期限在 9 月 30 日，并承诺于 2007 年 9 月 30 日前支付"，分公司对便条盖章确认。

案件中，工地包工头郭某向赵某出具《还款协议书》没有被告盖章确认，在法律上，这样的《还款协议书》所载明的"由东阳某建筑公司还款的承诺"对东阳某建筑公司不发生法律效力。便条没有写明欠谁的钢筋款，欠多少钢筋款，便条所指钢筋款是否是指《还款协议书》中的钢材款不明确。且公司已于 2008 年注销，出具《还款协议书》的郭某也已人间蒸发。原告方的证据是不充分的。被告东阳某建筑公司在举证期限内没有提交任何证据，但在庭审中否认欠赵某款项，与赵某没有商业往来，提出根据民事诉讼的"谁主张谁举证"的原则，应由原告方承担举证不能的责任。

庭审中，原告代理律师提出如下意见：原告方在充分阐述了案件的事实经过与举证以后，提出虽然民事诉讼"谁主张谁举证"，但在原告证据能够证明一定基础事实的情况下，被告方要抗辩，应当有足够的证据，但被告未能举出证据支持其抗辩。根据《最高人民法院关于民事诉讼证据的若干规定》第 73 条关于民事诉讼证据优势原则的规定，原告方证据明显强于对方，应当由被告承担举证不能的法律后果，并要求合议庭支持原告方的诉讼请求。最终原告代理律师的辩护意见被法庭采纳，原告的诉讼请求得到全部支持。

（2）"排除合理怀疑原则"之辩。"疑罪从无"是刑事诉讼法的重要原则。根据该原则，如果无法排除证据间的合理怀疑，就应当认定对被告人的指控不成立，或宣告其无罪。"排除合理怀疑原则"的证明标准为刑事诉讼案件所特有，其严格程度要远远超出民事诉讼案件中的"优势证据原则"。譬如，美国著名橄榄球球星辛普森案，控诉方的所有证据都指向辛普森是杀人凶手，唯一的例外是其作案用的手套。辩方证明该手套无法戴到辛普森的手中，因此不能排除合理性怀疑，导致陪审团裁定辛普森无罪。因为，这只手套就使人产生了合理怀疑，辛普森因不能带上重要的现场证据——手套，其就有可能不是凶手。但是，如果按照民事诉讼案件"优势证据原则"的证明标准，因能够证明辛普森是凶手的证据比这只手套能证明辛普森不是凶手的证据更具有优势，意味着陪审团有足够理由认定辛普森就是凶手。

"排除合理怀疑原则"的刑事诉讼案件的证明标准在法学理论界和司法实务界，都存有不同的看法，律师在司法实践中注重这方面的辩护，有助于其司法辩论口才言语表达技巧的培养和提高。例如：

在姜某杀妻案中，辩护律师为被告人做了无罪辩护，其中就涉及证据的证明标准之辩。

辩护人认为，公诉机关指控姜某犯有杀人罪的证据明显不足，不能认定，理由如下：

(1) 事实不清、证据不足。首先，公诉机关认定姜某杀人犯罪事实的证据不具合法性。"2·17"杀人案发生后，侦查机关立即组织力量侦查并要求被告姜某协助调查，实际已限制了姜某的人身自由。在没有其他确实充分的证据证明被告人姜某犯罪的情况下，（仅有作案时间），对被告人刑讯逼供（这一事实有被告人陈述，并提供马某、高某等证人）。从记录上看，这次审讯时间长达8小时20分钟。这种审讯行为不但侵犯了被告人的公民权利，也使案件变得复杂，容易造成冤假错案。刑讯的做法与社会主义法治精神相悖，是法律明文禁止的。因为公诉机关所运用的证据不具合法性，不能作为认定案情的证据。其次，公诉机关认定案情的其他证据不够确实、充分。法庭调查时，公诉机关向法庭出示了证人、证言、鉴定结论、被告人供述和辩解、勘验笔录、视听材料。本辩护人认为这些证据都不能作为认定案情确实、充分的证据。卷宗中的多数证言证实的主要内容是被告姜某具有作案时间，然后经过刑讯，逼取了被告人的口供。除此之外，没有其他证据直接证明被告人犯有杀人罪，因此案情不能认定亦不能对其定罪处罚。

(2) 公诉机关提供的指控证据无法达到"排除合理怀疑"的程度，不能形成完整的证据链。公诉机关在法庭上出示的证据主要证明了：被害人魏某的死亡时间、死亡原因、被告人具有作案时间、被告人有杀人动机。被告人是有作案时间，但公诉机关提供的证据不足以证明被告人对被害人实施了杀人行为，其作案所用的时间令人质疑。

被告人姜某在有限的时间里完不成杀人犯罪的全过程。根据法庭调查情况，姜某在2月17日19时许在本厂厂长张某家约好人打麻将，随后返回家中，滞留七八分钟又返回张某家（有张某、吕某证言），仅七八分钟实施杀人犯罪不具客观性。根据本人供述，（如果认定所讲为真）姜某用自己的钥匙打开家门，其妻从客厅迎出，站在客厅里发生口角互骂、厮打、取药、打开药瓶倒药、用武力让魏某服药、掀起羊毛衫堵口、一直到被害人死亡。这一复杂的杀人犯罪过程在几分钟内是无论如何也不能全部完成的。根据公诉机关提交的市公安局法医鉴定书的鉴定结论，被害人的死亡原因是机械性窒息死亡（用针织品附垫物的手堵闷造成机械性窒息死亡）。根据法医学原理，窒息就是呼吸过程发生障碍，呼吸受阻时氧气进入呼吸器官变慢或停止，二氧化碳排出困难而积蓄。这种妨碍气体交换过程的现象被称为窒息。人体从受到机械性暴力作用开始到窒息死亡，其发展过程大约经过十分钟。

窒息前期，呼吸运动发生障碍，空气的出入产生困难时，在一定的时间内，由于胸内有少量残存气体供人体利用，尚不致发生任何症状，此间约0.5分钟至1分钟；窒息期，呼吸困难约1分钟至1.5分钟，抽搐期，时间不超过1分钟，昏迷初期将持续约1分钟，终末期呼吸停止持续时间数分钟至数十分钟。呼吸停止后，心脏跳动可能持续一个短时间，最后死亡。根据法医学理论，可以看出，人体受暴力作用从开始到窒息死亡约十分钟。可是从被告人在家的滞留时间看，是无论如何也不能用此手段完成杀人的。[1]

"排除合理怀疑原则"的刑事诉讼案件的证明标准的运用，不仅能够有效避免因枉法裁判、主观臆断而造成的冤假错案的发生，而且有助于侦查机关和公诉机关办案水平的提高，更有助于侦查人员司法口才和公诉人员司法口才的培养和提升。

（三）主观过错认识之辩

主观过错是认定当事人是否承担法律责任的前提和基础。主观过错是一个主观方面的要件，是行为人在实施行为的时候的主观上的心理状态，而不是客观表现，不具有直观性，需要借助于一系列外在事实，通过科学思维加以合理地推导才能确定其是否客观存在。因此，对当事人是否存在主观过错的认识出现偏差或错误的可能性极大。律师在这方面的司法辩论口才言语表达方法和技巧的运用，直接关系到辩论工作的成败。例如：

一起肖某因防卫过当故意伤害案，一审作了如下判决（摘要）：

经审理查明：2004年11月3日21时许，被告人肖某因怀疑自己同李某某谈恋爱不成是与施某某有关，遂窜至××市××村××栋××号施某某家理论，因施不在家，施的妻子李××来开门并打电话告知在外正在玩耍的施某某。施得知肖从到家中可能要找事，便纠集××市无业人员亢某某、仲某某一同前往其家中，途中，施给肖打电话意图将肖稳住，当肖某正在接施的电话行至施居住的一楼时，被返回的施某某及亢某某、仲某某拦截后，即用洋镐把、铜棒首先对肖实施殴打，致肖某右前臂、腰部、左大腿外侧软组织挫伤。肖某在遭到施某某等几人殴打的情况下，掏出随身携带的双刃匕首向施某某、亢某

---

〔1〕 庄铁言：《反诉获胜——铁言律师手记》，黑龙江人民出版社2006年版，第159~160页。有改动。

某、仲某某刺戳。在刺戳中造成仲某某肝、胃破裂，失血性创伤性休克，经送医院抢救无效死亡，施某某、亢某某轻微伤的严重后果。作案后被告人肖某于同年 11 月 16 日在亲属的陪同下到公安机关投案自首。

本院认为，被告人肖某在遭受他人不法侵害的情况下，所实施的防卫行为超过了必要的限度，属防卫过当，但持刀致一人死亡、二人轻微伤的严重后果，其行为构成故意伤害罪。控方指控被告人肖某犯故意伤害罪的罪行成立。被告人肖某及辩护人均提出"肖某的行为属正当防卫，不负刑事责任"的辩解及辩护观点，经查与本案事实不符，故不予采信。辩护人所提"被害人在本案中存在重大过错"的辩护观点符合本案事实，故应予采信。为了维护社会秩序，保护公民的身体健康和生命权不受侵犯，鉴于被告人肖某在作案后向公安机关投案自首以及与受害人达成赔偿 5 万元调解协议，实际给付 2 万元等情节，依据《中华人民共和国刑法》第 234 条第 2 款、第 67 条第 1 款、第 20 条第 1 款、第 20 条第 2 款之规定，判决如下：被告人肖某犯故意伤害罪，判处有期徒刑 8 年。

被告人肖某不服，在法定期限内提出了上诉。在二审中，上诉人肖某的辩护律师提出了如下辩护意见（摘录）：

从整个事件的发展过程看，上诉人始终处于防卫、被动的地位，即使在其刺倒其中的一个被害人逃跑过程中，施某某仍拿着镐把追打，可以看出被害方侵害他的明显意图，已构成严重暴力犯罪。上诉人主观上无伤害的犯罪故意，客观实施的是为保护其正当权利免受非法侵害而采取的防卫行为。如果要求在被围打或打中他的要害部位时实行防卫行为，恐怕他就没有能力、没有可能实施防卫行为，故不宜苛求上诉人选择防卫的最佳时机、力度和部位，否则是不科学、不现实的。另外，对方三人围打上诉人时，被害人仲某某曾与上诉人同时滑倒在地，天色已经很黑，不排除匕首乘势进入其体内的可能。

辩护人需要向法庭再次强调的是：在案发当时，是被害人施某某在上诉人肖某已经离开现场的情况下，用电话将肖某稳住并且将其拦截在案发地，并首先持械实施暴力殴打的情况下才逼迫肖某掏刀自卫的，进一步说明上诉人防卫的正当性。

案发后，上诉人经过激烈的思想斗争，选择了到公安机关投案自首，这也说明其主观上没有伤害被害人仲某某的故意。因此，上诉人是正当防卫，不应承担刑事责任。[1]

对实施正当防卫的防卫人的行为是否过当的认定，关键在于对其在防卫时是否存在伤害的主观过错，即故意或过失。而考虑防卫人是否存在主观过错，不能仅仅依靠防卫人的行为造成的伤害结果，而要综合考虑实施防卫时的环境、防卫人受到侵害的强度及持续性、制止侵害所需的必要手段、防卫人实施防卫时选择伤害工具或伤害部位或强度等所需要的时间等外在因素。本案中，肖某所受伤害的环境和强度都不容许其思考选择防卫的最佳时机、力度和部位，肖某对其防卫行为所造成的后果不存在过错，因此，本案的辩护律师辩护意见是合理的，值得采信。

（四）思路之辩

思路属于人的"意志"范畴，是人认识外界事物的手段和途径。思路必须在科学思维指引下，与事物的发展脉络保持一致。人们在认识事物过程中，随着事物的"面"越来越大，逐步在事物的万千表象中把握了事物的基本形态，形成了事物的概念，其表达的语言形式通常是词或词组。概念是把握特定语境下事物基本形态的前提和基础。只有在概念准确的情况下，才能将思路精确地延续下去。这种"延续"在逻辑学中被称为"推理"。"推理"实质上也是"点—点"的联结，形似"走路"。但是，任何形式的思维，不管是否科学，都存在"推理"，如得失思维有得失的判断和推理；权势思维有权势的判断和推理；人治思维有人治思维的推理，等等。显而易见，逻辑思维中的"推理"不一定科学，因为其很有可能与现实中事物的实然状态脱节。是故，本书不使用逻辑推理，而使用"联结"。把握事物间的科学联结，才能把握事物内在的发展规律，把握事物的发展脉络。

三大诉讼法规定的用来证明待证事实的八大证据都是客观的，都能通过人们的感知认识到其存在。但是，有些事实没有或者无法用八大证据加以证明，需要人们通过把握事物间的实质性联系才能作出正确的判断，如当事人的主观过错是否存在、当事人行为的法律性质、损失的扩大是否有人为因素，等等。因此，"科学联结"是律师司法辩论口才联系性或过程性言语表达方法

---

[1] 尚伦生主编：《精心辩护——甘肃律师刑事案例辩护精选》，兰州大学出版社 2006 年版，第 96~100 页。有删减。

和技巧，具有"骨架"性质。其运用的好坏，直接关系到律师司法辩论口才施展的效果和成败。

1. 概念之辩

概念是特定语境下事物的基本形态的反映，是认识事实的基础。在对事物间的科学联结过程中，应当首先将命题中所含的概念作出清晰界定，避免对方运用模糊的概念甚至杜撰的概念扰乱己方的视线。例如：

2009 年，浙江省湖州市某综合治理协会聘用的保安人员邱某、蔡某在宾馆趁女子醉酒不省人事之时，先后对两名女性实施轮奸。湖州市某区法院审理案件时，认为两人属于"临时性即意犯罪"，事前并无商谋，且事后主动自首，并取得被害人谅解，给予酌情从轻处罚，一审分别判处两被告人有期徒刑各 3 年。

"临时性即意犯罪"既不是法律上的概念，也不是生活中的概念，而是公诉人和法官杜撰出来的概念。基于这种杜撰出来的概念而作出的"从轻处罚"判断，显然很荒唐，与事物的实然状态严重背离，无"事实"可言，不能令人信服。

司法实践中，概念之辩，往往是案件取胜的关键。例如：

我国在 20 世纪 30 年代中期，香港茂隆皮箱行由于货真价实，生意十分兴隆，引起了英国商人威尔斯的嫉妒。他蓄意要搞垮茂隆皮箱行，于是就和该皮箱行签订了 3000 只皮箱合同。合同约定，货物的总价款为 20 万港元，交货期限为合同签订之日起 1 个月之内，并附有违约责任条款：如果逾期交货，或者没有按质按量交货，卖方不但要双倍返还合同定金，而且还要承担 50% 的违约金。皮箱行为了做成这笔具有诱惑力的巨额生意，便同意了威尔斯十分苛刻的条件。皮箱行的员工通过日夜加班加点，终于在合同规定的期限内完成了 3000 只皮箱的制作。但是，交货时，威尔斯却以皮箱内层有木料不符合合同中所注明的"皮箱"为由，拒收这批货物，并以皮箱质量不符合合同的要求为由，向法院提起了诉讼，要求茂隆皮箱行因违约而双倍返还合同定金，并承担 50% 的违约金。

港英法院受理了此案，法官在审理时明显偏袒英国商人威尔斯，试图裁决茂隆皮箱行的老板冯灿犯诈骗罪。茂隆皮箱行的老板冯灿聘请了律师罗文锦为其出庭辩护。法庭辩论时，律师罗文锦取出一块金表问法官："法官先生，请问这是什么表？"

"这是金表，可是与本案没有关系。"法官答道。

罗文锦在法庭上高举金表，面对在场的所有人说："这是金表，没有人会怀疑。但请问，这块金表除了表壳镀金之外，内部的机件都是金制的吗？"

旁听席上的人齐声应道："当然不是。"

罗律师趁势说道："既然没有人否定金表内部的机件可以不是金子做的，那么茂隆的皮箱，为什么只能是皮的呢？这显然是原告的无理取闹，存心借此敲诈。"

法官无言以对，只好判威尔斯败诉。

威尔斯对"皮箱"概念的理解显然不符合常理，背离了其适用的语境，将个人的理解凌驾于日常生活之上，必然是别有用心。律师罗文锦抓住威尔斯这一概念性错误，找了一个近似的概念"金表"，道出了人们对日常生活中物品的理解，从而严厉地驳斥了原告的错误和狡诈，赢得了诉讼的胜利。该案也是"关键点"运用的典型案例。"皮箱"概念的关键点不是"皮"，而是日常生活中人们对"皮箱"概念的理解。要想具有本案中罗律师的敏捷思维，并不难，把握事物的关键点，问题就迎刃而解。与"皮箱"概念类似的情况除了"金表"之外，还有"皮鞋""鱼香肉丝""夫妻肺片""老婆饼"等。本案中罗律师之所以没有走"皮箱"概念之辩这一寻常路，一方面，对方在这个问题上早有应对准备；另一方面，因对方早有准备，可能招致对方的诡辩或狡辩，加上"势力"对对方有利，法庭可能迫于压力，很难接受被告代理律师就"皮箱"概念进行日常生活层面辩论的辩护意见，难以有成效。用类似概念加以应对，出其不意，攻其不备，成效立竿见影、事半功倍。此外，本案中被告代理律师的思维方法和言语表达技巧，是隐藏在其言语之中的，需要通过认真、细心的研究和探寻，才能使其"外显"化而显露出来。

有时候，辩护或代理律师混淆或滥用事物的概念，会被对方抓住小辫子，立即招来反击，把本来对自己有利的形势拱手让给对方，变主动成被动，甚是遗憾。例如：

田文昌律师曾为一个因承包经营问题而被指控犯罪的被告人辩护，其中一项指控是被告人制造两个假文件诈骗人民币 20 万元。两个"假文件"其实是两封便函，其内容完全真实。被告人说是单位的书记兼经理（一把手）让他起草的，起草之后，拿到文印室打印后盖章，公章确实是真的，也有这回事，只是没有备案，文印室没有底稿。实际上，地区的一个林产公司没有那么严格的程序，没有备案也不稀奇。由于是"一把手"让他起草的，他又让文印室打印的，所以文印室的人不能证明是"一把手"亲自对他说的，"一把手"又没有书面指示，更重要的是，书记兼经理已经死亡，死无对证。公诉人一口咬定这是假文件。在无可奈何之际，田文昌律师突然想到了一个类似的情况，并用一个比喻的手法讲道：私生子是不是假孩子，如果公诉人认为私生子就是假孩子，那么认定这两个文件是"假文件"似乎是情有可原的，否则，就没有理由认定这两个文件是"假文件"。私生子无非是不合法，只要生出来的是人，你就不能说孩子是假的。

最后，法庭采纳了田文昌律师的辩护理由。[1]

"假文件"是日常生活中的概念，不是法律上的概念。"文件"的法律上概念只有"合法文件""非法文件"及"不合法文件"之分。"合法文件"是指，内容真实并符合实体法的规定，同时还要满足文件产生的规定手续或程序；"非法文件"是指，文件的内容不真实甚至违反相关实体法规定，且文件的制作程序存在故意伪造的情景，如伪造的税务发票；"不合法文件"是指，文件的内容是真实的，但文件的产生不符合规定的手续或程序，如本案中的"两份文件"，内容真实，但是否合乎公司规定的手续和程序，无法得到有效证明。文件内容真实，但不一定合法。

本案中的公诉人犯了一个致命错误，就是混淆了事物的概念，滥用日常生活中的概念，导致节外生枝，而自己又不能给予及时纠正，结果变主动成被动。试想一下，如果本案中没有出现"假文件"这个概念，就不可能有田文昌律师后来的"假孩子"这一概念。公诉人一味坚持说是一份假文件，而没能从法律上阐述文件的法律性质。田文昌律师抓住了公诉人这一漏洞，避开不谈"假文件"的形式和制作程序，专注于其内容的真实性，并用一个生动形象的比喻说明了"假文件"内容的真实性，最后顺利地说服了法官。据

---

[1]　田文昌：《中国名律师辩护词代理词精选——田文昌专辑》，法律出版社 1998 年版，第 23 页。

田文昌律师在其所著的《中国名律师辩护词代理词精选——田文昌专辑》一书介绍，田文昌律师本人很是欣赏"假孩子"这一比喻，同时提到，此案之后还有法官多次运用到"假孩子"实例指导其对案件的审理。其实，田文昌律师在此案中的辩护词有很多漏洞存在，如"地区的一个林产公司没有那么严格的程序"这句话，关键不是"没有那么严格"，而是"有程序"，既然公司里"有程序"，那就必须遵守公司规定的程序，无法证明符合该程序的文件，即便是真实的，也是不合法文件。

2. 联结之辩

（1）基于"概念不清"的联结之辩。正确的联结除了有充分的事实为依据之外，还必须建立在概念清晰的基础之上，否则，将会导致无谓的争论。例如：

被上诉方代理律师（田文昌）：既然船还没有到分航点，你怎么能够断定它是去越南还是去广西呢？认定走私必须以一定的行为事实为依据，在走私的行为事实还没发生之前，就认定是走私，显然是没有根据的，纯属主观推断。

上诉方代理律师：（用嘲笑的口吻）被上诉方代理人怎么会连这一点常识都不懂？比如说贼进了屋，还非等他拿了东西才能确定是贼吗？他只要进屋就是贼了。这么简单的道理还值得一辩吗？

被上诉方代理律师（田文昌）：上诉方代理人所讲的"贼进屋"的故事非常深刻而又生动地反映了上诉人在本案中贯穿始终的思想脉络。首先，我提醒一下，《最高人民法院关于处理盗窃罪的若干问题的解释》刚刚公布，建议上诉人代理人先认真学习一下这个司法解释，做律师是不能忽视学习的。俗话说得好，"捉贼要捉赃，捉奸要捉双"。这句话甚至连小孩子都知道，掏包的还要按住手腕才能认定盗窃吗？我实在无法想象，进了屋，没拿东西也是贼，这样的语言居然也出现在法庭上？"贼进屋"的故事的真正荒唐之处还并不在于"进屋是贼"，因为对方代理人刚才所讲的是"贼"只要进了屋，没拿东西也是贼。所以，事实上她把对贼的定性又向前推进了一步。就是说在进屋之前就已经认定是贼了。这种逻辑如果可以成立的话，恐怕只有一种例外，那就是：除非那个屋是贼屋，不是贼不往里进。否则的话，怎么能还没进屋就认定是贼呢？"贼进屋"的故事讲得非常好，因为它充分暴露了上诉人的思维方式和违法行为的思想根源。从违法扣船到制造证据，直至在法庭上的种种表现，一切都是先入为主，主观推定，就像丢斧子的人一样，把别人当成是偷斧子的人。正是在这种思想的支配下，人为地杜撰了一部推理侦探小说。[1]

本案中，上诉方代理律师关于"贼"的概念是基于人们在日常生活中对那些通过非法手段秘密进入私人住宅的陌生人的称谓，而被上诉方代理律师（田文昌）避开了上诉方代理律师对"贼"的日常生活中的理解，将其转换为"进了屋的人"这一概念，并以此发表了长篇大论，使上诉方代理律师陷入了窘境。其根本原因是，上诉方代理律师没有抓住对方基于"概念不清"甚至偷换概念来进行错误联结这一关键性漏洞，并在此基础上加以适当的还击，其结果只能是被对方打得落花流水。

此案中，被上诉方代理律师（田文昌）的辩护词中从一开始便存在诸多"联结"错误。"船还没有到分航点"就不能断定"船是去越南还是去广西"。这种"联结"是不恰当的。即便该船舶还没有起航，该船舶的走私行为完全可以通过其他一系列证据加以佐证。被上诉方代理律师（田文昌）把"走私的行为事实"单一化成"分航点"之后船舶走向的确定，行不通。"走私的行为事实"由众多事实构成，"分航点"之后船舶走向的确定，只是走私事实的一个组成部分，而且不是不可或缺的部分。"捉贼要捉赃，捉奸要捉双"是生活中老百姓的语言，不是法律上的语言，因为这里的老百姓的语言所描述的状态在法律上是模糊的，不能直接被司法实务照搬照抄。即使是百姓日常生活中的语言，也不能像被上诉方代理律师（田文昌）那样从字面上去理解。这句话的本意关键不在于"捉"这一行为，关键在于认定别人是"贼"、和他人有"奸情"，一定要有真凭实据，不能恣意诬陷人。"掏包的还要按住手腕才能认定盗窃"与社会实践不符，"偷了东西之后顺利逃跑了"就不是"盗窃"？陌生人非法"进了屋"，是不是还可以狡辩说，"我没拿东西，我不是贼"，那"盗窃未遂"作何解读？"进屋之前就已经认定是贼"的错误"联结"，是被上诉方代理律师（田文昌）强加给上诉方代理律师的，上诉方代理

---

　　[1]　田文昌主编：《中国名律师辩护词代理词精选——田文昌专辑》，法律出版社 1998 年版，第 34 页。有改动。

律师没有作出这样的错误"联结"，也没有这个意思。至于"除非那个屋是贼屋，不是贼不往里进"讲的又是"进屋"，而不是"进屋之前"。思路错乱，任意跳跃，"联结"混乱。

实践中，出道不久的法科生和年轻的律师，要做的应当是始终将"追寻事实真相"和"构建清晰的思路"放在第一位，不要被对手各种名目的头衔所吓倒。具不具备高水平司法口才，阵地上对垒便知分晓。"高成本智商"需要付出的成本是很高的，唯有这样，才有可能收获"高智商"。收获"高智商"不是一件轻而易举的事，更不是"一劳永逸"的事。当然，尊重他人或前辈是做事做人最基本的准则，任何时候都不能动摇。

（2）理由不充分的联结之辩。在诉讼案件中，对于有争议的问题，辩论双方各持己见，孰是孰非，要看哪一方的观点或主张所依据的事实更加充分，更能够令法官信服。"理由不充分的联结之辩"是诉讼案件中经常见到的律师司法辩论口才言语表达方法和技巧。例如：

> 一起"液化气瓶爆炸、造成一家二死三伤"民事赔偿案庭审中，四被告石化厂、服务公司、个体司机赵某福均不承认应当承担的本案赔偿责任。被告石化厂、服务公司共同辩称，该损害结果是个体司机赵某福在从事高度危险作业过程中所致，应由作业人承担责任；被告赵某福辩称，是由于化工厂氯气充装过量，超压发生爆炸，且自己的行为代理南都公司，损害结果的发生与自己没有任何因果关系；被告南都公司辩称，氯气泄漏是化工厂充装过量，气瓶超压发生爆炸，自己与赵某福是一种运输合同关系，既不是缺陷物品的罐装人、销售人，也不是高度危险作业的作业人，故不承担责任。
>
> 针对四被告人的辩护理由，原告代理律师进行了针锋相对的辩护：
>
> 其一，被告石化厂、服务公司提供的产品有缺陷是客观存在的事实，有鉴定证实；其二，赵某福运输的属"易燃易爆，剧毒物品"，发生损害在其实际掌握该剧毒物品作业过程中且赵某福知道所运输的物品为剧毒物品，庭审中已证实。因其未办理《易燃易爆化学物品准运证》，在河南省南阳市被交警罚过两次款；其三，被告南都公司未审查赵某福的运输资格，也没有有效的管理，庭审已予认可，并为此感到自责，因此在本案中有过错。
>
> 综合以上三点，本案发生的主要原因是石化厂、服务公司提供的产品有缺陷，而赵某福在作业过程中没有有效管理，也是本案发生的原因之一。化

工厂、服务公司应承担本案损害赔偿的主要责任，赵某福应负次要责任，南都公司负有一定的责任，因此四被告均应各自承担相应的赔偿责任。[1]

该案中，四位被告的观点缺乏充足理由，因此遭到原告代理律师的成功反驳。

诉讼案件中当事人的观点和主张必须有充分的理由加以支持。理由包括事实上理由和法律上理由，两种理由必须同时具备，否则，即使有充分的事实上理由，如果没有法律上理由加以支撑，其事实上理由将变成"虚假理由"而得不到法庭的认可。

（3）虚假理由的联结之辩。用来支撑诉讼参加人的观点或主张的理由首先必须是真实的；其次，理由为"联结"的必然性提供了充分的支持。如果违背了这两个标准中的任何一个，就会犯"虚假理由"或"预期理由"的联结错误，或犯"以偏概全"和"走不出"的思维错误。例如：

1998 年 6 月 15 日，海南省海口市人民检察院向海口市中级人民法院提起公诉，指控泰商独资海南盛隆房地产开发有限公司（以下简称"盛隆房地产公司"）副董事长兼总经理吴某犯诈骗罪，先后于 1993 年两次骗取海口盛隆投资发展有限公司（以下简称"盛隆投资公司"）人民币 1375 万元。赵建平律师为其作无罪辩护。一审判处吴某无期徒刑，二审裁定撤销原判，发回重审。

在二审中，上诉人辩护律师仍然根据事实和法律对其当事人作无罪辩护：

尊敬的审判长、审判员：

天海律师事务所接受吴某委托，指派我担任吴某诈骗案上诉审的辩护人。兹根据事实和法律，提出吴某无罪的辩护意见：

（1）吴某作为本案犯罪主体，无事实和法律依据。

本案证据表明，与盛隆投资公司合作开发土地的是吴某所在的盛隆房地产公司，先后两次收到土地合作款 1375 万元的是盛隆房地产公司。1375 万元合作款系由盛隆房地产公司支配和使用，吴某本人没有挥霍或占为己有。如果本案合同诈骗成立，犯罪主体应是盛隆房地产公司，吴某作为该公司的副

---

〔1〕 高秀峰、董惠敏主编：《唇枪舌剑：世纪末名案法庭审判与辩护纪实》，大众文艺出版社 2000 年版，第 316~317 页。有改动。

董事长兼总经理只应承担相应的刑事责任。但是，本案无证据证明盛隆房地产公司构成合同诈骗罪。因此，吴某作为本案犯罪主体，并被追究刑事责任，无事实与法律依据。

（2）本案涉及的 1375 万元土地合作款，不是由盛隆投资公司支付的。

本案证据表明，盛隆投资公司于 1993 年 3 月 13 日与盛隆房地产公司签订《联合开发土地协议》后，于 1993 年 5 月 17 日与盛隆房地产公司签订《关于转让土地联合开发权的协议》。在 5 月 17 日签订的协议中，盛隆投资公司自愿把与盛隆房地产公司合作开发土地的权利转让给洋浦希盟公司，并确认征地前期费用 875 万元系由洋浦希盟公司支付。1993 年 5 月 18 日，洋浦希盟公司与盛隆房地产公司正式签订《联合开发土地协议》。至此，洋浦希盟公司已依法取代盛隆投资公司，成为与盛隆房地产公司开发土地的合作伙伴。虽然盛隆投资公司的法定代表人丁某琳后来不同意退出联营，但盛隆投资公司不仅没有与盛隆房地产公司达成继续联合开发土地的书面协议，而且也没有与盛隆房地产公司达成否定 1993 年 5 月 17 日签订的《关于转让土地联合开发权的协议》书面文件。在退出与盛隆房地产公司的联营，并把联合开发土地的权利转让给洋浦希盟公司后，盛隆投资公司与江西荣和公司又签订了《土地开发项目转让协议》，江西荣和公司并支付给盛隆房地产公司 500 万元合作开发土地款。

总之，盛隆房地产公司收到的 875 万元合作开发土地款系由洋浦希盟公司支付，与盛隆投资公司无关。在退出与盛隆房地产公司的联营并把联营权利转让给洋浦希盟公司后，盛隆投资公司与江西荣和公司签订的《土地开发项目转让协议》依法无效，盛隆投资公司应承担该转让协议无效的责任。由于江西荣和公司直接把 500 万元合作开发土地款支付给了盛隆房地产公司，江西荣和公司可以直接请求盛隆房地产公司返还该 500 万元，并可请求盛隆投资公司承担连带偿还责任。盛隆房地产公司收到江西荣和公司支付的 500 万元的行为，纯属民法上的不当得利，根本不能构成刑法上的诈骗。在 1375 万元土地合作款不是由盛隆投资公司支付的情形下，盛隆投资公司以本案被害人的身份举报吴某诈骗，无事实与法律依据。在举报人错误举报吴某诈骗的情形下，本案难道能成立吗？吴某难道真的成了诈骗犯吗？

（3）本案事实不清、证据不足。

在本案移送审查起诉期间，海口市人民检察院曾先后于 1997 年 10 月 5 日和 1998 年 4 月 16 日两次把本案退回地方公安局补充侦查。1998 年 10 月 23 日，海口市中级人民法院作出《建议撤回起诉决定书》（98 海中法刑初字第 60—1 号）。该决定书在列举了本案尚未调查清楚的十二个问题后，得出"本案事实不清，证据不足"的结论。但遗憾的是，海口市中级人民法院在未查清决定书中提出的十二个问题，以及没有新的证据的情形下，却在判决中得出"本案事实清楚、证据确实充分"的相反结论，并判处吴某无期徒刑，剥夺政治权利终身，这违反了"以事实为依据、以法律为准绳"的司法原则，确系严重不负责任和草菅人命的行为。

以上辩护意见，恳请合议庭考虑。[1]

根据《刑法》第 224 条的规定："有下列情形之一，以非法占有为目的，在签订、履行合同过程中，骗取对方当事人财物，数额较大的，处三年以下有期徒刑或者拘役，并处或者单处罚金；数额巨大或者有其他严重情节的，处三年以上十年以下有期徒刑，并处罚金；数额特别巨大或者有其他特别严重情节的，处十年以上有期徒刑或者无期徒刑，并处罚金或者没收财产：（一）以虚构的单位或者冒用他人名义签订合同的；（二）以伪造、变造、作废的票据或者其他虚假的产权证明作担保的；（三）没有实际履行能力，以先履行小额合同或者部分履行合同的方法，诱骗对方当事人继续签订和履行合同的；（四）收受对方当事人给付的货物、货款、预付款或者担保财产后逃匿的；（五）以其他方法骗取对方当事人财物的。"本案中，公诉人并没有证据证明被告人具有《刑法》第 224 条规定的任何情形，其所掌握的证据所证明的事实得不出"被告人犯有合同诈骗罪"的结论，辩护律师正是运用了"虚假理由的推理之辩"这一司法辩论口才言语表达方法和技巧赢得了辩论的胜利。

（五）情感因素之辩

在法庭公开审理的案件中，法庭辩论除了面对辩论双方之外，还有审判人员、陪审员、旁听席上的群众及新闻媒体。即使在不公开审理的案件中，法庭辩论也不仅仅是辩论双方的事，还关涉审判员和陪审员。而这些人都是

---

[1] 赵建平：《追求公正：赵建平律师辩护与代理案例实录》，大众文艺出版社 1999 年版，第 12~14 页。

有情感的，都有一定的正义感，都具有被打动的时刻。特别是在公开审理案件中，因有普通的民众参与，而听众的心理、情绪、愿望很容易被律师的话语所感染，律师在法庭辩论中应注意这些情感因素的作用，争取听众的情感共鸣，引导听众的情绪，争取已方的支持力量，以提高辩论效果，获取成功。例如：

作律师时的林肯曾经在法庭辩论上有这样一段经历：有一天，一位老态龙钟的妇人来找他，哭诉自己被欺侮的事。这位老妇人是独立战争时期一位烈士的遗孀，就靠抚恤金维持风烛残年。前不久，出纳员竟要她交付一笔手续费才准领钱，而这笔手续费竟等于抚恤金的一半，这分明是勒索。素有修养的林肯听后怒不可遏，决意要为铲除人间邪恶奔走呼吁，还民众以公道。他安慰了老妇人，决心要为她打赢这场官司。为了强化自己的爱憎之情，林肯在出庭前，读了华盛顿传记和革命战争史，大大加深了对革命战争和烈士们的深切怀念。

法庭开庭了，因为那个狡猾的出纳员矢口否认他对老妇人进行勒索，情况显然不妙。轮到林肯发言时，上百双眼睛紧盯着他，看他有没有办法扭转形势。林肯用婉转的嗓音，首先把听众引入对美国独立战争的回忆。他两眼闪着泪花，用真挚的感情述说革命前美国人民所受的苦难，述说爱国志士是怎样揭竿而起，又怎样忍饥挨饿地在冰天雪地里战斗，为浇灌"自由之树"而洒尽最后一滴鲜血的。突然间，他情绪激动，言辞有如夹枪带剑，锋芒直指那个企图勒索烈士遗孀的出纳员。最后，他巧妙地设问，作出了令人听之深深震撼的结论：现在事实已成了陈迹，1776年的英雄早已长睡地下，可是他们那衰老而可怜的遗孀，还在我们面前，要求代她申诉。不消说，这位老人以前也是位美丽的少女，曾经有过幸福愉快的家庭生活，不过她已经牺牲了一切，变得贫穷无依，不得不向享受着革命先烈争取来的自由的我们请求援助和保护，试问，我们能熟视无睹吗？发言至此结束，听众的情绪早已被感动，有的捶胸顿足，扑过去要撕扯被告；有的眼圈泛红，为老妇人洒下同情之泪，有的还当场解囊捐款。在听众的一致要求下，法庭通过了烈士遗孀不受勒索的判决。

这场诉讼中，律师林肯成功地运用了"情感因素之辩"的司法辩论口才言语表达方法和技巧，唤起了法庭上的听众对烈士的敬仰和对烈士遗孀的同情，牢牢掌控着听众的情绪，最终打动了听众的心，赢得了这场辩论的胜利。

思考：

1. 谈一谈律师司法口才所肩负的责任。
2. 谈谈律师司法口才与律师素养。
3. 如何理解律师司法口才在司法活动过程中的地位？
4. 简要分析律师司法口才的特点。

讨论：

在各大法院网站上搜索最新案例，讨论和寻找优秀辩护词里存有哪些漏洞和不足，并加以分析和评论。

参考文献

一、著作类

[1] 刘富华、孙炜：《语言学通论》，北京语言大学出版社 2009 年版。

[2] 王铁崖主编：《国际法》，法律出版社 1995 年版。

[3]《国际公法学》编写组编：《国际公法学》（第 2 版），高等教育出版社 2018 年版。

[4] 张军主编：《法理学》，中国民主法制出版社 2014 年版。

[5] 罗琦、周丽萍主编：《新编现代汉语词典》，吉林大学出版社 2003 年版。

[6] 库少雄主编：《人类行为与社会环境》，华中科技大学出版社 2005 年版。

[7] 胡卫红：《口才学》，内蒙古文化出版社 2000 年版。

[8] 吴磊主编：《中国司法制度》（第 2 版），中国人民大学出版社 1997 年版。

[9] 王利明：《司法改革研究》（修订版），法律出版社 2001 年版。

[10] 李振江主编：《法律逻辑学》，郑州大学出版社 2004 年版。

[11] 吕世伦、文正邦主编：《法哲学论》，中国人民大学大学出版社 1999 年版。

[12] 张文显主编：《法理学》（第 3 版），法律出版社 2007 年版。

[13] ［美］伯尔曼：《法律与宗教》，梁治平译，生活·读书·新知三联书店 1991 年版。

[14] 刘进田、李少伟：《法律文化导论》，中国政法大学出版社 2005 年版。

[15] 王冷、吕鸿臣编著：《司法口才教程》，中国政法大学出版社 2009 年版。

[16] 安秀萍主编：《司法口才学教程》（第 2 版），中国政法大学出版社 2012 年版。

[17] 潘庆云：《中国法律语言鉴衡》，汉语大词典出版社 2004 年版。

[18] 高玉成：《司法口才学》，知识出版社 1986 年版。

[19] 廖美珍：《法庭语言技巧》（第 3 版），法律出版社 2009 年版。

［20］由文平主编：《公安司法口才学》，南海出版公司 1992 年版。

［21］［美］格里·思朋斯：《胜诉：法庭辩论技巧》，牟文富、刘强译，上海人民出版社 2008 年版。

［22］最高人民法院中国应用法学研究所编：《人民法院案例选》（2005 年第 1 辑），人民法院出版社 2005 年版。

［23］汝亚国：《刑辩的艺术》，吉林人民出版社 2008 年版。

［24］廖美珍：《法庭问答及其互动研究》，法律出版社 2003 年版。

［25］王长水主编：《侦查学》（第 2 版），郑州大学出版社 2009 年版。

［26］陈卫东主编：《刑事审前程序研究》，中国人民大学出版社 2004 年版。

［27］范刚：《刑事侦查心理学》，甘肃人民出版社 2007 年版。

［28］北京大陆桥文化发展公司编译：《屈打成招》，中国城市出版社 2004 年版。

［29］杨迎泽、刘品新主编：《检察机关侦查讯问实务》，中国检察出版社 2002 年版。

［30］徐加庆、宣祎扬、姚健编著：《讯问言语学》，中国人民公安大学出版社 1992 年版。

［31］郑志林、袁之余主编：《司法口才学》，安徽人民出版社 1991 年版。

［32］岳悍惟主编：《刑事诉讼法学》，对外经济贸易大学出版社 2013 年版。

［33］秦甫编著：《律师办案艺术》，法律出版社 1996 年版。

［34］何青、晓雷编著：《胜辩为王：哈佛律师辩护之道》，天津人民出版社 1997 年版。

［35］刘翔飞：《法庭口才兵法》，农村读物出版社 2002 年版。

［36］张久祥：《犯罪心理与案例分析》，山东人民出版社 2000 年版。

［37］吕万英：《法庭话语权力研究》，中国社会科学出版社 2011 年版。

［38］［美］本杰明·卡多佐：《司法过程的性质》，苏力译，商务印书馆 1998 年版。

［39］甘肃省高级人民法院编：《甘肃法院优秀裁判文书选》（二〇〇三年卷），甘肃人民出版社 2004 年版。

［40］林华章主编：《应用口才教程》（第 2 版），法律出版社 2005 年版。

［41］何鸣主编：《民事诉讼调解技巧与实例评析——根据最高人民法院诉讼调解司法解释撰写》，人民法院出版社 2005 年版。

［42］卓朝君、王素芬主编：《新编法律文书学》，中国人民公安大学出版社 2002 年版。

［43］沈春林、覃祥桂编著：《新编法律文书写作》，气象出版社 2001 年版。

［44］贝思德教育机构编著：《律师口才训练教程》，西北大学出版社 2002 年版。

［45］李建南主编：《辩论口才兵法》，农村读物出版社 2000 年版。

［46］张军等：《走近刑事辩护》，吉林人民出版社 2005 年版。

［47］陈炜：《量刑情节论——量刑情节疑难问题探析》，法律出版社 2009 年版。

［48］樊学勇主编：《模拟法庭审判讲义及案例脚本》（刑事卷），中国人民公安大学出版社 2007 年版。

［49］王洁：《法律语言研究》，广东教育出版社 1999 年版。

［50］吴秀红、郑颖编著：《论辩口才艺术》，时代文艺出版社 2001 年版。

［51］鲁磊主编：《合纵之辩——重庆合纵律师事务所经典案例选编》，重庆出版社 2001 年版。

［52］赵长青、谭向北编著：《疑难刑事案件辩护百例评析》，重庆出版社 1986 年版。

［53］［英］理查德·杜·坎恩：《律师的辩护艺术》，陈泉生、陈先汀编译，群众出版社 1989 年版。

［54］庄铁言：《反诉获胜：铁言律师手记》，黑龙江人民出版社 2006 年版。

［55］尚伦生主编：《精心辩护——甘肃律师刑事案例辩护精选》，兰州大学出版社 2006 年版。

［56］田文昌：《中国名律师辩护词代理词精选——田文昌专辑》，法律出版社 1998 年版。

［57］赵建平：《追求公正：赵建平律师辩护与代理案例实录》，大众文艺出版社 1999 年版。

二、论文类

1. 陆焕军："谈如何利用公诉意见掌握庭审辩论主动"，载《内蒙古检察》2006 年第 1 期。

2. 李东蓊："法庭辩论技巧与应变"，载《法制与社会》2012 年第 31 期。

3. 徐志高："公诉人法庭讯问艺术"，载《中国检察官》2007 年第 1 期。

4. 周晓燕："谈公诉指控中的讯问技巧"，载《天津检察》2006 年第 3 期。

5. 康猛："公诉人庭审讯问的基本原则与常用方法"，载《辽宁经济职业技术学院·辽宁经济管理干部学院学报》2004 年第 4 期。

6. 侍继余："挑战自我的全国优秀检察官"，载《检察风云》2006 年第 14 期。

7. 张慧丽、万伟岭："公诉人出庭辩论技巧探讨"，载《中国检察官》2011 年第 22 期。

8. 袁华明："王牌公诉人 PK 优秀辩手"，载《律师与法制》2006 年第 7 期。

9. 杨林生："中国近代律师身份定位刍论"，载《辽宁师范大学学报》2003 年第 4 期。

10. 陈同："律师制度的建立与近代中国社会变迁"，载《社会科学》2014 年第 7 期。

11. 北柳："中国律师身份符号的变迁"，载《中国新闻周刊》2008 年第 35 期。

后 记

　　经过近两年的努力，《司法口才理论与实务》一书终于完稿，并得以付梓。本书通过查阅和研读大量的国内外有关法学方面的、口才方面的理论专著以及教材，并在观看大量的中央电视台《社会与法》栏目法律案件节目的基础上，经过分析研判，创造性地提出了许多崭新见解和观点，对司法口才和一般口才的培养都有很好的指导和借鉴意义。

　　就教师这一职业，本人可以说是"半路出家"。萌生"当老师"的念头，还要追溯到 20 世纪 90 年代中期。那时，本人利用业余时间进入了当地一所电大，做起了几年的兼职教师。时间虽然不长，但当时学生对本人的教学水平反应很强烈，评价甚高，于是本人决定改行从教。通过努力，本人于 2001 年考取了广西师范大学法商学院法理学专业研究生，师从于杨丽艳教授。在广西师大读研期间，杨老师那种对学术严谨、对工作认真负责、对学生要求严格的优良品质，对本人今后的大学教学工作产生了深远的影响。在此，本人对恩师杨丽艳教授表示崇高的敬意和衷心感谢！

　　杨老师对教育事业孜孜不倦追求的精神，激励着本人在大学教育岗位上不断取得丰硕成果。本人自 2004 年进入韶关学院法学院从教以来，受到了历届学生的高度评价和赞誉，这在韶关学院已成为有目共睹的不争的事实。正是韶关学院法学院历届学生的鞭策，才能使得本人有今天这样的教学成就。本书也正是在本人 15 年社会经验和十多年法学教学经验基础上得以完成的。借此机会，本人要由衷地感谢韶关学院法学院历届所有的学生，并为他们送去祝福：一生幸福、安康！

老实说，本人在教学工作之余，没有在社会上从事律师职业，仅有过为学生分析他们提出的其亲朋好友所遇到的一系列法律问题，所收到的效果也很明显。说这些，并不是为了《司法口才理论与实务》一书找一点司法实践基础，以期为之证成"实务"的理由。从哲学角度来看，经验可分为：直接经验和间接经验。没有直接经验并不能代表不能把握司法口才的命脉和走向；有了直接经验并不能说明当然能够有效把握司法口才的高超技能。况且，经验毕竟是对人类过去社会实践的总结，直接经验和间接经验涉及的"面"都是有限的，而且还可能是片面的、错误的。关键不是经验起决定性作用，关键是在"常思+科学思维方法"指引下、不断探索事物真相的精神在起决定性作用，正所谓"书生不出门，能知天下事"。正是在这种思想支配下，引发了本人对司法口才的研究、探索和思考，最终促使了这本书第一版的出炉。

口才的实质，实际上就是在某种思维支配下的口语表达，是对事实实然状态及应然状态的准确描述和传递。唯有思路清晰，才可能"语出惊人"。很难想象，一个思维混乱的人，其说出的话是一种口才的表现。本人十多年的法学教学工作中，一贯坚持注重学生"思维能力"的培养，为他们传授了很多科学思维方法。正是这方面的教学经验和成果，才为《司法口才理论与实务》第一版打下了牢靠而坚实的基础。

在本书第一版和第二版的写作过程中，得到了我的家人的理解和大力支持。家的温暖和温馨是本人创作灵感不断迸发的原动力，在此深表感谢！在本书出版的过程中，中国政法大学出版社编辑部主任丁春晖先生，他的热情、耐心、负责、友善等高贵品质，对本书第一版和第二版的最终完稿和付梓起到了至关重要的作用。借此机会，对他表示崇高的敬意和衷心的感谢！

杜国胜

2021 年 8 月